U0139915

张龚 著

宿命与遗产

雅典城邦
兴衰史

上海书店出版社
SHANGHAI BOOKSTORE PUBLISHING HOUSE

前　言

　　无论从历史进程还是文明贡献的角度检视西方古代史，雅典，毫无疑问就是古希腊世界的核心。近现代人所说的古希腊，其实大多数内容即使不是关于雅典的人和事，就是关于如何对付雅典的人和事。

　　这里所说的古希腊严格来说是指希腊城邦时期的历史，即，大致从前十二世纪阿凯奥斯人[1]劫掠并摧毁特洛伊城邦之后，得胜的希腊英雄和国王们满载着来自亚洲的财富和奴隶回到爱琴海彼岸[2]的故乡，兴邦立业开始(令人生疑的是，荷马史诗所记载的一千多条船上的希腊人是否真的原本就来自希腊？抑或就是前十二和前十一世纪大规模移民运动的一部分，连带着关于他们各自先祖和神祇进入希腊半岛这个过程的模糊记忆[3])；到公元前355年，马其顿的传奇国王腓力二世以霸主身份建立起泛希腊的科林斯联盟——标志着希腊已经不再作为一股独立的政治力量为止，这段时间，古希腊处在西方世界舞台中心最辉煌的时期。

　　虽然，这八百年间发生的故事是一个从史诗到史实逐渐过渡的过程，但就我们今天所能看到的历史，无论是政治、军事，还是哲学、艺术等文明基本要素中，雅典因素不仅不可或缺，更是其中最

─────────────

〔1〕古代对希腊人的别称。
〔2〕指希腊半岛：因为特洛伊位于小亚细亚半岛的西北部，与希腊半岛隔着爱琴海。
〔3〕考古证实了古希腊早期的大移民运动，而且很可能不是一次而是多次，来源也是不同，参看希罗多德《历史》Ⅱ50,52，以及兰克《世界史》第一册第102,103页。

主要的创造者和贡献者。我们可以试着想象一下：一旦将所有跟雅典有关的内容从古希腊的神话和历史中完全抽离，辉煌的古希腊文明还能剩下些什么？

当然，历史不能假设，但如果没有了雅典，古代希腊文明肯定会与我们今天看到的完全不同。我们不仅想象不出由保守而且乏味的斯巴达主导的希腊会是什么样子，也没有理由将底比斯与雅典等同起来，即使埃帕美农达时代之后的底比斯，正在走向最有希望取代雅典成为希腊民主制的霸权大国，底比斯当时正在实施的各项民主制度比雅典更为进步；但是这两个雅典最强大的对手，也只有政治和军事这狭窄的方面一度与雅典实力相当，而在文明的更宽泛的维度，如文化艺术哲学诗歌等方面远不如雅典般的平衡和丰富。人类历史不应该只由战争和政治构成。

在开始具体阐述之前，有一个问题需要说明：这次我们将不再以单一的角度看历史。即不是以惯常的专注于政治制度（法律）、战争外交等重大事件的方法去描述和分析历史，而是尽量对两千四百年前，雅典个人和群众的观念、思维习惯、精神情感，在决定事关城邦的政治生活和文化生活以及各项政策之间流动的状态和效应进行发掘和分析，至少在历史伟人和社会大众的历史作用之间，寻求一种平衡和合理的还原；毕竟，我们相对熟悉的雅典的法律和制度属于"容器"和程序，而人们针对当时各项具体事务的决定和政策才是实际的内容。

我们改变的只是观察的角度和方法，而不是目的。对历史时代的观念、思想和精神的挖掘和分析不可能取代历史"重大事件"，事件是历史研究中不可能忽略的基础材料，也可以说是实际载体，如果单独去研究雅典人的思想和精神，则完全是另外的课题。比如我们在研究地米斯托克利在萨拉米斯海战的作用时，就不会太注重于海战发生的时间，希腊海军和波斯海军各自的统帅指挥、战术战法,战役的具体进程等军事进程本身,而是更多了解在地米斯托克利倡导大力建设海军,甚至放弃家园的战略决策的过程中,雅典人民是在怎样的精神状态下,以及如何并且为何接受这样一种代价极为惨重的策略。

我们的目的就在于以一种世俗的、动态的角度和方法去观察和理解古代的雅典。"世俗的"意味着聚光灯不再仅仅盯着历史伟人、帝王将相,而是会根据实际影响事件的因素,客观地将注意力集中到那些平时籍籍无名,但在关键时刻发挥了重要作用的平民身上,直接民主制度下,平民阶层在历史进程中所发挥的作用是不应被忽视的;"动态的"考察则有助于我们在同一个城邦的同样体制下,看到不同时期、不同形势下人们对相似事件的决策差异可以达到多大程度。

作为一个整体的古代希腊世界虽然具有相同的文明属性,但所有城邦内部却是民族构成多样,政治制度各异,文化艺术参差,社会经济在种类和发育程度也有较大差异,要很好地完成一部完整的古希腊历史,难度远远超出了作者的能力。更何况,默里、伯里和哈蒙德这样的史学大家已经以其著作树立了高远的标杆。

历史上,军事强盛的帝国虽然充满了传奇和荣耀,但从这个国家的人民和社会生活角度而言,却往往是令人乏味的。当剔除军事因素以后,我们可以发现其作为一个大国,总体大多粗陋不堪,因为从文明的角度,它们缺乏一种全面而又平衡的先进性,以提供多维力量的支撑,所以历史上的大帝国往往"其兴也勃焉,其亡也忽焉"。

事实上,单凭匹夫之力就足以建立起一个庞大的帝国;但一个霸权的最终建立则需要一个国家(城邦)数代人的持续努力才有可能。两者的根本区别就在于其所依据的"力量"和"意志"。

然而,雅典城邦以其均衡而丰富的政治制度、哲学思想、艺术文化和经济规模成为希腊文明的翘楚，虽然其军事能力在古代希腊世界并不是始终处于一流，但这种综合而且整齐的实力使它能够两次建立起霸权，即使在国力衰败时，雅典对希腊世界的影响也不低于另一个霸主——斯巴达。如果我们再罗列一下在雅典功成名就，然而却非雅典公民出身的著名的古希腊大师，如希罗多德、亚里士多德等，这些耀眼的群星更增添了世人对雅典魅力的想象。

雅典可以作为一个单独的文明样本，研读它的历史，即使在其低潮时期也能多少获得来自不同领域的愉悦享受的气息（如马其顿称霸希腊以后的米南德的戏剧），相比而言，斯巴达则明显地让人感觉枯燥单调，缺乏美感。

我们的立场以雅典人和雅典城邦为基准。雅典的民主制度、思想哲学、文化艺术在当时的希腊世界无出其右，雅典城邦自身经历过民主制、僭主制和短暂的寡头制的统治，雅典的民主传统也让雅典人的天性，无论好坏，都得到了最充分的发挥和体现，雅典人和雅典城邦在古代地中海世界一直处于非常活跃的中心地位，观雅典一城，知希腊世界。

目　录

第一章｜早期希腊和雅典建城
（远古—公元前六世纪末）

你[1]和你的城邦一向爱多管闲事

一　前　述

雅典人居住的阿提卡半岛在希腊东部，最东面是一个向南延伸入海的折角，北面隔海与优卑亚岛相望，向西北经过普拉提亚进入彼奥提亚地区，西邻麦加拉，继续向西不远就到科林斯地峡——进出伯罗奔尼撒的咽喉，南面濒临萨罗尼卡湾。

这块土地既不辽阔，也不膏腴，但谁也没有预料到这样贫瘠的环境中竟然孕育了千年以后最为繁盛的文明种子。正如汤因比的文明起源理论：一定范围内，文明的成就高度与环境的优劣程度成反比，雅典就是个样板。

至于最早的雅典人，究竟是阿提卡半岛的原住民，如伊索克拉底所说是希腊最古老的土生居民，还是如同希腊其他城邦一样是远道而来的移民？

雅典人骄傲地认为自己不同于其他大多数希腊人，是"自有史以来，就一直占据着这个生育我们的地方，我们是土生土长的"，而"并不是由于把别人赶走了，也不是由于占据了这块荒无人烟的地方，也不是由于组成了一支多民族的混合队伍而定居

---

[1] 传说中英雄时代的雅典国王忒修斯。

在这里的"[1]。希罗多德也认为"皮拉斯基人(雅典人最早属于皮拉斯基族)从来没有离开过自己居住的故土。"[2]

当然,雅典人也有跟其他希腊人相同的地方,就是将自身血统追溯到因某个天神的情欲勃发而产生的先祖,这是没有例外的。据说宙斯之子赫淮斯托斯欲图强奸雅典娜未遂,他的精液滴落大地,地母神因而受孕,其所生育的厄立克托尼俄斯成为雅典的第一位国王。

相较于雅典人,神话传说建立斯巴达的拉栖戴梦人属于多利安人的一部分,是英雄赫拉克勒斯的后裔,而底比斯人身上则带着古老而真实的腓尼基人的血脉,他们无疑都是外来者。

虽然我们不能完全忽视神话史诗所包含的历史价值,但这些关于人类远古的记忆毕竟只是线索而不能作为确定的信史,尚需要其他证据的印证,尤其是考古发现的证实。

从古代文明的地域分布来看,公元前三千年的地中海是一个整体,尤其是东部地中海的各沿岸地区之间的紧密联系超乎想象,而不是以亚非欧各洲加以划分,并且西亚的两河流域以及尼罗河的埃及是主要文明输出地。后来的考古发现,即使不能确定希腊古代文明的曙光来自古代埃及和两河流域,至少后者与古代希腊的影响和联系是可以证实的。这一点,通过把已被考古证实的克里特——迈锡尼——南部希腊的遗迹分布,和希腊墓葬中的埃及随葬品,基本可以认定"当克里特文明已经完全改变南部希腊时,贴撒利的居民还处于石器时代,过着尚未开化的原始生活"[3],以及地中海地区原始文明的传播路径和时间顺序,这个阶段的希腊

〔1〕《古希腊演说辞全集·伊索克拉底卷》,〔古希腊〕伊索克拉底 著,李永斌译注,吉林出版集团有限公司 2015年版,第81页。
〔2〕《历史》〔古希腊〕希罗多德,著,徐松岩译注,上海三联书店,2008年版,第19页。
〔3〕《希腊史·Ⅰ》〔英〕伯里 著,陈思伟译,晏绍祥审校,吉林出版集团有限公司2016年版,第35页。

总体可能是它更东方邻居文明的模仿者。

根据近现代对古希腊遗迹的发掘,我们可以整理出一个基于考古的关于古代希腊文明的大致脉络。虽然古代希腊(包括克里特等爱琴海岛屿)范畴内的文明经历了从米诺斯文明到迈锡尼文明,然后才进入今天大家熟知的希腊城邦文明,但米诺斯文明和迈锡尼文明与希腊城邦文明之间却几乎不存在明显的延续和继承关系。非常可能的是北方南下的"蛮族"入侵中断了迈锡尼文明并开创了一种全新的城邦文明:从规模宏大的王宫遗址可以推断,迈锡尼文明更接近于东方式的君主政体,在单一的国王统治下。王宫被毁坏以后出现的是一簇簇较小的农舍聚落,并且在大移民之后的希腊城邦的大型建筑只有神庙而再没有王宫出现,我们可以知道单一的君主政体随着迈锡尼文明衰亡而消失于希腊了;更能说明问题的是铁器和粗陋的陶器对原先精美的青铜器和陶器的替代;而伯罗奔尼撒半岛上多利安人对美塞尼亚人的长期征服战争则是对新的外来民族取代原有居民的过程记录。也正是因为大量外来民族对迈锡尼王国的冲击和毁灭,为一种全新的文明形式的产生提供了可能,果然,接下来的希腊孕育出了独特的城邦文明,而"城邦文明的全新特征开启了世界历史"(克里斯蒂安·迈耶语)。

我们似乎可以把公元前十二世纪的特洛伊战争看作是那一个时代发生在希腊半岛的移民运动的具体化案例,甚至,它也包括了随后范围更广的殖民运动,这个持续超过五百年的历史进程,随后就如同一锅撤了火的开水不再沸腾,逐渐冷却、慢慢沉淀,整个古代希腊世界的城邦版图基本成形。

各民族建立的城邦大致情况如下:据说来自多瑙河下游的多利安人最终征服了伯罗奔尼撒半岛上的亚该亚人等原住民,建立起斯巴达、科林斯、阿戈斯等强大的城邦;最早属于皮拉斯基族的雅典人此时被称为爱奥尼亚人,依然占据着阿提卡半岛,阿提卡半岛虽然面积较大但土地贫瘠,对外来入侵者没有吸引力,所以它一直保持着开放而荒凉的边界,希腊其他各地的原住民受到入侵后有些就迁移到阿提卡,并建立起了众多村落,甚至不排除小部分入侵者也有进入阿提卡定居的;而从彼奥提亚往西的科林斯湾北岸和贴撒利之间地区则分布着较多的伊奥利斯人城邦[1]。

在紧接着大移民而来的殖民运动中,雅典殖民者主要向东占据了相当部分的爱琴海岛屿和小亚细亚西部沿岸,建立了 12 个属于爱奥尼亚人的城邦;而多利安人(尤其是科林斯以及其他几个城邦)的殖民地大多分布在希腊半岛的西部和更西面的意大利南部,和西西里岛;而在爱琴海北部的色雷斯、赫勒斯滂以及攸克星海[2]周边也有较多来自全希腊的不同城邦建立的殖民地。各个殖民地还继续向外建立自己的二级殖民地,如属于爱奥尼亚人的米利都城邦建立了不亚于宗主的更多殖民城邦,为今后希腊各个宗主城邦、所属殖民地、二级殖民地之间的合作联盟或者冲突战争增添了更多的变数。

这个阶段,自神话时代就有的王政政制总体上受到贵族政体的侵蚀,整个希腊带有民主共和色彩的政治体制正在形成。可能是因为国王、部落长老们和贵族——这些人类初始的强者——力量较为均衡,国王的权威尚未绝对,贵族的野心已经膨胀,希腊的国王不同于埃及等东方君主,他们中有些被权贵家族的联合势力推翻,直接变成了贵族制,有些则被迫接受与由贵族代表的人民订立契约以约束权力,"有证据表明,确实存在类似的契约"[3]这些契约事实上随后逐渐进化成为法律。而贵族的夺权也必须得到民众的支持。这样的事例一旦成功,就会在希腊全境各个王国传染开来。这个过程应该持续了好几代人的时间,从名称上看,希腊世

---

〔1〕关于各民族的划分标准、语言、渊源以及迁徙路线等至今没有取得一致的结论,这个说法只是相对被采用较多的。

〔2〕今黑海。

〔3〕《希腊史·Ⅰ》〔英〕伯里 著 陈思伟译 晏绍祥审校 吉林出版集团有限公司 2016 年版 第 76 页。

界没有"王国"只有"城邦"的概念，就已经蕴藏了今后政治生活中平等和民主的基因。

不管今后如何发展，至少希腊人首先避开了像埃及和巴比伦这样东方式的君主专制的发展方向，而走上了一条前途未卜，但意义隽永的全新道路。在希腊，是城邦和人民，而不是某一个或少数几个人是主人。当时各城邦人一般互相以城邦名字相称，如"雅典人""拉栖戴梦人"或"科林斯人"等，即使在僭主制和寡头制城邦，也不会对国王和几个长老单独加以尊称。而"希腊人"的称呼只是用以区别"野蛮人"的称呼。

至此，古希腊文明这个生命初生，各个城邦开始独自在这个陌生的环境和众多兄弟中竞争求存。

二　雅典城邦的建立

不同于我们中国，古代希腊历史遗留下来的文字资料不仅数量匮乏，而且它们的完整性、连贯性取决于历史的随机。传说中公元前九世纪一个叫荷马的盲诗人[1]整理成型(不是成文[2])的《荷马史诗》虽然是最早的历史描述，并且可以肯定它包含了远古时代全希腊人的集体记忆，但这些史诗所叙述的事迹是一个由诸神主导的世界，里面这些反复无常的神祇们的喜怒模糊了人类除了服从以外真实的思想和意志；前五世纪以雅典诗人们的悲剧，则是以希腊神话和传说为素材所进行的艺术版和哲学版改编，具有更强的艺术和精神价值，而非历史价值；几乎同时，希罗多德和修昔底德的出现，希腊人记叙历史的方式发生了划时代的变化，口述

---

〔1〕　现在更多人认为《荷马史诗》应该是不确定的多个游吟诗人的共同成就，而荷马只是其中最著名的一个代表。

〔2〕　《荷马史诗》的首次成文是在雅典著名僭主皮西特拉图当政时完成的，皮西特拉图执政年代大约是前561年—前527年。

变为书写,主角由凡人取代神祇,不管体裁如何,他们的历史是严肃的,更可信赖的现实主义作品,然后,一世纪时普鲁塔克的出现,他的传记体历史基本排除了神话色彩,极大的完善了古希腊历史的书写方式,成为希腊史最有价值的文字资料之一,从希罗多德到普鲁塔克,期间也出现了一些历史学家,但他们的作品大多未能流传下来,或仅剩下残篇和别人的引用片段。

普鲁塔克的作品中关于雅典城邦的建立是基于忒修斯这个神话人物,这也许暗示着雅典的建立是一个相对比较内向的自然过程,缺乏有重大影响的事件作为标志。

城邦意识

特洛伊战争在希腊历史上具有无可比拟的重大意义:这场战争唤醒了希腊人的民族意识,极大地提高了希腊人的民族自信心。甚至可以说,我们现在所能看到较为可信的希腊历史都是始于特洛伊战争,以后发生的所有希腊社会的政治、思想和生活都是以此为原点,向各个领域的开枝散叶。从现实效应看,这场战争同时开启了参战的希腊英雄们凯旋爱琴海西岸以后的建国立业,和希腊人对小亚细亚进行大规模殖民的进程。

不管这场战争的起因多么令人迷惑,但我们可以从战争的整个过程(包括缘由、过程和结果)中征服者们的作为,提炼出一些希腊人本性中的最真实和原始的观念、习惯、性格。比如复仇可以不必正义,无所畏惧、乐于冒险的尚武天性,追求荣誉和财富时率直、朴素的性格,战胜一方对敌人毫不留情、"连根拔起"式的屠城习惯,等等。

对于三千多年前希腊人施加于特洛伊城池和人民的摧毁方式和残忍程度,我们不必以今天的立场去做出道德批判,灾难来临时的场景虽然惨绝人寰,但远不能说丧心病狂,希腊人的烧杀抢掠进行得那么有条不紊,那么心安理得,是因为希腊人坚信这是神祇和命运的安排。

当曾经繁荣富庶的特洛伊城陷落以后，希腊人熟练而彻底地毁灭了整个城邦，"鸡犬不留"在有些地方是形容词，但在这时的特洛伊却是陈述句。成年男子被全部屠杀，妇女和儿童被掠为奴隶，所有建筑被夷为平地；国王普里阿摩斯被杀死在宫中，他的儿子们：英雄的赫克托尔和引起这场灾难的帕里斯先后死于战场，最小的儿子波吕多洛斯虽然在战前被秘密送到色雷斯王那儿避祸，色雷斯王得知特洛伊失陷后，为了占有随王子一起送来的黄金就马上杀死了波吕多洛斯；王后赫卡柏和国王家的妇女同样无一幸免，女儿波吕克塞娜在希腊全军眼前，像牲口一样被献祭于阵亡的希腊英雄阿喀琉斯的坟头，年迈的王后赫卡柏和另一个女儿卡珊德拉，以及赫克托尔的妻子安德洛玛刻则被带回希腊，分配给希腊国王们当作奴婢，最惨的是王子赫克托尔年幼的儿子阿斯提阿纳克斯也被从城墙上扔下摔死。正所谓"覆巢之下，安有完卵"。

伊利昂[1]陷落之后特洛伊妇女的悲惨命运，成为后世希腊诗人和剧作家创作题材的一个主要源泉。有人曾经说过"探索的精神遇到诗歌的精神，悲剧就诞生了"，就现在存世的古希腊悲剧就有多部直接与特洛伊题材有关的，还有更多只知其名而未能流传下来，《特洛伊妇女》《赫卡柏》这些震慑心灵的悲剧往往都聚焦于战争中失败一方的无辜和苦难，当然角度各不相同：有人在哀叹命运的无情，有人在表达对战争中妇女的同情，更有人开始去探索人性和苦难。通过这些诗歌和戏剧，朴素的人们记住了这场战争，理解了征服和被征服对个人将会带来什么，深刻而感性地体会苦难和命运。

最终，伊利昂之战带给希腊人的不仅仅是财富和奴隶，还有记忆。征服者们自己亲手完成的伟业，过程中的血腥残酷的经历，以

---

[1] 特洛伊的别称。

及被摧毁了家园、远赴希腊为奴的特洛伊妇女们，亲身经历的苦难，一直在深深的、久远的影响着希腊人的思想和情感，使他们开始思考一些关于人的问题。

一个不那么直接的后果，具体来说，就是对当时普通希腊人的观念和情感上的影响。三千年前的世界，充满着原始、野蛮和残暴，这样的故事原本也并不会是仅见，阿开奥斯人返回时除了各种财宝以外（很可能远远低于想象的少），还有众多会说话的特洛伊奴隶也跟随着征服者们回到了故乡，无论是作为希腊英雄的勇敢事迹，还是关于特洛伊奴隶悲惨命运的故事，都不会随着战争的结束而灰飞烟灭，这些人和事必将在全希腊传播。希腊人曾经施加于别人的灭顶之灾和自己内心的怜悯、良知是否会引发他们自身的某种不适或者冲突，我们无从得知；不过"幸运者也不应该认为自己能够永远幸运"[1]，"因为，命运是无情的"[2]，这样的题材和联想在古希腊悲剧反复出现的事实反映的就是一种对希腊人情感的强大冲击。

"哎呀呀！奴役是多么坏的东西呀！它的本质就是：被暴力制服，永远受不该受的苦。"[3]希腊人从特洛伊人所遭受的苦难中领悟到人类最不幸的是什么了。

后人发现了人的观念、情感和信念之间通过联想是会互相影响的。作为加害者，参战将士在特洛伊的亲身经历成了一生的记忆，由此形成一种真实的而不是想象的观念，而这样强力的观念不需繁复，只需要经过本能的联想就自然成了他们的信念，进而直接在希腊人的心灵产生一种情感——对城邦失陷和个人受到奴役的恐惧。这个过程并不艰辛复杂，它直接来自"人类心灵中生来就有

---

〔1〕欧里庇德斯《赫卡柏》第283行。
〔2〕欧里庇德斯《赫卡柏》第1295行。
〔3〕欧里庇德斯《赫卡柏》第332—333行。

的一种苦乐的知觉,作为它一切活动的主要动力和推动原则"〔1〕。
我相信,再勇敢无畏的希腊人也会不寒而栗,一旦他们想象到也许
哪一天,特洛伊沦陷的场景发生在自己城邦和家庭的时候。因为
这里面不仅有死亡,也有自己妻儿父母亲人的被奴役。

　　恐惧是人类最强大的本能,在当时希腊人的观念和情感中,对
命运的恐惧胜过一切诱惑。希腊人对城邦和个人命运不定的恐
惧,以及对城邦和个人被奴役的恐惧,使他们在现实生活中形成了
关于城邦和个人的坚定的信念,并在各自的政治和社会生活中作
为最基本准则付诸实施,从而创造了一系列全新的、独有的、以自
由和平等为基石的国家和人性的原则。

　　其原创的第一个准则:城邦高于一切,城邦必须独立。某种
程度上讲,城邦成为当时希腊人现实的最高信仰,当我们的感情随
着古希腊悲剧人物阿伽门农和奥狄浦斯本人及其妻子儿女之间仇
恨相杀的故事跌宕起伏的同时,我们也可能忽略了一个现象,当时
家庭成员之间的正义(责任)和仇恨明显多于爱和仁慈,奥瑞斯特
斯亲手杀死了谋害自己父亲阿伽门农的母亲和她的奸夫,因为他
母亲和奸夫的谋杀玷污了父亲的家室,他告诉这地方的神灵要"用
正义为你净洗,别让我受到羞辱,……让我可以拥有我的财产,收
回我的家屋"〔2〕,复仇的动机里唯独没有提及家人之间的爱,同
样,奥狄浦斯流浪到雅典克洛诺斯时,他对两个亲生儿子的诅咒也
是极其刻薄和无情;然而希腊人对城邦的感情却是无上的,他们将
背叛城邦视为罪大恶极,城邦毫无疑问的凌驾于家庭之上,如果说
个人摆脱了家庭和父权的桎梏的话,那也是他投入了城邦更大的
摆布。城邦与公民同生共死的残酷现实使所有人没有其他选择,
只能(必须)将个人的命运与城邦紧紧维系成为一体,任何个人只

---

〔1〕《人性论·上》〔英〕休谟　著,关文运译,商务印书馆 1980 年版,第 139 页。
〔2〕索福克勒斯《埃勒克特拉》第 70—72 行。

有从属于城邦才能得到安全,才有确定无忧地追求和拥有个人财产、自由和荣誉的权力和可能;伯里克利就这样向雅典人民呼吁"一个人的个人生活无论是怎样的富足,但他的城邦遭到毁灭的话,他也必定随之遭到灭顶之灾。然而,一个蒸蒸日上的邦国总是在为不幸的个人提供摆脱困境的机会。这样说来,公民个人在不幸中能够得到城邦的支持,保卫城邦无疑是每个人的责任。"[1]所以就有了伊菲革涅亚[2]和墨诺克奥斯[3]甘愿为了自己的城邦和希腊而献身的故事。事实上,如果一个人离开了自己的城邦,他就自动丧失了个人的安全保障和力量来源,那就意味着在他所到的任何地方,他都是个没有公民身份的外邦人,无法拥有安全、财产和尊严。

希腊初步建立起完全不同于东方专制模式的,全新的国家观念和国家原则。特洛伊战争之后,希腊城邦逐渐成形,虽然规模小,但首先形成了城邦公民的国家意识、民主管理、契约法制化和城邦独立这几个原则,城邦是所有自由人出自本能的共同创造,某种程度上城邦是"有机体",它不仅体现为城墙和房屋的共同庇护所,更是能体现城邦公民共同安全意志的精神共同体。由此,城邦理念以及一整套的观念以后发展为西方国家的自由和民主制度的滥觞。

原创的第二个准则:就是希腊人首创了自由观念,语言、观念

---

[1] 《伯罗奔尼撒战争史·上》〔古希腊〕修昔底德 著 徐松岩译注 上海世纪出版股份有限公司 2017 年版 第 211 页。

[2] 取自欧里庇德斯悲剧《伊菲革涅亚在奥利斯》特洛伊战争中希腊联军统帅阿伽门农的女儿,因大军出征前收到神谕,要求阿伽门农将亲生女儿伊菲革涅亚杀死,祭献给阿耳忒弥斯女神,大军才能顺利开拔,阿伽门农在两难之中与妻子和墨涅拉奥斯发生争吵,伊菲革涅亚知道内情后,为了阿戈斯城邦和全希腊的伟业自愿献身,献祭之际被女神以一头母鹿替代,伊菲革涅亚被女神带到了天上。

[3] 取自欧里庇德斯悲剧《腓尼基妇女》底比斯奥狄浦斯妻子的兄弟克瑞昂的儿子,因为战神要求克瑞昂献祭自己的儿子,墨涅克奥斯知道后从城墙上跳下,自愿为了城邦而牺牲。

和思维本质上是一回事,只有最深刻的激情和情绪(尤其是恐惧)所创造的观念才是真的观念。自由的反义词是奴役,而不是不自由。具体说来:就是每一个城邦公民都抗拒受到任何来自城邦和个人的奴役,对城邦和公民个人来说,绝不接受任何形式的主人,因为主人和奴役是联系在一起的。

除了自由以外,平等、民主是随之而形成的观念,虽然它们是三个具有完全不同内涵和意义的事物,甚至可能分别自足自立,但它们之间的关系其实非常复杂,表面上常常互相影响,共同构成了一个"必然三角",但这三者从本质上不能被统合为一体,而是互为副产品,互为寄生关系:自由属于个体,而平等则指向社会整体,只有不受奴役的自由公民之间才有可能形成平等关系,纵然自由但没有平等,那么这种自由便毫无意义,设想在一个特权遍布的地方,自由的公民只有选择失败的自由;进而,只有在人人平等的基础上才有可能建立民主政治;而民主只是实现自由和平等的一种途径和手段而已;实际上,选择哪种类型的政治制度并不是人们实现幸福的决定因素,然而,自由和平等本身却是恒久幸福的组成部分,民主的重要性是不能跟自由和平等来等量齐观的。

除此,城邦独立(即城邦自由)也是一个基本原则,并且同盟体系是希腊人独特的创造。失去独立的城邦,其整体就是被奴役的社会,而贯穿古代希腊广泛存在的各种同盟体系可能就是众多缺乏足够的实力而又绝不愿意放弃自身独立、自由的城邦之间的一种妥协,至少形式上实现了所有公民不被任何城邦和个人奴役的理想。古代希腊世界这种观念及其在社会生活中的坚持是古希腊历史最大的特点,并随着时间的延续得到改善和强化,最终成为民主制国家政治生活的一种习惯,并延续千年。

希腊人形成这些观念的时间大约就是在前九或八世纪《荷马史诗》成型以前,因为史诗已经充分反映了这样的思想。希腊神话中的诸神非常有意思,他们的活动无论在诸神之间、半神之间还是神人之间，互相的身份关系总体是平等而且自由的，唯一的区别就在于神祇具有凡人所没有的力量，半神和凡人——包括国王和英雄——他们所畏惧的是因渎神或不敬神，而引起神的报复和惩罚的苦难后果。奥林匹斯山上和地下冥界的诸神们与凡人之间并不呈现主仆关系，虽然诸神的力量可以毁天灭地，但他们向人间的国王和英雄索取的都是各种不同的祭品，包括自己的亲人，如果凡人不愿遵从，将会受到悲惨的命运和家庭、事业的破败这样的报复性惩罚；这其中，人始终保有选择的自由，放弃也是一种选择，人和神在本质上可以说是交易，即选择和代价的关系，阿伽门农在得知德尔斐神谕之后的矛盾和痛苦至少说明他是可以选择的，即是否愿意为了远征伊利昂顺利而失去亲身女儿伊菲革涅亚。

希腊人对奴役的恐惧，使他们从一开始就决意放弃了对埃及、巴比伦以及后来的波斯这些东方帝国的模仿。因为希腊人要的是不被奴役，"不做他人的奴隶，不听从于任何人"[1]，他们在面临外敌入侵的生死存亡之际能高喊着"希腊子弟们，前进啊，拯救你们的祖国，拯救你们的妻子儿女、国家的祭坛庙宇、祖先的坟茔，为自己的一切而战！"[2]其中唯独没有为了任何一个主人而战，因为他们"不是处于一个主人的统治之下"[3]。没有主人，不被奴役，这样的状态自然就是自由的本义。

无自由，不希腊。相比于邻居亚洲的帝国的文明特点——统一，希腊文明创造了自己独特标签：自由。

至于希腊人的伦理道德，早期并不存在这样的意识和规范。数百年后，尤其是到了公元前五世纪，随着哲学的出现才有了道德评判的实例，但没有被立法的道德规范依然没有约束力，任何个人的道德评价顶多影响其公职的选举。时至今日，我们依然可以在

---

〔1〕 埃斯库罗斯《波斯人》第 242 行。
〔2〕 埃斯库罗斯《波斯人》第 402—405 行。
〔3〕 《历史》〔古希腊〕希罗多德 著，徐松岩译注，上海三联书店 2008 年版 第 378 页。

海洋法国家的政治生活中,看到他们政治生活中对正义、诚实和信义这类未被入法的道德规范的忽视。

　　希腊文明在萌芽阶段就创造了以自由、平等和民主为核心的文明类型,但我们依据现有的资料,却不能正确地聚焦,以分辨出具体是哪一个或几个城邦最早将这些理念付诸实施,只知道这些创造发生在希腊诸城邦。从众多神话传说可知,全希腊联合的特洛伊远征军似乎是以亚该亚人和多利安人为最主要力量,雅典人在整个这场战争中的影响力和贡献度是比较低的,明显不如它的南方和北方邻居们;我们更不能断定,后来成为希腊世界中与专制的波斯帝国、与希腊世界里的僭主派和寡头派斗争最坚定和最强大的民主派堡垒——雅典,就必定是民主政制和自由思想的原始发明者,当然,这丝毫不影响雅典城邦在以后的几个世纪中对希腊民主的坚持、贡献和发展。起跑的领跑者往往不一定是最后的冠军。特洛伊之战以后发生了希腊本土的大移民以及殖民运动,同时也是希腊城邦建立,人民定居的过程,专制的、寡头制的,民主制的各种政体此起彼伏,互相影响,互相争斗。后世众多优秀的历史学和考古学专家们,也只能依靠神话传说和考古遗迹拼凑出希腊混沌初开时期的全局性草图,所以,我们也不得不以当时希腊的整体描述作为对雅典早期情况的大概介绍。

雅典城邦的建立

　　普鲁塔克通过《忒修斯》将雅典的建城史浓缩到一个人的传奇。

　　早期希腊城邦建立的理想状态可能是基于共识而非征服。但民主制并不是甫一出世就能成为希腊诸邦的主流形式,现在看来希腊城邦初始时同时存在着君主制、寡头制等多种类型,其中还时断时续地出现僭主制,民主制只是在部分城邦中实行,从伯罗奔尼撒一直向东延伸到阿提卡地区的边境,多利安人大多实行的是君主制、寡头制等贵族主导的政治模式,而且还因为其城邦的实力在希腊世界基本没有对手，所以，民主制是在起跑不利的情况下通过中程加速而后脱颖而出的。

当时，建立一个城邦需要自由的人民、至少一个相当规模的核心城市，以及某种形式的政治组织，这三个要素必不可少，雅典也不例外。

自公元前3000年开始，阿提卡就有人散漫地定居在此，这些人被称作皮拉斯基人，由于地处南北希腊的交通要冲，前十二世纪中后期大迁徙浪潮中，其他各族在此路过、逗留、定居也是正常。但是传说中的原住民皮拉斯基人和多利安人〔1〕可能是阿提卡居民的主要构成。

阿提卡最早的原始村落是被称为德莫（demos）。以一个或几个最早定居的家族为首，加上后来逐渐加入的外来人逐渐自然形成一个社区，势力最大的家族头领被称为巴西琉斯，这个名称具有国王的意思，等到城市形成，城邦建立，这些头人们就自然变成了新的城邦的贵族阶层，而建立城邦的部落或家族的某个首领就成了国王。

没有人确切知道雅典城市是由何人建立于何时，但可以肯定的是在特洛伊战争之前。雅典，最初也只是阿提卡半岛上众多城镇之中的一个，与埃琉西斯、迪凯里亚、帕勒涅等原始村镇一样。当时的城镇：以一个祭祀各自城（村）镇的保护神的神庙为中心；人口也不可能多到稠密的程度；周围有依托地形建立的防御工事，比如城堡或城墙，附带着周边几个村落；城镇一般靠近海边，但为防止海盗侵袭而与海岸保持一定距离；城镇和村落的居民大多靠

---

〔1〕据普鲁塔克和伯里：忒修斯的母亲伊什拉源出自伯罗奔尼撒最有权势的国王佩洛普斯，父亲是伯罗奔尼撒半岛一个叫特里真的城镇的首领彼修斯；并且，构成雅典人的爱奥尼亚人中，有许多家族与美塞尼亚和派罗斯王族涅琉斯王族有关系，于是就有了外来的麦兰图斯和科德鲁斯成为雅典国王的传说。关于这些国王的传说不可考，但其中已经比较明确的提示了以伯罗奔尼撒半岛的多利安人与阿提卡早年的联系是密切而且多维的。

种植(有谷物、后来增加了橄榄和葡萄)、放牧、手工业(羊毛、橄榄油和制陶等)以及贸易为生;另外,在海上和陆地从事劫掠的盗贼也是一种职业,以至于传说中的忒修斯在特里真外祖父家里长大后,要回雅典寻找父亲伊吉斯时,彼修斯劝说他必须坐船回雅典,因为"在那个年代从陆路前往雅典非常危险,很难逃过强盗和歹徒的毒手"[1]。

传说是忒修斯建立了统一的雅典城邦。他在完成了一系列冒险传奇后,众望所归地继承了伊吉斯的雅典王位,"心中逐渐形成伟大而奇特的规划,要将阿提卡全部居民集中在一个小镇内,使得大家团结起来成为单一城市的民族"[2]。他建立统一城邦的办法是靠和平的劝说和许诺共和,而不是靠发动战争予以征服:对赞同他的主张的村镇和部落,他说的是联合,对实力相当甚至更强的市镇,他承诺放弃王位,实现共和,即实行由所有人民掌权的民主政体而非君主专制,由于他的实力为基础的诚意和决心,使阿提卡最终接受了他的主张,形成了统一的城邦,他将这个新的城邦正式命名为雅典。

估计,忒修斯在统一阿提卡的同时,也同步完成了全希腊最早的共和政体的建立。因为缺乏明确可靠的文字记录,我们只能在神话和文字之间寻找模糊的记录,但统一和建立共和由一个人同时完成,从时间上看应该是有合理性的,至于具体何人并不影响这个过程。据普鲁塔克,在雅典城邦建立过程中,他"实践诺言放弃君王的权力,继续着手建立一个共和国"[3],而只给自己保留了战争的指挥官和法律的保护者的职责;他全面废除了原来各个城镇

---

[1]《普鲁塔克全集·Ⅰ》〔古希腊〕普鲁塔克著,席代岳译,吉林出版集团有限公司2017年版,第7页。

[2]《普鲁塔克全集·Ⅰ》〔古希腊〕普鲁塔克著,席代岳译,吉林出版集团有限公司2017年版,第23页。

[3]《普鲁塔克全集·Ⅰ》〔古希腊〕普鲁塔克著,席代岳译,吉林出版集团有限公司2017年版,第23页。

各自的政治组织和官吏,在雅典的卫城附近建立了新统一城邦的公共机构,如市场、市政机构和议事广场,规定了城邦全体共同的节庆和祭祀节日——泛雅典娜节,使整个城邦的保护神统一为雅典娜,以及"迁居节"以纪念城邦的统一(节日和祭祀是当时城邦最重大的事项,也是每个城邦与其他城邦的区别)。

为了招徕人民,忒修斯邀请雅典城邦之外的所有阿提卡人民加入雅典。他采用一句流传最广的宣言"各地的人民,请到这里来",忒修斯并且给予所有加入雅典的外乡人以与原住民相同的权利,充分表达了平等和诚意,由此,雅典的人口得到快速扩充,随之而来的是人口结构的多样性也大大增加了。相比于伯罗奔尼撒半岛上的多利安人建立的单一部落城邦,我们有理由说雅典的民主制是更符合当时现实情况的选择,然后,忒修斯将全部人民分为贵族、农民和工匠三个等级,分别承担不同的社会责任和事务,并且创设了体育竞技比赛以表对天神朱庇特的崇敬,这些竞技比赛后来演变成为古代希腊的奥林匹克运动会。

我们前面说过,忒修斯的故事里传说的成分要大于真实,我们认可的只是他的线索和带给我们推理的方向。随着多种方式揭示出来的历史真实,忒修斯终其一生所完成的功绩实际上需要好几代人的努力才有可能达成;何况纵观普鲁塔克的《忒修斯》传,将他一辈子的经历按照事迹类型来划分比例的话,他个人在遍及整个希腊世界的冒险历程和征服女人——有名字的就有八位,其中还包括特洛伊的"导火索"海伦——所花费的时间和精力远在建立雅典之上;即使这样,相对而言,雅典城邦最早的缔造者似乎还是应该归属于他,因为在现有条件下,我们暂时还找不到一位具有比他更加拥有一致传说的人物。

雅典城邦的建立过程就是这样一个东拼西凑的产物,接下来城邦面临的更大挑战是如何实现政治制度和组织形式的完善及其稳定。忒修斯在雅典城邦建立以后卸任国王并且离开了雅典,也没能好好履行其原先承诺的军队指挥官和法律守护者的角色,也许,形势的变化使他先前具有牺牲精神的承诺变得让人感觉像是请求;实际上,这却与当时整个希腊的政治潮流相符,即更早建立的城邦普遍发生了对国王们权力的限制或者直接以贵族制取而代之的过程,由于希腊人民绝不接受任何主人和奴役,自由的观念让绝对专制在希腊没有机会,即使那些渊源古老的僭主政治,在希腊也都处于风雨飘摇的境地。

民主的政治体制是平民阶层通过与国王和贵族长期斗争而得以逐步实现的。首先,在贵族和平民的共同压力下,原先的国王们或者接受权力大幅削减之后得以保留的王位,或者放弃王位与其他几个权贵家族共同分享权力,毕竟,国王孤身一人与贵族联合平民两个阶层的斗争,相比于加入贵族阶层与平民阶层的斗争,胜算更低风险更大;其次,打败一个对手以后,剩下的两人联合常常也不长久,在"废除僭政后,贵族与平民随即进行着激烈的政治斗争,最终贵族重获权力,但是贵族为所欲为的绝对专制一去不复返,平民已成为不可忽视的重要力量,贵族不得不做出一些让步。"[1]

所以,法律是这一切政治斗争结果的反映和保护,而成文法的制定是平民取得的斗争成果的标志。很显然,只有所有人都参与制定的法律才可能平等地实施到所有人,而成文法的效率和确定性是当时那些习惯法所不能比拟的,传统上垄断着文化和祭祀职责的国王和贵族阶层,也就垄断了释法和司法的权力(古代一小部分人垄断知识,并进一步通过知识控制宗教,是最有效的统治手段),所以,平民阶层对贵族的最强烈要求就是颁布成文法。成文的法律是保护平民自由和平等的根本武器。

大约从公元前七世纪开始,希腊一些城邦出现了最早的立法活动,并逐渐成为普遍的潮流,也出现了"立法家"这个特殊的小众

---

〔1〕《希腊史·Ⅰ》〔英〕伯里　著　陈思伟译　晏绍祥审校　吉林出版集团有限公司 2016年版　第179页。

群体。不同于按照城邦的民主程序施加个人影响甚至主导立法的过程，立法家是受城邦委托而独自制定法律，他必须同时兼具专业技能和良好声誉才有可能被赋予如此的绝对权力，"这种不受公共需求或传统限制的自由，导致立法家强烈的自信，除他自己的正义感之外，他不诉诸任何更大的权威，而且相信共同体被委托于他"〔1〕，立法家虽然出身于贵族，但接受城邦委托来立法限制贵族权力。如洛克里〔2〕的扎琉库斯立法、卡塔奈的卡戎达斯立法，现在只存下名称，而内容几乎全不可知；同时期雅典的德拉孔立法和斯巴达的来库古立法则就相对清晰了一些，虽然德拉孔立法剩下的直接内容基本不存，但通过后世对他部分立法内容的沿用可以推测出一些他的立法精神，比如他对于债务问题处分时向债主的偏向，以及总体严苛的特点，斯巴达来库古立法虽然至今仍有相当大的争议，尤其关于立法者本人，但人们大致知道更多立法的内容，并且可以得到斯巴达人历史的印证；这些立法实践延续到前六世纪，雅典的梭伦立法达到了整个立法运动的高潮，也进一步推高了雅典民主制度发展的水平。

公元前七世纪，希腊世界兴起的立法运动说明了当时政治斗争的激烈程度，以及平民和贵族中的民主派取得的进展。虽然在贵族和平民阶层的共同努力下，专制色彩最浓重的君主制或僭主制总体落败，权力让位于实行少数民主的贵族阶层，但没想到接下来贵族阶层内部的家族式的争权夺利同样激烈，例如雅典的麦冬提德斯家族、菲拉伊德家族和阿尔克米昂几大家族争权斗争中，阿尔克米昂整个家族曾经被全部驱逐出雅典；我们不能确定他们之所以称为贵族派（平原派）或者民主派（海岸派）的原因，究竟是基于他们的信仰，还是为了争取各自所依赖阶层的支持而做出的讨好献媚，也许，最初向别人灌输的理念和观点坚持得足够长久以后

---

〔1〕《早期希腊》〔英〕奥斯温·默里著 晏绍祥译 上海人民出版社 2008 年版 第 173 页。
〔2〕洛克里和卡塔奈都是当时的殖民城邦。

就真的变成了自己的信念。

　　贵族各派之间的争斗不仅损耗了各自的宝贵力量,也使民众对贵族们这种利用民主为某一个家族的贪婪服务而心生厌倦。这样就给了野心家恢复僭主制的机会,更加出乎意料的是,其中部分僭主还做得非常出色,不仅为城邦和人民赢得了财富和尊荣,也为自己赢得了广泛的拥护,比如米利都的特拉叙布鲁斯和列斯堡岛上米提勒涅城邦的皮塔库斯,以及卡林斯的居普塞洛斯家族,等等,希腊七贤不仅包含了索伦,也列入了科林斯的僭主伯里安德、皮塔库斯,这些执政贤良的僭主虽未得到人民的合法授权,但却以其对城邦的贡献获得了广泛的人民支持,事实上也昭示着贵族政体的匮乏和虚弱。

　　事实告诉我们,即使是"好"的僭主,他们的奉献精神、雄才大略和慷慨仁慈也是不可能依靠遗传得到延续的,我们也不能指望民众会一直满足于现状。何况权力对人性的腐蚀作用之大难以估量,一旦独享专制权力的僭主本人和继承者变得自私、贪婪、无耻,无论程度如何,城邦的自由民众又将重新选择,因为在雅典,自由的人民可以有多项选择:不单单可以选择执政者,也可以重新选择政体。在经历了对僭主统治和贵族政制的试错以后,公民的民主制是唯一剩下的选项了。

三　雅典民主的起源

　　雅典民主形成的最基本原因可能就在于雅典城邦居民的多样性。不同于斯巴达单纯的多里安人五个部落组成,整个阿提卡土地上除了有古老的皮拉斯基人定居,在大移民时期,雅典以及城外后来形成不同德莫居民的,还有来自因蛮族入侵而被驱赶流亡到这块土地上的各种人群,如伯罗奔尼撒半岛的原住民,甚至有多利安人,腓尼基人为建立底比斯而驱赶的中希腊的原住民,等等。这些来自不同种族,操不同语言的外来人在阿提卡这块贫瘠但是相对安全的土地上经过长期的融合,形成一个新的国家,但是各自的传统和习俗是不同的。建立斯巴达的多利安人因为是一个统一而且纯粹的民族,采取专制还是民主政制属于内部阶层的权力关系调整,他们最终形成了少数人的民主制度;而阿提卡居民捏合成为雅典城邦以后,除了阶层的区别还有民族的区别,如果不是采用暴力斗争的话,民主应是协调所有复杂多样的各方利益和权力分配仅有的方式了,至于民主的范围和方式可以协调和发展。后来,雅典历史上民主制度的发展过程也确实反映了跟他们的种族一样丰富而且多样的特点。

在几乎整个公元前七世纪,梭伦改革之前,雅典一直实行的是贵族民主共和制,没有专制,但分阶层,主要权力掌握在贵族阶层之手。虽然早期建立的国王、议事会和公民大会的结构形式基本没有变化,但权力的核心已经从国王变为议事会,议事会的成员来自贵族出身的第一等级,最高行政权力已经从国王转移至以执政官为首的"三位一年一选一任的官员手里"[1]:即名年执政官(前683年开始以执政官名为年名)、巴西琉斯(名义上的王)和波勒玛刻(军事执政官),三个人分别承担军队指挥、民事审判、宗教祭祀,以及主持节庆和议事会的权责;议事会(类似组织在其他城邦也被称为长老会)在雅典被称为战神山议事会(阿里奥帕古斯),由曾经担任过执政官的高级官员组成,终身任职,主要负责监督高级官员的收入和品行,以及维护法律的职责,并审理涉及谋杀、投毒、纵火等暴力犯罪行为,以及通过决定并提供给公民大会投票的议案和官员任免建议的方式来控制城邦的政治。从公元前七世纪中期开始,随着社会经济的发展和阶层人数的变化,雅典政体发生了深刻变化,具体体现在:依据出身而获得的贵族阶级政治权利被迫向

---

[1]《希腊史·I》〔英〕伯里 著 陈思伟译 晏绍祥审校 吉林出版集团有限公司 2016年版 第200页。

财阀阶级开放，稍低等级但富有的平民阶层得以进入最高行政官序列，新增的六名司法执政官就是变化的成果，其中三名来自贵族，两名来自农民，一名来自手工业者，他们与原有的三名执政官共同组成了"九执政官"。

当时，政治权力的分配与阶级紧密相关，因此我们需要了解一下雅典当时的阶级和社会结构以及变化情况。

从雅典城邦建立开始，阿提卡的自由公民划分为四个部落，与忒修斯的传说相符，原来各个村镇的组织机构已被打乱，这四个部落的划分应该是基于人为，而非自然形成的重新划分，部落名称取自远古的神灵，与在小亚细亚的部分爱奥尼亚殖民城邦的部落划分有一定程度的重合，至于谁是首创，谁是模仿者，却难以分辨；每个部落又划分为三个胞族，共十二个胞族，也叫做十二个"三一区"，胞族由地域相邻的家族构成，胞族拥有不可转让的、固定的土地；由于胞族的划分主要依据的是地域而非血缘，行政治理更为方便合理，胞族成为雅典重要的行政和权力机构，胞族的头领都由贵族担任。胞族的下面是氏族和家族，以及外来加入的自由民。

雅典社会的构成：公民、没有公民权的自由人以及奴隶。公民划分为三个等级：优帕特里德、格奥基和德米乌基。优帕特里德是贵族，格奥基是自耕农，德米乌基是有自己产业的商贸、加工或手工业从业者。这些都是属于具有完整公民权的自由人；在公民和奴隶之间，是没有公民权的自由人阶层，大多靠租地耕种和雇佣做工和小商贩为生。

由于公元前八到七世纪，希腊没有发生大规模战争，持久的和平环境让经济得到了繁荣发展，希腊的贸易一向发达，阿提卡的农业和物产不仅品种增加了，产量也超过内需足够出口，新的经济作物和农副产品，如橄榄油、葡萄酒、无花果、蜂蜜，手工业的陶器、灯具（橄榄油用作燃料的）、烧炭、采石、雕刻等，以及大型的金银矿开采和造船等全面得到发展；这些进展的取得并非主要依赖土地，从业者里面财富增加最快的个人和家族，已经在经济上丝毫不逊色于原先依靠拥有大量土地而富裕的贵族阶层。

民主制度进步的总体标准就是人们参政权利日益向下普及、变得容易的过程。雅典城邦的各类政治权力，随着各阶层经济地位的变化而发生了从贵族民主向全民民主化的进程，那些最富裕的平民阶层成为雅典新的强大的政治势力。公元前七世纪下半叶，雅典修改法律，原先由贵族垄断的高级官员任职资格向平民出身的公民阶层开放。新的制度下，个人的社会地位和政治资格完全根据财富多少进行分级，由于贵族本来就是最富裕阶层，这一点基本没有太大的变化，但这个阶层的人数得到了增加，很多来自平民的"暴发户"成为贵族们的新同僚。

新的公民等级虽然同样分为三级，但划分以财富为标准。按照每年各自土地上谷物产量为计算依据，后来加入橄榄油和葡萄酒：第一等级为 500 麦斗[1]及以上的公民，有资格担任最高官职，第二等级为超过 300 麦斗但不足 500 麦斗的公民，称为"骑士"，指家产足够供养一匹马，战时可以出任骑兵，第三等级为 200 麦斗以上的公民，称为"双牛"，字面理解是指能供养一对耕牛的小康之家。而上述三个等级以外的，还存在着一个被称为"泰提斯"的末流公民阶层，包含了拥有少量自有土地，但粮食产量不到第三等级门槛的小农，以及经济条件和生存能力极其脆弱的公民，他们中相当部分后来加入雅典海军成为水手，请不要忽略这个阶层，这部分的人数多，经济弱，当时没有政治地位的公民，有着人数的优势以及对政治权力的潜在欲望，在以后时机合适的时候就会成为进一步推进雅典政治民主化的强大力量。

随着财富总数的增加和经济发展，这个标准应该经常发生变化。货币在希腊的出现和推广使用，以粮食实物为标准的做法非

---

〔1〕一种容积计量单位，具体不详。

常可能慢慢演化成为以货币计量,而原来的多少"麦斗"这样的称号被空心化为对阶层等级的名称而沿用下来;另外一个可能也是合理的方法,即根据当时土地单产将所需粮食折算成为土地,虽然我们没有看到当时有大量土地买卖的迹象,而且折算成土地仍然不能替代多少"麦斗"粮食这样明确的最终产品,但折算土地也不失为一种有趣的假设。

在公元前七世纪,科林斯和麦加拉的人民因不堪忍受多利安人压迫起而反抗,而某个富有魅力的个人(即使后来成为僭主)是团结人民的最高效方式,麦加拉的特阿根尼斯和科林斯的基普塞洛斯不仅在自己城邦建立了稳固的僭主统治,这样的模式也可能会被邻居们复制,大约在前 630 年以后,一个名叫基伦的雅典贵族青年娶了特阿根尼斯的女儿,并计划效仿其岳父成为雅典的主人,尽管在他的麦加拉僭主岳父的支持下,基伦和他的兄弟率领一部分人占领了卫城,不能进一步取得进展反而被包围,因为雅典人认出了参与政变的队伍中混有麦加拉的援军,夺权者因此丧失了所有原本同情者和不满者的支持,任何情况下,借助外国势力进行国内的权力斗争都是不得人心的;因此,当少数夺权者逃进雅典娜神庙寻求庇护时,在神庙外面包围的队伍中就有基伦家族的仇敌阿尔克米昂家族的麦加克里斯,他是这一年的执政官之一,在其他执政官已经答应基伦饶其性命以后,依然将基伦一伙避难者全部杀死。城邦认为违背向乞降者做出的承诺是对神灵的冒犯,最终判决:褫夺试图夺权实行专制的基伦及其兄弟和后裔的公民权,并永远驱逐出境;而判处阿尔克米昂家族犯渎神罪,将其永远流放,剥夺财产,并将该家族在渎神发生期间死亡和埋葬的族人尸体抛出阿提卡境外。由此看出,当时人们对城邦的精神洁净的要求,对宗教的虔诚比国家政权更加重视,人们心中的畏惧无以复加,我们也知道为了一个人的行为需要整个家族承担后果的习俗;当然,贵族之间的你死我活的现实在此也可见一斑。

　　基伦流产的政变如果不单单以家族野心来解释的话，那么就不能排除当时雅典社会确实存在着一定程度的不满。这种不满从公元前七世纪的希腊主要城邦的情况相比而言也是有一定事实依据的：在陆地，以斯巴达为代表的多利安城邦不仅建立了稳定的寡头制民主政权，并且创造了一个最为强大的重装步兵阶级，保守而可靠的多利安集团成为整个希腊世界的稳定力量，不仅是希腊各邦寡头派的"圣地"，甚至也会根据需要支持其他城邦的民主派；在海上，雅典的邻居埃吉那，以及科林斯和科基拉等城邦的海军舰队已经扬威地中海，相比他们，雅典的海军相对弱小，修昔底德所记载的希腊世界第一次大规模海战就是公元前 664 年，发生在科林斯和它的殖民子邦科基拉之间；在经济贸易上，科林斯和埃吉那城邦，因为海外殖民地和海上贸易的优势，早已取代优庇亚的卡尔基斯和厄律特里亚成为希腊和爱琴海的贸易中心，经济地位远超雅典，科林斯的富裕远近闻名，当他们开始使用金属货币的时候，雅典还在按照土地产出粮食划分等级，而雅典最早的币制也基本完全从埃吉那照搬而来。

　　雅典虽然发展迅速，但其实力尚不足以支撑其在希腊诸邦中出人头地，从各方面来说，早期的雅典在希腊诸邦中虽不至于默默无闻，但肯定不能算是"优等生"。梭伦改革期间因争夺德尔斐神庙针对克利萨的"神圣战争"，雅典虽然是最终胜利的同盟成员，但这个同盟的领导者是西锡昂的克里斯提尼。而随基伦政变而来的与麦加拉的战争，以及更是雪上加霜。乡村农民受到战争荼毒，雅典的对外贸易陷于停顿，统治阶级的地位面临战事不利和人民怨愤的威胁，雅典社会的危机如暗流涌动，随时有爆发的可能，前621 年，雅典人委托德拉孔为临时立法者，授予他修改旧法和订立新法的大权，德拉孔立法的具体内容基本佚失，仅在梭伦立法中有一些刑法法条的沿袭得以保存，德拉孔立法的根本精神就是严酷，传说他对犯罪的处罚只有一种——死刑，后人德玛德斯说"德拉孔的法律不是用墨水写成的,而是用鲜血写成的"[1],延续至今"德拉孔式"就是指残酷严苛的法律;同时,他的立法在立场上偏向于债权人的色彩浓厚。总之,德拉孔立法的社会意义可以说是,创造的问题超过解决的问题,激化的矛盾大于化解的矛盾。直到二十多年后的梭伦改革,雅典才发生了真正的变化。

梭伦改革

梭伦改革是一项全面而深刻的社会改造,它并不仅仅只有立法。梭伦改革之前的雅典是一个缺乏活力、名不副实的城邦,人们戾气充盈、互相埋怨,诚如亚里士多德所说"雅典宪法完全是寡头政治的,贫民本身以及他们的妻子儿女事实上都成为富人的奴隶"[2],原始而古老的民主传统也可以被看作是文学意义大于客观现实的传说,和谐而美好的习惯其实没有在法律和政制方面得到切实的实现和保障。具体反映在当时客观现状就是:多数人被少数人奴役,自耕农和小农因为债务问题而失去土地,日渐贫困化,连同自由的租地佣工(六一汉[3])和手工业者一起沦为债务奴隶,我们前面说过,对当时的希腊人来说,自由人之间的差别其实不大,唯有自由民和奴隶之间的界限是最可怕的,奴隶所遭受"卑贱的奴役"是任何人无论如何都不能忍受的;而贪婪、傲慢的新老贵族们分成了不同党派冲突不断、不择手段。古老的雅典,土地广阔(吞并了埃琉西斯以后,雅典几乎占据了全部的阿提卡半岛,面积可能达到一千平方公里以上),人口众多(考古发现,从公元前

[1]《希腊史·Ⅰ》〔英〕伯里 著,陈思伟译,晏绍祥审校,吉林出版集团有限公司2016年版,第210页。
[2]《雅典政制》〔古希腊〕亚里士多德著,日知、力野译,商务印书馆1959年版,第5页。
[3]"六一汉"指当时雅典的无地农民,但有自由身份,他们以向贵族或胞族租赁土地耕种为生,收成上交六分之一,也有说是上交六分之五,正确的上交比例至今未有定论。

800 年以后，雅典的墓葬和水井数增长了三到六倍），但诗人梭伦
哀叹：

> "我注目凝视，而悲哀充溢着我的心，
>
> 这爱奥尼亚最古老的地方竟至陷于绝境……"[1]

只要人民处于阶层分裂和内生压迫，城邦就不能凝聚起力量，
再好的自然禀赋也无法使国家强大。雅典就是因为贵族对平民的
压迫和奴役，几乎走到崩溃边缘。公元前 594 年，梭伦众望所归地
被选为雅典执政官，并被授予独自进行社会改革和立法的全权。
梭伦改革的核心原则秉承他自己所说"调整公理与强权，协和共
处"[2]的原则，围绕两个方面：一是通过颁布"解负令"缓和社会
矛盾，二是通过对一系列机构和制度的设计最终实现全民民主制。

首先："解负令"和债务问题

"解负令"就是解放民众债务负担的意思，梭伦宣布废除所有
以自己或家人的人身为抵押的债务，所有因债务而沦为奴隶的雅
典人重获自由。使雅典人民避免了因为债务而沦为奴隶的可能，
保护了最珍贵的自由，但法令的具体规定，是完全连本带利的取消
全部债务，还是保留债务降低利息，还是仅仅废除关于人身抵押的
条款，我们现在没有办法知道了，无论如何，雅典人民肯定不会因
为欠债而丧失自由这一点应该是确信无疑的，单凭这个，人们就已
经足够满意了。

---

〔1〕《雅典政制》〔古希腊〕亚里士多德著，日知 力野译，商务印书馆 1959 年版，第
9 页。

〔2〕虽然有的历史学家喜欢用梭伦自己的诗"我所给于人民的适可而止，他们的荣誉
不减损，也不加多；即使是那些有势有财之人，也一样，我不使他们遭受不当的损
失；我拿着一只大盾，保护两方，不让任何一方不公正地占据优势。"来描述梭伦进
行改革的核心思想，即他将采取的公正、中庸、不偏不倚的立场和原则，但我认为
这两句诗的含意更加深远：除了公正以外，他在高举公理和正义的同时，也承认
了强权的存在，并没有将强权作为剪除的对象，反而允许这个令绝大多数人深恶
痛绝的事物生存，只是希望将它协调以与公理能够共存，协和、共处。其实，所有
基于自然的天性虽然负面，实际上也是不可能简单地被根本铲除的，如何正确的
与不喜欢的事物共存才是真正需要足够理性和智慧的。

同时发生的一件事情却使梭伦因颁布"解负令"而取得的声誉受到损害。在他宣布"解负令"之前,可能与他的几个最信任的朋友康侬、克莱尼阿斯等商议过改革的事情,当他的朋友们得知他将宣布废除债务的打算时,他们立即借了巨额贷款去购买大农庄和田产,等法律正式实施以后,他的朋友们既得到了大笔财产又不必归还债务,人们因为这种明目张胆、卑鄙下流的图利行为而称呼他们为"赖账者",并且因梭伦和他们的关系而不由得怀疑梭伦本人的清廉,至于事实究竟如何,今天就更难厘清了。[1]

梭伦改革的立场是清晰而明确的,针对当时民众的两大需求:废除债务和重分土地,前一项事关正义,梭伦坚定而果断地予以实施,第二项来源于传统,他保留了现存的土地所有状况,连原有租赁土地的"六一税"的习惯也没有波及。但是他后来又颁布了一条法律,禁止奴役债务人。这表明梭伦在改革中坚持正义的原则得到了认真的实施,因为有了后者的规定,债务人即使不变更身份而实际被奴役的可能也被排除了。

另外,梭伦创设了雅典的货币制度,改原来的埃吉那体制为优庇亚体制;规定了每人拥有土地的上限,以避免大土地所有制;针对雅典城邦的粮食安全,规定阿提卡除了油料以外,其他一切农产品禁止出口;以及其他婚姻、丧葬、继承等多方面的新法。

总体而言,梭伦的这些社会和经济改革,使富裕阶层的现实利益和贪婪的空间大受冲击,引起贵族们的极度不满;而平民阶层因为重分土地和其他利益方面的热望没有得到充分的满足也对他大失所望。对此,我们可以从他的诗歌中感受到他高远的境界和冷静的洞见。

---

[1]《普鲁塔克全集·Ⅰ》〔古希腊〕普鲁塔克著,席代岳译,吉林出版集团有限公司2017年版,第3篇。也有人否认这个事情,认为是梭伦政敌的杜撰,因为那时雅典的货币并未大量而方便的被使用;同时,以他当时的民望,完全可以自称僭主也会得到大家支持,实在不必为了钱财而如此自污。

其次：政治制度的改革

梭伦对政治体制改革的原则：社会各阶层都能参与城邦治理，各阶层的权力总体要平衡；在扩大平民参政的范围和权力的同时，保护贵族阶层对城邦事务的主导权。

总体依然沿用旧有的按照财产标准将公民划分成四个等级，并依照不同等级享有参与政治和战争的权力和义务。改革之前的第一等级是否曾经实行"出身加财富"的遴选原则，我们不能确定，但梭伦改革是确定实行单一的财富标准。

扩大民主的内容主要体现在以前不受重视的第四等级——泰提斯阶层的权力上，梭伦实质性地增加了这个阶层的权力和义务。在古希腊人们的观念里，义务是只有公民才有资格担当的，是一种荣耀，而不是负担，现代类似的例子是第一次世界大战及以前的美国，原则上黑人不能参加一线作战，即使参军也只能从事运输和工程之类的后勤辅助工作，其背后的逻辑是：战死沙场是勇敢者的天性和权力，而只有勇敢者才配做一个自由的公民。

泰提斯虽然仍旧不能担任城邦的官职，但可以作为代表进入最高权力机构公民大会并且可以作为人民陪审员进入新设立的陪审法庭，这说明平民已经有资格在最高权力机构和司法审判中发出自己的声音了，而在战时充任轻装步兵和水手（桨手）是公民光荣的义务，而作为军队主力的骑兵和重装步兵依然是由原来前三个等级的公民担任不变；梭伦民主改革中最具有历史意义的举措是新增了陪审法庭和四百人议事会，并对战神山议事会职能做了重大调整。

让权力有所忌惮的方法是设置互相约束的机制，而不能依靠"报应"这样的迷信手段来实现。陪审法庭就是梭伦设计的平民对前三个等级和官员的监督机构：它是由包括泰提斯在内的全体公民组成，因为陪审员是通过抽签产生，保证了该法庭的普遍性，隔绝了任何操纵的空间，"最初，执政官并未被剥夺司法权，陪审法庭只是上诉法庭;但随着执政官的权力被降到只能处理预审事宜,陪审法庭跃升成为既是初审法庭也是终审法庭的最高法庭。"〔1〕自此,雅典所有诉讼的终审权从贵族手中转移到了全体人民手中。不限于此,梭伦还规定任何公民都有权向陪审法庭提起任何申诉,包括官员的决策,至此,陪审法庭的终审权和任何公民的申诉权结合便成为了"群众力量的主要基础"〔2〕,这是梭伦给予平民对强权最有效的制度保障,也是欧洲历史上最伟大的民主设计。

梭伦另一项重大举措是:削弱传统的贵族政治核心战神山议事会的职能,并新设四百人议事会承接其主要权力。旧有体制下,全部由第一等级成员构成的战神山议事会通过向公民大会提交官员拟任名单和议案来支配公共事务,现在四百人议事会取代战神山议事会的议案和提案职能,这个四百人议事会的成员来自四个部落,每个部落各 100 人,从每个部落的前三个等级中产生,产生的方式是选举还是抽签至今未有定论,但新议事会的代表性要远远大于战神山议事会是毋庸置疑的;梭伦给战神山议事会分配了更加崇高的职责:"政体的保护者和法律的捍卫者,对官员享有全面而不受限制的监督权,并享有监督公民风纪的权力。"〔3〕实际上,战神山议事会经此改革已经被抽离了日常行政和司法权力,沦为清谈馆,城邦的司法和立法权力已经现实的转移到新设立的陪审法庭和四百人议事会了。虽然两百年后的伊索克拉底,对民主而强大的雅典城邦因为丧失了希腊精神、团结和勇气而深感惋惜,欲图恢复战神山议事会,但民主的潮流已不可逆转,一次改革不能同时尝试两种体制,只能择一而行。

---

〔1〕《希腊史·Ⅰ》〔英〕伯里 著,陈思伟译,晏绍祥审校,吉林出版集团有限公司 2016 年版,第 215 页。

〔2〕《雅典政制》〔古希腊〕亚里士多德著,日知、力野译,商务印书馆 1959 年版,第 13 页。

〔3〕《希腊史·Ⅰ》〔英〕伯里 著,陈思伟译,晏绍祥审校,吉林出版集团有限公司 2016 年版,第 216 页。

至于将九执政官和司库等重要官员的遴选程序改为更加复杂的选举加抽签方式，只是这次改革的一个相对较小部分了，它的意义与其说是贯彻民主，还不如说是杜绝贵族家族和党派对官职的操控而已，抽签是最简单而有效的。

至此，梭伦完成了城邦赋予他的使命，通过一系列富于创造性的措施暂时缓解了当时雅典社会的激烈矛盾，并为城邦建立起一整套既合理又合人性的民主政制，奠定了雅典城邦民主政制的基础。

我们尤其需要注意到：梭伦改革通过对行政和司法权力的重置奠定了雅典政制转向直接民主化的第一块基石，即否定了一直以来贵族基于血缘获得权力的特权。梭伦制定法律将政治权利按照财产而非出身予以划分，上层阶级拥有制定和执行法律之权，他们以其财富承担了城邦公共支出和战争开支的义务，也同时享有相应的政治权力，而那些因为贫穷被豁免了财政贡献的低等级公民也被排除在公共事务之外，到此，梭伦设计的权力和义务对等的制度也可以算是合理和公正，虽然表面上看，在所有公民之间并不公平。然而梭伦通过由全体公民选举执政官的方式让低等级的公民可以在高等级之中选择特定的人员来代表所有低等级的利益，为他们说话，向他们报告，这样，低等级公民的政治和经济意愿可以不被忽视，他们的选票的价值得到了发现和利用，来自上层阶级的执政官也并不必然只为本阶层代言。某个代表人员和其所代表的阶层利益可以自由组合的代议制民主就此萌芽了。在当时，这是上层阶级对平民阶层做出的表面上的细小的让步，但它为原始的直接民主注入了自由因素和生命力，并随着时间的流逝，日益显露出更大的意义和作用。

"梭伦本人已证明自己是所有阶层人民的朋友"[1]虽然他的

---

[1]《古希腊演说辞全集·伊索克拉底卷》〔古希腊〕伊索克拉底著，李永斌译注，吉林出版社集团有限责任公司2015年版，第181页。

立场是中庸的,但他制定的立法和改革措施具有突破性。在能力上,梭伦同时兼具守中和革命这两种天然冲突的个性;在原则上,他既照顾到贵族和平民的各自利益诉求,又同时做到给双方适度满足而不逾矩,对分寸的把握近乎完美;最了不起的就是,梭伦在全部的改革进程中,很好地贯彻了自己"调整公理和强权,协和共处"的目标,对各阶层、所有人的天性都予以尊重,而不会剥夺(无论好坏)任何人的权力和资格,并使之与其他和谐共处,这是梭伦的胸怀和气度,也是他能赢得当时和后世人们敬佩的最伟大之处。用"宽厚而且智慧"来形容梭伦恰如其分,但不适合当时的雅典人。

再完美的制度设计也不能消弭人类天性中的愚昧贪婪和缺乏自制。梭伦完成了在雅典城邦的"武装堆垒群中,立起了一根分隔两方的柱子"[1],也许,梭伦早已洞见贵族和平民的矛盾不可调和,只能寄望于双方的自制和妥协,他能做的只有将双方隔离,以免引致不可收拾的结果。但是,由"我没有做过任何愚蠢之事,也不希望以强权和僭主政治的方式行事,这片富饶的土地上,我也不让卑贱者与善人分享平等的权利"[2]可见,梭伦本人内在的贵族倾向确实并没有影响他的在两个对立阶层之间实现平衡改革措施,需要注意的是,梭伦将平民和贵族阶层分别形容为"卑贱者"和"善人",应该不仅仅表明了他的政治立场。卸任之后,梭伦就出国旅行,并且宣布十年内不再回来。被分隔开的贵族和平民在共享短暂的几年和平以后,又陷入了分裂和混乱当中,因为双方的分歧和矛盾,执政官职位都出现了两年空缺,因此,雅典人修改宪法,将执政官由原来九人改为十人,规定其中五人来自贵族,三人来自农

〔1〕《雅典政制》〔古希腊〕亚里士多德著,日知、力野译,商务印书馆 1959 年版,第 18 页。
〔2〕梭伦残篇 34,第 7—9 行转引自《早期希腊》〔英〕奥斯温·默里著　晏绍祥译　上海人民出版社 2008 年版第 135 页。

民,两人来自手工业者。这一次的纷争主要是以党派的方式出现,在原有的平原派(代表贵族)和海岸派(代表平民)——梭伦离开雅典之前曾签署了允许阿尔克米昂家族回归的赦令——之外,新出现了山岳派,首领即是皮西特拉图,普鲁塔克认为他是梭伦的亲戚和密友,他的出身可能有贵族血统,但应该属于边缘家族,并非主流,"他被看成是一个极端倾向人民的人"[1],身边聚拢的是平民中的底层和因"解负令"而丧失债权的人,是梭伦改革的直接受害者和得益最少的人,这个群体是对当时现实最不满意的群体。

皮西特拉图以及僭主统治

起自于公元前七世纪中叶,爱琴海东西两岸的一些城邦,僭主政治不仅成为一股不容忽视的社会潮流,而且因为僭主们个人治理的成功,使这些城邦富裕而辉煌,人民幸福而满足,从而激起了所有其他城邦中贫穷和不满的人民的热切向往。这个时期,希腊尚未有哲学家出现,也就没有人对僭主制评头论足,甚至,它成为公元前七世纪的希腊世界一种比较流行的政体,更非过街老鼠。

用一个比较粗略的定义,僭主制就是未经民主选举或合法程序授权的,由个人及其家族进行的超越法律的政治体制。它不同于君主专制,因为希腊最初的专制国王都是经由"合法"的远古神圣血统世袭传承而来,受传统习惯法制约,国王家族的合法性都经由神话和史诗加以确认,虽然这些神话和史诗出现的时间比那些开国的国王要晚得多,而僭主们一般都没有神话中曾经身为国王的先祖,或者即使是国王的后裔,但根据传统也不具备承袭王位资格,比如国王的次子和庶子。即使有人想"补写"历史,也因为《荷

[1]《雅典政制》〔古希腊〕亚里士多德著,日知、力野译,商务印书馆 1959 年版,第18 页。

马史诗》和赫西俄德《神谱》[1]早已深入人心而使这种企图变得不可行。

　　现有资料显示,成功的僭主制国家发端于中希腊地峡,大约在前七世纪中叶,三个相邻的城邦相继建立起稳固的僭主统治,它们是:科林斯、西锡昂和麦加拉,科林斯又是它们之中的先行者,然后很快蔓延至爱琴海岛屿和小亚细亚沿海城邦,其中影响较大的就有:米提林、米利都、萨摩斯等;另外,在埃庇道鲁斯和以弗所也建立了僭主统治,但对外不太活跃;在意大利和西西里的希腊人城邦,僭主统治取得了相当大的成功,但对东地中海总体影响相对较小;当然,皮西特拉图家族在雅典建立的僭主制断断续续地统治了约半个世纪,但作为僭主的皮西特拉图父子在他的同类伙伴里面却算不上出类拔萃。显然,僭主政制在公元前 657 年(科林斯开始)之后超过百年的历史中,是一个足以与寡头制和民主制等量齐观,并一度创造过短暂辉煌的政制形态。

　　僭主制与寡头制和民主制相比,它的天然缺陷让它在与其他两种政治制度竞争中首先被淘汰出局,这个缺陷就是:僭主制只能做一个短跑选手,无法支撑其长期的稳定和延续。我们可以看到所有的僭主从"善政和仁政"到"恶政和暴政",再到最后被推翻,整个周期没有超过两任的。原因其实不复杂:

　　首先:僭主权力的基础,或者说来源是底层的平民,他们受贵族的压迫和自身的贫困严重到相当程度,不愿等待并急于改变现状,某种程度上说,是暴民统治的代表。而民众的欲望是最容易发生变化,最不容易满足的。

　　其次,僭主夺取权力的方式简单粗暴,一旦引起群众不满,被推翻的方式也同样简单粗暴。由于贵族与平民的矛盾是任何社会

---

[1] 荷马是传说中的诗人,所处年代虽然无法确定,但大多数史家接受希罗多德的说法,约在公元前九到八世纪;赫西俄德情况基本相同,大多也倾向于认为是前八世纪上半叶。两个人的生活时代晚于前七世纪的可能性一般认为极小。

都会长期存在而且无法根除的，而僭主要建立凌驾于贵族阶层之上的专制统治，只需要一个条件，即只要承诺保障平民阶层不受贵族欺凌，就能得到广大民众支持，轻而易举地跨越法律成为独裁者，而向群众献媚讨取群众欢心的办法多种多样；事实上，几乎所有的僭主原本就是贵族统治阶层的一员，已经通过自己的出色政绩或战功伟绩取得了高阶的官职，掌握了相当大的权力，尤其通过独特的个人魅力而深受人们信赖和爱戴，成为实际上的平民领袖，亚里士多德认为：一个人既是将军又同时是人民领袖的时候，僭主就自然地产生了，确实，从人民领袖到独裁者只有一步之遥，因为民主制下的贵族是无力抵抗民情汹涌的。反之亦然，那是因为人的满足状态从来不会超过两代人。

不依规则得到的权力，被剥夺时也没有规则可依；换一种说法：怎么得来的，终将以同样的方式失去。米提林的穆尔西诺斯、阿尔凯伊奥斯和皮塔库斯之间的僭主之争已经跳过一切伪装而变得赤裸裸了。

梭伦两头不讨好的改革没有解除雅典贵族和平民之间的敌对，反而增加了因为"解负令"而从中上阶层沦为贫困的群体，新增加的社会不满为雅典出现僭主政权提供了更广泛的群众基础。这时，一个并不显赫的贵族将军皮西特拉图，在公元前570年左右，雅典对麦加拉发动的萨拉米斯征服战争中表现出色，夺取了关键的尼萨亚港而声名大振，成为当时雅典人心中的英雄。接下来一如教科书般，他通过向社会上怨气冲天的平民阶层百般献媚许诺，并组织那些既反对贵族，又对一切不满的贫困群众成立了新的山岳派，在时机成熟之际，他用"自己的手弄伤了自己"（亚里士多德这样形容），然后将伤口展示在群众面前，标榜自己是因为人民的朋友，一切为人民着想而被政敌攻击，让人民通过决议允许他建立武装卫队——50个持棒者卫士，于前561/560年，在人民和武装卫队的支持下，皮西特拉图进占卫城，夺取了城邦的最高权力，雅典历史上首次正式建立了僭主政制。

托马斯·杰斐逊曾经说过"我观察到：人民自己的选择总体上很难反映其智慧；常常会显得粗野和意见不一。"其实，动荡社会中的党派和人民这样表现并不鲜见。原先互不相让的海岸派和平原派在看到斗争的成果被另一个人轻易夺取，总算清醒过来，搁置争议，在五年后联合把僭主赶出了雅典，然后，他们两派再次分裂，继续原来的争斗。可能海岸派落于下风，他们的首领麦加克里斯转向与皮西特拉图达成政治交易，他帮助恢复僭主统治，作为前提条件，皮西特拉图必须娶他的女儿为妻，双方各自兑现了诺言，皮西特拉图第一次复辟，此前皮西特拉图已经与前妻育有二子，不知是出于对前妻的感情还是考虑到今后王位的传承，皮西特拉图与麦加克里斯的女儿在婚后仅仅保持了名义夫妻的关系，当麦加克里斯得知这个情况以后，一怒之下，再次联合原来的对手将皮西特拉图第二次驱逐出雅典，这次，皮西特拉图从复辟到第二次下台可能不到一年的时间，这是发生在前550/549年的事。

皮西特拉图再次被逐后北上马其顿，在特尔马湾边上建立了一个叫莱克鲁斯的殖民地作为据点，然后深入色雷斯斯特雷梦河附近开采金矿，积累财富组建了一支雇佣军，准备武力夺回雅典，僭主国家之间的互相援助是当时的一个惯例，那喀索斯僭主吕格达弥斯及时伸来了援手，另外，其他一些城邦也给予支持，尤其优庇亚的厄律特里亚不仅为他提供宝贵的骑兵，更是为他提供了位置极佳的前进基地，前540/539年，渡过狭窄的海峡，皮西特拉图率领外援在马拉松平原登陆，他的国内支持者们赶来加入他的队伍，而反对派赶来阻止他进入雅典，双方在雅典东北的帕拉尼斯打了一场决定性的战役，皮西特拉图大获全胜，并顺利进入雅典，和平地解除了人民武装，皮西特拉图第二次复辟成功，他的僭主统治自此得到稳固。

令人意外的是，这个僭主实行的是立宪政制。亚里士多德认为:"皮西特拉图处理国政是温和的,而且是具宪法形式的,而不是僭主的。"他不仅延续了梭伦立法确定的民主政治体制,并且在细节上有所改进;当然,僭主毕竟不是民主,即使对民主制度进行改良也得按照他的意愿由他来主导,与此一致,在包括执政官在内的官员任命上他会施加影响,由此可能就影响到梭伦所采用的抽签方式的执行[1];建立一支由非公民组成的常备军,扣押部分不可靠贵族家的孩子作为人质,则是他保证自己安全的基本手段,除此以外他还是非常平和,"并愿意一切按照法律行事,不使自己有任何特权。"[2],亚里士多德记载:曾经有一次他被人控告犯杀人罪,根据法律传他到战神山议事会受审,他亲自到庭并准备自行辩护,后因为控告人离开而终止诉讼。

"亚里士多德和其他的古代资料将早期僭主视为全体人民反对贵族的领袖的看法,总体上是正确的"[3]。本质而言,希腊所有的僭主都是以人民利益的代表的名义来实行个人独裁统治的,所以,任何一个"合格"的僭主都会特别理性、明智和自制,尤其不会公然轻易地放纵自己的欲望。

而重装步兵(即双牛阶层)的出现,客观上加强了平民阶层的力量,在与贵族的争斗中丝毫不落下风。发端于斯巴达、科林斯等多利安国家的重装步兵,逐渐影响到其他希腊城邦,使战争方式发生了重大革命,重装步兵及其阵法和战术不仅彻底改变了原来的战争方式,在各自城邦的政治生活中颠覆了原来的政治格局和力量对比,平民开始作为一个独立阶层发挥不可忽视的作用,主要由

---

〔1〕抽签在民主制度下的意义并不是运气那么简单,它是防范野心和强权的最有效手段,直到今天,人们也没有找到比它更好的办法,美国总统的间接选举顶多也只是最接近于抽签的合理而已。抽签是僭主制度的天然大敌。

〔2〕《雅典政制》〔古希腊〕亚里士多德著,日知、力野译,商务印书馆 1959 年版,第22 页。

〔3〕《早期希腊》〔英〕奥斯温·默里著,晏绍祥译,上海人民出版社 2008 年版第135 页。

第三等级充任重装步兵的融合趋势,从根本上大幅提升了平民阶层在国内权力斗争中的威慑力量,原先在战争中担任骑兵的贵族阶层据有的优势地位,由于在对外战争时降为辅助兵种,其在国内政治生活中也随之失去了主角光环。

即使在民主传统较为深厚的雅典,皮西特拉图也是当时希腊众多僭主中比较优秀的。他所实现的成功统治其实是通过借以展示顺从人性的欲求来取代民主制度的优势,而对群众而言,对现实生活的满足和感受要比去探究僭主与民主政制的本质更有意义。

皮西特拉图确实在一定阶段内给雅典人民带来了和平、富裕,以及免予来自贵族阶层的奴役和压迫;而贵族也摆脱了毫无意义的家族争斗,虽然不满,但贵族阶层因为长期的互相消耗已经失去了反抗人民和僭主的力量了。

善用人民的力量首先需要善待人民,不论出于什么动机,皮西特拉图做到了。

首先,在经济发展方面,皮西特拉图领导雅典不仅实现了经济发展、城邦富裕,意义更大的是帮助消除第三、第四等级的贫困。

当皮西特拉图的僭主地位得到巩固以后,如何帮助小农和泰提斯阶层摆脱贫困,让自己的支持者满意,这不仅仅是政客对选民的回报,更是将这种支持固化和加强的需要。那些因未能成功阻止僭主夺权而逃离雅典的贵族反对派所拥有的大量地产,自然成为僭主用来讨好平民的"礼物",劫富济贫从来都是名利双收的便宜之举,皮西特拉图将这些出逃贵族的土地分割以后,分配给原来靠租地耕种的"六一农",以及城市里的无业流民,迎合了梭伦都不敢触及的无地农民的愿望;并且将原来六分之一(或六分之五)的土地租税一律改为向城邦上交收成的十分之一,税率降低取悦了农民,税收上交城邦而非贵族地主又增强了城邦财力;更大的幸运来自阿提卡半岛南端的劳里昂银矿的发现和开采,大量白银极大地增加了雅典的财力;最能显示僭主独具战略眼光的是,他派人在色雷斯的刻尔索尼斯半岛[1]建立了卡尔迪亚，夺回了列斯堡的西格温，等等，从而建立了一条从赫勒斯滂经爱琴海岛屿到达雅典的海上交通线，虽然最初的动机可能是为了与麦加拉争夺来自攸克星海[2]的粮食贸易的主导权，但在以后两百多年，随着雅典城邦的霸权扩张和人口增长而产生的粮食需求，与阿提卡的土地富产橄榄葡萄而非谷物的缺陷，这条海上粮食"生命线"的重要意义愈发凸显。

其次，在宗教和文化方面，由于那时希腊人的宗教内容和我们今天所理解的文化形式有相当大的重合，所以，当皮西特拉图企图将雅典倾力打造成为全希腊的宗教中心的时候，他并没有意识到自己不经意间完成的工作其实是对千年以后文化的奠基。

古希腊的宗教活动是虔诚而快乐的，基本上是以节日庆典的方式举行，他们通过举办隆重的节日庆典和各种竞赛的方式来表达对神祇的崇敬和感谢，而不是像后世一神教那样以更为肃穆、较为呆板的神圣礼拜和宗教仪轨进行。雅典人的宗教节庆一般都是在神庙进行酹酒和献祭以后，所有民众参加提供肉食的公共宴饮，游行，然后是各类持续数天的体育和艺术表演竞赛之后才算完整。当是时，希腊人相信万物有灵的多神教，差不多每个家庭、每个每个氏族、每个德莫（村社）、每个城邦都有自己信奉的神祇，神灵之间不相冲突，和平共存：雅典城邦虽然选择雅典娜为城邦的保护神，卫城的神庙迁入了雅典娜，但古已有之的埃莱克修斯神得以保留，而与雅典娜竞争失败的波塞冬最终也并未遭排斥，雅典人在阿提卡南端的苏尼翁建立了供奉波塞冬的神庙，神话中的赫淮斯托斯同样被雅典人民当作保护神，在克罗诺斯·阿莱格奥斯山上为他建庙；雅典人祭祀神祇的节庆必然和其所信奉的神灵一样多，但

---

[1] 早在殖民时代，另外还存在一个也叫刻尔索尼斯的希腊殖民地，不过是陶里的刻尔索尼斯，它位于今天黑海的克里米亚半岛。
[2] 今黑海。

其中最有影响的就是泛雅典娜节和城邦大狄奥尼西亚节,这两个节日都与皮西特拉图有关,前者因为僭主的重视,他亲自将背诵《荷马史诗》规定为庆典的组成部分,并为竞赛提供奖品而推广于全希腊,而后者则是僭主本人直接首创的纪念酒神狄奥尼索斯的大型节庆,取代了原来的列奈节(榨酒节),因为皮西特拉图不仅有意识地要将雅典建成全希腊的宗教中心,更是因为他"对所有与宗教有涉的事务都充满热情而又一丝不苟"[1],节庆期间,皮西特拉图不仅严肃规范了戏剧和音乐的表演,更为这些表演设立了竞赛评定和提供奖品,从而大大提高了雅典艺术的发展和声誉,连带作为奖品的阿提卡陶瓶画都得到了意外的波及,今天考古发现的阿提卡黑画陶和红画陶成为古希腊绘画艺术的巅峰,这其中的阿玛西斯、尼阿库斯、安多基德斯等著名画家一起在僭主庇护下造就了古代雅典艺术史上的黄金时代,也是古代希腊历史上第一个艺术高峰。

皮西特拉图的政治立场是平民化的,但他的文化艺术修养却没有下里巴人的气息。他和他富于才华的次子希帕库斯主持,将口传的《荷马史诗》加以整理和编辑成文;不限于此,根据普鲁塔克和贺拉斯的记载,希腊第一个悲剧诗人帖司匹斯——虽然关于希腊悲剧的起源仍有争议——首次登台就在前536年至前532年间的第一次戏剧竞赛,这个时间正好就在皮西特拉图统治期间,"在僭主设立的节日上开始进行表演"[2],由此开始的希腊悲剧成了"希腊人独有的成就"(伊迪斯·汉密尔顿语),人类历史上能与之媲美的也只有两千年后短暂的莎士比亚时代了。

最后,在对城邦建设方面,并且,"对于雅典城的发展,该家族

〔1〕《希腊史·Ⅰ》〔英〕伯里 著 陈思伟译,晏绍祥审校,吉林出版集团有限公司2016年版,第237页。
〔2〕《早期希腊》〔英〕奥斯温·默里著,晏绍祥译,上海人民出版社2008年版第262页。

贡献最大"[1]。

僭主都是有自己宏大理想之人,可能出于对自己权力来源合法性的歉疚,或者对机会的珍惜,僭主们施政时的勤奋和无私,加上个人的创造力,客观上最后大都成为历史性人物,各种自认为正统的后世史家在诋毁和蔑视僭主的成就时往往并不在乎真实和正义。

建于卫城之上的雅典娜—波利阿斯神庙是雅典城邦的核心和象征,它的建设几经兴废。考古发现,公元前560年带有多利安柱的基础,就是皮西特拉图最早开始建造雅典神庙为自己留下的丰碑;不仅如此,出于他的宗教热情和建设全希腊宗教中心的勃勃野心,他还建设一些重要的公共建筑和遍及阿提卡的祭祀雅典娜以外神祇的次要神庙;在皮西特拉图执政初期,科林斯、以弗所等爱琴海和地中海西部各城邦掀起了一股建造大型神庙、神像的热潮,皮西特拉图当然不甘人后,不仅在宗教中心提洛岛主持了宗教净化仪式,并在雅典开建规模宏大的宙斯神庙,未及完工,后因家族被逐而废除;皮西特拉图家族除了致力于宗教和公共建筑,对民生工程同样关心,他和他的继位者建造的雅典整个卫城的引水工程,包括水渠和引水桥,部分遗迹保存至今。

公元前528/527年,皮西特拉图去世,由大儿子希庇亚斯继位执政官,另一个希帕库斯似乎更喜欢文学而非权力,传说是他延揽了一批诗人进宫,帮助他抄辑《荷马史诗》。

僭主统治的条件是群众的普遍不满和僭主个人的魅力和能力,应该说新任僭主希庇亚斯上任伊始并没有继承这两项前提。

哈摩狄乌斯事件是雅典僭主家族统治走向衰落的开始,虽然它的起因只是个人恩怨,具体说只是"爱情纠纷",但其引发的后果

---

[1]《早期希腊》〔英〕奥斯温·默里著,晏绍祥译,上海人民出版社2008年版第258页。

却是缓慢而沉重的。传说希庇亚斯的兄弟(有人说是希帕库斯,也有人说是希庇亚斯的另一个异母弟弟贴萨卢斯)爱上了一个贵胄青年哈摩狄乌斯,遭拒绝后,希庇亚斯的兄弟采取了报复措施,利用权力取消了哈摩狄乌斯的妹妹担任泛雅典娜节游行的"持蓝者"资格,哈摩狄乌斯和他的爱人阿里斯托格同因此密谋要杀害僭主,由于一个偶然的误会,密谋者误以为机密已泄,决定提前动手,在市集上成功截杀了希帕库斯,哈摩狄乌斯当场被卫兵所杀,阿里斯托格同稍后被捕,然后被处死。

这件事当时并未引起太大的轰动,人们对密谋者也没有表示出多少同情,但它对希庇亚斯的影响却远远超出了恩怨本身,成了第一块倒下的多米诺骨牌。新的僭主也许出于对新的阴谋的恐惧,也许出于对人们"忘恩负义"的怨恨,反正他已失去正确判断形势的理智,并由此变得刻薄寡恩、多疑暴戾,渐渐的,雅典人民从对他的不满进一步升级到对僭主统治的仇恨;雅典的气氛不再是皮西特拉图时的宽容、平和,而是新的僭主与贵族和其他所有阶层之间的紧张和猜忌。

当统治者与其合作者、被统治者之间缺乏信任,充满仇视的时候,就是最容易被敌人利用的机会,本身力量单薄,极度需要倚靠民众拥护的僭主统治本来就缺乏理论和实践上的权力正当性。雅典的贵族阶层是不会轻易放过这样的天赐良机的。

伯里在讲到这一段历史时总结道:"雅典人总是喜欢避而不谈他们获得自由的方式"虽然事实上推翻希庇亚斯统治并驱逐僭主的是斯巴达军队,但有的史书将推翻雅典僭主统治归功于阿尔克米昂家族持续不懈的斗争,目的是尽可能地淡化斯巴达的作用。阿尔克米昂家族一直喜欢宣称他们是被僭主流放,而且一直在以各种方式抗争,更神奇的是这个故事:他们家族通过为德尔斐神庙做出巨大贡献,取得了神庙祭司的同情和帮助,而祭司则在每一次斯巴达人到德尔斐求取神签的时候,通过持续多年而且不变的预言"解放雅典",从而促使斯巴达人最终出兵驱逐了雅典的僭主。这种神话般的故事可信度虽然比较低,但它至少从某种程度上满足了雅典人的自豪感和自信心,毕竟被斯巴达人从僭主统治下解放出来,对以希腊民主制度的旗手和保卫者自居的雅典人而言,不仅讽刺而且无比尴尬。另一个事例,僭主流亡以后,雅典人突然将哈摩狄乌斯和阿里斯托格同作为反抗僭主统治,为了谋杀僭主而牺牲的自由战士的形象,大张旗鼓地为他们两个人竖立雕像,同样,无非是极力掩饰僭主统治时期的雅典国内一派和谐景象的事实。

至于斯巴达为什么要去推翻一贯交好的皮西特拉图家族统治,应该允许另一个解释:波斯的因素。皮西特拉图自统治雅典开始,他的对外关系所实行的是主动而且积极的和平政策,毕竟,和平的外部环境对政权的稳定肯定利大于弊,他努力同时维持着与当时两个敌对的多利安城邦:斯巴达和阿戈斯的良好关系。然而,他的儿子希庇亚斯即位以后,斯巴达对雅典僭主的态度因希庇亚斯女儿的婚姻发生了改变,希庇亚斯将自己的女儿阿卡狄西嫁给了兰普萨库斯僭主之子,而兰普萨库斯僭主与波斯宫廷的关系非同一般,那个时候,新兴的波斯帝国在大流士一世的统治下国力正强,并已侵入欧洲的色雷斯,斯巴达的元老们怀疑并且担忧雅典的僭主准备亲近波斯也是很自然的;因为"斯巴达是波斯的世仇。它总是站在波斯的敌人一边"[1],斯巴达仇恨波斯、反对僭主的态度不仅明确而且顽固,而对波斯来说,君主制的帝国皇帝更愿意去扶持希腊的僭主制政权,而不会去喜欢民主政权(哪怕是贵族寡头制),基于这个原因,斯巴达已经对萨摩斯、那喀索斯等亲波斯的希腊僭主发动战争并推翻了那儿的僭主统治,所以,希庇亚斯女儿的联姻,正好满足了与斯巴达为敌的两条原则标准,似乎不必通过德

〔1〕《希腊史》〔英〕N. G. L. 哈蒙德著,朱龙华译,商务印书馆 2016 年版,第 300 页。

尔斐祭司的暗示。而阿尔克米昂家族的故事,更多的是为了今后的政治资本需要,而故意刻画出自己由于反对僭主统治而被迫害的宣传,并非基于事实,据奥斯温·默里考证,"雅典官方公布的年度执政官表的残篇所显示的,则是不同的画面"[1],事实上,皮西特拉图死后曾有阿尔克米昂家族和菲拉伊德家族的首领分别出任执政官,希庇亚斯还是在他们之后担任执政官的,皮西特拉图在政权稳固以后已经与贵族阶层达成了某种程度的和解,我们所困扰的是当时双方矛盾与和解的程度与细节在今天已无从得知,因而不得不借助于依据逻辑和本能的推理,甚至想象。

公元前510年,斯巴达军队通过发动两次战斗,最后推翻了希庇亚斯政权,希庇亚斯和家人永远离开雅典,前往特洛伊附近的西格温,随之,雅典人在卫城竖立起一根石柱,刻下了永远剥夺皮西特拉图家族成员公民权的文字。至此,雅典的僭主统治终结,考虑到皮西特拉图的几次中途被逐,皮西特拉图家族统治共历两代人,约三十六年左右。

雅典城邦历史上唯一的一次僭主政治,在文化和宗教方面提升了雅典在全希腊的地位,雅典平民的贫困化和社会矛盾得到了治愈,尽管如此,最终还是避免不了僭主政治只能作为希腊城邦政体变化的过渡阶段的特性;虽然,在观念上,僭主政治是所有人心目中的大敌大害,但是,如果存在一个明确和绝对的正义标准的话,僭主所实现的正义与它所破坏的相比,事实上是否也必然与它所承担的恶名一致?

克里斯提尼改革

雅典在推翻僭主统治以后,不得不面临重新选择,民主派和寡头派的斗争再起,民主派很快就占据了上风。民主派(海岸派)的

---

[1]《早期希腊》〔英〕奥斯温·默里著,晏绍祥译,上海人民出版社2008年版第274页。

首领即是阿尔克米昂家族的克里斯提尼,而寡头派(平原派)在不得已之下只能再次向斯巴达求援,斯巴达是希腊寡头派的领袖,一向反感民主政治,因此派出了传奇而疯狂的国王克里奥米尼斯奔赴雅典,企图解散克里斯提尼的政权,在雅典建立寡头政治。但雅典人民虽然可以接受斯巴达的援助,以推翻僭主统治,却不愿意接受斯巴达安排的寡头政治,他们自发武装起来包围了斯巴达人的小队,被围困三天后,傲慢的克里奥米尼斯不得已而投降,雅典人民建立起民主政权。

克里斯提尼继续进行被皮西特拉图打断了几十年的雅典民主制改革。梭伦改革奠定了雅典民主制的基础,但因为没有完成社会问题的改革,民主制度也不能得到充分的实现,皮西特拉图家族统治时期,雅典的政治如何进行,现在能得到的资料很少,所以它的政治遗产价值无法予以正确的估量。

克里斯提尼改革从形式上看,更多在于程序改革和将公民予以重新组织,而非实际宪法原则的重大改变。经过重新分配的社会组织今后更多体现地域的联系而非原来的血缘氏族的联系。

克里斯提尼取消了梭伦改革的按血缘划分的四个部落,取而代之的是重新划分的十个部落,再将全国的近两百个自然德莫(村社)划分为 30 个"三一区",按照城区、沿海和内地分类,每种类型各设十个三一区,依靠抽签方式在三个不同类型的三一区内各抽出一个组成一个新的部落。新的部落制度下,公民身份依据其所属的德莫予以分辨,而非依据父名,这样使新被授予公民权的自由民与传统公民完全一致;而且原来的海岸派、平原派和山岳派的政治派别划分也由于新的部落归属而被打乱,实际上废除了旧有的政治格局,一直以来分裂的基因:氏族和胞族所构成的贵族和平民以及依附关系都被废止了,以后对公民的阶层划分更多依靠的是财富和地域,而不是出身;在政治上,古已有之、依据血缘的氏族和部落力量被打散了,以后,城邦公共事务的决定完全由所有拥有平等地位的公民个体分散而独立地做出决定。

在此基础上,克里斯提尼改革了原来的四百人议事会。由每个部落各产生 50 名议员,成立了共 500 人的议事会取代原来的四百人议事会,议员产生从最初的选举到后来的抽签,并要求议员上任时宣誓为"城邦的至善建言献策",卸任后要为在任期间的所作所为承担责任。[1] 由于议事会是城邦最高行政机构,它的权力也得到了大幅扩充,负责财政、公共事务、军事(除宣战媾和的权力仍在公民大会)、外交、部分的司法职责,议事会原本审议提交公民大会议案的权力不变。至于高级行政官员:执政官和财政官等职位的产生过程似乎没有大的变化,但好像模糊了第一、第二等级的差异,使"骑士"等级也具备担任高级官职的资格,而普通官职仍由第三等级"双牛"出任,原来的以财富划分阶层并担任官职的原则限制总体不变。

古代希腊城邦的军事组织在城邦的政治生活中一直占据首要地位,政制和财政最终都围绕战争和准备战争而进行,因为这事关城邦生死。克里斯提尼对雅典的军政体制也进行了改革。每个新的部落同时也构成一个军事单位,需提供一支重装步兵和一小队骑兵,每个部落各自推选一名将军,经过一段时期后雅典的"十将军"成为城邦的重要官职,著名诗人、悲剧家索福克勒斯也曾一度当选为十将军之一,但似乎十将军仍归波勒玛刻节制,城邦军队的最高指挥官还是执政官级别的波勒玛刻。

"贝壳放逐法"的制定,成为雅典民主制度有趣的一大特色。设立这项宪制的目的在于:防止此时被雅典人民深恶痛绝的僭主政治再度萌芽,即当某个政治人物的功绩和成就取得非常的成功,并且赢得全体人民过度的爱戴的时候,贝壳放逐法作为一种预防政策将被启用,即由全体公民投票决定:出于防范某个杰出的领

---

〔1〕《希腊史·Ⅰ》〔英〕伯里　著,陈思伟译,晏绍祥审校,吉林出版集团有限公司
2016 年版,第 251 页。

袖人物利用其权势和声誉而谋求独裁,而由全体公民投票决定是否将其流放外邦,流放期限为十年,流放期间其个人和家庭财产得到城邦保护,流放期内回国则其人身不受城邦保护。这一法律的目的仅仅是防止再次出现僭主,但这种基于人性的预防性制度,在实施的时候往往就不会像它的立法动机那么单纯了。

克里斯提尼改革是在梭伦改革基础上进行的最后一次结构性的重大改革,雅典的民主制度至此得以正式成型,以后的改革大多是技术性的进步和调整。城邦党派之争虽然不能根除,但确实要比以前血缘部落制时实施难度增加了许多,这是一种政治进步,有利于雅典城邦避免党派和家族争权夺利,有利于城邦团结凝聚力量保卫自己,参与城邦竞争,但随着民主制度的深入进化,也会产生新的问题。

克里斯提尼的改革继承了梭伦改革的民主和正义的原则,但更富于实践性。梭伦改革与其说是缓解,不如说是隔离了当时严重的贵族与平民之间的冲突,但由于他中庸、不偏不倚的个性,使他的立法被更多地被加以负面利用;而克里斯提尼改革沿袭了梭伦改革的原则,虽然没有根本性的创新,但他的立法特点是将民主的范围和执行加以扩大并统一标准,使雅典的民主制度清晰而且平等,而且使四个等级的权力界限加以一定的淡化,让财富和才能在社会生活中的重要性进一步超越出身,其结果是从制度上保证平等的精神更易于实现。

世上并不存在关于"平等"内涵的有意义的描述,取消特权平等自然实现,人民对平等的感受和欲望丝毫不亚于自由。克里斯提尼改革使贵族的特权受到了合法的压制和削弱,较低阶层的政治权利不仅完全摆脱了出身的限制,连财富等级的任职机会也得到了向上的提升,这些法律的颁布能够凝聚起雅典各个阶层人民的力量,使雅典成为当时乃至于以后,都是希腊世界里最接近完整意义和正义精神的民主制城邦。

公元前六世纪的雅典,从世纪初的梭伦民主制改革开始,到世纪末以克里斯提尼改革结束,期间又经历了皮西特拉图家族长期而富有成效的僭主统治,事实上,这是雅典城邦民主制度建设和其他各项社会进步最大的一百年,民主制改革因两次递进和改良而臻于完善,国家的经济文化实力因僭主专制而得到了有效的发展和蓄积,政治制度、社会生活各项资源从磨合到和谐。到世纪末,雅典城邦已经在物质、文化、组织、法律等方面,尤其是精神方面完成了足够的准备和积累,即将以"蓄势待发"的状态跨进新世纪,正式拉开了持续二百多年的希腊领导地位争霸战的序幕。

四　早期雅典人的观念

单纯从文明和思想的角度来看:今天信奉西方价值观的国家都是古代希腊(尤其雅典)的"殖民地"及其延伸。

数千年来,希腊及其文明继承者的历史演化过程就是一个跌宕起伏、丰富多彩的画卷。我们可以从中观察国家和民族的兴衰,感受艺术和文化的绚烂,感叹历史性人物的命运多舛,等等,这些事件和人物在不同的时期、不同的地域,反复以各种方式如戏剧般重复上演。然而,所有这些历史似乎都是依据为数不多的几个剧本,在跟随时代变换了角色名称、服装、道具和场景以后不断地"翻拍"版本,而这些剧本就是人性的内核以及它们的运动规律。

一般而言,个人的言论和行为受他(她)的思想、观念和情绪的控制,同样,一个民族和国家在整体上也会形成民族和国家自己当时的主流价值观和总体的情绪,并且会以一种虽然间接、无形但强大的力量影响着社会总体,而理性在其中的力量和作用大多是不确定的。因此,我们要去发现和理解古代雅典人在他们的历史初创期的思想基本运动,即思维习惯和精神倾向的形成、发展以及在那段历史时期如何发挥作用,是一项有相当难度的工作。

　　特别需要注意的是：古往今来，一个社会中能取得优势的主流价值观和精神倾向都不是自然形成，从天而降的。实际上，它们都是经过人们长期的社会实践和数代人的奋斗，甚至牺牲才能取得一段时间内的主导地位。

　　古代希腊社会同样如此，即使是他们原始的观念和信仰的形成也是一个复杂的化学反应过程。在这个过程中，我们今天看到的都是最后的胜利者，即已经占据了主流的思想和精神，而那些在竞争中失败的思想和精神其实不会被消灭，而是暂时被挤到边缘，所有能被称得上思想的，其价值和意义只会蛰伏，不会消失；实际上，在经历了长短不一的时间以后，它们往往也会反败为胜，占据主流，只要"气候"合适，谁都会有复活的机会。雅典的僭主制从基伦暴动失败到皮西特拉图的成功，当中仅仅间隔了七十年，并且后者一度取得了完全的成功。这其中，政治环境和伟人个性的作用和意义是决定性的，令全希腊，尤其雅典人一贯反感的僭主专制统治并不是从诞生开始就那么令人厌恶的，所以，当我们在事后归纳一个民族和国家总体性质和主旨的时候，我们不应该忽视与其总体性质相异的另类，对它取舍的理由往往包含着关于雅典主流价值观形成的更重要的决定性信息。简单说来，就是我们在学习古代政治史的时候，常常到听到一句话：某某某得到广大人民的拥护而打败了某某某，从而赢得了执政权或者使他的议案得到通过，而在这里，我们将尽量往前再延伸一步，看看他究竟是用何种手段最终赢得了人民的支持，其实，这样的故事往往更精彩，但也更难被发现。

　　我们的目的并不是想由此编撰一部雅典的思想史，应该更像是一种对早期雅典历史阶段的社会思潮和人们情绪的探究，即希望在学习雅典城邦的发展历史过程中，同步考察雅典人的主流价值观的形成，并外化成为城邦的政策和法律，进而影响它的政治外交历史、思想文化发展，它们在城邦的不同历史阶段是各不相同，变幻多端的。幸而,雅典不仅拥有古代希腊世界最为众多的哲学家、史学家和诗人,而且他们的作品也是被保存得相对最完整的。

特洛伊战争以后,希腊世界才开始了各自城邦和民族的发展,并形成了不同城邦的不同个性。即使是同一民族建立的不同城邦也会迥然相异,同为多利安人的斯巴达和科林斯两个城邦最终走上了截然相反的发展道路,斯巴达蔑视财富与享受,而科林斯则以商业与繁荣为本,两者形成了强烈的对比。而雅典在整个地中海区域所有希腊人建立的城邦和殖民地中显得尤其卓尔不群。

雅典人的性格在古代希腊世界中是独一无二的。雅典人的思想观念和精神特质是通过古代希腊的神话史诗和戏剧得以保存下来的。希腊神话勾勒出原初的希腊人在文明拓荒时期大致的精神生活,而稍晚出现的更为丰富的戏剧则具体而详细地描绘了当时雅典人几乎全部的观念和准则。依靠文化的优势,雅典毫无疑问地成为后人眼中古希腊的唯一代表,依靠城邦的实力,雅典在地域和时间上广泛传播了自己的文化。《荷马史诗》的抄辑成文是由雅典僭主完成的,悲剧诗人和最主要的表演也是以雅典为核心的,所以,它们反映的自然就是雅典人的思想、雅典人的传统、雅典人的观念和雅典人的爱憎;当然,对自己的历史进行美化也是不可避免的。

文明似乎也有生命,也会像自然界的生物一样,为延续自身血脉而激烈竞争。"希腊人既没有去仿效他们之前的文明,也没有去仿效他们同时代的文明,他们给这个世界带来了一些全新的东西。"[1]这些全新的东西就是古希腊文明,它由古代希腊人创造,也赋予创造它的人们以力量和智慧。当面临波斯帝国大举入侵之际,希腊人团结起来誓死抗争,并取得了最终的胜利,希腊人维护

---

[1]《希腊精神》[美]依迪丝·汉密尔顿著,葛海滨译,华夏出版社2019年版,第5页。

了自己的独立和自由,也保护了希腊文明,使他们在思想和文化上所有辉煌成就得以存续,并由此开启了西方文明的起源。雅典,在汲取了整个古希腊文明的精华并在其上留下了自己的印记以后,再历经数千年演化,成为今天西方文明的滥觞,而底比斯、哈利卡纳苏斯等城邦,虽然也曾有过发达的文化和杰出的智者,却因为城邦的失败而成为别人历史中的配角。从公元前六世纪晚期以降,雅典事实上就已经开始逐渐掌握了希腊世界最主要的话语权,在雅典城邦成功争霸之后,雅典文化实力得到更大发展,这种力量日渐强化,而这种软实力在城邦和同盟间的政治效用也很快被聪慧的雅典人发现并加以运用,我们今天所熟知的"双重标准""话语权"等等现象,在那时就已被雅典人用来作为抹黑对手,为自己抢占道德高地的一种常用手段了。

雅典人的基本观念

雅典人不仅具备同时代希腊人的共性,另外他们还形成了自己独特的个性。

从古典时期到公元前六世纪末,雅典城邦还没有成为希腊的主导城邦,雅典人总体上过着一种内向的和平生活,城邦、人民的统一融合过程,以及因阶层冲突而做出的权力调整是城邦早期的主要内容。守着阿提卡大片不太肥沃的土地,聚合起半岛上众多的村镇人口,他们既没有强大到可以野心勃勃地威胁邻邦,也未曾孱弱到引起外邦的觊觎和重大威胁。因为他们自己尚在"调整公理和强权,协和共处"[1]的过程中。

但是,这种平和并不意味着平淡和停滞,雅典人关于城邦政治、公民生活和正义的观念和信念,正是在这种自由的、时而紧张时而宽松的环境下逐渐成形,并影响着他们的思想和行为。非常

---

[1]《早期希腊》〔英〕奥斯温·默里著,晏绍祥译,上海人民出版社 2008 年版第180 页。

有意思的是：我们可以从中看到雅典人的政治经历，忒修斯自我限制世袭的国王权力，贵族的共和政治，以及梭伦改革所拉开的民主化进程，尤其是其中意外而又突兀插入的皮西特拉图家族数十年的僭主统治，直至最后由克里斯提尼完成了梭伦开始的民主政治。即，雅典人民尝试了早期希腊曾经出现过的全部政治类型并做出了自己最终选择，我们可以认为：这是一个不带预设前提的自然试错的过程，它使雅典人的见识和思想的边界得到了极大的拉伸和延展，以后的雅典人自然就成为希腊最见多识广、冒险无畏、思考深刻的一部分，尤其是他们的创造能力和承受能力都超越了其他希腊人。这些来自一个城邦亲身历史实践的性格因素在历史进入下一个世纪后，就累积成雅典人敢于独自抵抗波斯入侵和统领希腊诸邦时，所具有的毫无忧惧的自信心和自命不凡的优越感的精神力量的源泉。

除了这个因素，雅典人其他的性格因素则来自更为古老的传统观念：有些是希腊人共有的，有些是雅典人独有的。

古希腊人关于生死的态度：生命并不可贵，死亡也不可怕。

雅典最有智慧的哲人梭伦曾经告诉最富有的吕底亚国王克洛伊索斯“没有一个活着的人能称得上是幸福的人”。[1] 这句话也同样可以毫不违背地翻译为“凡人类之事皆无永恒之物”，无论从哪个方面理解，它们的意思都是在说：凡人的生命不仅是无意义的，也是充满了不幸和卑微。在希腊神话和戏剧中，我们读到凡人遭遇的各种不幸和悲哀，它们或是来自神祇和命运的安排和惩罚，或者来自亲人和内心的无情和失控，但是不幸和卑微是人的命运的主要内容，从奥狄浦斯及其后代经历的惨绝人寰而且无法逃避的悲惨命运，到埃阿斯的悲剧，无一不在告诫当时的人们“谁都有逃避不了的厄运”，至于希望，普罗米修斯认为它是“盲目的”，并且

---

〔1〕《历史》〔古希腊〕希罗多德著，徐松岩译，上海三联书店 2008 年版，第 34 页。

"是不可靠的东西"[1]，总体看来，悲观主义成为希腊人精神的底色，而希望只是对他们过于厚重的悲观意识进行短时间的、表面的对冲。

从流传下来的希腊神话和戏剧诗歌，我们没有看到古希腊人对生命可贵的礼赞，没有看到对生命美丽的讴歌，更没有看到人们因为生命而对天地神灵的感激。远古的希腊人，诗篇里面没有歌颂爱情和鲜花，只有哀叹屠戮和奴役，以至于连国王都会祈望"一个人最好是不出生，既出生了，求其次，早死早好"[2]。混沌初开的时候，谁都不容易，人类的先民们不仅要在大自然中挣扎求存，还要逃避来自同类的劫掠和征服，为什么唯有古希腊人表达出来的却与众不同，他们的生活和心灵笼罩着的只有无奈和黑暗？答案可能是：当时希腊人对生活的现实主义态度增强了对这些痛苦的感受，一个因素是"希腊的悲观主义更多地表现为一种普通生活的现实，但这绝不是反思的产物，更没有它在 19 世纪获得的复杂的理性基础，而是作为一种情绪和态度对世界的简明直率的告白"[3]，希腊人对命运的感受是直接而且不加掩饰、不打折扣地进入人们的心灵，我们看到雅典的诗人们关于人间悲剧的描写都是写实的、赤裸裸的而不是抽象的，客观上，人们对苦难和无奈的感受总是要比快乐更强烈、更持久；另外一个因素是希腊人从一开始就排除了对美好生活的希望和幻想，甚至，他们的宗教和神祇都不会帮助人们拥有幻想中的幸福，或者精神上短暂的麻醉，没有承诺，没有想象，从悲观进一步走向了虚无，奥林匹斯山上的宙斯和众神们赐予人类的"礼物"——潘多拉之盒，被惩罚三女神向人间释放了"一万种不幸"，但"在希望飞出瓶口之前，这妇人便盖上了

---

〔1〕欧里庇德斯《请愿妇女》第 479 行。
〔2〕索福克勒斯《奥狄浦斯在克洛诺斯》第 1223—1225 行。
〔3〕《希腊人和希腊文明》〔瑞士〕雅各布·布克哈特著，王大庆译，上海人民出版社 2012 年版，第 154 页。

瓶盖"[1],人们除了痛苦的现实世界以外没有可以让精神短暂逃避或者寄托的心灵空间,为此,他们寻找的同样是简明直率的现实主义的出路:不去依赖宗教的救主和精神的幻想,而是独辟蹊径,发明了由自己做主的自由和民主制度。时至今日,从我们和西方人在思维方式和习惯上依然能够清晰地找到这种数千年前东西方人们之间自始就已存在的思想和情感方面巨大差异的痕迹,之后发生在西方的基督教、文艺复兴等思想运动只是扩大了这种差异,而不是产生,而他们的东方邻居则习惯性地抱持着等级分明的专制,以及从个人到社会普遍存在着的各种内在分裂的思维和情感方式生活至今。

　　生命既然没有乐趣,就不必留恋,死亡就不会可怕。希腊人不怕死亡,却畏惧命运带来的无边的痛苦。生命的意义对希腊人而言有两个角度,积极的一面是能够通过战争或竞赛去争取荣誉和正义,消极的一面是接受命运的安排,去忍受苦难,而"所有活着的凡人都不外是幻影虚形"[2],在这种观念影响下:杀婴或弃婴,即杀害或抛弃畸形和病弱新生儿是希腊人普遍接受的观念(可能底比斯除外,他们的办法是以很便宜的价格卖给愿意收养的人,长大以后当作奴隶),这种习俗并不是斯巴达人的专利,斯巴达人只是以执行最为严苛的健壮婴儿选择标准而知名,柏拉图也认为"有病的人不应该在继续活下去,或者至少不要生养孩子",其中风险最大的基本上是女婴,据说大多数希腊人的习惯是只保留健康的男婴和第一个女婴,虽然,城邦及土地供养的人口极限也是一个现实因素,但这种供应的限制很早就因为殖民地和贸易的发展而得到解决;另一个现象是老人及自杀,古希腊人对一个英雄或者爱戴之人的英年早逝很少表达出惋惜,但他们会更在意他活着的时候是

〔1〕《工作与时日 神谱》〔古希腊〕赫西俄德著 蒋平 张竹明译 商务印书馆1991年版 第4页。

〔2〕索福克勒斯《埃阿斯》第125—126行。

否勇敢,是否取得辉煌的胜利,是否取得过崇高的名誉,或者是否无悔无畏的承担了神祇分配给他的,即使是悲惨的命运。大家普遍认为一个人如果能在衰老以前死亡是一种幸运,由于老迈而导致的失去行动能力是整个社会的麻烦,因为他已不能对城邦和家族有所贡献,自己也不能如青壮年般享受生活的快乐,如恋爱、飨宴、狂欢和冒险等。至于自杀,普通人因为年老而自杀虽被大多数城邦的法律禁止,但在人们心中,从感情上是不会被谴责的。

生死观在人类社会的所有文明中都是基础性、决定性的因素,它既是自己文明区别于其他的独特标签,又是从根本上影响着自身文明的今后走向。古希腊人对生命的悲观主义,和直面死亡时的勇敢无畏,甚至藐视,另外还混杂着某种程度的"期待"的态度,使它在当时能够以非凡的勇气去支撑着几乎是微薄的力量,干涉小亚细亚爱奥尼亚城邦事务,殖民地中海和黑海,甚至,雅典敢以一邦之力(唯一的外援普拉提亚派出了自己全部的重装步兵1 000人作为援军)的区区一万之众对阵十倍于己的波斯大军的进攻,不可思议的是,最后竟然在马拉松平原取得了决定性胜利,其中的原因当然复杂多样,但"置之死地而后生"的精神力量是谁都不应该忽略的重要因素,相比于我们将它作为一种激励和策略,雅典人则是根植于他们内心的绝望,有时候,真实而彻底的绝望反而是奇迹的源泉。

关于正义的问题其实就是关于是非问题,虽然没有终极答案但也不能没有答案,人们至今一直都在寻找的过程中,直到有一天不再有人关注为止,应该说,这一天并不是假设。

正义从来没有普遍接受的标准,它可以被任何人加以各自任意的解释。希腊人最初关于正义的理解就是"强者的幸福",赫西俄德在他不多的长诗中用不少的文字叙说了鹞鹰和被它生擒的夜莺的故事,鹞鹰告诉夜莺"不幸的人啊!你干嘛呻吟呢?喏,现在你落入了比你强得多的人之手,你得去我带你去的任何地方,尽管你是一个歌手,我只要高兴,可以你为食,也可放你远走高飞。与强者抗争是傻瓜,因为他不能获胜,凌辱之外还要遭受痛苦",虽然赫西俄德说这个寓言是为了劝谕他的兄弟"你要倾听正义,不要希求暴力","正义最终要战胜强暴"[1]。在三千年前的希腊人心中,既没有太多的抽象概念,也没有太多的是非标准,心中的一切来自原始的生活,来自生命的本能,虽然也有人在寻求正义,就算是观念和思想,也必须是符合当时残酷的社会现实才有可能"存活"下来,当时的现实也是同样,强大是生存之本,谁不相信这点,其他人就会用暴力教会你,人的本性就是如此。前416年,雅典人在征服米洛斯的时候,就是这样理直气壮地回复米洛斯人对雅典侵略的"不正义"指责的。

如果正义只遵守这种规则的话,那么希腊人所坚持的自由和平等就只能依靠强暴来建立和维持了,敏感而智慧的雅典人可能也发现了这种荒谬,因此雅典在成为一个强大城邦以后,他们认为必须将正义的内容给予扩充,如尊重传统、帮助弱者,正义感,宽容、亲情,诸如此类。于是,《奥狄浦斯在克洛诺斯》《赫拉克勒斯的儿女》《请愿妇女》等寓意深刻的故事应运而生:雅典人不惧威胁从阿戈斯国王手中收留并保护了英雄赫拉克勒斯的儿女;出兵底比斯,从城下帮助收回了七将攻城而战死的阿戈斯人的尸骸并给予安葬,这些都是雅典人基于对正义的理解和坚持,而非出于利益或者功利的目的的正义行为。最终,通过这些神话和戏剧宣示和强调的,不仅是雅典人显得与众不同,更是希腊诸邦中的一股正义力量。

通过神话和戏剧,神祇和命运给凡人带来了无处可逃的无情、残酷和绝望,同时,诗人们也需要塑造人间还有美好、温情的一面,

---

〔1〕《工作与时日 神谱》〔古希腊〕赫西俄德著 蒋平 张竹明译 商务印书馆1991年版 第7,8页。

这样的世界才能达到平衡和完整。至于这些事迹到底是真实发生过的还是仅存在于诗歌故事中，其实都已不重要，关键是他们已经在寻找并发现了存在于人类自身的美好和温情，以及，无论人和事的好坏都是人间的真实存在，应该对世界加以宽广而正确的理解，但真正对原谅、宽容、同情、怜悯这些美好情感概念和意义的发现却是要等到进入下一个世纪以后的事了。

公元前六世纪末以前的希腊人，凭着本能和勇敢生活，跟随命运的摆布，希望和幻想的阳光还没有照耀到他们的心灵，精神和智识如刚刚发芽出土的秧苗，还没有开始健康生长。

雅典人的生活

希腊人区分出奴隶这个阶层以外，在自由民之间同样以血统和财富为标准建立起了基本的城邦秩序，但由于公民社会对个性和自由、平等精神的承认，公民个人需要通过足够社会化的方式得到精神的满足和发展的空间，而这不能仅仅依靠战争这种方式得以实现。所以，在对大多数人实行完全剥夺基础上的广泛的奴隶制度以后，希腊人（只有自由民和公民才可以称之为人）不事稼穑也可以生计无忧，他们旺盛的精力只能倾注于城邦战争以及和平年代的各类竞赛，所有人都在追求一种"优秀"，大家都竞相展示自己除了高贵的出身和身份以外，个人的才能和精神气质方面同样具有相比于他人的出众与优越的品质，当时，大家的观念："出身的高贵全然不意味着精神的高贵"[1]，而运动场上的"优异"表现完全可以和精神和出身的高贵等同起来，甚至更胜一筹。

不同于其他早期城邦，雅典人除了对地位、权力和财富的追求，各类体育和文艺赛会占据了他们日常生活的最重要部分。布克哈特直接将特洛伊战争以后到公元前六世纪末的希腊历史称为

---

[1]《希腊精神》〔美〕依迪丝·汉密尔顿著，葛海滨译，华夏出版社2019年版，第69页。

"赛会时代",这个时代的特征一是希腊世界总体比较和平,较少发生大规模的长期战争,二是几乎所有的希腊城邦都热衷于各种竞技比赛,体育竞技和带有宗教性质的大型节庆活动中的文艺表演比赛是其中最重要、最普及的部分。

体育应该最初脱胎于军事技能训练,在和平时期才成为了比赛。在当时,体育被看做是和平年代的"战争",它同时体现了个人之间和城邦之间的力量和精神的优劣比较,意图纯洁,不带任何功利。在两千多年前,突然出现这样没有直接效用和实际功能,却又得到这么广泛普及的一项社会运动,要弄清它的源起确实不是一件容易的事,可能多重因素的复合造成了这个结果:最根本的基础就是军事技能训练,每个公民都是城邦的战士,为了提高自己的身体素质和战争(杀人)技巧而在平时必须进行身体训练;公民的身份使他们不必受到谋生的逼迫,可以投入足够的时间和精力专注于这种训练,渐渐的,军事训练部分的从手段异化成了目的;最后,战场上的规则被用到了城邦生活中,在平时的军事训练和体育竞技模糊了边界以后,首先是合作和平等的精神在公民社会中得到认可和巩固,因为在战场上,死神不会按照权力或者财富的顺序降临到人们身上,尤其是公元前八世纪末开始的重装步兵阵型取代了原始的混战模式以后,取胜的关键是阵列步兵的互相配合和信任,其次是每个人的速度、力量和技巧,尤其是勇气,这些强健体格和优胜精神就成为体育竞技所必需的,和将要培养的素质。

公元前776年,最古老的奥林匹亚运动会首先创立,希腊先后出现了四大体育竞技会,其他三个分别是德尔斐附近的皮提亚(始于前582年),科林斯地峡的伊斯特摩亚(始于前581年),阿戈斯的尼米亚(始于前573年),人们将奥林匹亚运动会的冠军视为最高;运动会只向全希腊的自由公民开放,在组织和宗旨上不是以某个特定城邦为核心,而是以敬奉全希腊共同的宗教和其中某个神祇为宗旨,比如奥林匹亚运动会是献给众神之王宙斯,皮提亚运动会则是为了取悦阿波罗神而举行，其中，奥林匹亚和皮提亚的竞技会每四年举行一次，而后两者是每两年举行一次，运动会的举办不受战争影响，影响最大的奥林匹克运动会受到全希腊诸邦为期一到两个月的神圣休战合约的保护，以至于公元前480年的波斯侵略战争也没能中断运动会的举办。雅典人虽然都积极参加，但从各种资料看，雅典人似乎并没有取得如同在文艺赛会上一样突出的成就，在各种残篇和品达（对运动会优胜者充满狂热，80岁高龄死于观看比赛的运动场）的诗作里面，雅典人夺冠没有超过各城邦平均数。

　　体育竞技赛会最初应该是分散、零碎、规模有限，有的穿插于音乐比赛，有的出现在宗教节庆，乃至于葬礼上，它广泛分布于大部分的希腊城邦，直到第一届奥林匹亚运动会举办，才形成了较为正规、统一、完整，而且带有泛希腊性质的大型集中的赛会。运动会项目早已散见于《伊利亚特》之中，另外除了体育竞技以外，有的还包括了音乐比赛和更晚加入的马车比赛，由于年代久远，各运动会上哪些是起始项目，哪些是后来添加项目，我们现在无法画出准确而完整的拼图，但是体育竞技和文艺比赛混同进行是非常有可能的。现在一般认为，基础的竞技项目都是单人项目，具体有：不同长度的赛跑、跳远、铁饼、标枪、拳击和摔跤，以及全能五项，全能冠军必须取得至少其中三个单项的冠军，也有观点认为还有竞走，而不是赛跑；其中有些项目带有较大的危险性，甚至死亡也有可能，自由搏击类的拳击和摔跤的规则因为只规定了不许牙咬和欺诈而使其具有很高的危险性；后来又添加了马车比赛，这是明显的贵族热衷参与的项目，因为参赛选手的赛车和马匹需要参赛者自己提供，并且参赛者可以雇佣其他专业人员担任驭手而不必本人下场，这正好迎合了贵族和富裕阶层的需要，危险项目常常导致参赛选手的肢体伤残甚至死亡，拳击、摔跤和马车比赛不仅危险而且残酷，当时人们往往可以通过像"花椰菜"一样的耳朵就可以辨识出搏击运动员,但在运动场上致人伤亡一般都不会受到惩罚或者非议。

　　只有胜利才是绝对的,这种胜利"是一种不带有任何敌意的高贵的胜利"[1],它只证明获胜者在身心方面的优越。一个运动会的优胜者所得到的荣誉和满足是财富和地位都无法媲美的,这是和平年代所能提供给个人自我实现的最公平的机会。自然的,优胜者们的胜利也代表了他所在的氏族、部落,乃至城邦的荣耀,获胜者们最初能得到自己城邦的实物奖品和奖金,特别重要的赛会冠军有的甚至可以享受到政治声望和凯旋式、个人雕像等最高的待遇,雅典的基伦第一次建立僭主政治的失败尝试,可能就起源于他曾两次夺得奥林匹亚运动会优胜而获得的拥护和自信。另外,还有一些超越冠军荣誉的意外的作用:例如雅典皮西特拉图统治时期,贵族喀蒙在被僭主流放以后,他的马车曾连续两次获得奥林匹亚战车赛的冠军,他把第二次胜利(前532年)聪明地归于僭主的名下因而获得赦免,被提前召回雅典,没想到他回雅典以后再次参赛,又获得了胜利(前528年),一再高涨的声望引来了杀身之祸,僭主的儿子们把他谋杀了(可能这只是引发他被害的众多原因的导火索而已);另一个事例则是关于幸运,伯罗奔尼撒战争期间,一个叫多利乌斯的美塞尼亚人带着自己的船参加斯巴达一方的作战,战败被雅典人俘虏,当雅典人得知他是多次获得运动会优胜的著名冠军以后,就无条件地释放了他。后来,运动会冠军的奖品简化为象征荣誉的桂冠:奥林匹亚运动会用橄榄枝编成,皮提亚运动会用月桂,尼米亚运动会用常春藤,伊斯特摩亚运动会用的是松树枝。当波斯皇帝听说希腊人冠军奖品只是树枝编成的桂冠时不免嗤之以鼻,他不能真正理解荣誉的意义,没有直接效用的东西往往具有难以用价值衡量的好处。

---

[1]《希腊人和希腊文明》〔瑞士〕雅各布·布克哈特著,王大庆译,上海人民出版社2012年版,第230页。

体育竞技成为当时希腊人的最重要社会生活之一。它能锻炼和提高公民身体上和精神上的完美，还能给城邦带来荣耀，各个城邦都予以极大的重视，当时希腊诸邦都大量建设了训练场、运动场，还包括赛马比赛场，范围遍及几乎所有的社区和村镇，国家不仅是建设者，也是组织者；为了夺标，专业化的训练也开始出现，虽然没有专业运动员之说，但曾经在过往运动会上夺得冠军的人往往被聘请担任教练，品达颂诗中的奥林匹亚冠军莫雷西阿斯就训练出三十多个优胜者。再到后来，体育竞技的目的慢慢地产生了非体育性质的变化，有人依靠专业技术，将体育作为牟利工具，尤其是在号称贵族运动的赛马项目上赚取了大量钱财，有人通过大量对体育场馆和训练的捐助（可能赞助人的雏形也由此开始出现），获得个人的声誉和人民的支持，也有人在获得奥林匹亚运动冠军后加入其他城邦的方式获得比奖励更重要的非物质利益。

从长期看，体育从单纯的竞技活动逐渐形成了更多的社会意义和精神。希腊人从追求体育比赛中的优胜进一步提升为对完美的身体形体的渴求，并且将一个拥有自然而复古的完美体型的人与精神上的优越联系起来，因为竞赛优胜而获得的荣誉直接来自人民而不是家族和血缘。更重要的是，不同于希腊早期神话给人们带来的悲观和无奈的气质氛围，体育运动给全希腊带来了民族认同和勇敢积极的变化。同时，运动会上的规则制定和使用，客观上强化了希腊社会的平等和民主意识；各城邦对运动的投入也有助于人们的城邦意识和团结合作精神的培养；而希腊人强调的个人在体能和精神上的品质提高，则是体育竞技所带来最直接、最基本的好处。当然，体育运动也是希腊公民在普遍形成蔑视所有体力劳动的情况下，除了专注于权力、战争、玩乐和享受以外所能找到最为健康、和平，能带来崇高声望，而且既能够替代体力劳动又需要相当的精力和训练的活动。赛会时代的后期，体育运动呈现了训练投入越来越昂贵,越来越专门化,越来越集中于贵族阶层的趋势。

除了体育竞技以外,古代希腊社会生活的另一个重要内容就是文艺赛会,而雅典则是其中心舞台。

古代希腊人的社会生活从一开始就很完整而且合理:体育和文艺,人的身体和心智,不多也不少。闲暇就是最大的财富,他们把奴隶劳动解放出来的时间和精力都用于人的发展,而且不用经过艰难的探索,基本都出自于人的本能和需要。如此广泛而且深入人们生活的体育竞技及其赛会是希腊人的独创,但在思想和文艺方面,希腊人却不可否认受到来自东方的影响。

奥斯温·默里认为在公元前八世纪以前,希腊的文化和艺术,宗教和思想方面曾经存在过一个"东方化"的过程。我个人非常赞同这个观点。古代埃及、巴比伦、腓尼基,乃至赫梯人都创造了更为辉煌的文明;腓尼基人从西顿、推罗或其他黎凡特地区向西殖民,到达了利比亚和神话所说的底比斯,而希腊人在小亚细亚西部建立了众多遍布爱琴海东岸的殖民地,双方同时将本民族的触角伸到了遥远的异族文明的门口,建立起互相交错而且稳固的联系渠道;特洛伊战争和小亚细亚移民都说明跨爱琴海的交流早已经实现,而作为古代最常见的文明沟通方式的战争,以及奴隶掠夺和贩卖,或者和平时期大量手工艺人的自由迁徙(默里发现了这个不同文化和技艺的传播途径),保证了这些交流和传播的持续性。

虽然"东方化"提示了早期文明交流的方向性,希腊人可能在宗教和艺术方面受到的影响更大,通过货物贸易或者匠人流动,他们在吸收了来自东方的因素以后,很快就创造出自己的新的风格,而不是囫囵吞下。一个很确定的例子就是希腊的陶器绘画艺术风格变化,即使远古时期,希腊人也不需要从其他地区进口陶器,希腊,主要在雅典,陶器已经形成自己的艺术风格:大量以红陶、精致且抽象的几何形纹样为主,朴素的回字纹、棋盘格、之字纹等线条铺满器物表面,描绘体育、战争、葬礼或者人物、马匹和战车的场景图画相对较少;然而从公元前八世纪后半叶开始,首先在科林斯,继而在阿提卡的陶器上出现了东方化的痕迹:黑色陶,狮、犬和野兔等更多见于东方的范围更广的动物题材,更加灵活生动的剪影和色彩为主的自然主义绘画技法,更加复杂的来自植物花叶演化的装饰线条,希腊陶器的装饰风格发生了从绘画技法到内容的明显变化,"全套的东方装饰的主题被引入"[1],但这不是终点,希腊人在引进了东方式的装饰风格之后,将一些东方绘画技法用于描绘自己的历史和生活,吸收了黑色陶但摒弃了过多的华丽色彩,最终,东方艺术风格融合成为新的希腊艺术的一部分,即使这些被吸收的部分也不是部分完整的出现,它只能从新作品中以新元素和新变化的方式被分辨出来。希腊艺术的水准一直在提高,原因就在于希腊人的审美而不在于技术和来源,跟社会和经济的关联也极其虚弱,这种对外来事物的吸收及以后根据自己需要进行的重新创造,重新解释,重新实践在希腊社会各方面一直都在发生,公元前六世纪一度风行于希腊世界的僭主政治很可能就是东方帝国模式通过小亚细亚殖民城邦"东方化"传播的一个结果,而希腊人自己的创造并不会因为来源和敌我性质等因素而受到影响和冲击。

本质而言,人类的任何存在和进步都是为了满足自身需要而不是为了发现其意义,不同的是为了满足多少人和什么人的需要,需要本身就是意义,单纯的意义其实可有可无。希腊社会的"东方化"进程同样也发生在宗教方面。希罗多德认为:几乎所有的希腊众神都是起源于希腊以外的地方和人民,并且其中的大部分是来自埃及[2],他们是随着腓尼基人的文字和祭司一起进入希腊

〔1〕《早期希腊》〔英〕奥斯温·默里著,晏绍祥译,上海人民出版社2008年版,第77页。
〔2〕《历史·Ⅱ》〔古希腊〕希罗多德著,徐松岩译,上海三联书店2008年版,49,50,52。

的;"许多东方因素无疑早已进入希腊宗教之中,其中大部分来自小亚细亚,阿波罗、阿尔特弥斯、赫淮斯托斯和阿弗洛狄特全部具有东方的类似神灵或者与他们有联系"[1],包括狄奥尼修斯崇拜,也有起源于色雷斯或埃及的说法,但不管起源如何,这些神祇一旦"进入"希腊以后就直接被赋予了奥林匹斯山的属性,他们的个性和司职被重新定义和划分,谁都不能确定那些游吟诗人传唱的《荷马史诗》中的神祇在雅典皮西特拉图家族编成的书写文字之间发生了多少变化,到赫西俄德的《神谱》(也有人认为另有别人创作)出现,希腊诸神体系才得到统一和规范,这个过程可能跟最早的希腊文字(字母)的形成时间基本一致,都在公元前八世纪前半叶。

在《神谱》出现之前,希腊人的宗教崇拜早已存在,祭祀和神话是各自分离而且不相依存的,最后,祭祀演变化为文化生活,而神话则蜕变为思想道德。

赫西俄德堪称西方古代第一个有案可查的思想家,他不仅清晰地梳理了希腊神祇的谱系,更为早期希腊人提炼了最基本的人生观和世界观,后来,这些观念成为希腊人传统和规则的基础。在《神谱》中,赫西俄德提出了"宙斯把女人变成凡人的祸害,成为性本恶者",她们"和会死的凡人生活在一起,给他们带来不幸,只能同享富裕,不能共熬可恨的贫穷"[2],但宙斯同时给人类制造了第二条灾难,如果有人想独身或逃避女人引起的悲苦而放弃结婚,那么他到了晚年就不会有人供奉他,到了死后,财产也会被亲戚们分割,结论就是:第一凡人天生命运悲苦,第二每个人的命运都无法逃避,只能忍受,在这里,作为祸害的女人已不重要,重点在于每个人都有各自不可逃避、无常的命运,和人在诸神和命运面前的卑微无力。在他的《工作与时日》中,赫西俄德更是第一次提出了抽象

---

[1]《早期希腊》〔英〕奥斯温·默里著,晏绍祥译,上海人民出版社 2008 年版,第 82 页。
[2]《工作与时日　神谱》〔古希腊〕赫西俄德著,蒋平、张竹明译,商务印书馆 1991 年版,第 46 页。

的"正义"观念，开始探讨人在面对不幸的命运时，服从的态度以及承受的限度和规则，并且，正义在诸神世界和凡人世界并无二致。这些思想观念原始而且有力，我认为他最大的贡献就在于：前无古人地构建了人对世界最初的认识，即世界是直接由神灵和人间构成；每个人都要受命运的摆布，而决定人的命运的是天神，实际上神的世界并不可见，人是通过命运去感受神的存在，所以，相比于东方社会，希腊人的世界里缺少了一个极其重要的角色：某个自封的天神之子或者神权的"代表"——国王或者天子，就这"一个人的差别"让希腊人建立起与同时代其他国度不同的世界观和自由信仰，以及与这个理念相适应的社会和政治制度，这就是希腊人最终能够形成公民社会的决定性的思想起源。

原始的宗教给希腊人的心灵打开了两个平行的"空间"：一个提供人们去思考命运、正义、善恶等等这些冷静而严肃的问题，另一个则提供人们去发现和创造各种美的、快乐的表现形式，虔诚和崇敬当然需要通过令人赏心悦目的方式表达出来，才能取悦天神。在以后的日子里，无论社会环境发生何种变化，后者所形成的文化和艺术却能始终保持最初的活力和方向，人们在寻找美丽和谐的过程中发现了美丽本身，因为它来自人们的本能和心灵。

当时，正式而隆重的宗教祭祀是事关城邦和社区全体公民安全和繁荣的重要事务，在肃穆的宗教仪式之后，往往是大家都踊跃参与的文艺表演和竞赛。由于祭祀的时间是确定的，而且各地供奉的多神宗教并不互相排斥（雅典除了供奉雅典娜以外，也祭拜宙斯、阿波罗和波塞冬等神祇），所以，原先各个城邦和村镇社会分散举办的祭祀活动逐渐发生自然合并，成为城邦级别的大型节庆庆典，并进而如同运动会一样出现几个泛希腊的大型赛会。早期希腊流行宗教不仅包含了奥林匹斯山的宙斯神系崇拜，还有埃琉西斯秘仪和俄尔甫斯秘仪，后两种可能是更为古老的原始崇拜，据说埃琉西斯秘仪最初是对地母神德墨忒尔和她的女儿帕耳塞福涅的祭祀,并且有可能向本地的妇女和非自由人开放,而俄尔甫斯是发端于色雷斯的酒神狄奥尼索斯崇拜,传说这两种秘仪起初都具有不同于奥林匹斯崇拜的狂欢性质,某些仪式甚至更为原始和天然,但随着时间的推移,他们与主流的奥林匹斯崇拜发生了同化与融合而逐渐丧失了自己的独立性。

祭祀活动中,诗歌、音乐和舞蹈的表演和体育竞技一样是表达信仰和敬谢神灵的主要方式,这时候人们的心情是虔诚而积极的,不是悲苦。诗歌主要通过朗诵的方式进行表演,城邦的诗人群体主要产生于贵族,诗歌大多是根据先前的史诗和神话故事所创作的各种颂歌,而后根据节庆仪式的需要逐渐丰富,出现了哀歌、伴舞歌、凯旋歌和饮酒歌等等,公元前八世纪以后,描写个人感情题材的诗歌也成为题材,抒情诗和对人的颂歌成为更流行的诗歌形式,几百年间先后出现了不同的流派和闻名希腊的大诗人,如品达、阿克曼、阿纳克瑞翁以及女诗人萨福等,感情强烈而且淳朴率真是他们作品的总体特点,诗人们为体育优胜者或者城邦重大活动创作诗歌很有可能需要收取报酬。同时,希腊人很早就已经出现了七弦琴、竖琴、长笛等乐器演奏,除了器乐,我们可以确定在节庆仪式上还有声乐合唱的表演和比赛,可能声乐使用更多,除了合唱单项,还在戏剧表演中成为不可或缺的重要内容。舞蹈也是同样。无论在城邦和村社正式的祭祀仪式,还是在家庭和个人的葬礼、庆典、宴饮和各种目的的聚会上,都会进行项目多少不同的音乐和诗歌的表演或者比赛,另外,还有经常进行的范围有限的单项艺术比赛。所有这些可以进行比赛的项目都是希腊人日常的生活内容,他们有人以开办各类专业训练作为生计,也有人参加专业体育和艺术项目的学习和训练,而后参加竞赛争取优胜。这些文学和艺术后来在进入前五世纪以后都得到了更加趋向完整、独立的发展,因为它们从一开始就不存在任何形式的取悦,而是为了表达人性和竞争优胜而生。

　　皮西特拉图精心打造的泛雅典娜节使雅典成为希腊世界的文艺中心。作为雅典城邦举办的每四年一次的重大宗教节庆，雅典娜节应该早已存在，但皮西特拉图执政以后倾注了最多的精力和财力，其实，他的目的是通过雅典娜节、埃琉西斯秘仪等一系列宗教活动将雅典打造成泛希腊的宗教中心，可能是因为当时希腊的四大赛会都在阿提卡以外，现在我们可以知道，皮西特拉图和继承者在卫城建造了雅典娜第二座神庙和附近的其他神庙（公元前六世纪是希腊神庙建筑的兴盛期）；编定《荷马史诗》的正式书写文本，并在节庆活动中规定《荷马史诗》的朗诵格式；为雅典娜节庆活动的比赛优胜者提供国家定制的专用奖品——装着雅典传统产品橄榄油的系列陶瓶，陶瓶上描绘有武装的雅典娜像和赢得该竞赛的比赛画面；这些作为奖励的陶瓶和同时代的其他作品，留给我们丰富而且精美的关于当时雅典生活和艺术信息，无论黑陶和红陶的陶瓶艺术在那时达到了顶峰，涌现了阿玛西斯、安多基德斯等一批杰出画家；另外，传说希腊悲剧的创始人：铁斯皮斯就是在雅典娜节上首次表演悲剧的，时间大约在皮西特拉图执政的前536年到前533年之间，从此以后，希腊悲剧标志着古希腊人曾经达到的艺术文化和思想精神的高度，后人再也没有超越过。雅典娜节庆的影响力在不太长的时间内如愿地达到了泛希腊的程度，在文化和艺术方面，雅典领导并且代表了希腊。

　　我们今天感叹希腊精神的辉煌，其实它只是对那个时代希腊人精神很不完整的记录和存储。希腊文艺的崇高和审美精神即使在后世也难以企及，更遑论超越。从基督教兴起以后很长的一段时间内，它们总体就发生了衰退：文艺，更多呈现出来的是缺乏自然人性的精神和内涵，以及外在形式上矫揉造作的过度繁复。文艺的生命力来自人内在的人性和精神，任何一点的虚假都会是伤害，它们的发展不仅需要外部的自由环境，更需要发自内心、无论悲喜的激情，否则，文艺只会是退化，当然，退化也并不意味着不能存续,但这是一种低水平的随遇而安,而不是原先那样生气勃勃的无限创造,同时,也会"败坏了整整几代人的品位"(雅各布·布克哈特语)。

　　一个民族和国家单凭力量就如同没有船舵的巨舰,有了精神和信念以后才能完整。然而,这种精神和信念对力量的导引和推动力,乃至于决定性作用必须受到它本身纯粹程度的制约。

第二章 │ 雅典崛起（公元前六世纪末 —公元前461年）

> 一言以蔽之：雅典人的性格是自己生来就不享
> 受和平安宁的生活，也不让别人过上和平安宁的
> 生活

从远古的神话时代到公元前六世纪末，是希腊人民从迁徙流动到逐渐安定的过程。希腊世界如同一副棋盘，城邦如棋子般各就各位，城邦之间的规则初步形成：希腊是所有希腊人的希腊，城邦是互相独立和自由的家园。在这个阶段，城邦内部的权力斗争要比城邦之间的各种冲突更为激烈，而城邦之间的战争有相当部分其实是起因于某个城邦内部不同政治派系之争所招致的外援介入而引起的恩怨。其中，由于最先实行的来库古改革，以斯巴达城邦为首的多利安人首先建立了稳定的寡头政制，以及军力和奴隶制经济的强大而"一直处于有利地位以干涉其他国家的事务"[1]。而同时，雅典因为其国内贵族派和民主派，以及僭主的权力之争而经常主动招致外国城邦的干涉，直至克里斯提尼改革，雅典的民主制度确立才使政权真正稳定。

僭主皮西特拉图家族执政以前，雅典在希腊世界的地位总体属于二流，而非举足轻重。当时希腊所有城邦中：拉栖戴梦人和阿尔戈斯人的步兵最为强大，柯林斯人和科基拉人的海军舰队睥睨天下，贸易经济先是优庇亚岛上的卡尔基斯和厄律特里亚独占

---

〔1〕《伯罗奔尼撒战争史》〔古希腊〕修昔底德著，徐松岩、黄贤全译，广西师范大学出版社2004年版，第12页。

鳌头，后被埃吉那和科林斯取而代之，无论军力强盛或经济富裕方面，雅典城邦在希腊诸邦中都没有占据优势，主要原因一是内部的阶层斗争始终激烈而且持久，二是土地贫瘠、殖民地联系松散；唯一例外的是雅典人主持正义、"爱管闲事"的名声得到较高关注，当然，即使这一点，我们也不能排除是后来的雅典人充分发挥和利用自己的话语权和文化优势，给历史施加的主观影响，或者说是粉饰。事实上，皮西特拉图家族的僭主统治，在社会生活的各个方面都为雅典崛起做出了重大的贡献和不可或缺的铺垫，原因很显然就在于它是雅典第一次团结在一起，没有内部争斗夺权，虽然僭主政治听上去总是让人不那么愉快，甚至令人有厌恶，但公元前六世纪时的希腊，除了民主政治以外，各种社会、经济、文化等重大进步常常是由僭主们来实现的。

通过克里斯提尼改革，雅典人民选择了民主制，彻底终结了雅典社会的政治动荡，使城邦的力量真正得到了凝聚和积累，而公元前五世纪初的波斯战争中，雅典人民在极端困难条件下，以超乎寻常的智慧、勇气和牺牲精神，厚积薄发，一战成名，从而在实力、形象和精神上跃居希腊世界领袖的地位。

一 雅 典 的 力 量

公元前六世纪初，梭伦改革开启了雅典民主化的进程，但其措施更多的是用于缓解当时迫在眉睫的社会矛盾和确立民主的原则，从政治角度看，社会改革的成分大于政治改革，而且新的民主制度依然脆弱；将近一百年以后的世纪末，克里斯提尼的改革大幅扩大了授予公民权的范围，从技术上完成了雅典民主化在政治制度上彻底而且全面的实施。从此以后，雅典的政治制度一直处在人民广泛而且坚实的民主意识支配下，未发生长期的偏离。

在希腊，雅典不仅拥有阿提卡广大的国土，以及遍及半岛的众多城镇的人口,而且雅典城邦的建立主要是通过自愿联合,而非占领吞并的方式融合而成。忒修斯"各地的民众,请到这里来"[1]的召唤以外,我们只看到了雅典征服埃琉西斯和萨拉米斯两个城镇的战争记载。当时,如果阿提卡诸多城镇不能形成高度的政治共识,如果雅典人民不是坚定地支持民主,那么,克里斯提尼在与又一个谋求僭主统治的雅典贵族伊萨格拉斯的斗争中是不可能取胜的,因为伊萨格拉斯的外援是当时希腊最强有力的斯巴达国王克列奥蒙尼。所以,克里斯提尼改革本身既是一个历史事件,更是雅典城邦开始团结一心走向一流强国,进而夺取希腊霸权的起点。

民主雅典的新政府马上迎来了第一次考验。皮西特拉图家族的僭主统治被推翻以后,雅典的政治势力主要分为阿尔克米昂家族的克里斯提尼和另一贵族派的伊萨格拉斯,前者力主在雅典建立民主制,而后者希望建立自己的僭主统治,在公元前508—前507年间,双方的起初斗争中,克里斯提尼眼看自己将落下风,于是尽快推出了激进民主制的改革方案,扩大公民权,扩大平民参政的深度和范围,以争取得到人数占优的低等级公民阶层以及尚未取得完全公民权的自由民的支持,改革果然取得了意料中的成功,伊萨格拉斯只能倚靠外力发起反击,他向斯巴达国王克列奥蒙尼求援,斯巴达人一向支持希腊的寡头政权而反对民主制,克列奥蒙尼甚至走得更远,他想扶持伊萨格拉斯成为雅典僭主,于是,克列奥蒙尼向雅典派出使者,要求克里斯提尼和其他一些人离开雅典,理由是克里斯提尼所属的阿尔克米昂家族是"被诅咒的人"[2],随后,克列奥蒙尼亲自率领一支人数不多的军队进入雅典,在克里斯提尼已经离开的情况下,斯巴达人按照伊萨格拉斯提供的名单流放了700个雅典家族,并命令将雅典议事会的权力移交给伊萨格

---

〔1〕《普鲁塔克全集·Ⅰ》〔古希腊〕普鲁塔克著,席代岳译,吉林出版集团有限公司2017年版,第24页。
〔2〕见第一章"雅典民主的发展"。

拉斯,可能此举触怒了雅典人,议事会拒绝执行斯巴达人的命令,雅典人民联合起来,围攻已经占领了卫城的斯巴达人和伊萨格拉斯一伙,三天后,双方签订休战协议:将所有斯巴达人和伊萨格拉斯驱逐出雅典,而伊萨格拉斯的部分手下被投入监狱,后被杀。然后雅典人召回了克里斯提尼及被斯巴达人流放的家族。

在这次事件中,雅典人是否已经服从了克列奥蒙尼流放克里斯提尼等人的指示,只是因为斯巴达人进而要在雅典扶持僭主统治才起而反抗? 我认为很可能,一方面,当时雅典人的力量,尤其是自信,确实不足以跟斯巴达直接冲突,另一方面,雅典人实行民主的决心此时不可动摇。而后者是推动雅典人不惜孤注一掷与斯巴达为敌的根本原因。

关于这一点,我们可以从希罗多德的记叙里面看出端倪。据希罗多德《历史》记载,雅典人在把克列奥蒙尼和他的斯巴达军队赶出雅典以后,因为畏惧斯巴达人报复,急切之下派人到萨尔迪斯[1]去和波斯人谈判结盟事宜,甚至接受了对方要求把"水和土"奉献给波斯人(表示臣服)的要求,虽然最后未付诸实施[2]。

公元前506年,被逐出雅典的克列奥蒙尼深为自己和斯巴达感受到双重的耻辱,决心要对雅典的民主政府复仇。他一方面从伯罗奔尼撒的多利安人城邦纠集了一支军队,并且联合了雅典西北方的彼奥提亚人和正北的卡尔基斯人各出动一支军队,从三个方向侵入阿提卡半岛,使雅典陷于多面受敌的危险处境。但在斯巴达领导的联军里面,科林斯首先觉得这场战争的非正义性而自动退出,接着斯巴达率军出征的两个国王意见发生矛盾,所以这一支联军在到达埃琉西斯以后不久就解散并退回各自国内了;接着,受到鼓舞的雅典人北上,独自去迎战来自北方邻居的两支入侵军

---

〔1〕 位于小亚细亚的城市,原吕底亚王国首都,公元前546年吕底亚被波斯征服后,成为波斯都城之一。

〔2〕《历史》〔古希腊〕希罗多德著,徐松岩译注,上海三联书店2008年版,第284页。

队,雅典人在他们军事执政官的指挥下奋勇作战,最后取得了重大胜利,不仅打退了彼奥提亚人和卡尔基斯人的联合进攻,而且抓获了数百名战俘,勇气大增的雅典人并于大战当天稍晚,渡过攸利普斯海峡登陆优庇亚岛,追击败退的卡尔基斯人,并且再次取得大捷,雅典人以此为基础,逼迫卡尔基斯城邦割让优庇亚岛上最大的一块肥沃平原给雅典,然后派遣了 4 000 名军事人员建立了军事殖民地[1]。

雅典人不仅就此彻底解除了城邦面临的外来入侵的危机,反而意外地获得了侵略别人带来的新的领土和新的利益。具体说来:雅典从卡尔基斯抢得了肥沃的土地,作为自己的军事殖民地,开拓了疆域;从彼奥提亚得到了大量的钱财,因为每个战俘都需要其城邦交付两个明那[2]的赎金才能放回,并且雅典人自豪的将这些束缚战俘的锁链和枷锁陈列在卫城的城墙上面供所有人参观。

对雅典人来说,此次战争具有远远超出单纯军事的重大政治和社会意义,它是雅典人在建立民主制度以后的第一次奠基之战。它不仅捍卫了雅典城邦的民主政体,避免了再次陷入僭主统治的泥潭;更重要的是,它让雅典人民感受到了他们所信仰的民主和自由的力量,并且现实的体验到了这种制度所带来的能量和潜力,从心理层面极大地释放了雅典人的自信,整个社会在自由和自信的气氛中进入了全面快速发展阶段。正因如此,希罗多德说道:"雅典就这样强大起来了。"[3]

雅典军队就等于雅典人民。克里斯提尼的改革也包括了军事制度的改革,十个部落中每个部落都必须常备一支重装步兵和一

---

[1] 古希腊的军事殖民地非常近似于中国汉朝的"屯田制",军事殖民者由士兵充任,平时务农和训练,战时从军,平战结合,减轻国家负担。军事殖民者虽驻扎境外,但享有完全的雅典公民权。

[2] 古希腊货币单位,1 塔兰特=60 明那,1 塔兰特约为 25.5 公斤,一般指白银,各地稍有差别。

[3] 《历史》〔古希腊〕希罗多德著,徐松岩译注,上海三联书店 2008 年版,第 286 页。

支骑兵部队,此时,雅典也还没认识到海军的重要性,城邦军队全部由具有公民权的雅典人组成,这是自由公民的权力,区别仅在于骑兵的财富等级较高而已,加上雅典城邦原先地广人众的特点逐渐转化为兵源优势,这些都是今后雅典成为希腊世界翘楚的有利条件。

二　希波战争之前

雅典周边的希腊世界

公元前六世纪与五世纪之交,整个希腊世界,包括分布在希腊大陆以外的殖民地城邦,同时进入了动荡期。

在波斯大规模入侵希腊之前,雅典在希腊的地位虽不是无足轻重,但也没有达到让人畏惧和羡慕的程度。

这时希腊本土势力最大的是斯巴达人,以及他们在公元前560年左右组建的"拉栖戴梦人及其盟友",简称伯罗奔尼撒同盟的军事联盟。它是以斯巴达为核心的(通过斯巴达和各成员之间一系列单独签订双边协议的方式组成一个以斯巴达为圆心的同心圆结构),主要由多利安人城邦联合的一个军事同盟体系,目的是保卫联盟各成员的安全和反对僭主统治,当然,还有一个隐含的重要原则更是毫无疑问的,即确保联盟各邦都能施行亲斯巴达的政策才是根本,而阿尔戈斯因与斯巴达的矛盾而被排除在外。斯巴达人的朴素和保守是让人可信的地方,但他们的国王克列奥蒙尼的个人政治野心却给希腊带来了不小的困扰,他亲自率军赶跑了雅典的僭主是执行斯巴达的政策,但他随后亲自组建军事联盟要推翻雅典的民主政权却是出于个人的私欲。一个斯巴达国王的意志可以影响雅典的政体,虽然此事在雅典人民的抵抗下最终失败,但当时雅典和斯巴达的不平等是显而易见的。

雅典周边敌人同样不少，埃吉那和彼奥提亚则首当其冲。

埃吉那是位于阿提卡半岛南面萨罗尼卡湾中间的一个海岛城邦，居民和早年历史不详，只知道最初是依附于海湾另一边的埃皮道鲁斯城邦，司法和祭祀都要到埃皮道鲁斯进行，后来，随着海上贸易的发展和海军实力的增强，埃吉那不仅摆脱了这种依附关系，反而经常去埃皮道鲁斯劫掠，其中就包括了两尊神像，由于这两尊神像是用雅典人提供的橄榄树制作的，早先埃皮道鲁斯为得到这些橄榄树而郑重承诺要按时向雅典的神庙供奉祭献，现在埃吉那人夺走了神像却不向雅典献祭，为此，雅典在要求埃吉那人交回神像被拒绝的情况下，向埃吉那派兵夺回神像，结果被埃吉那和它的同盟阿尔戈斯人打得几乎全军覆没，雅典与埃吉那就此结下了仇恨，在以后的很长时间都没有解决，反而愈演愈烈；并且，埃吉那与阿尔戈斯在经济上都对雅典采取了仇视政策，颁布法律禁止从阿提卡进口任何货品，即使容器都不行，以至于今天在这两个地方的出土文物中确实没有发现带有雅典风格的陶瓶和陶罐。

而彼奥提亚是指以底比斯为首的同一区域的联盟，底比斯是传统的强国，联盟内最初的平等和自愿政策慢慢变成了强制加盟并且收取贡金，但联盟内都是小型城邦，没有能力反抗，唯一的叛离办法只能是寻求并依附于另一个足以跟底比斯抗衡的大国，处在雅典西北边境的普拉提亚就是这样，当它不甘忍受底比斯的欺压决心脱离以后，普拉提亚人首先找到的是斯巴达人，但斯巴达人因为双方路途遥远而拒绝了，并向他们推荐雅典，当普拉提亚人向雅典提出庇护请求的时候，雅典人立刻予以同意；底比斯随即率领彼奥提亚联盟向普拉提亚发动进攻，雅典发兵帮助普拉提亚一起进行防御，并打败了彼奥提亚，自此，雅典和彼奥提亚互相仇视和敌对延续了非常长久的时间，直到伯罗奔尼撒战争失败以后，雅典才与底比斯联合反对斯巴达，以及其后，马其顿的亚历山大征服希腊的生死存亡之际还进行了一次虽然有效但是失败的联合作战。

　　无论如何,雅典的强大是一个渐进的过程。其实从皮西特拉图家族的僭主统治开始,雅典的国家实力和对外影响就已经得到明显而且实质的提高,只是由于皮西特拉图对外实行的和平政策而使之几乎未露峥嵘,随后的克里斯提尼改革属于激进的民主改革,它的意义更在于:雅典人民全体参政的平等权利,以及人民精神和信心的解放,使僭主时期积累的国家实力得到更加自由充分的运用和发挥。僭主最在乎统治的稳定,因而外交政策尽量以和平为主,对失败的承受能力较差;而建立了民主制度以后,雅典就进入了这样一种新的状况:城邦和人民必须(可以)承受所有的政策所导致的风险和失败后果,因为全部的政策都是公民大会决定的,没有任何个人需要,或者必须在事后为属于政策制定的失误承担个人责任。最终,国家力量的使用可以得到了最大限度的自由发挥,而谨慎,则属于偶尔的幸运。

　　大国崛起都不是能够按部就班,通过遵照计划和执行程序得以实现的。它所能依靠的只有实力和潜力,以及现实的目标和意愿,最重要的,战争和敌人才是强国晋级的阶梯。雅典初露锋芒,周边强敌环伺,海上和陆地的埃吉那和彼奥提亚因为反对雅典而走到了一起,斯巴达的奇罗尼亚议事会[1]也从克列奥蒙尼国王在雅典的失败经历警觉了雅典崛起的端倪,担心雅典今后将成为自己在希腊领导地位的挑战者。雅典崛起的周边环境远不是和顺,而远在希腊海[2]对面的波斯很快将成为雅典更大的致命威胁。

小亚细亚的希腊人和波斯人

　　当第一批希腊移民在小亚细亚沿岸登陆,极目眺望内陆深处的时候,他们应该不会想到,在自己目力之外深远的大陆腹地,已

―――――――――――

〔1〕 斯巴达城邦的议事会,由30人组成,其中包括2位国王,其余28人为60岁以上的氏族贵族经选举产生,终身任职,议事会决定提交公民大会议案和解散大会。
〔2〕 即爱琴海。

经反复上演了数千年的帝国争霸风云：赫梯、亚述、巴比伦、米底，以及更多成千上百的因被征服而丧失了名字的民族和国家，这片土地上，人口规模之大、城市之繁华、技术和资源之丰富，是这些来自欧洲的殖民者无法想象的，也正由于对此一无所知，这些新移民也就安心地在亚洲大陆的边缘地带，筚路蓝缕，建设起自己新的家园。

大殖民时代，爱奥尼亚人就在小亚细亚的吕底亚沿海地区，跨赫尔姆斯河与麦安德河下游以及邻近海岛建立了多个殖民城邦，希罗多德肯定说爱奥尼亚人在达到12个城邦以后就再也不肯增加了。它们的北方弗里吉亚沿海地区是伊奥利斯人建立的殖民地，南方卡里亚沿海地区是多利安人的殖民地，所有这些殖民城邦与希腊有着共同的种族、宗教和文化，但爱奥尼亚城邦与宗主国的关系与多利安人和伊奥利斯人的小亚殖民地稍有不同，它们的经济更发达，海上活动更活跃，地位更独立，关系更平等，文化的繁荣不亚于希腊大陆，甚至更加领先，《荷马史诗》是其中最杰出的代表，另，米利都的泰勒斯被认为世界第一个哲学家和第一个科学家。比较著名的爱奥尼亚城邦有开俄斯、科洛丰、萨摩斯、米利都和富凯亚等，这些殖民城邦又向攸克星海[1]沿岸、赫勒斯滂和意大利散发，建立了更多的次级殖民地。经过几百年的发展，小亚细亚的希腊城邦虽然经常受到来自东方内陆的异族人的骚扰，但这里的希腊城邦总体依然保持着它们的独立生存，以及互相之间间歇性的联合或者敌对的自然状态。

对小亚细亚的希腊城邦影响最大的，首先是吕底亚王国，随之而来的是波斯。在亚洲帝国国王们眼中，这些希腊城邦是寄居在亚洲土地上的外来者，帝国的本性就是征服和掠夺，征服这些希腊人城邦是所有亚洲国王们的本分和责任，当然，这需要在他们天下

---

〔1〕今黑海。

大定,精力还有剩余的情况下。

　　时间进入公元前六世纪,吕底亚的国王已经断断续续地开始对小亚细亚的希腊城邦进行征战,而公元前560年克洛伊索斯继位以后,吕底亚的国力空前繁盛,他本人对希腊文化也非常感兴趣,曾经不止一次到德尔斐去询求神谕,也是对所有希腊圣所供奉财宝最多的人,当然,这丝毫不影响他对小亚细亚的希腊人城邦发动的全面征服战争。短短几年,克洛伊索斯就征服了爱奥尼亚、卡里亚和伊奥利斯的众多希腊城邦,成为希腊海东岸的霸主,除了米利都城邦以外,其他希腊城邦都对他俯首称臣并缴纳贡赋,米利都能够成为唯一自由独立的希腊城邦得益于它的强大海军,克洛伊索斯的父亲阿尔阿特斯曾经对米利都进行了长达十一年的战争,始终不能征服,无奈之下,与米利都签订了同盟条约,而克洛伊索斯继位以后对先王与米利都的和约给予尊重并继续履行。

　　一帆风顺导致的狂妄或者带来灭亡,或者带来奇迹,当然奇迹总是极少数意外。克洛伊索斯也逃不过这个劫数,他35岁成为吕底亚的国王,很快又征服了绝大部分沿海希腊城邦,但是他对希腊人的态度可能与他对希腊文化的欣赏也是一致的,这种征服可能更多是一种形式上的服从,克洛伊索斯对降伏的希腊城邦征兵、征税或者是否强制改变希腊人原先的城邦政治,从现有资料来看,很难做出明确的程度和细节上的结论,但至少可以肯定不是绝对高压的,并且因为他对希腊世界几乎所有神庙都做了极慷慨的巨大奉献,贪婪的希腊祭司对他的恭敬和认可态度,使他感觉到了自己似乎成为希腊诸神的"养子",克洛伊索斯统治期间,吕底亚和整个希腊世界在贸易、文化、宗教,甚至希腊雇佣兵等各个方面的交往和融合,达到了前所未有的程度,克洛伊索斯对希腊人和希腊文化的偏爱,以及他的财富和好客吸引了大批希腊世界的精英来到萨尔迪斯做客,据希罗多德所说,连梭伦也曾经是克洛伊索斯的座上宾。

　　然而，形式改变不了本质，爱好不能忘却使命，毕竟，克洛伊索斯从骨子里仍是一个东方式的国王，虽然是一个中等规模的王国的主人，相当于差不多同时期中国战国年代的"千乘之国"，不能与鼎盛时候的巴比伦、亚述和埃及这样的大帝国（"万乘之国"）相比，但当他听到东方新兴的波斯人，阿赫门尼德家族的居鲁士建立了波斯，并侵占了他的姻亲——米底王国的时候，从未尝过失败滋味的他就想趁着波斯羽翼未丰的时候去讨伐波斯，恢复米底王国（或者顺势吞并米底），可能是为了预防邻近的希腊城邦的反叛，他首先选择了他认为最强大的希腊城邦：斯巴达结成同盟；同时派出了使者赶赴所有希腊世界的著名圣所去求取神谕，在对一些难以理解的神谕做了充满信心的解读以后，前547年，克洛伊索斯抱着占据亚洲中心，将自己的一个王国扩展为一个更大帝国的野心，主动向波斯发动了进攻。

　　然而，能成为大帝国皇帝的人和中小王国的国王的心胸格局是完全不同的，也许还有无法尽言的命运。在经过数场激战之后，克洛伊索斯败逃回了自己的都城萨尔迪斯，居鲁士不做休整马上发动反击，并围攻吕底亚都城，最终攻克了萨尔迪斯。克洛伊索斯在当了14年国王以后，本人也沦为了波斯人的阶下囚[1]。命运让吕底亚数代国王的全部努力最终实际变成了波斯和希腊之间的桥梁，至于波斯和希腊通过这座桥梁是握手拥抱还是刀兵相向已经与它无关了。

　　这是发生在公元前546年的事情。

　　波斯帝国是当时人力所及的顶峰，居鲁士大帝和他的儿子冈比西斯在短短的不到四十年的时间内，建立了西起爱琴海，东到药

---

〔1〕巴比伦编年史记载的是居鲁士杀了吕底亚国王，而在希罗多德笔下，克洛伊索斯不仅得到赦免，还作为居鲁士的顾问活了好多年，寿命超过了居鲁士，而且他的被赦免和余生所宣扬的都是希腊人的思想。

杀水[1],北至高加索山脉,南及尼罗河中游的史上最大帝国。居鲁士将亚述、米底、巴比伦、吕底亚和亚美尼亚直至河中地区[2]收入囊中,他的儿子冈比西斯则让叙利亚和埃及臣服,整个波斯帝国内唯一的受益者是有"巴比伦之囚"的犹太人,波斯人把他们从巴比伦野蛮的奴隶制下解放了出来。当时,大多数的被征服者对波斯人统治的态度在很大程度上受到居鲁士大帝前所未有的开明和慷慨大度的影响和干扰,在居鲁士的统治下,他们会油然而生一种温和与被爱护的感觉,但其实波斯绝对专制的政权性质还是无法掩饰的。由于"波斯人是作为一个近乎游牧民的原始民族进入那高度文明的世界的,像维京人一样,他们接受了他们所遇到的文化"[3],这些明显的贬损意味如果是把波斯人形容为野蛮一族的话,那么,把粗俗甚至原始的自由、民主制度和富足繁荣、组织良好的专制制度作一比较,其差别就是文明与野蛮的界线?

居鲁士在战胜了克洛伊索斯之后,他自己返回埃克巴塔那,而由他手下的将军去完成征服小亚细亚希腊城邦的任务。东部希腊城邦中,唯有米利都依然得到了居鲁士给予的和吕底亚同样条件的盟约,因为它在波斯和吕底亚之间的战争中保持中立;另外有两个城邦:富凯亚和泰奥斯,经过公民大会表决,不愿意向波斯屈服而举国扬帆出海,重新寻找新的殖民地,最终分别抵达意大利的瑞吉昂和色雷斯建立了新的家园;而余下的希腊城邦(海岛城邦可能有部分例外)基本上都在波斯的武力之下或者战败,或者投降而失去了独立。在此之前,这些希腊城邦曾经联合向斯巴达求援,不知什么原因被斯巴达拒绝。

---

[1] 即锡尔河。

[2] 河中地区指中亚流入咸海的阿姆河和锡尔河流域地区,今分别属于哈萨克斯坦、乌兹别克斯坦和土库曼斯坦。

[3] 《早期希腊》〔英〕奥斯温·默里著,晏绍祥译,上海人民出版社2008年版,第243页。

　　表面看来,波斯人的统治方式可能比吕底亚稍微严厉一些,雄心勃勃但是威严自制的居鲁士可不像克洛伊索斯那样喜欢享乐而且令人愉快,但对于不太重视的希腊,他实施的仍属于较为宽松的"奴役",这更多来自他的习惯和职责,而不是个人好恶。因为波斯人除了跟吕底亚一样要求希腊城邦缴纳贡赋以外(具体金额可能会有差别);还要求在波斯进行战争时,希腊人必须提供军队随波斯参战,这些也都是那个时候征服者"奴役"的基本标准,没有增加也没有减少;另外,波斯人在已被降伏的希腊城邦鼓励或者推进简单的一人统治方式,即希腊人说的"僭主制"。这些要求其实跟吕底亚的统治并没有本质的区别,我们能看到的似乎只有宗教方面不同:吕底亚的国王会到希腊人的圣所去祭祀同样的神祇和求取神谕,而波斯人则谨守自己的宗教。居鲁士通过在萨尔迪斯派驻总督,全权管理希腊城邦和吕底亚的军政事务,然后又转头去策划更广大的征服了。

　　曾经有人认为希波战争的原因是:波斯征服了它所能看到的全世界以后,与最后未被征服,同时也在谋求霸权的希腊自然发生的冲撞,这样形容希腊重要性的理由其实是不充分的,再退一步说,即使实际情况是这样的话,波斯人,主要是波斯皇帝在意识中也从来没有把希腊看作是对波斯的威胁。

　　分散而且弱小的希腊城邦虽然遍布地中海沿岸,但他们从来没有形成一个整体和统一意志。自由和民主让它们平等而且分裂,希腊人走遍地中海只是为了贸易和获取粮食、木材等资源,希腊人熟悉的吕底亚是它们最需要防范的主要威胁,能够一战而吞并吕底亚的波斯则更是希腊人难以抗衡的国家,理性的希腊人知道这些;纵观希腊人的殖民经历,它们只能是不断开拓蛮荒之地,由于自由和独立的观念深入人心,希腊统一的说法在古代希腊的历史长河中只是偶尔泛起的几个涟漪,更遑论实践和尝试。而当我们把观察的基点转移到波斯,就可以发现,对波斯人来说,从居鲁士开始确立的"两条至高的原则：统治与被统治"[1]，而希腊人本就是可有可无，希腊人的世界城邦分散，资源贫乏，人口稀少，倔强而且落后。公元前六世纪，刚崛起的波斯人对希腊式的自由或者民主，无论理念还是制度，总体上既不了解也不讨厌，更没有兴趣，即使希罗多德描述过大流士与他的"七人帮"关于民主的讨论[2]，但后来发生的所有事情都表明波斯人的政治生活聚焦于土地、人民和君王荣耀从没改变，无论这些是否真实发生：希罗多德把民主政制插入波斯人的政治讨论明显过于生硬。所以，我不认为希腊人和波斯人为了争夺霸权或意识形态差异是导致希波战争爆发的主要原因。

导火索

波斯人从建立帝国开始即在小亚细亚的希腊城邦扶持僭主统治，其结果一是在整个希腊世界散布了僭主制的传染病，二是让其中一些僭主看到了利用波斯势力来实现自己野心的机会。而随着大流士成为波斯帝国的皇帝，少数几个能量充足的希腊野心家对形势的预判和实际就发生了致命的偏差。

大流士对小亚细亚希腊城邦的统治不同于他的前任：居鲁士和冈比西斯。后者在这些希腊人表示臣服以后，在萨尔迪斯委派了总督以后就转向去征服更加深远广阔的地区了，待到大流士登基，波斯人已经成为它希望得到的所知世界的主人，大流士的事业除了征服更加蛮荒偏远的民族，如斯基泰人和印度人以外，更多的是对帝国范围内统治的进一步强化和深入。而就是这些引发了与希腊人的矛盾。

---

[1]《色诺芬的帝国虚构——解读〈居鲁士的教育〉》〔美〕塔图姆著，张慕、罗勇等译，华东师范大学出版社2017年版，第96页。
[2]《历史》〔古希腊〕希罗多德著，徐松岩译注，上海三联书店2008年版，第175—176页。

大流士将整个帝国划分为 20 个省，每个省核定固定的税赋，委派总督负责征收，而前两任皇帝居鲁士和冈比西斯则对沿海希腊城邦征收不特定的贡金即可。在他统治期间，虽然埃及人和巴比伦人也都曾发生叛乱，但在强大的波斯的严厉镇压之下都被敉平了，而小亚细亚的希腊人的情况则比较复杂，长久以来一直实施的代理人统治方式，即规定总督不得干预希腊城邦的内部事务，驻在萨尔迪斯的波斯总督也不是无事可干，他们另有任务：既要时刻防备这些城邦中出现强大到难以驾驭的僭主，也要时刻监管希腊城邦的治理。两件事是最好的例证：一心要建立爱琴海海上霸权的萨摩斯僭主波里克拉特就是因为锋芒太露而被波斯总督奥罗伊特斯设计杀害，而随后的米利都城邦发生的内讧让僭主感觉到了威胁，寻求波斯人的支持也是非常可能的。

所有重大历史事件在酝酿和发生的全过程，在当时看来往往都是稀松平常、合情合理的，而当事人更不可能觉察自己正在创造一段历史或正进入一个重大的历史关头。现在看来，希波战争的种子在波斯人任命阿里斯塔哥拉斯为米利都僭主那一刻起就被播下了。

不管出于什么原因，当一个人或者几个人恰巧走到或者被放到某一个特定的地方，在某一个特定的时刻和环境下相遇，随之而来的反应及以后发生的事情都是自然而然的，因为人必定会依据他自己的本性行事，而很少取决于理性；决定事情走向的只有在场和不在场之分，而不是权力、地位和力量等等，局外之人和局外之力已经无法介入和影响。这种必然的、不可改变的趋势就是命运。

阿里斯塔哥拉斯，一个在波斯人眼中本来无足轻重的希腊僭主，却是一个少见而且杰出的煽动家。他制造冲突的能力远远超过制胜的能力。他是原来米利都僭主席斯提埃乌斯的侄子和女婿，而席斯提埃乌斯在公元前 514 年[1]跟随大流士远征欧洲，大

─────────

[1] 大流士此次出征欧洲的时间一直没有定论，也有人认为是前 512 年。

流士越过海峡征服了马其顿和大部分色雷斯但未能征服斯基泰人,大军从伊斯特河[1]经色雷斯败退回亚洲的时候,席斯提埃乌斯率领小亚希腊城邦的海军保全了渡海的浮桥,大流士对他的忠诚和能力非常赞赏,由于波斯重臣提醒大流士必须要对席斯提埃乌斯多加提防,大流士就把席斯提埃乌斯带到波斯首都苏萨,作为宫廷顾问,实际是软禁,这样就剥夺了他在米利都的统治权,并因此指定他的侄子兼女婿阿里斯塔哥拉斯代为米利都的僭主。

小亚细亚的希腊城邦在臣服波斯统治以后过上了一段繁荣与安宁的日子,基本没有人试图摆脱波斯人的统治。波斯人确保了希腊僭主的统治,而且总体不干涉希腊人的内部自治,使政治稳定;而一个大帝国的建立对区域和平以及贸易的发展都是最根本的安全保障,还有附带的好处就是统一货币和海陆交通的便利条件。这时,爱琴海和亚洲的希腊城邦中的萨摩斯、米利都和那喀索斯都达到了繁荣和富裕的顶峰。

美好的日子总是不长久。阿里斯塔哥拉斯当上米利都的僭主以后不久,那喀索斯的一些贵族被国内民主派赶了出来,因为他们素与席斯提埃乌斯交好,现在虽然他已离开米利都,他们还是找到阿里斯塔哥拉斯求援,请求他发兵帮助他们回到国内。阿里斯塔哥拉斯对此事的反应成为后来亚洲希腊人叛离波斯起义的导火线,他不是自己派出军队直接去帮助这些那喀索斯贵族们,而是找了驻在萨尔迪斯的波斯总督阿塔佛涅斯,给他描绘了一幅美妙的蓝图,波斯将有机会从征服那喀索斯开始,进一步夺取基克拉底斯群岛,并通过这些海岛最终把波斯的势力扩张到希腊本土的优庇亚岛。其实,阿里斯塔哥拉斯的私心非常可能是用波斯的力量去为他自己夺取这个富裕而且拥有强大军力的城邦,使自己成为那喀索斯的主人。

---

[1] 今多瑙河。

阿里斯塔哥拉斯拥有的杰出才能是出众的想象力和煽动能力。阿塔佛涅斯不仅自己对此言听计从，而且正式向大流士做了汇报，得到了皇帝的首肯，波斯人郑重地在阿里斯塔哥拉斯所要求的兵力之外另外增加了100艘战船，大流士还为这支波斯大军任命了大流士的亲戚麦加巴特斯为全军统帅。

麦加巴特斯率领这支以波斯人为主力，部分希腊同盟者的大军在向那喀索斯开拔的途中，与阿里斯塔哥拉斯因为一件小事发生了激烈的争执，麦加巴特斯竟然派人连夜去通知那喀索斯人即将到来的攻击，等到波斯大军抵达岛屿的时候，那喀索斯人已经做好了充足的准备，波斯大军围城攻打四个月未下，弹尽粮绝，无功而返。

利用别人的资源不会没有代价的，不能用财富计量的代价更是致命。此次劳而无功的远征，阿里斯塔哥拉斯无端耗费了大流士的钱粮和尊严，失去了阿塔佛涅斯的友谊和信任，并且和地位显赫的麦加巴特斯结下了怨仇，阿里斯塔哥拉斯回来以后感觉到了恐惧。在应该付出的时候算计，在应该服从的时候勇气迸发，他已经陷入自己一手造成的走投无路，惶惶不可终日的境地，恰在此时，他的岳父席斯提埃乌斯从苏萨巧妙地给他带回了促其反叛的信息，这个信息是刺在他的奴仆的头顶上，等这个奴仆的头发长长以后被派到阿里斯塔哥拉斯身边，把头发剃光就可以看了。伯里对希罗多德这个故事深表怀疑，但我认为按照当时波斯人的习惯也不是不可能，因为希罗多德所说席斯提埃乌斯谋叛的理由是想摆脱自己在苏萨的软禁，故而让女婿造反，他就可以借机平叛而回到米利都，伯里认为这不合理，因为阿里斯塔哥拉斯造反，大流士是不会派反叛者的岳父去镇压自己的女婿兼侄子的，但我认为希罗多德的说法还是有可能成立的：第一，大流士把席斯提埃乌斯软禁在苏萨并非出于本意，而是手下人提醒需要防备他，限制其自由，这是一个预防措施，而不是对他的忠诚有依据的怀疑；第二，波斯人一向自信，以前征服四方的过程中，波斯人经常把反抗的国王杀掉以后让其儿子继位,而不会另派他人。更何况这样一个唯一而特别的故事应该可以增加其可信度。

阿里斯塔哥拉斯的目的是挑起整个小亚细亚及海岛希腊城邦共同起义,反对波斯。乘着那喀索斯回来的希腊舰队尚未解散,阿里斯塔哥拉斯派人将大部分参加远征的希腊城邦僭主扣留为人质,然后正式公开反叛。

无论在希腊本土还是小亚细亚的希腊城邦,希腊人的民主意识始终没有泯灭。为了迎合民众心理从而争取最大的支持,阿里斯塔哥拉斯采取了一系列准备:首先在米利都,他主动放弃了自己的僭主地位,恢复政治平等以换取米利都人民对反叛的参与;其次他将扣押的部分希腊城邦的僭主分别引渡到他们各自城邦,交给人民处理,除了米提勒涅城邦的僭主被杀以外,剩下的僭主都被自己的人民释放,但也失去了统治地位,阿里斯塔哥拉斯还动员其余城邦驱逐他们的僭主,原先波斯人认可的僭主最终全部都被推翻,整个小亚细亚的希腊城邦事实上都以实际行动参与到反叛波斯的运动中了;最后,他自己乘船到希腊本土去寻求同盟者的援助,他首先选择的就是斯巴达,这时的斯巴达国王就是曾出兵推翻雅典僭主的克里奥蒙尼,由于奇洛尼亚会议的反对,以及克里奥蒙尼家里八岁的女儿对阿里斯塔哥拉斯出于本能的提防,他在斯巴达空手而归,随后来到了雅典,不知是他的无边许诺加上虚假陈述,抑或是雅典人好管闲事的习性,也许两个因素的共同作用,使他最终获得了雅典人民的明确承诺,他们将派出舰船跨海支持小亚细亚城邦的反波斯起义,而优庇亚岛上的厄律特里亚城邦因为以前米利都人对他们的帮助而主动提出派兵支援。阿里斯塔哥拉斯马上返回米利都继续进行各种对波斯的骚扰和分裂活动。而雅典人"这些舰船的派出,无论对于希腊人还是异族人,都是灾祸的开始"[1]。

---

[1]《历史》〔古希腊〕希罗多德著,徐松岩译注,上海三联书店2008年版,第295页。

公元前498年，雅典和厄律特里亚援军抵达希腊海东岸之前，起义的小亚希腊诸城邦完成了政治反叛，驱逐了波斯代理人——僭主，恢复了民主，但即使如此，起义并未遭到波斯军队的进攻，甚至没有看到波斯军队的集结和镇压准备。希罗多德也没有记载：对这些沿海希腊城邦废除僭主恢复民主的广泛运动，波斯人，尤其是总督阿塔佛涅斯，甚至大流士是怎么看待的？他们是否将此视作叛乱也未可知，毕竟对大流士来说，希腊人的重要性除了税赋以外也就没什么了，但刚开始时，波斯人对此没有进行军事镇压的打算和准备似乎是肯定的，否则希腊联军不可能如此轻易地攻占萨尔迪斯。

雅典人派出了他们海军的主力20艘战舰和厄律特里亚的5艘舰船抵达米利都，与小亚细亚的希腊联军会合，打算袭击萨尔迪斯，而整个这场起义的始作俑者阿里斯塔哥拉斯却并未参与对波斯人的进攻，他派他的兄弟作为统帅，自己安坐在米利都。联军在以弗所登陆以后，翻山越岭兵临萨尔迪斯城下，没有遭遇任何抵抗地攻进城内，阿塔佛涅斯率领波斯大军退入卫城固守，希腊人放火烧毁了整个萨尔迪斯城以及当地神庙以后，连夜撤退。而波斯人看到城市燃起大火以后，集结军队从卫城出来支援吕底亚人，并一路追击希腊联军，终于在以弗所追上了入侵者，交战之下，希腊人一败涂地，厄律特里亚的统帅也阵亡了，雅典人上船回国了，丝毫不理会米利都人的挽留，其他当地城邦的军队也各自解散回国了。

这些起义城邦继续沿着海岸线向外扩张，用劝说和武力威胁发展了更多的起义者。南部的卡里亚，远到塞浦路斯，北到赫勒斯滂海峡东边的希腊城邦纷纷加入起义，大家先是欣喜若狂地挣脱枷锁恢复自由，继而又惴惴不安地等待着大流士的反击。而大流士在整个事件开始时并没有引起足够的重视，只是知道了这场叛乱的策划者是阿里斯塔哥拉斯——席斯提埃乌斯的女婿，当他把席斯提埃乌斯叫来问他是否参与了这场叛乱时，这个希腊僭主首先矢口否认,接着信誓旦旦地申请让自己去平叛并且再为大流士征服撒丁岛,大流士就此相信了他,让他回爱奥尼亚去了。更重要的是,大流士通过这次希腊人的反叛第一次知道了另一边大陆的雅典这个名字,并立誓要向雅典复仇。

大流士终于派出了大量的波斯军队向希腊城邦发动进攻,并且由腓尼基人的舰队充任海上的主要力量,而所有的东部地中海岛屿和亚洲西部的希腊城邦在得不到爱琴海对面希腊大陆城邦援助的情况下,各个起义城邦联合起来互相支援,展开了悲壮而惨烈的抵抗。小亚细亚的希腊人虽然在陆地作战根本没有胜算,但是仍然在卡里亚和塞浦路斯与波斯大军进行了顽强的作战,在付出了巨大的牺牲以后还是被波斯军队打败,波斯人有条不紊地逐个征服了希腊城市;在海上,希腊人的力量相对要强大很多,但是腓尼基是个更强的对手,不仅他们的航海历史要比希腊人更早,而且还能得到波斯帝国的全面支持,希腊城邦中萨摩斯、开俄斯等虽然坚持了较长时间,但规模较小的希腊城邦丝毫没有可以与波斯帝国相比的资源,失败是早晚的事。公元前494年,波斯一方的600艘舰船和希腊人的300多艘舰船在米利都城外的拉戴岛海域进行了一场海战,结果波斯人取得了胜利,米利都失去了海上屏障,随之,这场亚洲希腊人的起义以米利都的最终陷落画上了句号,波斯人将米利都剩下活着的人全部降为奴隶,押解到苏萨,而米利都城市则由波斯人直接占领。

雅典人在得知米利都失陷的惨境后表示了深深的同情。当时的诗人弗里尼库斯根据这个事件写下了悲剧《米利都的陷落》,戏剧上演的时候引起全场观众的痛哭,雅典人民因此对作者处以1 000德拉克马[1]的罚金,进而立法永远禁止任何人把这部悲剧搬上舞台。

---

[1] 古希腊货币单位,1塔兰特=60明那,1明那=100德拉克马,1德拉克马=6奥波尔,1塔兰特约合25.5公斤白银,各地有所不同。

　　一件美好的事物被当作信念或者当作借口,它们所引发的后果是极其不同的。发动这场大规模摆脱奴役起义的"领袖"阿里斯塔哥拉斯和席斯提埃乌斯的命运仿佛是对参加起义的所有人的嘲弄。阿里斯塔哥拉斯在看到起义城邦被一个个攻陷以后,感觉不可能战胜大流士,因而首先策划逃跑,他带领一些跟随他的人逃到色雷斯,在攻击当地人时被杀死;而席斯提埃乌斯在逃出苏萨以后,曾经找过阿塔佛涅斯假装帮助平叛,对此次如燎原之火的叛乱形势洞若观火的阿塔佛涅斯对他说道"席斯提埃乌斯,我来告诉你这时怎么一回事吧:这是你亲手缝制的一只鞋,而阿里斯塔哥拉斯只不过是穿鞋的人"〔1〕,席斯提埃乌斯听后明白了无法再行欺骗,只能继续逃跑,他通过欺骗和威吓希腊人得到了几条舰船,从此在爱琴海和拜占庭当起海盗打劫,最终被阿塔佛涅斯抓获,阿塔佛涅斯深知席斯提埃乌斯在大流士心目中的地位和他们的关系,为避免大流士再次被骗而赦免他,他决定不递解苏萨,而是将他就地处死。而许许多多的希腊同胞因为虔然而错误地将他们两个挑起叛乱的借口当作争取自由而起义的信念,却付出了惨重的代价,并且,他们两个点燃的大火以后将延烧到爱琴海对面的欧洲城邦,给自己的同胞带去了另一场灾祸。

　　历史发展的进程不是任何人可以把握的,它本身没有理性,更不会听从任何人的"劝解"。当初,阿里斯塔哥拉斯凭一己之力,挑起了小亚细亚的希腊城邦叛乱以及连带发生的希波战争,灾难前后延续近二十年,波斯人和希腊人伤亡几十万,沦为奴隶的更多,整个地中海东部战火连天,起因从一开始确实是受了这个僭主的蒙蔽和欺骗,但这个原因不可能一直影响到后续的所有战事,但大家即使全都认识到这一切都是缘起于阿里斯塔哥拉斯的个人野心和谎言,也没有任何一方罢手,大流士以后,交战双方中大多数人

―――――――――――
〔1〕《历史》〔古希腊〕希罗多德著,徐松岩译注,上海三联书店2008年版,第303页。

早已忘记阿里斯塔哥拉斯这个名字了。历史的车轮一旦启动,就不会主动停下,而是按照它自己的规律进行下去,除非它耗尽能量或遇到更大的障碍。

三 希波战争中的雅典人

希波战争是人类历史上有据可考的欧洲和亚洲之间的第一次大规模战争。战争的直接起因是波斯皇帝大流士对雅典和厄律特里亚支援小亚细亚的希腊城邦反叛的报复和惩罚,随后断断续续一直延续到公元前479年[1]才结束。

古代君王思维很简单:最重要的首先是君王的权位,其次是君王的尊严。疆土和人民只是上述两项的对象和表现方式。小亚细亚的希腊城邦对波斯帝国的反叛被镇压之后,"大流士做出决定,必须严惩雅典和厄律特里亚,因为她们纵火焚烧萨尔迪斯的行为深深触怒了他;侮辱波斯大王尊严的行为绝不能就此一笔带过"[2]。

公元前492年

小亚细亚的希腊城邦起义被波斯彻底镇压以后,波斯人并没有对参与叛乱的希腊城邦实行反攻倒算,反而主导了属下希腊城邦的民主与和平再造。希腊人虽然没有从波斯人统治下赢得独立,但由于大流士和他的总督们通过这场叛乱发现:这些希腊城邦的僭主既不能很好地行使职权,更没有任何忠诚,所以在"各邦

---

[1] 关于希波战争的结束时间虽然有不同说法,但大多采用的是从前492年到前479年普拉提亚之战和米卡列之战,波斯退出爱琴海为止。

[2] 《希腊史·Ⅰ》〔英〕伯里著,陈思伟译,晏绍祥审校,吉林出版集团有限责任公司2016年版,第295—296页。

取消僭主制,建立民主政府"[1],希腊人为争取独立起事,却最终从征服者手中收获了民主,可谓"失之东隅,收之桑榆"。

同时,萨尔迪斯总督阿塔佛涅斯召集了爱奥尼亚城邦代表,命令他们缔结协议:规定希腊城邦之间不得进行互相劫掠,不得以非法的方式解决彼此争端。并且通过测量各邦土地而重新确定每个城邦缴纳贡金的固定份额,据希罗多德说,重新核定的贡金与叛乱之前的贡金数额基本没有变化。这些措施的实行,使小亚的希腊城邦进一步实现了和平和稳定,不仅在城邦和波斯之间,而且希腊人城邦之间也得以惠及。

等到波斯人这些善后工作完成,大流士对雅典和厄律特里亚的报复行动才正式开始。前492年初春,大流士任命他年轻的女婿玛尔多纽斯为统帅,率领一支庞大的军队远征欧洲。玛尔多纽斯率军从基利基亚出发,他自己登上舰船,与其他将领一起分海陆两路,跨过赫勒斯滂海峡,沿色雷斯海岸向欧洲进发,目标直指雅典和厄律特里亚。

波斯的陆军进入欧洲以后,再次宣示了对大流士征服了的色雷斯的统治权,并且马其顿的国王亚历山大二世主动来降,在海上,波斯舰队兵不血刃地征服了塔索斯岛,然后继续沿着海岸向西南进军,在准备绕过阿索斯山的时候,遭遇了突如其来的强劲北风,波斯海军半数的舰船被狂风卷走,撞向阿索斯山,有300多艘船被这场风暴毁坏,人员损失达到两万多。而提前上岸率领陆军的玛尔多纽斯此时也在营帐遭到一个色雷斯部落[2]的袭击,波斯军队遭受了一定伤亡,但玛尔多纽斯继续作战,直到把这个部落征

---

〔1〕《希腊史·Ⅰ》〔英〕伯里著,陈思伟译,晏绍祥审校,吉林出版集团有限责任公司2016年版,第295页。
〔2〕色雷斯人是希腊半岛东北部的土著民族,分布于马其顿向东,沿着爱琴海北岸和黑海,直到海峡区域内的原始民族,战斗力非常强悍,内部分为不同的部落,但各部落之间素不团结。

服以后才离开。

由于海军遭到了海上暴风的沉重打击,陆军也是未到战场就已损失,玛尔多纽斯在"经历了如此不体面的失利之后"[1],不得已退回了亚洲。

波斯对希腊的第一次战争,波斯人还没有看到雅典和厄律特里亚城邦的样子,就这样半途而废了。

公元前490年——马拉松

公元前492年,波斯的军事行动因为天气原因而被迫终止,只能视之为一次战略准备。两年以后,大流士决定再次发动进攻惩罚雅典和厄律特里亚。

在出征以前,大流士为了试探希腊人的抵抗意志,向主要的希腊城邦分别派出使者,命令他们向波斯献上表示臣服的"土和水"。同时,大流士命令波斯所属的希腊城邦尽快提供大量的作战舰船和运输马匹的舰船,准备向希腊本土发动战争。

派出的使者带回来众多希腊主要城邦表示臣服的"土和水",只有雅典和斯巴达拒绝臣服,但当时斯巴达正在和阿尔戈斯争夺伯罗奔尼撒的霸权,而雅典也正与它的世仇邻邦埃吉那打得不可开交。

在波斯方面,前490年,大流士已经征集到了600艘舰船,他决定此次进攻将通过海上进行,玛尔多纽斯已被撤换,此次担任统帅的是波斯人达提斯和萨尔迪斯总督阿塔佛涅斯的儿子阿塔佛涅斯。波斯大军连同马匹全部乘坐舰船,不再绕行赫勒斯滂和色雷斯,而是从萨摩斯出发,横穿爱琴海直奔优庇亚和希腊大陆。波斯大军首先在那喀索斯岛登陆,八年前波斯总督受阿里斯塔哥拉斯蛊惑去征服那喀索斯而未得手,引发了一场浩劫。此次,那喀索斯

[1]《历史》〔古希腊〕希罗多德著,徐松岩译注,上海三联书店2008年版,第315页。

人未做任何抵抗,逃进深山,波斯大军轻易地登陆并占领了那喀索斯城,把城市和神庙一把火烧毁了,然后离开。波斯人继续前行到达了希腊人的圣地提洛岛,达提斯命令全军不在提洛岛登陆,改在提洛岛对面的瑞尼亚岛抛锚,并派使者去告诉逃离的提洛岛民不用害怕,他不会伤害任何人,要求他们回岛居住,然后在提洛岛的神庙祭坛上焚烧了乳香作为献祭后,继续向着希腊大陆行进。最终,波斯大军在优庇亚岛南端的卡利斯图斯登陆,并攻占了这个城市。

波斯人还在向希腊逼近的时候,厄律特里亚人已经得知,并马上请求雅典支援,而雅典也应其所请,指定驻扎在从卡尔基斯夺来的邻近殖民地上的 4 000 名军事殖民者[1]去增援厄律特里亚,这在希腊已经是一支非常可观的步兵力量了,当时希腊主要城邦的步兵除了雅典和斯巴达等几个大国之外,少有万人以上的,因为公民兵制度的实行,各城邦步兵人数受公民人数限制较大;而厄律特里亚人民自身尚未形成统一意见,有人建议趁波斯人到来之前先逃离城邦,也有人正准备投降,这时一个厄律特里亚人过来告诉雅典援军自己城邦的各种情况,似乎对守卫城邦丝毫不抱信心,并建议雅典人返回本国,这支雅典援军听从劝告,渡海回到奥罗普斯,避免了损失。

波斯大军在厄律特里亚附近登陆,人马下船后就向厄律特里亚城市发动围攻战,厄律特里亚人死守不退,激烈的战斗持续了六天,到第七天,由于两位公民的出卖,波斯军队进入城市,大肆劫掠后放火烧毁了城市及神庙,并把全部俘虏带回波斯充作奴隶。这是大流士的命令,以报复希腊人在萨尔迪斯的恶行。

达提斯和阿塔佛涅斯完成了大流士交给的两项任务的一半,休整数日后,全军渡过海峡向阿提卡进发,来到马拉松平原集结,

---

〔1〕见本章一,雅典的力量。

因为波斯陆军的精锐主力和最擅长的就是骑兵，而马拉松的地形最适合骑兵活动。

还有一个情况是：前510年被驱逐出雅典的僭主希皮亚斯，僭主皮西特拉图的儿子，早已投靠波斯人，并一直在大流士身边鼓动波斯人进攻雅典，图谋依靠米底人[1]恢复自己的僭主地位，但现在看来，大流士似乎对此并不感兴趣，若不是雅典曾经支援小亚细亚的希腊城邦叛乱以及对萨尔迪斯的毁坏，大流士是不会单单为了希皮亚斯而兴师动众讨伐雅典的。希皮亚斯此时可能也在军中，并因为自己父亲当年就是在马拉松开启了僭主夺权之路的，今天他作为波斯人的向导把波斯军队引到马拉松既有迷信的因素，更是希望能沿着他父亲当年从马拉松攻入雅典登上独裁之路，再现历史的一幕。

雅典人对波斯来犯也早有准备，波斯大军在马拉松登陆时，雅典军队也已赶到，双方列阵，准备开战。

在雅典军队向马拉松出发之前，雅典人曾经派遣使者向斯巴达求援，斯巴达虽然马上就表明同意援助，但这一天恰逢斯巴达人的宗教节日，按照惯例斯巴达军队在这期间是不能走出国境的，斯巴达人说等到时间许可（即6天以后）他们就立即出发。显然，斯巴达军队是来不及参加战斗了，但普拉提亚主动提出将派出全部军队来援助雅典对波斯人的战争。

此次雅典军队的将军里面还有一个不可忽视的人物——米泰亚德，事后被证明是致胜的关键因素。克里斯提尼改革后的雅典十将军制，根据十个部落的划分，每个部落都会通过选举产生一个将军，这十个将军加上原来的军事执政官（波勒玛刻）就组成了雅典的战时指挥机构，米泰亚德就是被选举出来的十将军之一。

---

[1]　希腊人对波斯人的另一种称呼。因为居鲁士是在征服并取代米底帝国的基础上建立了波斯帝国，而且米底人和波斯人属于相同的种族。有不少史家也习惯将希波战争称为"米底战争"。

　　米泰亚德的身世十分传奇：他的父亲喀蒙，一个富裕的雅典贵族，是当时贵族派的头领，曾经被僭主皮西特拉图流放，他参加奥林匹克竞技会赢得了驷马比赛冠军，他将这项荣誉冠以皮西特拉图的名字而得以结束流放，回到雅典，后来被皮西特拉图的两个儿子希皮亚斯和希帕克斯因为嫉妒而谋杀，他父亲喀蒙有个同父异母兄弟叫米泰亚德（应该叫米泰亚德一世），因为偶然的因素，被色雷斯的多隆基人请去刻尔索尼斯并被拥为当地的国王，他就在色雷斯定居下来，修筑了防御工事和必要设施，将这个地方变成了自己的王国，虽然国王是雅典人而国民却是色雷斯人。喀蒙有两个儿子，大儿子斯特萨格拉斯很早就去了刻尔索尼斯，跟随叔叔身边，而小儿子就是马拉松之战的将军米泰亚德（二世），从小跟随在父亲身边，米泰亚德一世死后将他的王国传给了侄子斯特萨格拉斯，不久斯特萨格拉斯被人暗杀，而米泰亚德（二世）在父亲被僭主暗杀以后估计也没什么安全感，于是他主动提出离开雅典去刻尔索尼斯，到了那儿以后，他用计从当地人手中夺得了王位，并和色雷斯国王奥罗鲁斯的女儿结婚。大流士第一次远征斯基泰人的时候，米泰亚德作为刻尔索尼斯国王也投降了波斯人，并和米利都、萨摩斯等僭主一起承担守卫海峡大桥之责。后来米泰亚德是因为什么原因放弃了刻尔索尼斯王位回到雅典？他离开以后的刻尔索尼斯与雅典到底是什么关系？这些问题现在无法找到答案，但米泰亚德在波斯入侵希腊几年前就带着财货回到了雅典是肯定的，否则不可能通过选举成为雅典的将军。

　　雅典第一次迎战波斯入侵，米泰亚德的作用不可替代。当得知波斯大军即将到来，"就是他（指米泰亚德）在雅典人民大会上提出进军马拉松的动议"[1]，当十将军因为主动奔赴马拉松与波斯会战还是固守雅典城市的决策发生意见分歧时，米泰亚德力主向

<hr />

[1]《希腊史——迄至公元前 322 年》〔英〕N. G. L. 哈蒙德著，朱龙华译，程庆昺、郝际陶校，商务印书馆 2016 年版 第 335 页。

马拉松出击进行野战,"议案提出者和实施者是米泰亚德不朽名声中最伟大的头衔"[1];他的坚定态度和在刻尔索尼斯积累的对波斯军队的了解和经验使军事执政官(波勒玛刻)卡里马库斯更乐于采纳他的建议,同时,他还得到了另一个有着"正义者"之称的将军同僚:阿里斯提德的无条件支持,因此原本的最高统帅波勒玛刻授予他前线最高指挥权[2]。

　　雅典和波斯双方军队的不仅人数相差悬殊,而且波斯还有海军的优势,可以同时进行海陆机动,而雅典已将所有部队派往马拉松迎战,万一波斯人改变进攻方向和登陆地点,希腊人的重装步兵与波斯舰船运载的骑兵可能还未相遇,雅典就已陷落。可能达提斯用兵不喜欺诈,也可能波斯人绝不会想到自己会败于希腊人之手,反正波斯军队在马拉松登陆后并不急于发起进攻,雅典军队在赶赴马拉松以后首先把守住关键位置,等普拉提亚的援军一到,米泰亚德就列阵对波斯人发起进攻,马拉松战场一边靠海,另一边是山,宽度有限,波斯军队人数再多也难以施展,双方面对面的战线雅典刚好可以填满,不留空隙,只是中部较薄。

　　希腊步兵密集的重装防护和过长的长矛在波斯快速但防护薄弱的步骑兵面前具有可怕的冲击力。米泰亚德把进攻的重心放在两翼,而防线的中部最弱,双方接触,经过激烈的鏖战,雅典人防线的中心因防线较薄,支撑不住而发生后退,但两翼很快就取得突破,随之向中心合围,波斯人看到自己有被包围的危险时,因为恐惧而发生全线溃退,雅典和普拉提亚联军马上发起追击,波斯人大

---

〔1〕《希腊史·Ⅰ》〔英〕伯里著,陈思伟译,晏绍祥审校,吉林出版集团有限责任公司2016年版,第299页。

〔2〕希罗多德说雅典十将军制规定:在前线每人一天轮换指挥,故米泰亚德虽然得到一半将军和波勒玛刻支持,他还是等轮到自己当值这一天才发动进攻,这种说法有诸多疑点:相比罗马共和国的两位执政官在前线可以轮换指挥,但十个人轮换明显不合情理,而且波勒玛刻的最高指挥作用是在前479年希波战争结束以后才日渐衰微的,此时应该还是起主导作用的。

败,向停在岸边的舰船逃去,又被追兵杀死一些。

据希罗多德所述:此战波斯一方阵亡6 400人,而雅典这一方是192人,但雅典人也付出了沉重代价,波勒玛刻和其他部分将军在激战中阵亡。雅典的参战士兵中还有两位值得特别记住的人:一个是地米斯托克利,他虽然此时没有任何功名,只是一名重装士兵,但没有多久,它就成为雅典大权在握并且名重希腊的风云人物,我认为,根据他的贡献,也可以被称为雅典的"海军之父";另一位是更加著名的埃斯库罗斯,古希腊最著名的诗人、悲剧作家之一,他一生写过七十多部剧本,其中有七部流传至今。

虽然,雅典人在马拉松战役取胜了,但雅典城邦所面临的威胁尚未解除。第一,马拉松战役中波斯的参战部队只占全军的一小部分,波斯军队主力并未受到根本削弱;第二,达提斯正准备利用海军优势,将全军通过海上运到法勒隆——雅典附近的一个港口城镇登陆,直接向雅典发起进攻。这是一场与时间的赛跑,马拉松的战果也可以被忽略,谁先赶到空虚的雅典才是决定雅典生死存亡的一方,波斯舰船绕过阿提卡南端的苏尼昂海岬向法勒隆疾驰,而在马拉松平原获胜的雅典人除了留下阿里斯提德率领他本部落的人打扫战场,因为只有他是最可信、最不可能中饱私囊的,其余部队急行军赶回雅典防御来自海上的进攻,他们还未抵达法勒隆的时候,就已看到波斯舰队已经在逼近法勒隆,只见波斯舰队停了一会儿,并没有登陆,接着就驶离海岸远去了,也许达提斯看到了赶来的军队而放弃进攻雅典了。其实,这时斯巴达的2 000援军也已进入阿提卡,虽然没有来得及与波斯军队交锋,他们后来还是去看了看马拉松战场,然后就回国去了。

我看到的区别:马拉松战役是欧亚之间第一次经过充分准备的、纯粹以各自的思维习惯和方式在军事上的较量,刀光剑影折射出希腊人和波斯人的差异以及这些差异的根源。

雅典人是自由的人民,政治平等的结果之一是,无论一个人为城邦做出了多大的贡献或者牺牲都是基于自己的信念和义务,他执行的是城邦集体的使命,后果好坏由他和全体人民共同承担,如果使命达成,他从大家得到的唯有声誉和尊重,当然也会吸引一些竞争对手的嫉妒,仅此而已。而波斯的将领则是执行皇帝命令的臣仆,将领完成使命的成败后果归于皇帝,他能得到的只是皇帝给与他个人的赏赐、地位或者惩罚。

另一个区别是欧洲因为人口和资源匮乏而追求军事能力的高质量,他们追求战术、训练和装备的精细和优越,以对抗亚洲大帝国的人口和资源丰富而天然具备的数量优势,形成了两种不同的发展方向,其实这本来也是双方不同习惯的体现,并不仅仅反映在军事方面。

从马拉松战役反映出来的希腊人的勇气和冒险精神要比波斯人远为充分和强烈。这很可能是来自前面所说的民主制和君主制所造成的差异,如同栉风沐雨的植物肯定比温室培养的具有更强的生命力,独立和自由则是勇气生长发育的必要环境。雅典人在开战前的思想准备如米泰亚德对波勒玛刻说的"现在的雅典,或者沦为奴隶,或者保持其自由……另一方面,如果雅典通过战斗击败敌人的话,那么雅典将会成为冠绝希腊的一流城市"〔1〕,雅典人在做了最绝望准备的同时,为了争取胜利,更是抛弃了稳妥和计算,采用了风险最大的战略,雅典人所倚仗的除了公民部队和重装步兵,还有就是勇气,这些,全是波斯军队所缺乏的,因为波斯人完全不具备拥有这些精神力量的条件,而希腊人早已普遍接受了赫西俄德和荷马的诗歌所给予的悲剧性格和强权精神。当然,如果达提斯内心拥有对此战不惜一切代价的必胜决心和勇气,也许结果可能也不会是我们今天看到的样子。

大流士对希腊的第二次侵略,出动了600艘舰船的海陆军,虽

〔1〕《历史》〔古希腊〕希罗多德著,徐松岩译注,上海三联书店2008年版,第337页。

然毁灭了厄律特里亚城邦,但在雅典铩羽而归,只取得了事倍功半的成就。

公元前480年——萨拉米斯

马拉松之战的后果对作战双方的意义是截然不同的。雅典城邦的实力和声誉在前506年独力抗击斯巴达、卡尔基斯和彼奥提亚三方围攻的基础上更进了一步,雅典人的民主制度以及自信得到了更加的完善和提高,雅典正逐步走到即将占据整个希腊世界顶峰的前夜;而对波斯而言,马拉松只是大流士发动的无数次远征中偶尔的失败罢了,虽然大流士对此大发雷霆并准备发动更大规模的报复,但是埃及发生的叛乱让雅典的重要性下降到次位。

而作为"这次战斗的首脑和灵魂"[1]的米泰亚德在马拉松战役结束之后,以许诺雅典人民获得丰厚回报为由,要求得到一支海陆军部队发动一次远征,至于远征的目的地则秘而不宣,有人说他是借此去报复派罗斯城邦,由于此次作战极不顺利,而且他还在非法潜入当地神庙时受了伤,最后只得空手而归。回到雅典以后,他的这次出征在雅典人民中间引起很大争议,有人认为他欺骗了人民应当弹劾并判他死刑,大多数人考虑到他在马拉松的功绩和他将征服的海外岛屿列姆诺斯交给雅典的因素,最终同意免除他的死刑,但依然判处他罚款50塔兰特,他在交付罚金之前就因为伤口恶化而去世了,他的财产和罚金一并留给了儿子喀蒙。

可能是马拉松战役的胜利使雅典人民对自身民主制度的感觉更加亲近和信任,雅典人民在马拉松战役后对雅典政治进行进一步的完善,总体是向着扩大全民民主的方向的改革,避免任何个人在城邦政治生活中取得优势地位。

---

〔1〕《希腊史·Ⅰ》〔英〕伯里著,陈思伟译,晏绍祥审校,吉林出版集团有限责任公司2016年版 第303页。

　　首先,雅典政制方面,在克里斯提尼改革的基础上,扩大议事会的集体决策权,削弱行政机构的权力,将原来按照财富等级产生行政官员的方式由选举改为抽签,尤其是执政官的产生:第一步从各部落选举产生 500 人,然后再从这 500 人里面通过抽签产生所有执政官,从技术上杜绝了对最高行政官员的操纵可能;

　　其次,通过实行陶片放逐法防止个人因为声誉过高和政治野心走向独裁的僭主统治,原本由战神山议事会负责保护城邦民主制度的,但现在把该项职权收到公民大会,陶片放逐法一般被认为是克里斯提尼改革的产物,但制定以后从未被付诸实施,现在,就在马拉松战役之后不多几年,就有当时雅典政治三巨头中的两个被用陶片放逐法流放国外,他们分属不同的政治派别,其中一个就是马拉松的功臣“正义者”阿里斯提德,有许多人认为这两个被放逐的人是政治斗争的牺牲品,他们实际上是被地米斯托克利排挤出去的,因为这两个人明显没有谋求成为僭主的欲望,所以,陶片放逐法从预防僭主政治的工具很快就沦为雅典不同党派驱逐政敌的武器。

　　只要是工具,总难免被别有用心的加以利用。除了被作为党派斗争的武器以外,陶片放逐法还有意想不到的“效用”。伯里的《希腊史》讲了个有趣的故事:阿里斯提德被陶片放逐投票的那天,他坐在一个文盲身边,那人请他帮忙在陶片上写“阿里斯提德”的名字,显然他并不认识阿里斯提德本人,阿里斯提德顺便问他为什么想要放逐这个人,这个文盲回答:“因为人们总称赞他为‘公正’,我实在听厌烦了。”

　　最后,军事指挥体制也发生了变化,原先的军事执政官——波勒玛刻实际上被废弃,而十将军的产生过程由原来每个部落各自选举产生一名,改为由全体公民不分部落的选举产生。对于十将军的轮流指挥,现在明确规定:每一次军事行动都由公民大会事先通过决议指定一位最高指挥官,单一任务中,最高指挥官的授权只一次性有效。

这一次雅典政制框架的改革,进一步完成了激进民主制的建设,尤其是抽签代替选举产生执政官,以及伴随着战神山议事会急剧衰落的公民大会职权的扩大,有志于投身政治的有才能的平民开始真正得到与贵族和政治世家平等的从政机会,雅典显著扩大了它的政治智慧来源,当然政治上的混乱也同时进来了。

地米斯托克利成为这种新制度改革后的第一个得益者。

雅典人民经过长期的社会生活经验和发自内心的意愿,最终选择了民主制度,并从此凝心聚力走向强盛。一个国家的强大,其政治制度和历史人物的作用同等重要并且不可互相替代,在整个希腊世界,雅典除了民主制度以外,最大的财富是层出不穷的各类人才,他们各自在不同领域、不同时期为雅典的强大和繁荣做出了重大贡献。早期社会的梭伦、克里斯提尼和皮西特拉图已然完成了他们各自的历史使命,进入新的民主社会以后,地米斯托克利成为雅典又一个历史性人物,是他提出、坚持并亲手实施优先发展海军的战略,不仅近谋雅典对埃吉那和雅典对米底人的战争,更远虑雅典今后持续百年的海上霸权大业。

不同于以前风云人物基本都出自贵胄世家,地米斯托克利出身平凡的家庭,甚至有点贫寒,但他从小就显露出热情、积极、率性的天性和富于独创、野心勃勃的特质,使他很早就在雅典政坛崭露头角,马拉松战役以后,雅典城邦面临的大事就是与埃吉那的尖锐矛盾,与雅典隔海相望的埃吉那是一个岛屿城邦,公元前六到五世纪之交,国力达到鼎盛,不仅富裕程度冠居希腊,更拥有一支在希腊城邦里首屈一指的海军力量,雅典在与埃吉那长期纠缠之中,曾经靠着斯巴达国王克列奥蒙尼出面从埃吉那取得人质,从而在达提斯率领波斯大军来犯的时候,埃吉那才能勉强保持中立立场,没有帮助波斯人;而战争结束后,大约在公元前487年,埃吉那索回人质的过程因克列奥蒙尼自杀又发生了意外纠葛,并且引发了新的战争,雅典靠着从科林斯借来的几十条军舰支援才与埃吉那打了个平手,然后,这场战争演变为小规模的持久冲突。此刻,地米斯托克利独具慧眼,认识到海军对雅典的重要意义,不仅与埃吉那的战事需要海军,被赶出希腊的波斯更是一个随时可能成真的噩梦,而波斯的入侵都是从海上过来的,所以他认为:若无一支全希腊最强大的海军,雅典将永无宁日,为此,不惜侵占步兵的资源。

地米斯托克利的远见来自他自己的天赋和对形势的正确判断,但是从远见到现实的存活率一向很低,如果人民都能跟他同时看到问题的本质,那就不叫远见而是代言了,地米斯托克利的伟大不仅在于他早就看到了这个问题的关键,更重要的是他还要凭一己之力把整个城邦的注意力拉到他所指的方向来,把他的目标变为大家的共识,进而变为现实。

人虽然生而权利平等,但能力却从来不平等。地米斯托克利的天赋决定了他的冲动都比别人的条理更明智、更有益。马拉松战役前不久,前393年或前392年,他曾被选为执政官,他就提议要把靠近雅典的海港,比雷埃夫斯和法勒隆建设成为设防的城镇和造船工场,以防敌人从海上登陆进攻雅典。接下来的一件事情更见其影响深远:雅典人拥有的劳里昂银矿因为在前483年发现了富矿脉而产量大增,这一年可以给雅典带来100塔兰特的收益,根据城邦的习惯应该将这样一笔巨款分配给城邦公民,只有地米斯托克利敢于在公民大会上不怕触犯众怒而提出反对意见,他的建议是把这笔钱平均分给雅典最富有的100个公民,用以建造军舰,要求几个月后,每个分到钱的人向城邦交付一艘战舰,这样雅典就可以增加100艘舰船用于与埃吉那的战争,他的这条建议因此得到了公民大会的同意。并且,"从此以后,一点一点经过不断的努力,拖着整座城市转向海洋"[1]。

<hr>

[1]《普鲁塔克全集·Ⅰ》〔古希腊〕普鲁塔克著,席代岳译,吉林出版集团股份有限公司2017年版,第211页。

地米斯托克利行事更多地依从自己的直觉而不是经验，所以他的主意往往都会带来战略上的重大突破。雅典以前虽然不是希腊的最强城邦，但也是一个海陆军力平衡的重要大国，但面对身边的埃吉那，以及不知何时到来的波斯人的疯狂报复，按部就班地慢慢积累力量是不够的，他看到了这种危险性，所以准备超常发展海军，这必然压缩了步兵的力量建设，以至于他的政敌指控他"拿走了雅典人的矛和盾，把他们绑在划座和桨架上面"[1]，但即使这样，因为雅典人民对他的喜爱，他的议案总是能获得公民大会的支持。到波斯人再度入侵之前，雅典已经建成一支超过 200 艘战舰的舰队，成为希腊规模最强大的海上力量。他以对付埃吉那为借口而加强的海军在萨拉米斯海战中决定性的挽救了雅典，挽救了希腊。

大流士在马拉松战役失败以后，马上就准备发动对雅典的再一次侵略，可是埃及发生的反叛打乱了他的计划。达提斯败退回波斯以后，大流士就启动了大规模战争机器进行备战，他命令小亚细亚的希腊城邦建造更多的舰船，以及在亚洲所有属地征调更多的粮食和士兵，准备再次远征雅典，差不多完成时，前 486 年，前任皇帝冈比西斯征服的埃及发生了叛离，大流士只能准备先去征服埃及，毕竟雅典影响的是波斯皇帝的面子，而埃及事关波斯帝国的利益。更不幸的是大流士还没有出发埃及，就于次年去世了，他指定的继承人薛西斯继位，成为波斯帝国的主宰，继任者认真贯彻了大流士生前的意愿，将对埃及和雅典的战争作为不可动摇的任务。登基后次年，即前 484 年，薛西斯率军赴埃及平叛，取得胜利后以更苛刻的政策将埃及交给他的亲兄弟阿赫明尼斯统治，他自己回到波斯。

薛西斯在残酷弭平了埃及的叛乱以后，就准备继续完成大流士惩罚桀骜不驯的雅典人的计划，即使前 482 年发生的巴比伦叛乱也没有打扰到他的决心和进程。大有大的难处，庞大的波斯帝

〔1〕《普鲁塔克全集·Ⅰ》〔古希腊〕普鲁塔克著，席代岳译，吉林出版集团股份有限公司 2017 年版，第 211 页。

国发动的远征不同于野蛮人相邻部落间的战斗，打一声呼哨就投入厮杀，几十万帝国大军所动用的军力集结和后勤补给是一项庞大的工程，需要几年时间进行征集，另外，在前往雅典的路上，提前铺设桥梁和道路以利大军通行。

双方的战争准备是不同的。

薛西斯在听取了自己兄弟玛尔多纽斯和叔叔阿塔班努斯关于对雅典战争必要性和风险的辩论以后，依然决心决定发动战争，波斯人的准备是周密的，他们提前在阿托斯开挖了运河，以避免重蹈前492年远征舰队被风暴袭击的海域，在赫勒斯滂海峡上架起通向欧洲的两座桥梁，并在斯特雷梦河上也架起了桥梁。薛西斯本人在萨尔迪斯度过了前481年末的冬天，于公元前480年开春统领大军向欧洲开拔，这一次不同以往，薛西斯调集了帝国范围内几十个部族的数十万陆军[1]和超过一千艘舰船的海军，沿着爱琴海北部海岸声势浩大，海陆并进地向欧洲进发。

而希腊人的备战更多的是采用他们在面对强敌时的传统做法：组建同盟，共同抗敌，因为希腊人的民族认同感使他们可以互相之间征服和奴役，但不会允许外族人对他们之中的城邦这样做。公元前481年秋，众多但非全部的希腊城邦在科林斯地峡召开了一次泛希腊代表大会，由斯巴达和雅典牵头，共同商议如何抵抗波斯入侵，斯巴达数百年来一直是希腊世界传统领袖，雅典则是因为在新近发生的马拉松战役中独自战胜了波斯人得以提高了声望。

---

[1] 关于前480年波斯出动的陆军总数的说法至今没有一个比较公认的数字，而且差异巨大。希罗多德说有至少150万的作战人员，加上辅助人员和随军家属，波斯人总数达500万之巨，舰船超过3000艘，这种说法明显是过度夸张，无非是为了强调希腊人面临的压力越大，就越能映衬希腊人所取得的荣耀。伯里认为波斯陆军不会超过30万人，默里则倾向于波斯20万陆军的说法，确切数字已无法正确厘定，但即使二三十万的陆军也已经是当时规模最大的军队了，希腊城邦大如雅典、斯巴达顶多只能组织上万的重装步兵。因此，希罗多德可能对数字的准确并不是太在乎，他的著述里很多数字并不是来源于真实，而更多的依据他论述的需要。不知道真实跟知道实情而不用，从表面看来是一样的。

但这次会议更多的是讨论原则问题：参会城邦达成了一些重要的共识，首先，结束或者搁置他们之间的一切冲突和战争，尤其是雅典和埃吉那之间的战争，而不论是非因果；其次，大家分头派出使者去更远的，以及此次没有委派代表参会的希腊城邦求援，如西西里的格拉和叙拉古，阿尔戈斯以及克里特这些希腊人建立的殖民城邦，劝说他们派出援军，最后，信使们都无功而返，另外也向波斯占据的亚洲派出间谍，而间谍也被抓了，只是因为薛西斯的狂妄和好大喜功而被放回；再次，参加这次大会的 31 个城邦正式结成了同盟，共同宣誓要对主动投降波斯的希腊城邦征收"十一税"，并将此罚款献给德尔斐的阿波罗，这意味着这些同盟城邦以后谁都可以自行或联合对投降波斯的城邦发动进攻或侵略，这就是合法的理由；最后，同盟城邦决定把这次联合抵抗波斯的战争指挥权统一起来交给斯巴达，斯巴达国王之一的里奥尼达斯获得陆军统帅之职，另一位斯巴达人攸里比达斯成为海军统帅，这样，斯巴达人主导了这场即将到来的战争，但雅典的作用无论在陆地还是海上，其实比斯巴达毫不逊色。

这里面就有一个问题：海军指挥权为什么不是归属雅典而是斯巴达？斯巴达虽是陆上霸主，但其海军一向可有可无，根本算不上海上强国，所以斯巴达人既没有指挥大规模海军的经验，更没有海上胜利的经验；然而，此时雅典已经有全希腊最大的海军舰队，超过任何一个希腊人城邦；最有力的理由还在于雅典是最近一个在正规战中打败波斯人的城邦，为什么这么多合理充分的理由都不能让大家接受雅典担任海军统帅？现在看来不是雅典出于谦让和放弃，而是那些参会的希腊人都不信任（或者不喜欢）雅典，因为同盟者说"如果海军统帅权如果不是由拉栖戴梦人来掌握的话，那么我们宁愿不参加这个舰队，也绝不服从雅典人的指挥"[1]，但他

---

[1]《历史》〔古希腊〕希罗多德著，徐松岩译注，上海三联书店 2008 年版，第 424 页。

们却绝对信任斯巴达人,除此以外我们想不出其他理由。至于不信任雅典的理由确实难找,因为我们现在看到的雅典人不仅睿智勇敢,而且急公好义(古希腊悲剧告诉我们:雅典基本上就是正义和怜悯的化身),也许,古希腊时代以后的人所了解的古希腊史总体上有一些观念是被故意误导了。

大敌当前,城邦生死存亡之际,应团结一切力量来应付危机。此刻,雅典又做了一个非常正确的决定,据说是地米斯托克利提议的,即城邦提前召回所有遭陶片放逐法流放的公民回国,而不论其10年的流放期是否满足,被地米斯托克利打败的政敌克桑提普斯和阿里斯提德都名列其中,并被任命为将军,在随后的战争中确实也发挥了重大的作用。

薛西斯的大军渡过赫勒斯滂海峡大桥进入欧洲以后,沿着色雷斯和马其顿西行,然后折向南方进入希腊北部的帖撒里地区,兵锋直指雅典。由于波斯大军史无前例的规模,希腊的崎岖山路和地形根本不适合如此规模的军队,薛西斯的远征进展极其缓慢,更何况希腊人本来就擅长沿海运输,所以即使薛西斯大军已经进入欧洲,希腊人还是可以比较从容地调兵遣将、设置防线。

事实只有一个,但后人都会不可避免地对事实的前因后果及其意义做出各种不同的、多少带有个人主观意识的解读和评论,大多数情况下,这些解读和评论不单会影响读者的态度,还会有意或者无意地使后人对事实产生误解和歪曲,随着时间增长的是对事实的偏离程度。关于希波战争的事实也不能幸免。

波斯大军在顺利通过已成为附庸的色雷斯和马其顿,进入希腊以后,接下来战事的进展就耐人寻味了。

首先,希腊同盟在北希腊事实上放弃了抵抗。据希罗多德[1]:当米底人还未到达的时候,北希腊最大的帖撒利就派人到

---

[1] 见《历史》希罗多德 第Ⅶ卷 172 节及以后。

科林斯地峡,对正在召开同盟大会的希腊代表们明确指出:从北方进入全希腊的第一道防线——奥林匹斯山隘必须守住,而且贴撒利人准备派兵加以驻守,要求希腊同盟也派出一支大军共同防御,不能强制贴撒利人为全希腊而独力支撑,如果希腊不派兵支援,他们将不得不向波斯投降,因为"单靠我们,我们也是无能为力的"。因此希腊同盟决定派出了一支大军通过海运到达了奥林匹斯山的腾佩山隘,这是一条宽不足 10 米,长达 5 英里的狭窄通道,希腊人的大军有 1 万重装步兵,贴撒利也派出了希腊最强的骑兵共同驻防,"但是,他们在那里只停留了数日"。因为马其顿国王亚历山大(二世)派人来告诉希腊人,让他们离开腾佩山隘,一是波斯大军的人数众多,二是进入贴撒利的通道还有佩特拉山隘和弗鲁斯塔那山隘,希腊人害怕波斯人绕道其他山口而遭到包围,因而希腊决定大军撤回船上,回到科林斯,希腊人放弃了贴撒利,造成贴撒利人毫不犹豫地投靠了波斯,成为后来在战争中"对薛西斯国王最有用的人"。

然后,希腊同盟决定在中希腊构筑防御。为了海陆军能够互相配合,陆地防线设置在德摩比利山口,因此地群山中多温泉,所以也叫温泉关,它扼守着从西向东进入中希腊的主要通道,这条道路一边是海,另一边是连绵的高山,以前,福基斯人为了抵御贴撒利入侵,横跨道路修建了城墙,这条道路也是非常狭窄,只有十米左右宽。而海上防线设置在阿尔特米西昂海角附近,希腊半岛在东面向内凹进一个大的三角形,三角形的一个角正冲着温泉关,这个大三角的中间被优庇亚岛填满,优庇亚岛和大陆之间留着两条狭窄的水道,阿尔特米西昂就在上一条较短水道的入海口,这条水道的另一端就是温泉关,所以希腊的海陆军队之间没有阻隔,非常方便互相联系和配合。

希腊人决定在此进行阻击。陆军由陆路奔赴温泉关驻守,因为薛西斯率领大军很快就抵达温泉关以西的特拉奇斯城。在特拉奇斯不远的东面是守卫着德摩比利的希腊联军,他们由斯巴达国王里奥尼达斯统帅,部队构成有：斯巴达重装步兵300人,拉栖戴梦辅助兵1 000人[1],以及来自伯奔尼撒的其他多利安城邦和彼奥提亚城邦的步兵大约3 000人。据说里奥尼达斯除了多里安城邦以外特地征召底比斯士兵,是为了考验和防止他们投靠波斯。后来中希腊的洛克里斯人和福基斯人也都响应号召派出了自己的军队到德摩比利参与作战。所以,温泉关战役实际参加战斗的人员应该有大约5 000人左右,其中多利安人就有约4 000人,而不是仅仅只有300斯巴达勇士。

自双方接战开始,薛西斯亲自指挥战斗,他先后派出了远征军里面不同民族的士兵去和希腊人争夺关隘,由于通道狭窄,兵力施展不开,而且波斯陆军本来就是适应在宽阔的平原实施大规模机动作战的,在如此狭窄逼仄的战场,他们的骑兵和战车兵根本没有发挥空间,而步兵的防护装备远远不及希腊的金属盾牌和盔甲,长矛也比希腊士兵的短很多,攻不强,守又弱,即使薛西斯出动了全军最精锐的"不死军",也同样无功而返。

正当进攻数日不能突破的薛西斯一筹莫展之际,一个叫爱非阿尔特的特拉奇斯人,为了贪图赏金而前来告诉薛西斯,有一条翻山小道可以绕过德摩比利而直接插到关隘的另一边,于是薛西斯连夜派出了"不死军"绕道从关隘的另一边攻击希腊守军,而被派来防守这条小道的福基斯守军在看到波斯军队过来时,就吓得往更高的山上逃去,从而使下面关隘守军失去保护,陷入两面受敌的境地。在得知波斯人绕道成功以后,温泉关守军大多数失去了信心,也有说是里奥尼达斯让他们撤离的(在已被包抄后路的情况

---

[1] 拉栖戴梦人是包含了斯巴达公民,也包括被斯巴达征服了的皮里阿西人和美塞尼亚的希洛奴隶的统称,从政治上这是一股统一的势力,从城邦而言不止一个。后两者在战争时往往充当斯巴达重装步兵的辅助兵,即没有金属盾牌和重甲的轻装士兵,如弓箭手、标枪兵和后勤兵等。

下，这些希腊人向哪里撤退呢？），他和斯巴达人以及拒绝撤离的来自彼奥提亚的700名塞斯皮亚人以决死的信念留下，准备做最后的抵抗，而波斯军队也以极大的牺牲投入战斗，据说薛西斯的两个亲兄弟都死在了温泉关最后一天的战斗中，斯巴达勇士们和塞斯皮亚人全军覆没，写下了人类关于勇气和责任的辉煌注解。

希腊人原来计划的海军和陆军配合行动并没有发生。在海上，双方的侦察舰船在阿尔特米西昂北面海域初次相遇，波斯人俘获了希腊船只的消息通过烽火传信到了停泊在阿尔特米西昂的海军舰队，他们因为害怕孤悬海外，马上将舰队主力从驻泊地南迁到了卡尔基斯，这里与雅典只间隔了一条窄窄的攸利普斯海峡，希腊舰队同时派出观察哨到优庇亚岛的高处时刻观察波斯舰队动向。据希罗多德所说，希腊舰队离开阿尔特米西昂后，原来在他们外海与他们对峙的波斯舰队遭到了严重的风暴袭击，损失了不少的舰船。尽管这样，损失的舰船仍然只占波斯舰队的一小部分，他们随后派来了更多的舰船到达优庇亚对面，贴撒利的阿菲泰（应该是波斯舰队的驻地）附近海域，而希腊舰队在得到阿提卡的舰船增援以后，再次北上到达阿尔特米西昂，就在温泉关最后失守的同一天，波斯舰队和希腊舰队在阿尔特米西昂海域也进行了一场较大规模的战斗，双方目的是通过战斗去了解对方的战法和装备情况，虽然结果分不出输赢，但是波斯舰船的损失要比希腊舰队大很多。这一天，希腊海军也通过预先安排的联络士兵得知了温泉关战役结束，以及国王里奥尼达斯牺牲的消息，于是，舰队就向南撤退，而雅典海军则回到了家乡阿提卡附近。

地米斯托克利作为领袖的天赋再一次发挥了作用。他想到通过分裂波斯军队中的小亚细亚希腊城邦海军的办法来减轻己方压力。他派出了一些快船，到沿海的饮用水水源处写下同样文告，内容是：爱奥尼亚人和卡里亚人，你们在帮助米底人攻打你们的父母之邦，奴役希腊，这是不义之举，如果可能的话就转投到我们这里来,如果做不到,就请退出战斗,如果上述两项都做不到的话,至少在战斗中不要全力以赴,因为你们是我们这里走出去的移民,而且这次战争就是因为你们而起的。他这通文告的意图:或者影响那些在波斯阵营中的希腊海军的斗志,或者让薛西斯和其他波斯人知道以后对小亚细亚的希腊海军产生猜忌,搞乱敌人的心智,破坏敌营的团结。虽然看来这种做法似乎并未取得明显的后果,但这也可算是最早的心理战了。

希腊人在中希腊的防线就这样被突破了。失去了德摩比利关隘,希腊人就没有天险去阻止米底人的大军进入中希腊乃至阿提卡,而希腊海军在退出阿尔特米西昂以后,波斯人就顺势登陆并占领了优庇亚。雅典,无论从西北方还是到东北方向,无论在陆地还是海洋,都无险可守了。薛西斯率领大军过温泉关以后分两路,一路顺利进入奥科美努斯以及彼奥提亚,不知是什么原因,希罗多德从一开始就把底比斯人描写成天生愿意背叛希腊、投靠波斯似的,另一路则指向德尔斐,目标是洗劫那里的古老神庙,关于德尔斐神庙的财富和珍宝本已闻名全世界,而吕底亚的克洛伊索斯的巨大贡献更激起薛西斯的好奇,至于神庙是否真实被抢也无法确定,因为希罗多德描述了神兵天降保护德尔斐神庙,赶跑了米底人。

雅典人此刻的心情可能已接近于绝望。因为当他们经历阿尔特米西昂的鏖战之后回到萨拉米斯,发现整个其他希腊城邦的舰船都在特洛伊曾[1]的港口集结,那里的战舰数目比停泊在萨拉米斯的舰船多得多;而且,他们本以为温泉关失守以后应该在彼奥提亚建立防线阻击波斯的希腊同盟,此刻"正在科林斯地峡上修筑横贯地峡的防御工事,以保卫伯罗奔尼撒,对希腊其他地方一概不管"[2],这就意味着希腊同盟已经放弃对雅典的保护,而是全力保卫伯罗奔尼撒了。虽然"到目前为止,提供最多战舰的和最优秀船

---

[1] 古希腊城邦,位于伯罗奔尼撒半岛东部,与雅典隔萨罗尼卡湾相望。
[2]《历史》〔古希腊〕希罗多德著,徐松岩译注,上海三联书店2008年版,第434页。

员的都是雅典人"[1]，他们贡献了自己全部的力量保卫希腊，而当自己的家园最需要保护时，却发现自己已被排除出保护名单。

在这样事关雅典城邦生死存亡的关头，地米斯托克利显示出洞察形势、明是非辩轻重的天赋和能力。解决问题永远优先于抱怨不公，哪怕这个问题就是关于不公。1959年在特洛伊曾出土了一块石碑证实了"地米斯托克利命令"确实存在：里面没有看到对拉栖戴梦人和其他希腊人的抱怨，而是一篇关于雅典人民如何避难，舰队人员组织，以及海军力量如何使用的详细计划。所有雅典人和雅典的外邦人要把他们的妻子和儿女安置到特洛伊曾和萨拉米斯岛避难（可能还有附近的一些多利安城邦，但没有提到埃吉那）；为雅典的200艘战舰配备雅典公民担任的舰长、战士和水手，舰长从雅典拥有地产房产和合法子嗣，50岁以下的公民中产生，舰长和团队人员编组后都予以登记，抽签决定船员和舰只分配；为200艘舰船配齐人员后，其中100艘用于援助优庇亚的阿尔特米西昂，余下的驻扎在萨拉米斯和阿提卡周围以保卫家园；石碑也提到了召回流放人士的安排[2]。石碑所告诉我们的与希罗多德所述的阿尔特米西昂海战前后雅典海军的活动确实能契合，只是与"前来援助希腊人的来自阿提卡的53艘舰船抵达阿尔特米西昂"[3]的记叙上有数目的差异。

战争只是一个过程，雅典人在波斯人兵临城下时的决策和行为才是他们民族性格和品性的最真实反映，因为战争事关生死，只有拼尽全力，其他任何的虚假伪饰都是自取灭亡。

在雅典，人人享有充分的自由和平等，所以平素一直是全希腊最擅长内讧和党争的城邦，但在危机时刻，雅典人表现出空前的无

---

[1]《历史》〔古希腊〕希罗多德著，徐松岩译注，上海三联书店2008年版，第434页。
[2]《早期希腊》〔英〕奥斯温·默里著，晏绍祥译，上海人民出版社2008年版，第286—287页。
[3]《历史》〔古希腊〕希罗多德著，徐松岩译注，上海三联书店2008年版，第427页。

私和团结。曾经因为政见不同而将对手流放的地米斯托克利在战前召回了克桑提普斯和阿里斯提德等人,而他们也确实能在国家危亡之际以国事为重捐弃前嫌;在民间,雅典全城的逃难安置计划同样包括了在雅典的外邦人的家人,而外邦人虽不具备公民身份,但也都积极参加雅典海军,充当水手。

尤为可敬的是雅典人的勇敢和牺牲精神。雅典人即使家园被毁也誓死不降。雅典人将全体人民撤离到避难地区以后,只留下了一支小部队在卫城保护神庙。当薛西斯率领大军进入雅典的时候,这已是一座空城,波斯人面对这些士兵守卫的卫城也是在攻击了两个星期以后才取得胜利,他们杀光了残存的守军,并将所有神庙里的财物洗劫一空,最后把卫城付之一炬。现代对雅典卫城的考古发现了不止一层的焚毁痕迹。波斯的海军也已集中到法勒隆港下锚停泊,并接受了薛西斯的检阅。

雅典已经陷落,希腊同盟召开大会讨论下一步抵抗。大家投票决定:希腊海军在科林斯地峡附近与波斯作战,配合陆军在科林斯地峡进行防御,希腊人全力保卫伯罗奔尼撒,而雅典人希望在萨拉米斯与波斯进行海上决战的提议被否定了,因为除了雅典人以外,谁都知道如果在萨拉米斯作战,将得不到陆地上的配合,而且更容易被波斯人切断退路。从本质上看,这已不是关于如何预设战场,而是究竟要保护谁的问题了。

虽然希腊人具有联盟抗敌的传统,但这不是必然,联盟的组织完全出于自愿,联盟的力量更不会主动送上门来。雅典被薛西斯占领以后,作为雅典城邦的核心和灵魂人物,地米斯托克利的关键任务不是亲自冲锋陷阵,而是如何争取获得全体希腊人的支持,以及团结全希腊的力量击败波斯,赶走侵略者。盟友和敌人,这两件事同样的艰难。

在希腊同盟讨论决定在柯林斯进行海战之后,地米斯托克利为了改变这个决定,先去说服海军统帅攸里比达斯,他告诉攸里比达斯：现在希腊舰队集结在萨拉米斯是准备开战的，如果让大家退回到科林斯地峡去保卫伯罗奔尼撒，那么"你们将完全没有可以保卫的祖国了，因为他们每个人都要返回自己的城邦"[1]，希腊海军的力量就此将被分散了，经过劝说，欧里比达斯愿意考虑地米斯托克利的意见，并同意召集全体舰长再次开会讨论地米斯托克利的建议。

在会上，地米斯托克利迫不及待[2]地向各位舰长指出：在科林斯的开阔水域作战，规模远大于希腊人的波斯舰队肯定要比在狭窄水道作战的萨拉米斯更有利；在萨拉米斯作战可以保卫萨拉米斯岛，雅典人的妻子儿女有一部分就在岛上避难；如果在萨拉米斯海域作战，可以把波斯人留在阿提卡，让战场远离科林斯，远离伯罗奔尼撒，但更有希望打败波斯海军，同样在保卫伯罗奔尼撒；最重要的是，如果此次大家决定离开萨拉米斯去防卫科林斯，那么，雅典人将退出希腊联军，用这 200 艘舰船装上自己的妻儿，离开希腊去意大利开辟殖民地。因为雅典人的强大城邦就是建立在这 200 艘装备满员的舰队之上的。最终，雅典海军的实力，不惜分道扬镳的决心，以及言之有理的形势分析，可能还有地米斯托克利态度诚恳然而决心坚定的言辞，使大家意识到缺少了雅典战舰的希腊舰队战胜波斯人的希望会更渺茫，因此同意舰队留在萨拉米斯海域，准备与波斯海军作战。

被别人说服的意志从来都不坚定。虽然希腊舰队是被地米斯托克利劝说而留在萨拉米斯海域等待与波斯开战的，但这些舰长一有风吹草动就时刻想着四散逃命，尤其是当波斯的海上援军陆

---

〔1〕《历史》〔古希腊〕希罗多德著，徐松岩译注，上海三联书店 2008 年版，第 438 页。
〔2〕据希罗多德记载：会议刚召开时，地米斯托克利不顾礼仪，未等欧里比达斯说完就开始插话，有一个柯林斯舰长跟他说"在竞技会比赛的时候，抢跑的人是要挨棍子揍的。"地米斯托克利反唇相讥"起跑太晚的人是无法赢得桂冠的。"这说明地米斯托克利因心理急迫而失态。

续赶到,并且薛西斯亲自指挥开始在雅典附近部署舰只,同时派兵占领萨拉米斯水道南端的普塞塔莱亚岛以后,整个希腊舰队的舰长们,除了雅典、埃吉那和麦加拉的以外,再也抑制不住地惶惶不可终日,伯罗奔尼撒的海军将领们要求欧里比达斯再次召开会议,地米斯托克利知道同样的事情很难再次说服,只能铤而走险了,他派他的一个名叫西金努斯的家奴私下潜入波斯军阵去告诉波斯的将领们,告诉他们:这口信是雅典的海军统帅地米斯托克利带来的,他希望波斯能取得胜利,现在希腊人处于惊恐之中,而且意见不一,坚持抵抗和反对抵抗的人互相视同仇雠,随时准备逃跑,如果波斯大军现在进攻,不让他们逃跑,是很容易打败希腊人,取得前所未有的奇世大功的。波斯人相信了这些说辞,事实上听从了地米斯托克利的调遣,连夜开始行动。

　　萨拉米斯是靠近阿提卡的一个海岛,它与陆地之间有一条南北走向的狭窄水道,南面的水道中间是赛普塔莱亚岛,北面是埃琉西斯湾,薛西斯马上派出一支陆军在萨拉米斯水道南端的塞普塔莱亚岛登陆,以控制水道南面,同时命令埃及海军从岛的外侧绕到岛的北侧,从西面堵住希腊海军,阻止他们从水道北面逃逸,将希腊人包围以后,薛西斯全军上下乐观地坐等天亮收获胜利。

　　次日拂晓,波斯舰队由水道南面向北推进,航向已在萨拉米斯城沿海布阵的希腊舰队,希腊舰队在得到阿里斯提德带来的消息——说波斯舰队已经把萨拉米斯岛全部包围以后,知道无处可逃了,也只能列队迎战,双方排列整齐后,希罗多德记述的是:当波斯舰船向前时,希腊舰船刚开始时是倒划后退的,只是因为有一艘雅典战舰率先冲上与波斯人缠斗以后,其他的希腊战舰上前支援才拉开了激战的序幕,这一次,波斯海军发挥出了不同以往的战斗精神,因为薛西斯就在靠阿提卡一侧岸边的埃加莱奥斯山坡上放置王座督战,将士们奋勇向前,而被包围希腊海军无路可退,只得拼死一战,其中埃吉那和雅典海军表现尤其勇敢,而波斯海军中爱奥尼亚人似乎也没有发生地米斯托克利希冀的叛离和消极行为,相反,他们积极作战,并俘虏了不少希腊舰船,双方从拂晓一直激战到黄昏,阿里斯提德率领驻扎在萨拉米斯的雅典重装步兵乘船向普塞塔莱亚岛发动进攻,并一举消灭了岛上的波斯驻军,夺取了这个关键的小岛。由于双方数百艘战舰在这个狭窄海域混战,波斯海军的规模优势受到空间限制,无法源源不断地进入增援,另外从舰船的单体作战能力来说,很可能希腊人要强于波斯海军,最后,波斯海军溃败,纷纷逃往法勒隆港寻求陆军保护,希腊海军大获全胜。

薛西斯大军从进入欧洲以来遭到了最大的一次挫折,但其总体实力远未到伤筋动骨的程度。萨拉米斯海战,加上前面在优庇亚附近因海上风暴造成的损失,波斯的海军力量受到虽然沉重但还不至于致命的打击,腓尼基和爱奥尼亚海军确实受创最严重,但同样善战的埃及海军因执行封锁任务,实力基本未受影响,而希腊海军经此一战也同样受伤;薛西斯的陆军更是基本完好,温泉关战役虽然在今天是一个惊天地泣鬼神的英雄主义传奇,但在当时,只是一场影响远大于规模的战斗,除此之外,波斯陆军在希腊基本可以说是摧枯拉朽,更何况,薛西斯还征服了希腊本土的贴撒利和彼奥提亚诸城邦,在希腊本土的后备力量却是增加的。而希腊人退守科林斯地峡以全力保护伯罗奔尼撒的策略是不可能得到全体希腊人的支持的。因此,我们有理由认为:萨拉米斯战役之后的薛西斯依然拥有跟他离开亚洲时同样多的战略选择。

跟平民百姓小富即安的习性一样,统治者的好大喜功也是人之常情,无可非议,一个人的内心强弱只有在遇到挫折之后才能得到真正地体现。但薛西斯在萨拉米斯之后的表现却完全丧失了一个伟大帝国统帅应有的强大力量或者非凡意志。虽然在希罗多德笔下,他被描写成"犹如惊弓之鸟,仓皇从陆上经赫勒斯滂逃窜,直到安然到达苏萨城,他才来得及喘上一口气"[1],这种希腊人对异族人的丑化式的记叙随处可见,大家早已习以为常,但剔除其中的作者观点和文学性描写以后,我们发现薛西斯确实慌乱,既没有向伯罗奔尼撒进军的打算,对已经占领的雅典也不知所措,说到他非常担忧自己的逃路——赫勒斯滂海峡上的大桥安危则有点言过其实,因为薛西斯本人的安危从来都没有受到过威胁,无论来自陆地还是来自海上,但是他撤离的同时在希腊留下了玛尔多纽斯和30万陆军,是为了掩护还是为了继续征服希腊,是玛尔多纽斯主动申请还是薛西斯的命令,今天已经很难得到关于这些问题的确切答案了。我们只知道薛西斯在萨拉米斯失败后就率领大军回亚洲了,他的此次希腊之行最终草草收尾。

为什么说"希腊之行"? 因为他发起的这次规模浩大的远征所要达到的战略目标有点令人费解。继承大流士的未竟事业去报复雅典,或者征服希腊,也许两者都有。更有可能的是:这里的征服希腊可能不同于小亚细亚的希腊城邦,征服以后希腊跟波斯的关系只是"屈服"而非"臣服",即希腊人只要向波斯皇帝屈服,形式上尊之为宗主,而基本不用向波斯承担贡赋等义务,而不是像那些爱奥尼亚和卡里亚城邦既要承担贡赋还要承担战时的兵役。因为薛西斯在进入希腊以后,对所有征服的地区既没有派驻总督,也没有规定希腊城邦要向波斯缴交固定的财物和税收,这些都是行使宗主权的必备要件。薛西斯在希腊的行为更像是一场报复,当然目标应该是雅典和斯巴达,因为在大军出征之前,薛西斯也与大流士一样派出使者到希腊诸邦索取表示投降的"土和水","但是国土薛西斯并没有派使者去雅典和斯巴达索土"[2],而且薛西斯对抵抗波斯的城邦都采取了摧毁城邦,抢劫并焚烧神庙的措施,这些也不

---

[1]《希腊史·Ⅱ》〔英〕伯里著,陈思伟译,晏绍祥审校,吉林出版集团有限责任公司2016年版,第338页。
[2]《历史》〔古希腊〕希罗多德著,徐松岩译注,上海三联书店2008年版,第386页。

像是打算以后加以长期统治的做法。当然，这些猜测也因为波斯的失败而不可能得到验证的机会了。

另外，具体分析薛西斯远征希腊失败的主要原因还在于双方统帅的意志和能力，在这方面，薛西斯远不及地米斯托克利。清晰的目标设定，坚忍不拔的意志，勇敢无畏的精神是大战取得胜利的必要条件。薛西斯集中了史无前例的海陆军队发动了对希腊远征，却没有给参战的波斯和属邦一个明确的目标[1]，劳师远征，只遇到一次海战的失败，在陆军未受重大损失的情况下就轻易放弃了对伯罗奔尼撒的进攻，放弃了坚持和决心，让一次战役失败变成了决定性的战争失败。而地米斯托克利领导雅典人民则做出了极大的牺牲，并做出了最大的努力和手段去团结希腊尽可能多的力量，共同保卫家园。希腊人就是依靠团结、牺牲精神、坚强的意志力，以及数量虽少但质量优越的兵力，最终取得了艰难的胜利。

除此以外，萨拉米斯海战还具有另一重历史使命：它使雅典人的精神、谋略和海军实力在希腊人中间第一次得到近似于对待斯巴达人般的重视；尤其是相比于战争之初希腊海军统帅的选举过程，以后的雅典人在希腊人中间如精神领袖般的煽动、说服和鼓励的地位和作用在萨拉米斯海战结束以后得到了根本改变[2]。

公元前479年——普拉提亚

虽然波斯人在萨拉米斯海战失败了，但战争还没有结束。薛西斯帅大军沿着来时的陆上路线退回亚洲，在贴撒利，他让玛尔多纽斯挑选了总数达30万（既然希罗多德列举入侵希腊的波斯军力

---

[1] 在萨拉米斯海战之前，卡里亚女王阿尔特米娅曾有一段对形势和战争目的的精辟分析，见希罗多德《历史》第Ⅷ卷 68 节。

[2] 希罗多德关于雅典城邦在希腊世界的精神领袖作用的总结，不管他的主观动机如何，但他的分析确实揭示了事实，具体见《历史》第Ⅶ卷 139 节。

太夸张,那么这个30万之数当然也有水分,但应当还是一支规模可观的部队)的精锐步骑兵留在欧洲土地上,继续完成征服希腊的大业,自己快马加鞭地渡过赫勒斯滂回到亚洲。以后发生的战斗只是这场爆发在希腊和波斯大战后期的余波,如同投石入水掀起的波澜传递到远方,就变成了轻微的涟漪,普拉提亚之战则是这些余波的句号。

　　玛尔多纽斯率领薛西斯留给他的一支大军在贴撒利和马其顿过冬,准备来年春天继续征服希腊,同时,希腊人正忙着各自的工作。由于波斯人并未全部撤出希腊,威胁没有完全解除,拉栖戴梦人继续加紧在科林斯地峡构筑防御工事;地米斯托克利则率领雅典舰队在爱琴海各岛屿城邦到处搜刮钱财,他要求一些曾经投降波斯的海岛城邦缴纳金钱,主要是为了支付战争期间船员的薪水,以及城市的重建,因为雅典整个城市被摧毁,无力依靠正常途径收集钱财了,雅典人所能依靠的只有地米斯托克利在战前用远见建立的强大海军了,使用武力进行勒索在帕洛斯和卡利斯图斯,也许还有其他城邦成功地聚敛了大量财富,但安德罗斯人拒绝勒索,雅典海军围攻城市也依然不能得逞。

　　公元前479年的春天到来了,但希腊人的春天远未出现,尤其对雅典人而言,他们面临的困境比萨拉米斯海战之前丝毫没有改观。原本就各怀心思的希腊同盟在薛西斯回到亚洲以后,压力稍减,“希腊人,尤其是拉栖戴梦人和雅典人发现继续协同作战的可能性已微乎其微”[1]。即使当时的形势是:强大的波斯陆军仍然驻扎在北部希腊虎视眈眈,雅典城市被摧毁还未修复,拉栖戴梦人还是专心于保卫伯罗奔尼撒,雅典舰队还在海岛之间为了自己城邦勒索抢劫,而希腊同盟的舰队应小亚细亚的城邦请求开赴爱琴

----

[1]《希腊史·Ⅱ》〔英〕伯里著,陈思伟译,晏绍祥审校,吉林出版集团有限责任公司2016年版,第341页。

海中部提洛岛与正在萨摩斯海域的波斯海军对峙,准备帮助解放波斯统治下的爱奥尼亚同胞。

在雅典内部,短短几个月的时间内也发生了一些变化。我们看到:在萨拉米斯领导希腊海军彻底打败波斯海军的地米斯托克利虽然被赞誉为最有智慧的将领,声名远扬,甚至赢得了高傲的斯巴达人极大尊敬,"但是他什么荣誉也不得到"[1],而雅典人更过分,他们"既不推崇他也不赞誉他,只是把他当成一棵莜悬木,坏天气到它下面来避风雨,等到天气晴朗,马上摘它的叶子砍它的枝干"[2],在接下来的大战爆发之前,他甚至淡出了雅典的政治生活,这其中的缘由和过程并没有具体的事件记载,最大的可能就是来自雅典人陶片放逐法的立法精神所致,即"雅典人制定贝壳放逐法不是为了处罚犯罪的人,而是用来缓和与安抚因嫉妒心理所产生的暴力行为,有人由于可以贬低表现卓越的人士感到兴高采烈,也有人当作排除异己的手段来发泄他们的积怨"[3]。遍览古代雅典史,我们可以不止一次地发现这种情况:人民大众追求自己情绪和心理的短暂满足远比关心自己城邦的长远利益和安危更重要。以地米斯托克利的精明,应该能够清醒地认识到自己居功至伟可能给自己带来的风险,所以主动采取退出策略以自保。等到希腊同盟再次集结,准备应对玛尔多纽斯率领的波斯大军再次进犯时,雅典舰队的统帅已经变成了克桑提普斯[4],而雅典陆军的

---

〔1〕《历史》〔古希腊〕希罗多德著 徐松岩译注 上海三联书店 2008 年版 第 461 页。

〔2〕《普鲁塔克全集·Ⅰ》〔古希腊〕普鲁塔克著,席代岳译,吉林出版集团股份有限公司 2017 年版,第 226—227 页。

〔3〕《普鲁塔克全集·Ⅰ》〔古希腊〕普鲁塔克著,席代岳译,吉林出版集团股份有限公司 2017 年版,第 231 页。贝壳放逐法就是陶片放逐法的前身。体现的是自由的"性格",以及民主制度下人性的地位要高于国家利益,当然,我们也应当把陶片放逐法理解为雅典人对民主制度进行绝对保护的一种制度设计。

〔4〕阿里弗隆的儿子克桑提普斯,是地米斯托克利的政敌,战前就被地米斯托克利的党派煽动人民用陶片放逐法流放,因为波斯入侵,与阿里斯提德一起被提前赦免召回。他是雅典巅峰时期的领导人伯里克利的父亲。

统帅是阿里斯提德。

希腊的同盟体系是个好东西,但不是谁都能玩得转的。同盟体系最大的好处是可以利用别人的力量达到自己的目标,但同盟成员之间复杂多变的利益和敌友关系的勾兑需要极大的智慧和精力。在北希腊的玛尔多纽斯敏锐地注意到了拉栖戴梦人和雅典人之间利益和目标的重大差异,决定首先对希腊实施分化瓦解,他委派马其顿国王亚历山大二世担任使者去跟雅典人讲和,波斯人对雅典人以前的行为不予追究,帮助雅典重建被摧毁的神庙,并且在雅典需要扩张领土的时候也能提供支援,唯一的条件就是雅典同意与波斯结为盟友(不是投降),毕竟雅典是希腊诸邦中的大国,尤其是经过马拉松和萨拉米斯海战以后,雅典的实力在希腊已经被公认为举足轻重了,因此,斯巴达在得知波斯使者到达雅典以后,也马上派出了自己的使者赶赴雅典,双方使者同时展开游说,波斯清楚表白了所能给予雅典的利益以及拒绝结盟的可怕后果,斯巴达使者则以道义为依据,他们指出这场战争原本就是雅典引起的,而且雅典长期以来一直是给予别人自由,而现在却要帮助波斯奴役希腊人,这是无论如何都不能容忍的,斯巴达人还主动提出,在战争期间,他们将帮助抚养雅典的妇女、家人和非战斗人员。最后,雅典人当即告诉亚历山大:"只要太阳还按照现在的轨道继续运行,我们就绝不会和薛西斯结盟,不仅如此,我们将与他作战到底"[1]。同时对斯巴达人催促尽快出兵彼奥提亚,准备迎战波斯即将到来的入侵。随后希罗多德所说的故事:拉栖戴梦人在科林斯地峡防御工事完工以后就背弃了诺言,借口宗教节日不想派兵北上与其他希腊城邦共同抗击玛尔多纽斯大军,最后是一个叫奇琉斯的异邦人说服了斯巴达的监察官,拉栖戴梦人最后才连夜秘

---

[1]《历史》〔古希腊〕希罗多德著,徐松岩译注,上海三联书店2008年版,第468页。

密派出了包含 5 000 斯巴达人的前所未有的大军[1]，统帅是鲍萨尼阿斯国王。这个故事的真实性非常可疑，也许又是作者突出雅典而贬抑斯巴达的习惯使然，理由是：斯巴达人是希腊人里面最保守的也是最讲信用的，一贯如此，拉栖戴梦人从来都是被普遍接受的统帅和仲裁人；奇琉斯说服斯巴达监察官们的理由是雅典海军一旦和波斯陆军联合，科林斯地峡的防御工事将形同虚设，这些经验丰富的监察官不可能看不出这个浅显的道理；故事最不合理的地方在于，对保卫雅典三心二意的拉栖戴梦人出动了有史以来最庞大的军力，快速集结这样规模的大军，并且不等天亮就开拔，凭这个事实足以胜过一切猜想和解释。

在这之前，玛尔多纽斯在得到雅典人拒绝结盟的回信后就再度占领了已成废墟的雅典，而雅典人的妇孺和非战斗人员只能继续避祸萨拉米斯岛，当玛尔多纽斯听说拉栖戴梦的军队的动向以后，他将雅典的废墟又彻底焚烧了一遍，然后向底比斯撤退，因为底比斯和彼奥提亚联盟早已投降，是波斯在希腊相对可靠的盟邦。他率军在阿提卡兜了一圈，劫掠了麦加利德、迪凯里亚和塔纳格拉等城镇以后，在普拉提亚和底比斯边境的阿普索斯河边驻扎下来，这个地方扼守雅典通往底比斯的大道。而拉栖戴梦的大军在埃琉西斯与阿里斯提德率领的雅典和普拉提亚步兵会合后，继续北上，与陆续赶来的希腊同盟军一起在波斯人防线对面的基泰隆山的山坡上部署。

普拉提亚之战其实过程并不复杂，但在希罗多德笔下却变得曲折离奇。开战之前，希腊同盟军共集结了 24 个城邦的大约 10 万兵力，其中约 3.8 万是重装步兵，雅典的重装步兵有 8 000 人，而波斯军队的数字已无法确定，但是投降波斯的其他希腊城邦为波

---

[1] 这支部队包含了 5 000 名斯巴达重装步兵，每个斯巴达重装步兵配属 7 各希洛人（奴隶）作为侍从，另有 5 000 皮里阿西人的轻装步兵，共有 45 000 人，是斯巴达历史上一次出动数量最多的队伍。

斯阵营贡献了步兵和骑兵是肯定的,数目同样不详。战场的态势是:一条大致呈东西走向的阿普索斯河将战斗双方分隔开来,玛尔多纽斯率波斯军占据着较为平坦的北岸,期待着希腊人过河主动进攻,这样,强大的波斯骑兵就可以充分发挥作用了;而河流的南岸分布着狭窄的洼地,一条条的小溪,再向南就是断断续续的基泰隆山的山麓,所以希腊同盟军的统帅鲍萨尼阿斯希望波斯军能主动进攻,那么,这样崎岖的地形会极大地限制波斯骑兵的战场发挥。就这样,双方在对峙、等待中过了好多天,其间除了波斯骑兵对希腊盟军的骚扰以外,大家都在等待对方的进攻。如果将希罗多德记叙的神谕和占卜对双方将领的影响,以及那个虽无法证实但又总是在极其关键时刻来通风报信的马其顿国王亚历山大的因素剔除的话,更有可能是希腊同盟军因为粮食供应和水源的关系无法坚持了,因为希腊车队的粮食供应已经发生被波斯骑兵劫夺的情况了,作为全军水源的加尔加菲亚泉也被波斯骑兵破坏,而波斯军队背靠底比斯的城邦支援安稳如山。可能鲍萨尼阿斯决定原本下到山脚的希腊盟军全体后撤,造成无力支撑的假象以引诱玛尔多纽斯进攻,事实上,随着希腊盟军的分散后退,玛尔多纽斯确实率领全军向希腊人发起进攻,鲍萨尼阿斯的意图得到实现,希腊人的步兵优势充分发挥,经过双方鏖战,希腊联军取得了最终的胜利,玛尔多纽斯阵亡,薛西斯留在欧洲的波斯陆军主力伤亡殆尽,余下少量波斯士兵跟随阿塔巴卓斯逃往赫勒斯滂,然后渡过海峡回到亚洲。普拉提亚之战,希腊盟军大获全胜,"被波斯陆军征服的危险烟消云散了,以后它也永难再起"[1]。

在普拉提亚战役的同时,爱琴海上的希腊海军也正在进行另一场战役:米卡列之战。当时,斯巴达人列奥提契达斯担任统帅的希腊舰队停泊在提洛岛,防止波斯海军进入希腊沿海支援玛尔

---

[1]《希腊史 迄至公元前322年》〔英〕N. G. L. 哈蒙德著,朱龙华译,程庆晃、郝际陶校,商务印书馆2016年版,第388页。

多纽斯的陆军，从小亚细亚的萨摩斯城邦来了三个使者，他们是应萨摩斯人民委派秘密到来的，代表们要求希腊海军能够渡海前往萨摩斯去赶走波斯人最近新立的僭主，因为人们期待自由，他们承诺当地人民已经万事俱备，只要看到希腊舰队到来就会起义。列奥提契达斯答应了萨摩斯人的请求，率领舰队越过提洛岛往东进发，到达萨摩斯海域抛锚停泊。当波斯舰队看到希腊舰船以后，斗志涣散，竟然主动向大陆撤退以避免与希腊人交战，他们在离萨摩斯岛最近的大陆伸向海中的米卡列海角登陆后，将舰船拖上陆地，海军士兵与原来驻扎在米卡列的 6 万陆军会合，这些陆军是波斯派驻米卡列以监视萨摩斯和米利都城邦的，他们围绕着被拖上岸的舰船用木栅栏建立营地外墙固守。

而希腊海军在萨摩斯和米卡列海域都没有看到波斯舰船，因此决定上岸，将海军转换成为陆军。希腊舰队共有超过 250 艘舰船，其中属于雅典的有 110 艘，按照当时每艘船配备 25 到 40 名重装步兵和 180 名左右的水手，希腊人就可以组成一支包含超过5 000 名重装步兵，总数不低于 5 万人的步兵队伍。就在普拉提亚决战的同一天，希腊人登陆准备向波斯军营发起进攻，就在这时，传说有人传来了消息，说是在大海对面希腊人对波斯军队作战并取得了大捷，这支希腊人的"海军陆战队"大受鼓舞，奋勇争先攻入了波斯栅栏，将波斯军队赶出了军营，并且波斯军队中的萨摩斯人、米利都人和其他爱奥尼亚士兵也战场倒戈，一起攻击波斯人，最终取得全胜，剩余的波斯士兵逃往内陆的萨尔迪斯。

战争结束，来自希腊盟军舰队的列奥提契达斯和克桑提普斯与爱奥尼亚城邦开始讨论爱奥尼亚城邦的将来，列奥提契达斯建议爱奥尼亚城邦的希腊人离开小亚细亚，向西迁徙到希腊或者意大利去开发新的殖民地，以避免与强大的波斯为邻，而克桑提普斯提出反对意见，他希望爱奥尼亚人留在原地，今后如果发生紧急状况需要救援的话，"即使其他希腊人不能给予援手，雅典人是他们的亲人,就是单独行动也在所不惜"[1],受此影响,爱奥尼亚人最终还是决定留下了,需要注意的是:这一次在众多希腊城邦面前,雅典人的影响力和号召力首次超过了斯巴达人,列奥提契达斯就率领拉栖戴梦人和其他伯罗奔尼撒城邦的舰只率先返回家乡,而克桑提普斯和雅典舰船留下,并且在不经意间完成了一件将来对雅典,乃至于希腊都大有影响的事业的基础。可能由于雅典在此次战役中的出色表现以及在整个对波斯战争期间体现出的决心和实力,加上它与本地殖民城邦的天然的宗主关系,雅典城邦与这些爱奥尼亚城邦建立起更为紧密的同盟关系,雅典已成为小亚细亚沿海岛屿的领袖,"萨摩斯人、开俄斯人、列斯堡人和所有其他出兵援助希腊人的岛上居民,都被接纳而成为同盟的成员国"[2],他们组成了崭新的、以雅典为核心的,并在日后逐渐演化为提洛同盟的同盟雏形。而且,克桑提普斯马上率领着雅典和这些同盟者的海军驶向赫勒斯滂,来到最早曾被他们的雅典同乡米泰亚德开发的刻尔索尼斯半岛,并攻占了由色雷斯人和波斯人混杂的、半岛上最重要、最坚固的要塞——塞斯托斯。"塞斯托斯的陷落标志着雅典帝国的肇始"[3],接下来的数百年,这块土地的战略价值急剧上升,而希腊人,尤其是拉栖戴梦人和雅典人将为它展开比异族更激烈的争夺。

普拉提亚和米卡列之战,希腊人通过长期的浴血奋战将欧洲领土上的波斯军队完全逐出,解放了被薛西斯大军占领的希腊城邦,标志着这场规模宏大的欧亚战争至此结束。

这场发生在希腊和波斯之间的战争可以算是人类历史上有案

---

〔1〕《希腊史纲·Ⅱ》〔古希腊〕狄奥多罗斯著,席代岳译,文化发展出版社 2019 年版,第 626 页。

〔2〕《历史》〔古希腊〕希罗多德著,徐松岩译注,上海三联书店 2008 年版,第 505 页。

〔3〕《希腊史·Ⅱ》〔英〕伯里著,陈思伟译,晏绍祥审校,吉林出版集团有限责任公司 2016 年版,第 355 页。

可查的第一场世界大战，当时亚洲、欧洲和非洲的主要大国和民族之间几乎倾尽全力的厮杀，在今天看来，却是一场没有任何实际意义的人为的浩劫。一个聪明狡猾的欧洲僭主和他的胆怯然而富于煽动力的代理人，以及一个贪婪而轻信的亚洲总督，他们三人将一个以抢劫为目的的征服计划发酵成了反抗波斯、争取自由的大起义，而雅典人好管闲事的习性又将波斯皇帝因尊严受辱的怒火引向了希腊，进而使一人之怒通过国家行为升级到了自由与奴役的你死我活，近二十年的时间内，双方动用了数十万军队的战争从陆地打到海洋，从亚洲打到欧洲，最后地穷人寡的希腊联盟竟然战胜了不可一世的波斯帝国。从中可以看到：只有战争才是衡量一个国家全部力量的试金石；同时，不可过于看重财富、人口和土地这些可以计量的东西；信念和制度，以及国家、民族和统帅的个性和气度都是战争中具有决定性意义的影响因素。

战争是人类进步的阶梯和文明交流的桥梁。经历过希波战争风暴的冲刷：波斯帝国加速衰落，大流士以后的帝国进入停滞，大流士和薛西斯发动的两次远征欧洲的失败，使帝国及其统治者的实力和威信受到重大打击，而薛西斯本人的荒淫无道更加速了衰落的进程，就在决定帝国命运的普拉提亚和米卡列战役前后，薛西斯正在首都为了谋取他兄弟的妻子而殚精竭虑，丝毫不在意这场征服希腊战争的结局，也许从返回亚洲土地的那一刻起，他就已经把征服希腊的初衷留在欧洲土地上了。希波战争使波斯成为希腊光荣崛起的配角。然而，希波战争对另一方却是意义重大，可以说战争直接促进希腊城邦的全面发展进入了更高阶段。希腊人通过胜利对自己的力量和制度充满自信，通过战争对希腊以外的世界更多了解，眼光更加高远。

能够从绝境中屹立起来的人绝不会甘于平庸。尤其是在这场战争中蒙受最惨重损失，也赢得前所未有荣耀的雅典，人民的勇气和自信得到了空前的提升，雅典人的精神力量得到了战争的锤炼，雅典的军队成为全希腊举足轻重的力量,尤其是它的海军愈战愈强,已经成为爱琴海上的霸主,比上述这些意义更加重大的是雅典人民的自由精神和民主制度更加牢固。

勇气不同于无畏。无畏当然是天然完美,但只存在于极少数人身上,多数人都会遇事胆怯、心存畏惧的,畏惧必然导致失败,而惟有勇气是超越畏惧的一种精神力量,也惟有勇气让雅典人承受了别人不能承受的牺牲:家园被毁,举国迁移。雅典人在希波战争中发现并培养了自己的勇气:在颤栗中坚持抗争,在绝望中保持斗志。

除了勇气,还有两件事物是希腊人战胜波斯人的制胜法宝:实力和团结,雅典更是这两项要素运用的典范。

希腊城邦的团结理念不同于我们通常的理解。希腊城邦的团结体现为民族认同感和共同的宗教以及信仰基础上的联盟方式,而非单纯精神层面地团结精神,本质而言,团结是抽象的也是短暂的,操作性较差,而联盟则不同,它是现实的,一般都是通过如交易般谈判的方式来实现。波斯大军入侵之前,希腊同盟曾向大希腊范围内所有的希腊人城邦求援,西西里强大的叙拉古僭主格隆表示,愿意提供一支同时包含雅典的舰队、斯巴达的步兵和贴撒利的骑兵这样规模的海陆军队援助希腊,只是因为他要求担任全希腊联军的"统帅和总司令"而遭希腊同盟一致拒绝;相反,雅典即使在提供最多海军战舰,最出色舰队司令的前提下,依然放弃了同盟海军统帅之职以换取斯巴达及其他希腊同盟者的团结,说明希腊人的联盟具有很强的针对性、目的性和时效性,这其中,又是雅典人以自我牺牲精神换来希腊同盟的团结力量。

另一个因素是实力,这是一切游戏的基础,人类自古以来的信仰就是如此。虽然赫西俄德在形容恶者的时候说"力量就是正义,虔诚不是美德",他只不过明白说出了希腊社会的现实,而且斯巴达、底比斯和雅典和科林斯等这些大国从来就是如此:实力的使用比实力的限制要重要得多。不久以后，雅典人在斯巴达公民大会上公然宣扬的就是"因为弱者应当臣服于强者，这一直就是一条普遍的法则"[1]。对希腊人来说，一个城邦为了提升自己的实力和利用实力提高自己的利益所作的一切都不该有任何道义上的缺陷和歉疚。这个观念直至今天依然存在于一些西方国家的观念和理论的深处，连形式都没有变化。形成了今天世界上不同种族之间本性上的差异，而不单单是文明的冲突。

波斯人的入侵促成了雅典的全面崛起。雅典人的牺牲精神和勇气在这场民族灾难中积蓄起来的精神力量，以及地米斯托克利率领雅典人民从战前就开始坚持不懈、不惜一切代价的海军建设，使雅典人成就了地中海最强海军。雅典人依靠战争中凝聚起来的精神力量和军事实力，赢得了不可思议的胜利结果，在自身威胁得以解除以后，必然去寻找它更大、更自由的施展空间。

四　雅典建立同盟

战后斯巴达和雅典的政策

当薛西斯率领的波斯大军跨过赫勒斯滂海峡，给希腊人带来了无边的黑暗和恐惧，在或者抵抗被屠杀或者屈服被奴役的翅膀笼罩下，所有希腊人民迸发出极端亢奋和人性极限的精神和力量进行不屈不挠的抗战，最终打退了米底人的入侵，保住了自己的独立和自由，但人们面临危机时的应激反应是不可能长久的，危机解除以后，当然要回归常态。希波战争结束后，斯巴达的鲍萨尼阿斯和雅典的地米斯托克利的作为和命运实际上为我们勾勒出两个国家正常状态中的精神差异，随着雅典的自信和强大，数百年来独掌

---

[1]《伯罗奔尼撒战争史》〔古希腊〕修昔底德著，徐松岩等译，广西师范大学出版社2004年版，第40页。

希腊世界牛耳的斯巴达将第一次迎来真正的分庭抗礼者——雅典。

战争结束，雅典人纷纷从避难地（萨拉米斯和特洛伊曾）返回已被波斯人烧成一片焦土的家园，开始重建自己的城邦。地米斯托克利因战争中体现出过人的睿智和才能，与其说他深得雅典人民的尊敬和信任，还不如说是他的才能被雅典当作城邦宝贵的应予充分利用的资产，他在战后被委以重建城邦的职责。为了避免即将实施的工作引起拉栖戴梦人的警觉和阻挠，他希望暂时先不要公开宣布重建计划和详细说明，而是由少数人来进行实施和监督，这样就更引起人民的不安和猜忌，因为地米斯托克利无人可比的智慧，如果再被授予全权，将可能对雅典的民主制度和城邦利益造成难以预测的伤害，为此，地米斯托克利便提议由公民大会选出两个最可靠、最信任的人，并全权委托给他们，公民大会同意了这种做法，然后选出了阿里斯提德和克桑提普斯与他共同掌握和负责不能公开的重建事项，理由是：这两个人拥有公平正直的名声，而且素来是地米斯托克利的政敌，不可能与他同流合污。

战后，地米斯托克利的设想就是重建雅典城防，继续构筑现实的实力和综合的潜力壮大海军力量，并以此谋求建立雅典在爱琴海的霸权。实践证明，他的所有设想不仅长远有利于城邦，而且从来不用担心缺乏公民大会的支持，因为只有他才能给大家带来安全、荣耀的心理体验和出奇制胜、转危为安。

地米斯托克利的第一项重大计划就是以最快的速度完成雅典的城防工事，即修建一条围绕雅典，并且通往比雷埃夫斯的城墙。在他的号召下，雅典全民动员，无分男女老幼日以继夜地参与城墙的修建，将所有可用的建筑材料，甚至坟墓的石碑，无论公私全部首先用于满足城墙所需，当拉栖戴梦人得知以后，马上派出使者向雅典提出异议：希望将伯罗奔尼撒作为全希腊的最后根据地而保留城墙以外，不仅雅典不需要建筑城墙，而且应该和他们一起去其他城邦拆除所有已建的城墙，以防止再次发生此次战争中波斯人利用底比斯投降而获得的坚固城池作为战争后勤基地的情况，谁都知道这是伯罗奔尼撒城邦对日渐上升的雅典人的防备；地米斯托克利深知这表面背后的心思，他以与大家讨论为名亲赴斯巴达去稳住对方，然后设计了很多程序上的措施拖延时间，当拉栖戴梦人最终发现他出使的真正目时，雅典的城墙已经完工了，斯巴达也不得不接受这个既成事实，因为它不可能为了阻止雅典建造城墙而再次发动战争。这样，不仅雅典的安全得到保障，更重要的是比雷埃夫斯的海港建成极其有利于雅典海军的安全进出。其实，斯巴达此刻已经在道义上和力量上都不具有相对雅典的优势了，何况对斯巴达人来说，这不是必须禁止，而只能是无奈地劝服任务了。

地米斯托克利的第二项重大任务是说服了雅典人民，继续以每年新造 20 艘战舰的速度扩张海军力量，并且通过免税等措施大量吸引外邦人，尤其是熟练工匠进入雅典，从而确保雅典海军舰船长期可靠的生产力。

地米斯托克利以他无与伦比的天赋和高瞻远瞩，为雅典即将成为地中海霸主铺设了全面而坚实的基础，公平而言，地米斯托克利可算是众神赐给雅典的礼物，他的智慧和远见不仅从波斯人手中拯救了雅典，更是将雅典推上希腊霸主地位。雅典人民和民主制度虽然以尊敬和感激回报他，但随着他功勋的增加，对他的猜忌和怀疑增长的速度更快，可以说，在被流放之前，地米斯托克利一直是在人民对他的各种猜疑和防范中为城邦出谋划策、以身犯险，而那些受益的公民一直担心的不轨企图没有一件被他实施，例如谋求僭主地位。虽然地米斯托克利贪图的只是虚荣和享受，而不是权力，但还是在前 472 年不可避免地被精神紧张的雅典人民以陶片放逐法予以流放，这就是民主的防火墙。事情还不止于此，后来因为雅典人怀疑他与投靠波斯的斯巴达国王鲍萨尼阿斯的联系,遭到雅典人和拉栖戴梦人联合通缉,地米斯托克利在被他曾经拯救的希腊无法立足,辗转逃到波斯,几年后自杀[1]。这是公元前462年的事。

地米斯托克利很快就成为历史,而雅典社会从来不缺人才。雅典城邦已经在他铺就的崭新大道上稳步而舒畅地向希腊新的霸主地位进发,毕竟,雅典人执行的是他对城邦未来的设计;而与此形成对比的斯巴达则呈现一种完全不同的景象。

斯巴达人的政治野心和战略规划能力其实远不如雅典。伯罗奔尼撒在刚刚过去的战争中没有受到波斯人的蹂躏,斯巴达人又在希腊同盟中作为领袖率领希腊同盟打败了米底人,斯巴达的威望和地位在希腊正如日中天,如果斯巴达人此刻有什么宏图大志的话,希腊诸邦很有可能出于感激也会诚心诚意地响应和拥护斯巴达的政策,尤其是普拉提业战役最终将波斯人赶出了欧洲。但是,现在看来斯巴达并没有丝毫要将自己在战争中的"领导权转变为统治权"的企图,也就是说,斯巴达对战后的希腊政治格局,甚至对雅典已经初露锋芒的野心都没有任何主动的计划和应对。

而鲍萨尼阿斯国王在战后的一系列个人作为更是给斯巴达造成了相当大的负面影响。普拉提亚和米卡列之战结束后不久,受斯巴达元老院任命,鲍萨尼阿斯率领希腊同盟舰队去解放依然处于波斯人统治下希腊城邦,他们首先航向塞浦路斯,解放了岛上因参加阿里斯塔哥拉斯发动的反抗波斯起义而被镇压的希腊城市,然后赶赴赫勒斯滂,从波斯人手中夺取了拜占庭和塞斯托斯,就在这个过程中,作为希腊统帅的鲍萨尼阿斯发生了重大变化:他对拜占庭已被打败的波斯人毫无道理地宽容,而对希腊同胞却傲慢无礼,得罪了全体希腊人,同时,他属下雅典舰队司令阿里斯提德却在收买他失掉的人心;他的生活方式和追求变成东方宫廷式的

---

[1] 关于地米斯托克利的死因有多种说法,也有说是潦倒病死的。但以他虚荣和享受的性格和洞见未来的天赋,自杀的可能性比较大。

奢华夸张,从斯巴达的简朴变得腐败了;甚至传说他和薛西斯定为姻亲,而波斯在赫勒斯滂地区的总督阿塔巴苏斯则负责他和薛西斯之间的联系和策应,所以,作为斯巴达国王的鲍萨尼阿斯在战后以私通波斯的名义被召回斯巴达接受质询。更大的阴谋论是他与波斯皇帝共谋,通过承诺希洛奴隶自由,让他们起义推翻斯巴达政权,在斯巴达建立自己的君主制国家,最后他与波斯人之间信使的故事使他的阴谋彻底败露,而且他逃到雅典娜神庙寻求庇护,被斯巴达人封闭在神庙内饿死,也为斯巴达召来了神的诅咒,斯巴达一贯以来的形象被玷污了。在此不禁让人怀疑:关于鲍萨尼阿斯故事的合理性,它们不仅没有真凭实据,而且关于私通波斯,谋反祖国的情节更是荒诞不经,不合常理。

相比于雅典城邦(因为很多来自外邦人)的历史、辩论、诗歌和戏剧的故事创造、文化繁荣,原本就沉默寡言的斯巴达在文字和文化上几乎就是片不毛之地,除了早期的诗人阿克曼,斯巴达基本上就是个"文盲"。通过鲍萨尼阿斯的故事,历史就完美地诠释了希波大战以后,雅典的崛起在道义上的合理性和必然性,"这样,由于同盟者憎恶鲍萨尼阿斯,它们自愿接受雅典的领导,雅典人遂继任盟主之位"[1],这才是关键:仿佛整个东地中海的希腊人只是因为极其痛恨斯巴达国王鲍萨尼阿斯的生活腐败和企图推翻自己国家政权的疯狂行为,而全都投向了雅典的怀抱。

雅典的同盟扩张

同盟不同于霸权,它只是霸权的一件外衣,但是同盟的盟主却可以很轻易地转变为霸主,在现实中,我们其实很难区分同盟盟主和霸主。盟主有权根据自己需要制定并维护同盟规则,当整个同盟是为了盟主的统治地位和利益时,霸权也就自然而来了。

---

〔1〕《伯罗奔尼撒战争史》〔古希腊〕修昔底德著,徐松岩等译,广西师范大学出版社2004年版,第51页。

　　雅典的霸权始于前479/478年建立的提洛同盟。米卡列之战结束,列奥提契达斯因为与雅典意见相左而率领伯罗奔尼撒舰队回到家乡,留下来的雅典舰队统帅克桑提普斯就与爱奥尼亚的萨摩斯和开俄斯等岛屿城邦建立一个同盟,这个同盟可能脱胎于二十年前引起希波战争的爱奥尼亚城邦建立的反波斯同盟,这时同盟可能只是一个雏形,确定了雅典的领袖地位以外并未看到具体的内容,并且马上就跟随克桑提普斯去收复赫勒斯滂地区被波斯人占据的城市。公元前477年,阿里斯提德"第一次定下了各盟国捐款数额,同时他主持爱奥尼亚人的宣誓,当时他们立誓,有共同之敌,共同之友,且把一堆铁沉入海底,来表明他们忠于他们的誓言"[1],即他们的誓言只有在这堆铁重新浮上海面方可解除,从形式上完成了雅典同盟的正式成立,而盟约具体的内容也逐渐清晰。

　　雅典同盟成为继早先成立的斯巴达同盟和希腊同盟的第三个同盟体系。它既是第一个以雅典为盟主的同盟,前两个同盟都是斯巴达为首领的,又与前两个同盟的政策有较大的不同。斯巴达人建立的两个同盟都是具有明确而单一的目的,或者反对在希腊建立的任何僭主统治,或者反对波斯入侵,除此以外,斯巴达人不会为了自己的目的而动用同盟的力量;而雅典同盟的创新就在于同盟成员之间紧密程度的提高,它是雅典人利用自己城邦的实力控制同盟,并利用同盟的力量来实现自己的目的,即,同盟是实现雅典利益的手段和工具,而雅典所付出的对价就是保证入盟城邦的独立,实现它"自由之友"的诺言,雅典同盟的第二个目的是劫掠波斯人的城市,以弥补因波斯侵略给希腊人造成的损失,或者说对波斯入侵实施报复和惩罚。

　　雅典同盟的议事规程和斯巴达建立的同盟基本相同,名字也

〔1〕《雅典政制》〔古希腊〕亚里士多德著,日知、力野译,商务印书馆1959年版,第32页。

基本相同。一个是"雅典人及其盟友",另一个叫"拉栖戴梦人及其同盟",他们的议事规则是这样的：以盟主（一般都是城邦最高权力机构——公民大会）为一方，以所有同盟城邦组成盟邦大会为另一方，盟邦大会实行一邦一票，少数服从多数的原则，盟主可以参加盟邦大会旁听，但无投票权，任何事情的决定必须得到盟主一方公民大会和盟邦大会决议同时通过才可以执行，如果盟主的决议与盟邦大会的决议不一致的话，就意味着决议无效，就是说，盟主其实手握"一票否决权"。

雅典同盟和斯巴达同盟最大的不同之处就在于雅典同盟首次使用了共同财政的概念。斯巴达人建立的同盟统一的仅仅是战时军队指挥权，而雅典同盟不仅统一了军队的指挥权，更是首次实现了同盟的统一财政：雅典人发明了同盟基金，并且在全部入盟城邦中摊派其各自出舰和出钱的份额，目前已知的做法应该是：由雅典派人核定每个同盟城邦向同盟舰队派出配备齐全的海军舰船数目，或者对大多数中小城邦以向同盟基金缴纳钱财代替提供舰船，当然，雅典提供同盟舰队中一半以上的舰只，并且是舰队的统帅。前477年同盟成立初期，阿里斯提德"公正地"核定了各个同盟城邦的缴纳基金数额，总数是460塔兰特，因为同盟金库以及同盟理事会设立在圣岛提洛，故雅典同盟也叫提洛同盟，大约在前453年前后，随着雅典实力的进一步提升，雅典人将同盟金库从提洛搬到雅典，并指定雅典人担任司库，即管理人，负责征收各邦的贡金，而且小亚细亚的希腊城邦，除了爱奥尼亚以外，伊奥利斯和卡利亚城邦也加入了提洛同盟，同盟基金总数后来提高到560塔兰特。

从本质而言，雅典同盟的建立意味着雅典霸权的开始。霸权不同于建立殖民地，殖民城邦总体上是独立而且平等于宗主国，霸权也不同于帝国，霸权并不直接实施对别国领土的占领和人民的统治，它是国家对国家的统治，这种统治的方式就是同盟中不平等的盟主地位,表面上以法律和盟约体现连结关系,盟主雅典的地位凌驾于其他同盟成员的利益之上,并且以流动和模糊比例的方式:将自己的义务变成同盟的义务,将同盟的利益变成自己的利益。雅典可以为了实现同盟的和自己的目的(这两者之间经常是复合的),从同盟成员征收贡金和征调军队;事实上,同盟内成员的独立和自由都是不完整的,是受到限制的。雅典将一个个原先独立的城邦纳入同盟,纳入自己的权力控制范围。雅典花了数年的时间制定和完善了同盟规章制度,又在随后的数十年内渐渐改变了自己执行规章制度的原则和应用条件,从而完成了将盟主变为霸主的过程。

霸权的扩张就是通过同盟规模的扩大来加以实现的,由于波斯势力退回亚洲内陆,以及斯巴达一贯的重陆轻海政策,雅典一系列海上扩张就显得肆无忌惮,而且一帆风顺。前476年,雅典人选举米泰亚德的儿子喀蒙担任将领,率领同盟舰队远征斯特雷梦河口、由波斯人据守的埃昂,在剪除了城市周边帮助波斯人的色雷斯人以后,喀蒙对埃昂发起了围攻,波斯守将绝望之下纵火焚城,雅典同盟占领了虽然已成废墟但战略地位重要的城市埃昂和安菲波利斯,雅典公民大会决议将此地作为永久军事殖民地,派出了军事殖民者;前474年,喀蒙率军占领了雅典到西色雷斯航道上的关键岛屿斯基洛斯,并将岛上居民全部降为奴隶;随后喀蒙又率军重新占领了赫勒斯滂海峡西侧的刻尔索尼斯半岛;喀蒙的征服在攸里米敦战役达到了他个人的顶峰,前467年,喀蒙率领同盟军队在小亚细亚的攸里米敦河口首先击败了波斯人的海军舰队,并马上登陆向岸上的波斯陆军发起进攻,并最后取得了胜利,攸里米敦战役的胜利,使爱琴海东岸的希腊城邦完全解除了来自波斯的威胁,喀蒙本人也以其智勇双全,一天之内取得海上和陆地两场战役的胜利而获得了空前的荣誉。"雅典这个城邦从此时开始,可以明显看出它的权势日渐增长,贡金源源不绝,建立英勇名声,举凡发生战争就居于领导地位"。[1]

相比于这些普通的征服战争，雅典同盟对卡利斯图斯、那喀索斯和塔索斯这三个城邦的处理方式，其所反映的意义更加重大。前 472 年，优庇亚南端的卡利斯图斯遭到雅典的进攻，它既不属于雅典同盟，也无意加入雅典同盟，结果被雅典攻破城池，不得不加入雅典同盟，拆除城墙、交出舰船、缴纳贡金；前 466 年，一贯富裕而强大的那喀索斯城邦想要退出同盟，自然引来了雅典的镇压，经过战争以后，那喀索斯被迫屈服，与卡利斯图斯一样成为雅典的属邦，实际上失去了独立与自由，"这是雅典违背盟约而奴役同盟城邦的第一例，之后同盟的其他城邦就这样逐个地遭到了奴役"[2]；前 465/464 年，雅典同盟中的大国塔索斯城邦因为在色雷斯地区的利益，包括一座金矿的所有权与雅典产生冲突，雅典毫不犹豫地向塔索斯发起进攻，雅典的舰队在喀蒙率领下取得了胜利，然后对塔索斯城邦进行了超过一年的围困，最终以塔索斯投降告终，除了上述的投降条件以外，塔索斯还失去了金矿和色雷斯沿岸的其他利益。这三个城邦的遭遇已经明白无误地勾勒出了雅典霸权的本质：雅典同盟所追求的只是雅典的利益而不是同盟的，雅典所建立的霸权不同于拉栖戴梦人，它绝不以追求同盟领导权为满足，而只是将同盟作为实现自己利益的工具而已。尤其值得注意的是：雅典同盟是雅典城邦以同盟方式追求其霸权主义政策的第一次尝试，只要它的实力足够支撑，同盟的法律条款和条约精神根本对它形成不了任何约束，雅典同盟也从一开始防范波斯对希腊可能发动的二次入侵、保卫希腊人自由的联盟逐渐演变为雅典奴役其他希腊城邦的霸权工具。

---

[1]《希腊史纲·Ⅱ》〔古希腊〕狄奥多罗斯著，席代岳译，文化发展出版社 2019 年版，第 650 页。
[2]《伯罗奔尼撒战争史》〔古希腊〕修昔底德著，徐松岩等译，广西师范大学出版社，2004 年版，第 51 页。

雅典人对同盟城邦的管理已经成熟。最初约定各盟邦向同盟舰队提供舰船或者缴纳贡金的做法,慢慢地被雅典人导向尽量多提供资金的方向,这里面的因果现在已经很难理出一个清晰的答案,有人说:是由于同盟城邦不愿意提供舰船而更倾向于提供资金,因为提供舰船需要配备全员的水手和士兵,他们不愿为了同盟的利益而赴海外打仗;也有其他说法:是雅典有意识地引导他们尽量少提供舰船而以缴纳贡金代替,因为这样的话,雅典可以用同盟城邦的金钱建造更多属于雅典自己的舰船,增加了自己的实力,而提供造船资金的城邦慢慢地失去了自己的军事能力,惟有越来越依赖雅典的保护,最终弱化为雅典的附属,完全丧失了自己的防卫能力,也就丧失了独立。不管这些说法的真实性如何,雅典在同盟内确实只留下了列斯堡、开俄斯和萨摩斯这三个还保有自己舰队的盟友城邦,其他的同盟成员都成了没有自己的海军,需要每年向同盟金库缴纳贡金以换取雅典保护的城邦。雅典与盟友的关系基本没有互相平等和独立,每个城邦都是享有不同等级的自治权的地方政府,雅典视情况决定它对不同盟邦的政策,干预其内政、战时征兵是必然的,修昔底德说雅典同盟的盟邦"逐个遭到了奴役"只是陈述了这样的事实而已。

雅典同盟的司法管辖则是雅典在向帝国努力的另一项重大发明。各城邦司法审判的独立也是其独立地位的必需条件,但这也受到雅典城邦的限制。实际上,雅典同盟内的大多数刑事案件的审判权都是由雅典人掌握的,以及雅典公民和其他城邦公民的法律纠纷也是由雅典人的法庭管辖,当然,与自治权一样,同盟内每个城邦的司法管辖权也受其与雅典盟约的条约不同而因人而异,极少数城邦完全把司法审判交给雅典;有的城邦将涉及死刑、流放和剥夺公民权的案件移交雅典,例如卡尔基斯;也有一些享有更大的自主权,因为雅典跟它签订的条约规定了就原告的诉讼原则。雅典对司法审判权的干预不仅仅体现了对雅典公民的人身保护,更体现了雅典对盟邦内其他盟邦内部政治事务的干预权力。

公元前 465/464 年,斯巴达发生了一场大地震,它产生的影响不仅及于全体拉栖戴梦人,而且也间接影响到了雅典的政治生活。这场地震强度空前,据说斯巴达城镇仅留下五栋完好的房屋,人员损失更是巨大,"有两万以上的拉栖戴梦人丧生"〔1〕,比天灾更可怕的是人祸,被斯巴达人征服并且长期奴役的希洛人乘此机会向斯巴达人发起了进攻,希冀恢复自己的土地和自由,斯巴达处于生死存亡的危急关头,这时的国王阿契达姆斯马上组织起所有幸存的公民士兵列队出城准备迎战,也许是长久的奴隶地位削减了希洛人的勇气,他们不敢马上全力组织进攻,斯巴达与他们的希洛奴隶之间的战争应该是进入了一个持续数年的相持阶段,随着斯巴达的分化瓦解政策的逐渐见效和外国援军的到来,反叛的希洛人依托一个叫做依索姆的要塞作为自己的根据地,前 462 年,斯巴达人向雅典人求援,请求雅典人派兵协助镇压希洛奴隶的反叛,雅典人民主派坚决反对派出援军去帮助自己的敌人斯巴达,而一向以毫不避讳的亲斯巴达态度示人的喀蒙则坚定主张派出援军,他的理由是"不要让希腊变成一个跛足巨人,雅典不能失去她的伙伴"〔2〕,最终雅典人民还是听从喀蒙的意见派出了援军,当喀蒙率领雅典的重装步兵赶到斯巴达以后,没有参加任何战斗就打道回府了。关于喀蒙率领的雅典援军在斯巴达的遭遇,大多数人说是受到斯巴达人当众羞辱而被赶回,而狄奥多罗斯却说是雅典人自己产生了"猜忌之心,想要离开前往美塞尼亚",因为雅典人认为"拉栖戴梦人有足够的兵力,可以用来应付即将面临的会战"〔3〕。

〔1〕《希腊史纲·Ⅱ》〔古希腊〕狄奥多罗斯著,席代岳译,文化发展出版社 2019 年版,第 651 页。
〔2〕《希腊史·Ⅱ》〔英〕伯里著,陈思伟译,晏绍祥审校,吉林出版集团有限责任公司 2016 年版,第 414 页。
〔3〕《希腊史纲·Ⅱ》〔古希腊〕狄奥多罗斯著,席代岳译,文化发展出版社 2019 年版,第 652—653 页。

现在看来,这两种说法的可能性都是存在的,但哪一个是历史的真实却难以断定,不管怎样,雅典此次救援行动非但没有起到增加双方友谊的作用,却反而使双方已有的联盟关系破裂。雅典人"对于斯巴达人过河拆桥的行为极其痛恨,迁怒于对拉栖戴梦人表示支持的人士,用微不足道的理由将喀蒙处以 10 年的流放"[1],这是发生在公元前 461 年的事。

就在喀蒙率军出国援救斯巴达的同时,雅典的民主派领袖厄菲阿尔特与伯里克利"利用这位保守派政治家不在雅典的良机进行了多项激进改革,完成了民主制的进程"[2],雅典的政治气氛一扫贵族派和民主派艰难对峙的局面,喀蒙所代表的亲斯巴达的保守政策被雅典人民彻底抛弃,(激进)民主派得到了人民大众的普遍支持,在将喀蒙轻松地以陶片放逐后不久,民主派领袖之一厄菲阿尔特神秘地遇刺身亡,雅典政治舞台上深孚众望,然而互有牵制的三位政治领袖,突然之间就剩下了伯里克利一个人了。

幸而伯里克利是一个完全适合独自领导的人物。从公元前461 年开始,雅典进入了伯里克利时代,从此,他可以不受任何干扰地按照自己的规划去实现心中的政治理想,带领雅典人民走向城邦历史的巅峰时代。

五　雅典人的文化

宗教和哲学——理性主义

毫无疑问,人类区别于自然界的特有的思想和精神活动最早体现为原始宗教。而宗教则是起源于人类初创时在自然界中原生

---

[1]《普鲁塔克全集·Ⅱ》〔古希腊〕普鲁塔克著,席代岳译,吉林出版集团股份有限公司 2017 年版,第 886 页。
[2]《希腊史·Ⅱ》〔英〕伯里著　陈思伟译,晏绍祥审校,吉林出版集团有限责任公司 2016 年版,第 414 页。

的孤独和畏惧心理,这种孤独和畏惧不是归于人类个体,而是人类集体的自然情感。人们对不能理解的自然现象常常会做出超自然的解释,因此,将关于人类的来源和归宿问题,自己无法理解的生命及其命运等问题都暂且放在宗教里面,给予无法进行证明的,偏向于想象的各种阐释。

从各民族诞生及发展的规律来看,古代希腊人同样经历了神的时代、英雄的时代和人的时代,但是希腊人的不同之处在于:他们的神和英雄都是具有跟人一样的外形和性格,即使是神,除了具有凡人所不及的无穷力量之外,人性的弱点一点不缺,在道德上也并不完美,所以他们的神祇、英雄和凡人在人性上更多体现出来的是一种平等,而诸多神祇的作用表现得最多的则是指导个人和城邦大事的预兆和神谕,人们对神的祭祀似乎并不是单单地如同其他民族般的祈福和祷告的意思,大量的献祭则是征战胜利以后的祭品分享方式。所以说古代希腊的宗教相比于其他民族而言,具有更少的想象出来的虚幻的神性而富于更多的人性,这就为希腊人理性的发挥利用留下了较大的空间,因为对神的崇拜不需要理性。

人在好奇心驱使下总会发现一些新的领域。在科学成为人们的普遍意识之前,人遇到不理解的事物时总是免不了寻求超自然的解答,这不是走捷径的选择,而是发自人心的本能反应。所以,宗教色彩相对淡薄的希腊人必然将注意力转向宗教以外的哲学和科学,这更符合他们较不重视想象的理性性格。

没有承诺,尤其是对来世的承诺,就不成其为宗教。《荷马史诗》和赫西俄德作品应该是想告诉人们神祇和英雄的传奇故事,并不包含多少宗教色彩。不同于其他文明,早期希腊人在面对人生苦难和灾祸时似乎从来没有产生过将希望寄托于来世来生的想法,他们只是很简单地选择去面对和承受各自的命运,而命运又是那么的多舛和悲苦。

希腊的宗教和哲学哪一个首先产生？公元前七世纪还是六世纪就已产生的泰利士的自然哲学派？还是起源于色雷斯,后来发展成为埃琉西斯秘仪的狄奥尼索斯崇拜？关于这个问题的回答已不是那么重要,我们更看重的是：早期希腊哲学的产生使他们避免了宗教对社会生活的主宰。理性所关注的人类自身的命运、力量和实现方式与宗教所要实现的使命以及所依靠的力量和方式是完全不同的。从总体上看,古代希腊始终没有产生一个强大的宗教势力,在思想上对人们进行限定,甚至钳制,希腊社会从一开始就是一个简单的世俗社会,人们按照自然的天性无拘无束地发展戏剧、文学、哲学和科学等。巧合的是,在发生时间和繁荣程度上,古代希腊的社会政治和哲学思想蓬勃发展与远在大陆东端的中国完全同步,不仅于此,两者都似乎从宗教手中夺到了思想自由,而更多的是人们出自本能地直接以世俗的和理性的态度在创造着关于人类生存的思想和技术。这是人类历史上为数不多的能够没有范围限制的思想自由发展的黄金时代。说来可惜,这个时代的人们创造的思想精神的影响延至今天,或者说,现在的我们依然游荡在他们首先演绎或者发现的人类本能和本性的边界所围成的范围内,没有走出这些本能和本性的围栏,也没有让后世的无论是发现和创造超越这些围栏。

是法律秩序而不是宗教秩序占据着希腊社会的统治地位。没有宗教的限制,这个阶段的希腊的精神世界和文明发展达到了第一个高潮,这些理性主义基础上的思想和观念,使宗教和神学无法占据社会生活和思想界的高地,而只能成为和哲学、科学等并列的一股思潮和一个门类而已。米利都人泰利士和阿那克西曼德开创了自然哲学,萨摩斯人毕达哥拉斯不仅是个哲学家,也创立了数学科学,而科洛丰人色诺芬尼更是高举理性主义的大旗成为古代希腊的思想先驱。后续的巴门尼德和赫拉克里特对哲学思想的进一步探究,这样一种对哲学和科学持续不断的探寻精神延续到柏拉图和亚里士多德,不自觉地确立了古代希腊人们对智慧和知识的追求成了传统,它的一个副作用就是缩减了神秘主义和宗教教育的空间,"可以恰当地说,是爱奥尼亚不朽的思想家们积极而健康的影响使希腊避免了一次巨大风险"[1],即避免了宗教占据社会生活的主导,获得崇高的地位,也避免了人们思想观念自由发展的过程受到宗教权威的束缚和限制。

雅典人的性格

波斯的入侵极大地改变了雅典人的观念和思想。这是希腊人形成自己统一的民族和民族意识以后第一次在本土遭到异族大规模的侵略,希腊人充分发挥了自己民族本性之中的潜能,他们的独立性格和团结精神得到了现实的检验和发掘,其中,雅典作为受创最重和出力最多的城邦,在抗击波斯的战争中发现了自己身上所蕴含的精神力量,从而得以在战后以当仁不让的自信地站到了整个希腊世界的舞台中央,主动承担起领导东地中海希腊城邦的责任。

历史是无情的:一个人或一个民族只有在经历了极端的境遇才能发现自己原先都不会了解的意志品质和性格的底线或者边界,只有那些精神力量强于外部压力的个人和民族才能够生存,并且往往在随后的岁月中变得更为强大,当面临危机时,一个民族的"应激反应"自然激发起集体的意志力量和创造性智慧;如果不能抵抗外部压力的,那么它就此失去独立存在的资格而湮没在历史的长河中。通过希波战争,我们通过雅典人在家园被毁之后,依然不屈不挠、坚持反抗中认识了他们的顽强意志和牺牲精神;在希腊同盟内部的纵横捭阖中见识了他们的团结和组织能力;在海上和陆地的数次重大战役中发现了他们的勇敢无畏和战争实力。从某

---

[1]《希腊史·Ⅱ》〔英〕伯里著,陈思伟译,晏绍祥审校,吉林出版集团有限责任公司2016年版,第383页。

种角度而言,是波斯的大流士和薛西斯帮助成就了雅典城邦的崛起,并改变了希腊世界原先只有斯巴达唯一霸权的格局。

人在刚出生时如同一张白纸,没有预设观念和道德,但一个民族(或者说群体)却是有着自己传统的观念和道德。两千多年前的希腊人正处于文明初创时期,人们关于观念和道德的理论正在形成的过程当中,当时,他们一切行为决策都是依据天性和本能,即没有受到所谓理性和形而上"污染"的人的本性而做出,因而我们应该摆脱人类通过千百年实践而积累起来的知识和观念、智慧和经验而形成的教育灌输的道德观念的引导和限制,而直击人文之初希腊人的性格和精神。

波斯大军入侵暂时中止了雅典人民持续上百年的政治权利斗争,揭示了整个城邦捍卫自由和独立的民族性格的底色。雅典人毫不理会君主专制下可能出现的比民主制度更加有序、和平和发展的机会,因为自古以来对被奴役的恐惧使一切社会生活的美好想象,甚至现实,都不能让他们愿意牺牲自由为代价。自由是雅典人唯一最为珍视,凌驾于一切之上;以及为了坚守心中的信念而不惜一切代价的勇气和牺牲精神。

希波战争的一个间接后果是:到"公元前5世纪,雅典人成为所有希腊人的中心,他们因为出产所有最好的和最坏的东西闻名于世"[1]。得益于战胜波斯人带来的荣耀和声名,建立提洛同盟而增强的城邦实力,以及自由而开放的环境,甚至因人口增加而导致的粮食紧缺,和被波斯人烧毁的城邦亟待重建,这些因素致使战争结束以后全希腊的人口大量涌入雅典。这里面既有从事贸易的商人(主要是粮食商人),各类工匠和零售商,也有来自小亚细亚希腊诸邦的学者,他们作为"外邦人"都能在雅典找到自己的生计和拥趸。数万长期生活在雅典的"外邦人"除了不能享受雅典城邦的

---

〔1〕《希腊人和希腊文明》〔瑞士〕雅各布·布克哈特著,王大庆译,上海人民出版社2012年版,第303页。

民主权利,并且需要按人头向雅典缴纳外邦人税以外,其他权利基本都能得到保障,其中少数成功的商人甚至有机会成为雅典公民。他们给雅典带来了财富,更带来了不同的生活方式和思想。

我们今天以为的雅典精神文明在公元前 480 年以后开始了它的序幕。雅典人的精神生活从对神和神话的理解转为对人的环境(自然)和对人的内心的原始探索,哲学开始萌芽,而神则以宗教的形式作为社会生活的一部分存续。这个时期,雅典人的注意力开始从神转向人,从宗教转向哲学。

只是:希波战争结束后的雅典因其声誉和自由刚刚显露出它在思想和艺术上发达的趋势,但是思想家和艺术家都来自外邦,尤其是小亚细亚领先的自然哲学家们,而属于雅典人自己的文明繁荣时代还需要在数十年以后方始出现。

第三章 ┃ 雅典霸权（公元前 461 年 —公元前 431 年）

> 雅典不仅值得统治希腊人，甚至应该征服全世界

这三十年是雅典城邦在希腊世界的霸权顶峰，也可以被认为是伯里克利的时代。

公元前五世纪是雅典城邦史上最辉煌的时期。这一百年对雅典来说充满着起伏跌宕的辉煌以及并不耻辱的失败，雅典人彻底突破了自身传统，创造性地以独特而自由的精神建成了全希腊第一个完整而且标准的民主社会，在此基础上，雅典人在这一个世纪内完成了三件大事：率领希腊成功抵抗波斯帝国的侵略，通过组建提洛同盟谋得（东）地中海海上霸权，最后在不断扩张和讨伐所有努力背叛和逃离同盟的盟邦的过程中走向深渊。在这个世纪，雅典一度确立了其在西方世界中心地位的最辉煌时代，可以说：无论成败，雅典都是希腊世界的核心，它的影响超出了希腊世界，同时也成为波斯、埃及等东方世界舞台的一个不可忽视的角色，虽然也谈不上举足轻重。但雅典真正的成就在于它所探索并创立的自由和民主的理念成为千百年后欧洲崛起的独特文化基因，我们可以肯定：今天的欧洲如果只依靠基督教文化而抽离了希腊文化，那么它将呈现出完全不同的样子。另外，不公平的是，两千多年前雅典城邦自身的政治实践和成就却因为其规模和对世界局势的影响过于渺小而被看作可有可无的了。

雅典的这种辉煌，在政治和军事方面，体现为它在希腊世界的

统治地位;在社会和文化艺术方面,体现在不久以后出现的全希腊文化、艺术和思想在雅典的繁荣和集中,更加可贵的是,这种文化和艺术的领袖地位一旦确立,就发挥出了独立于政治以外的更为长久而活跃的生命力和持续性。

雅典城邦的民主发展及其他实践活动与同时代的其他希腊城邦是那么的不同,以至于我们只能将它当作古代希腊世界的一个例外。雅典人民异于常人的活力和富于冒险精神的性格使它形成了自己独特的政治和社会特质,这些可能首先成因于阿提卡人族群的多样性以及原住民和外来移民之间的巨大差异,在地域相对广大和差异明显的城邦里,雅典的人们就在将一个形态上的共同体逐渐通过内在的精神、文化和制度建设融合成为一个有机体的过程中,发明并且完善了他们政治生活中自由和民主的原则,并外化为贪婪无止境的但又不同于东方帝国特质的霸权体系。

得益于长久以来不断完善的民主制度(皮西特拉图的僭主统治在雅典历史上的占比还是比较短的,而且这次僭主政制仅维系了一代多点,二世而亡),薛西斯率领的波斯人入侵在客观上帮助雅典城邦的力量得到空前的凝聚和发展。

雅典的民主制度的发展伴随着贵族与平民的矛盾和斗争发展,以及不断协调双方之间的权力分配的过程。总体分为两个阶段。从梭伦改革到克里斯提尼改革,雅典的民主制实行的是按照血缘或者财富将人们划分为不同的阶层,进而享受不同的权利和义务,这是一种总体有序的偏贵族制的政体。然而,公元前462/461年厄菲阿尔特(可能还有伯里克利)改革之后,雅典的民主制度进入了一个新的阶段:激进民主制,公民不再按照财富或者血缘划分阶层,所有公民完全平等地共享所有政治权利,甚至为了保障贫穷公民能安心参与政治,伯里克利给所有从事行政和司法陪审的官员发放津贴;同时,以前通过选举产生的重要行政官员的职位大多改用抽签方式产生。这种极端平等的政策,也弭平了原来贵族成员在实际政治生活中因家庭地位和有利条件而形成的天然竞争优势。雅典的民主制度成为所有公民绝对平等的制度,这样,既避免了贵族利用权力谋取私人利益和声誉的可能,也让整个城邦的民主生活丧失了原有的节制和中道的约束(任何情况下,冷静的总是少数人),让全体雅典人民心声和欲望得以肆无忌惮的发挥。

一 霸权的建立——提洛同盟

前478年的米卡列之战,希腊人在爱奥尼亚人的支持下在小亚细亚取得了对波斯军队的最后胜利,但是雅典人和斯巴达人对胜利之后下一步行动的策略上的分歧直接奠定了希腊世界在这个世纪的政治版图和格局基础。保守而谨慎的斯巴达人完成了解放在小亚细亚的希腊人并使之获得自由,他们认为自己的使命已经完成,不愿意继续战斗了;而雅典人则一如既往地发挥积极和冒险精神,主动要去解放赫勒斯滂地区的希腊城邦,或者说是出于雅典人对通往攸克星海[1]沿岸的粮食通道的控制欲望。另外,关于在波斯身边重获自由的爱奥尼亚等城邦今后面临波斯的前途问题,来自斯巴达的统帅莱奥提契达斯和雅典的克桑提普斯双方产生了不同看法:斯巴达人建议小亚细亚的希腊人放弃家乡,迁移出去,远离波斯;而雅典人则坚持不让伯罗奔尼撒人来安排自己殖民地城邦的去向和命运,他们认为可以通过希腊人的团结来抵抗波斯未来不可避免的报复。在这些大小事情上,斯巴达和雅典统帅们的意见全都不能取得一致,既然战争已经结束,波斯人的威胁基本解除,这些差异并不影响大家各自的心情和打算,最终,分道扬镳,

---

[1] 今黑海。

莱奥提契达斯率领着伯罗奔尼撒人的舰队荣归故里，而克桑提普斯则率领着雅典人和萨摩斯、开俄斯和列斯堡等爱琴海岛屿和小亚细亚的爱奥尼亚诸城邦继续进行着他们的冒险。

世界历史上所有不同范围的"世界大战"之后，自然会对原有政治格局进行重新分配，这是胜利者的特权，而斯巴达人却轻易地放弃了。日后所称的雅典同盟（又叫"提洛同盟"）就是成形于这个时刻，雅典同盟是雅典和"同盟者的同盟"共同建立的一个全新的希腊人城邦同盟：它以雅典城邦为单独一方，以"同盟者的同盟"为另外一方，同盟者的同盟最初是在公元前546年由12个位于小亚细亚的爱奥尼亚城邦在米卡列的帕尼奥尼昂建立的神庙作为议事中心而形成的同盟[1]，当时他们主要面临的问题是紧邻的吕底亚王国克洛伊索斯国王的侵略以及新兴的波斯皇帝居鲁士征服克洛伊索斯以后无法逃避的波斯帝国的奴役，本质上来说是一个共同防御的互助体系，我们相信雅典加入后的提洛同盟的初衷也没有变化，主要还是抵御波斯的自卫同盟。无论面临吕底亚王国还是波斯帝国，这些小亚细亚的希腊人城邦都似乎是软弱无力的，即便结成同盟也无法改变这种实力上的差距。但是，七十年以后，当雅典和斯巴达为首的希腊城邦打败波斯帝国的入侵以后，这些原本谨小慎微、一直生活在波斯帝国阴影下的希腊殖民地城邦也迎来了扬眉吐气的时光，他们和爱琴海上的萨摩斯、列斯堡和开俄斯等岛屿城邦，加上部分北方的伊奥里斯人城邦自愿加入了这个扩大的同盟，大家心甘情愿地追随雅典的领导，形成了新的提洛同盟[2]，我们无法确定提洛同盟成立的确切情况，但应该是在米卡

---

[1] 帕尼奥尼昂是否是一个有明确宗旨的同盟，目前缺乏证据。因为当初希腊人在神庙聚集，城邦之间讨论重大事项是一个普遍的习惯，小亚细亚的12个爱奥尼亚移民城邦也把这个习惯带到了亚洲。

[2] 也叫"雅典人及其盟友"或雅典第一次海上同盟，因为同盟的同盟大会会址以及同盟金库设立在爱琴海的伊奥尼亚人传统圣地提洛岛上，所以也叫做提洛同盟。

列之战以后不久，大家跟随雅典舰队收复刻尔索尼斯半岛前后[1]。

提洛同盟的建立是雅典称霸希腊的标志，这从同盟的议事规则上就可以得到清晰地反映。提洛同盟的议事规则类似于早已存在的斯巴达同盟（也叫做"拉栖戴梦人及其盟友"），也是双轨制的，雅典单独作为一方，所有同盟国作为另一方。雅典，严格来说并不是同盟成员，但是承担召集和列席同盟大会的责任；同盟的议事规则是所有同盟城邦享有平等的一邦一票，以简单多数原则通过同盟决议，然后与雅典的公民大会决议再行合议，所有决议只有得到雅典和同盟双方的同意才算通过，因此，雅典公民大会实质上就对同盟决议具有最终决定权。雅典对同盟的领导首先就体现为：雅典握有同盟大会的召集权以及对同盟决议有一票否决权。

其次，雅典掌握着提洛同盟关键的财政和军事权力。提洛同盟不同于以前的斯巴达同盟和希腊联盟的是：雅典设立了统一的同盟金库，而前两个同盟都是军事性质的联盟并不具备财政性质。提洛同盟设立统一基金金库的初衷是为了整个同盟联合舰队的建设，为了建立同盟统一的海军，所有各邦都需要为同盟提供作战舰船并配备水手，但是城邦大小有差异，所以，雅典、萨摩斯等原来的海上强国提供舰船，而对于大多数较小的城邦，可以用每年向同盟金库提供定额金钱作为军费的方式来代替舰船，开始时，各同盟成员提供舰船和上缴军费的具体份额由雅典的阿里斯提德予以核定，因为他在希腊素有"公正者"的良好名声，被广泛尊敬和信任，随后，雅典指定了10个来自雅典的官员负责同盟者军费的征收。中小城邦被核定的上缴军费最初并不具有对雅典贡金的性质，但是，这笔巨款[2]的性质很快就被雅典人改变了。另外，作为同盟

---

[1] 狄奥多罗斯认为，提洛同盟的成立时间是在公元前477年，由地米斯托克利主持成立的。详见《希腊史纲·Ⅱ》第635页。
[2] 据阿里斯提德核定的同盟上缴军费，合计每年总额约有460塔兰特。

盟主,雅典天然具有对同盟海军舰队的指挥权。

世易时移,随着薛西斯对希腊战争的失败,纵观雅典同盟,从帕尼奥尼昂同盟算起,同盟宗旨可能由最初的伊奥尼亚殖民城邦如何共同抵御吕底亚王国和波斯帝国的入侵和奴役,转变为希波战争以后希腊人如何对波斯帝国进行劫掠以抵消他们在战争中的损失,而雅典是这一切的领袖。

雅典在建立提洛同盟以后到前431年伯罗奔尼撒战争的爆发之前,以前462/461年的伯里克利执政为界,总体可以分为两个阶段,前一个阶段是雅典霸权的建立和尝试,后一个阶段是伯里克利领导下的雅典走上顶峰。

二 雅典的民主制度和伯里克利

相比于梭伦改革,克里斯提尼改革才是真正在雅典建立了民主制度。梭伦改革的意义更大的在于社会而不是政治,更直接地说,梭伦改革是从经济和法律上减缓了社会矛盾的激化和发展,而对原已存在的寡头式民主政治的基础并未触及,只是扩大了执政基础,稍微强化了执政者的中道精神,他从形式上将贵族政治改为富人政治,权力资格由血缘改为财富,但权力划分标准的改变还是不改少数富贵阶层掌权的现实。而克里斯提尼改革则是从根本上建立了一个完全不同以往的、全新的权力架构,我们不知道他的这一系列改革究竟是来源于他高瞻远瞩的政治理想和深思熟虑的计划,还是单纯出于与伊萨格拉斯的政治斗争激化形势下,并且在面临政敌伊萨格拉斯已经得到强大的拉栖戴梦人明确支持的劣势情况下,亟须寻求有效的支持力量而被迫采取的权宜之计,无论如何,他的这些举措实施的效果确实如愿以偿地得到了绝大多数雅典公民的支持,并使他打败了伊萨格拉斯建立僭政的企图。克里斯提尼将所有阿提卡各个城镇的自治人民全部重新组织并纳入雅典的政治体系,然后让所有公民平等地参与政治权力。最终,凡是具有公民身份的雅典人,不分出身和贫富,都能够平等地享有政治权力,在雅典,一个平凡的公民如果当选为执政官或者将军是不存在任何障碍的,这就是克里斯提尼给雅典城邦带来的民主。

两千多年前雅典人的思维和观念肯定不同于今天的人们。虽然可以肯定雅典人已经具有城邦和共同体的意识,但也许伦理、道德、正义等观念还未成为社会共识的前提,雅典人关于好和坏的标准可能与我们今天也大相径庭的时候,他们的精神世界是怎么样的? 什么是他们孜孜以求的品质? 什么是他们希望过的生活?

这是一个人文之初探索一切的时代。人们的个人观念、社会生活和政治制度都在逐步的一边积累一边建立的尝试过程中,而雅典人因其个性和独特的内外环境最终自然形成了沿用至今的自由和民主的观念和社会实践。需要注意的是:克里斯提尼建立民主制度与他前面皮西特拉图的僭主政治一样,只是雅典城邦的社会实践的发展中的必要过程,而民主制度只是雅典人民的适时的、随性的选择(也可以说是发明)而已,并无刻意。

雅典的民主制度是古代希腊社会的特例,不同于斯巴达的寡头政制和其他的僭主政制,它最直接地来源于城邦全体公民的力量,也实现了每一个公民关于自己对城邦共同体的理解和理想,更主要的是它的权力来自普遍的民主,所以能保障这种制度的稳定,虽然普遍的民主制度也有它的问题(没有一种制度是完美的),但雅典政治和统治权力在制度上是稳定的。

从克里斯提尼到厄菲阿尔特的民主改革,雅典的民主制历经了近半个世纪的发展,并且在抵御波斯侵略的生死存亡中充分展现出团结和正义的力量,民主作为一种政治制度已经成型并且稳定,但它的力量之源远不止于此。雅典人用数百年的时间培育并发展了民主制度,其根本目的并不是为了争取能够建立一个永远做出最明智、最正确的决定的政治体制,而是为了建立一个保障每一个共同体成员能够最真实、最直接、最不受阻碍地表达自己心声的政治制度，在重要性序列上，政府的执政能力肯定是劣后于对城邦和人民的忠诚的次等需求。这是雅典政制的根本不同于他人的地方，也是他们今后一切生活自由的政治保障。它不是来源于设计，而是来自人性。与其说民主政治的生命力或者力量来源于全民参与，还不如说它的力量来自人性。

当然，民主制度也有另外一些烦恼。当一个城邦实行民主制度，那么国家大事掌握在人数占绝对优势的平民大众手中，而这些"平民大众中则尽是些无知之人，他们不守规矩、不懂分寸、不讲道德；贫困致使他们做一些可耻之事，缺钱致使一些人未能接受教育，处于无知状态。"[1]我们从雅典城邦的历史可以慢慢看出，民主让雅典获得了力量和实现了伟大，而雅典的行事昏聩和自取灭亡也是在民主制度之下完成的。所有这一切都是雅典人民自己真实的选择。

厄菲阿尔特改革及其被暗杀带来了两个后果：雅典的激进民主制确立，以及伯里克利走向雅典政坛的中心。随后，雅典人民的意愿和一直以来作为民主派代表的阿尔克米昂家族出身的伯里克利互相成了最合契的组合。

伯里克利"无论父系或母系都是极其高贵的家世"[2]，他的父亲是希波战争中的海军将领克桑提普斯，前479年率领雅典舰队在米卡列取得了对波斯海军的最后胜利，他的母亲阿伽利斯特则出身于雅典著名的阿尔克米昂家族，公元前六世纪末进行重大民主改革的执政官克里斯提尼是她的伯父。伯里克利出生于公元前495年，自幼就接受了良好的教育，曾师从当时著名的音乐家，同

〔1〕《希腊史》〔古希腊〕色诺芬著，徐松岩译，上海三联书店2013年版，第362页。
〔2〕《普鲁塔克全集·Ⅰ》〔古希腊〕普鲁塔克著，席代岳译，吉林出版集团股份有限公司2017年第一版，第285页。

时也是诡辩家戴蒙、伊利亚学派的哲学家芝诺(意大利殖民地人,比作为斯多葛学派创始人的芝诺要早两百多年),但对他影响最大的则是来自克拉门佐尼的哲学家安纳克萨格拉斯,他不仅是最早的希腊哲学家之一,据说也是一个伟大的自然科学家,一个充满智慧之人。伯里克利正是在他们的教导之下,自身的天赋受到当时最好的学术引导,使他的才华远超普通之人,再加上他谨慎沉稳的个性,青年时代的伯里克利就已经广为引人注目。

伯里克利刚刚成年的时代正是雅典城邦众星汇聚、风云际会、欣欣向荣的时代。雅典对内确立了民主制度,对外取得希波战争的胜利,并在希腊乃至地中海逐步建立起霸权,时代赋予了他将大有可为的命运。

伯里克利的从政之途是与雅典民主政制完成从贵族制向激进民主制转化的过程,在此过程中,他的作为和激进民主制的实现互为因果。起初,由于伯里克利出身优渥、家境富裕、朋友又都有权有势,甚至于大家认为他的外貌特征都跟僭主皮西特拉图极其相似,他害怕自己被人们出于不安而流放,因而年轻时绝不敢参与政治事务,只能专注于军旅和征战。等到前一辈的政治人物如阿里斯提德逝世和地米斯托克利被流放而退出政治舞台之后,他才获得了崭露头角的机会,但还存在一个障碍:贵族派的领头人物,与他同样出身贵族的喀蒙,当时,喀蒙风头正劲。喀蒙年龄比他大二十岁左右,希波大战后期,年轻的喀蒙得到阿里斯提德的青睐而被培养成为贵族派的后起之秀,以与当时如日中天的地米斯托克利分庭抗礼。战后,喀蒙马上就显露峥嵘:不仅率领雅典海军在色雷斯、爱琴海岛屿以及小亚细亚沿岸等地区进行的一系列开疆拓土的征战取得辉煌胜利,他的名声甚至超过了在马拉松打败波斯人的父亲米泰亚德,更因为他慷慨随和、正直诚恳的性格使他大受雅典人民欢迎,征战给他带来了巨大财富,而喀蒙则把这些财富与大家共享,不仅他的同胞,连同外乡人也可以随意进入他的花园和农庄共享他的热情好客。当时,喀蒙在雅典政坛和人民心中的地位似乎既崇高又不可撼动。

但喀蒙一直以来对斯巴达人抱有强烈的好感以及这种好感对他处理两国关系时的影响最终令他前功尽弃,并直接损害了他在雅典政坛的地位。一场希波战争彻底改变了雅典人对拉栖戴梦人的看法和立场,战争爆发以前和战争进行过程中,雅典人和其他城邦人都是将拉栖戴梦人视为希腊人天然的领袖,甘愿接受拉栖戴梦人的领导,随着波斯人的败退,波斯人带给雅典人心中的恐惧也随之消散,这一部分的空间被雅典人的自信逐渐填满,他们原本对拉栖戴梦人的崇敬也随着城邦面临的危险解除,以及保守的拉栖戴梦人在战后的种种不思进取而下降了。然而,喀蒙素来对坚韧淳朴、正直坦诚的拉栖戴梦人的敬爱始终不变,据说他曾是拉栖戴梦人在雅典的代理人[1],刚开始时雅典人民对此深感庆幸,因为他很好地维护了雅典和霸主之间的和平和信任,随着雅典海上霸权的建立,原来的好感慢慢地显得令人厌恶,至少是不合时宜的了。前464年,拉栖戴梦发生了有史以来最为强烈的地震,斯巴达全城沦为废墟,大多住在乡村的希洛人奴隶自发地集合起来,和同样受到斯巴达人奴役的其他美塞尼亚人发动了声势浩大的起义,意图推翻斯巴达统治恢复自由,地震使原本就人数不多的斯巴达战士大幅减员,为了镇压奴隶们的起义,斯巴达人不得已派出传令官向希腊各城邦恳求救援,雅典也是其中之一。厄菲阿尔特在公民大会上极力反对派遣军队去援救雅典的竞争对手,而喀蒙则尽力说服雅典人应该伸出援手,最终,雅典的公民大会还是听从了喀蒙的意见,决定派出援军,由喀蒙亲自率领奔赴伯罗奔尼撒,斯巴达人和希洛人奴隶的战争持续了数年,喀蒙率领援军第二次奔赴

---

〔1〕 古希腊的代理人作用有点近似于现代的领事,由被代理的城邦挑选目标城邦的有声誉的公民担任,负责照顾所代理城邦在本邦的外交和民事利益等。

伯罗奔尼撒,准备帮助斯巴达人攻打奴隶占据的依索姆要塞时[1],被非常不体面的赶回了雅典,喀蒙因此被他一贯支持的斯巴达人弄得灰头土脸,他的个人声望受到严重伤害,并于前461年被雅典人以贝壳放逐法判处流放十年。

就在喀蒙忙于驰援斯巴达的时候,厄菲阿尔特和伯里克利在雅典实行了进一步政治改革,再次削弱了贵族势力已经衰落的影响,并将平等的全民民主推向了极致,平民掌握了几乎所有的权力。虽然这次改革具体的过程因年代久远而不甚清晰,但有两项内容是最主要的:第一,雅典传统的贵族权力机构阿里奥帕古斯(即战神山议事会)的职权因为"对城邦管理不善"的原因而被大幅缩减,战神山议事会一直以来是雅典最有权威的执掌监督和司法职责的常设机构,其成员全部由退休执政官组成,而改革前的执政官来自非富即贵的阶层,它负责实施重大司法审判和官员考绩监督,法律的监督实施,以及所有提交公民大会的议案的预审等职能。但经过这次改革以后,战神山议事会的政治职能基本被移至公民大会和五百人议事会,而仅只留下了审理谋杀、纵火等普通刑事犯罪和举办宗教祭祀等事务的职能;第二,城邦向在职的行政官员、议事会成员和司法陪审员支付薪酬,这样一来,即使贫民也可以无任何后顾之忧地出任执政官,而不必非得从前两个阶层的富裕阶层产生,公务员自此成了一个新的阶层,同时也是一个新的职业。激进民主制下,平民大众凭借人数优势开始积极管理城邦和公共事务,而原来的贵族和富裕阶层则更多的是以职业和专业人士的身份为城邦做出自己的贡献,例如担任将军和船长等。

在雅典人的观念中,公民之间的平等是最重要的,而权力天生就是邪恶的,应当受到限制,政治也并没有那么神圣。行政官员,

---

[1] 斯巴达重装步兵虽然强大,但只能适合野战,斯巴达军队缺乏攻城手段,而雅典军队比较擅长围城和攻城。

即使是最高行政官员：执政官的职位也可以由任何一个正常公民担任，而抽签是只要公平、不要智慧的方式。可能就在这次改革开始，城邦的全部九个执政官、五百人议事会的成员，公民陪审法庭的成员都直接从所有合格公民中抽签产生，所有公职的任期都不超过一年，甚至短到只有几个月的。例外的是雅典的"十将军"制似乎保持稳定，来自十个部落的十位将军的产生还是通过选举产生，其目的是确保军事体制的专业化，甚至我们可以从伯里克利的当选经历提出怀疑，十将军有可能允许连选连任，没有任届的限制，因为伯里克利在雅典担任了超过十五年的将军，而几乎没有担任过执政官，就是从他开始，十将军会议的决定实际上对雅典的影响已经大于执政官了。

全民民主的运转常常因为领袖的煽动而溢出智慧和辩论的正常轨道。伯里克利通过一系列迎合平民的改革措施，而成为了雅典新民主制度的缔造者和广大平民的代表，赢得了巨大的声望，不同于贵族民主的思辨，全民民主的关键在于拥有最高声望，即影响力的几个人，人民的思想受这几个，甚至一个领袖的左右，人民的权力为这几个人所用，因为总体而言，平民自己是没有多少智识和分辨能力，他们的力量是需要有人去激发和引导的，而伯里克利因出众的智慧和沉稳神秘的形象，尤其是他非凡的演讲能力成为他占据雅典政坛三十年的最重要的工具。现在看来，只有他能够自如地驾驭民众的需求和心理，从而引导大家支持他认为对城邦最有利的政策。阿尔克米昂家族数百年来在雅典一直是推动民主制度的进步力量，直到伯里克利才算最后达成了目的：不仅被赋予"第一公民"的称号和影响力，更是实现了一个贵族领导雅典全体人民实现了希腊世界最彻底的民主制度。

政治人物的能量跟他的个人能力有关，但更与他使用自己的能力去汇聚并倚仗的势力关系更紧密。在雅典，梭伦自命为"社会各个阶层共同的朋友"，说明他超然于党派之争以外，所以改革完成以后就卸职远游,淡出政治;地米斯托克利的成就可以说是无人能比,更是在城邦最危急的时候完全凭借他个人的智慧和胆识拯救雅典和奠基海军,但他因为从不属于任何党派,所以一旦不被需要即刻被弃之如敝履;喀蒙虽然有受到全雅典人尊敬的财富和声望,并且始终与所有雅典人民共同分享自己的财富和荣誉,但他是贵族派的典型代表,所以因为援助斯巴达而很容易地就被平民贝壳放逐;而伯里克利作为雅典平民的代表,以广大平民为基础的民主派其实在雅典政治格局中是实力最强的,因而伯里克利的政治生涯相对最为有利,但要得到大多数平民的长久稳定的支持却是需要极高的政治智慧和技巧的,因为即使平民自己也不知道大家今天喜欢什么,明天又会转向哪里。

思想只不过丰富了人类的精神世界,与个人的生命和生活基本无关。时至今日,人们会研究人类生活的意义和目的,以及民族、国家和政党的归宿和使命,甚至有人以此为生。但两千多年前的人们应该没有今天如此纷繁复杂的思想和观念,他们所思考的可能更多的是眼前的、基于本能的事物,活着的人简单地想着如何生存和生活,其实,今天抽象的概念和意义顶多也是人们精神生活的内容,缺少了这些,在本质上对生命和生活并无影响。

所以,城邦、共同体、提洛同盟,以及拉栖戴梦人或者波斯皇帝等组成的这个眼前的现实世界才是雅典人民最为关注的。随着战后雅典的恢复,以及人口的大量流入,土地、粮食等生活资料始终是雅典城邦需要关注并加以保障的基本问题。随着战争过去,雅典城市被波斯人毁坏的神庙和住房几乎需要全部重建;此刻雅典为了维持希腊世界最大的舰队规模,至少 300 艘三列桨战舰,它所需要的水手,以及建造和维修的工匠大多来自外邦;比雷埃夫斯和法勒隆的港口和长墙需要修复和新建,等等。一般而言,大战之后的战胜国经济会迎来一轮恢复性繁荣,伴随而来的人口增加也是自然,此时,雅典的人口的大规模流入是肯定的,阿提卡各个城镇,尤其是雅典城内，充斥着来自外邦的商人、工匠、学者和奴隶等，据哈蒙德估计，此时雅典城邦的男性公民已经达到四万，总人口可能已经有23万到25万之多。但雅典对木材等造舰材料的输入，对由于人口增加而必需的粮食输入，以及对这些不可或缺资源输入的海上保障力量，这些都促使雅典亟须建立起一个新的国际贸易和安全秩序，并且这个体系的管理必须是掌握在雅典的手中。这就不同于掌握着大半个伯罗奔尼撒的斯巴达，"他们的政策缺乏全局意识，总是局限于伯罗奔尼撒一隅的得失……从来没有体现出首创才能"[1]，事实确实如此，拉栖戴梦人在波斯战争中本土既没有在战争中受到损害，人口和经济又一向能够自给自足，所以也没有发展代价高昂的海军的迫切需要。

然而，精力充沛的雅典的大肆扩张势在必行。

三 雅典走向巅峰

雅典稳固霸权

人民天然地需要领袖，城邦也同样。因循守旧、不思进取的斯巴达已不具备继续领导希腊的精神力量，而雅典在取得希波战争的胜利和成功领导提洛同盟之后，成为希腊人民新的选择。

雅典人正大光明地谋求自己城邦独自的利益，首先就是与斯巴达同盟为敌开始。当斯巴达人出于无端的猜忌，将喀蒙率领的援军逐回以后，雅典人感觉受到了莫大的侮辱，更重要的是，以喀蒙为首的亲拉栖戴梦势力在雅典从此一蹶不振，即使在与拉栖戴梦人无关的事务方面。雅典城邦不仅马上退出了以斯巴达为首的抵抗波斯的希腊同盟，并转而与斯巴达人的世仇阿戈斯结为同盟，

---

〔1〕《希腊史·Ⅱ》〔英〕伯里著，陈思伟译，吉林出版集团有限责任公司2016年第一版，第289页。

然后又和贴撒利人以同样的条件结为新的三方同盟。雅典人有史以来第一次不再顾忌拉栖戴梦人,无论是面临直接或者间接的冲突。

恰在此时,原来同属于斯巴达同盟的麦加拉与科林斯发生了领土纠纷,麦加拉脱离了斯巴达同盟并寻求加入雅典同盟,雅典马上予以接纳,然后派出军队帮助麦加拉修筑并防守从科林斯湾的佩盖到萨洛尼卡湾的尼塞亚的长墙,从而控制住了进出科林斯地峡的陆上通道。由于雅典大力发展海上贸易,与传统的贸易大国科林斯也成了竞争对手。在希腊半岛的西部,雅典海军占领了科林斯湾北岸洛克里的瑙帕克图斯,由此,雅典不仅可以管控科林斯湾进出地中海的通道,更可以干预西地中海的贸易线。这样,雅典与斯巴达同盟的科林斯在陆地安全和海上贸易都直接产生了冲突。

雅典与科林斯的战争开始了。大约在公元前549年,雅典与科林斯以及盟友埃皮道鲁斯联军在伯罗奔尼撒半岛靠近萨洛尼卡湾的哈利伊斯进行了一次陆战,关于这次战斗的胜负众说纷纭,但几乎同时在附近凯克吕法莱岛的海战中,雅典打败了科林斯及其盟军,这两次战斗都是范围有限的小规模战役。随后,更大的战事在埃吉那与雅典之间爆发,至于埃吉那如何卷入,以及他们之间的战争与科林斯是否存在关联,史家语焉不详,可能是埃吉那担心雅典的势力扩张,出于担心而主动帮助科林斯参战;也可能埃吉那和科林斯本来就是盟友关系;也有一种更简单的可能,雅典直接侵略埃吉那,战争的直接起因已无可考。但历史上埃吉那和雅典素来不睦并时有冲突,以及地米斯托克利以前,埃吉那的海军一向强于雅典,并且海上贸易也比雅典发达,这两个是比较确定的。但这一次,雅典率领同盟海军打败了埃吉那及其盟军舰队,并登岸围攻埃吉那城,围城期间,科林斯人在地峡向麦加拉发起了陆地进攻,希望用海陆两线作战打败雅典人,或者至少压迫雅典从埃吉那撤兵,雅典在仓促之间只得向麦加拉派出了一支由超过和不到正常服役年龄的老人和年轻人组成的步兵进入麦加拉,双方交战后,都宣称自己取胜,但事实是科林斯并没能突破雅典帮助麦加拉修建的长墙,也没有达到帮埃吉那解围的目的。

从麦加拉到埃吉那,雅典和斯巴达同盟的战争已经拉开序幕。虽然雅典此时可能并没有和斯巴达直接对阵,只是和同盟的盟国之间有限的战争,对手还是科林斯、埃皮道鲁斯和埃吉那,而非拉栖戴梦人;范围也仅限于萨洛尼卡湾沿岸,雅典的陆地和海上邻国。但对斯巴达同盟敌意和挑战意味已十分清晰。

在希腊挑战斯巴达的传统盟主地位的同时,雅典人也在希腊之外开始了新的军事冒险。公元前460年,波斯统治下的埃及发生了全国性的叛乱,叛乱的头领是利比亚国王的儿子伊那洛斯,他自立为王并要将波斯人赶出埃及,为了增强自己的力量,他向雅典寻求帮助,并许以尼罗河和地中海南岸的贸易特权为条件,当时,雅典的海军主力正跟随希腊同盟盟主斯巴达舰队一起夺占了波斯人控制的拜占庭,准备征讨塞浦路斯,听到这个消息以后,雅典人率领爱奥尼亚城邦的同盟海军共200艘舰船驶向埃及,与伊那洛斯一起从尼罗河口向上游前进,一直攻取了孟菲斯,波斯占领军退守在一个叫白塞的地方,雅典人围困这个城堡久攻不下。此刻,波斯人的统治者已是四年前继位的阿尔塔薛西斯,他派了手下将领麦加巴佐斯带着金钱去买通拉栖戴梦人,希望他们同时近攻阿提卡以逼迫雅典人从埃及撤军,但估计被斯巴达拒绝了,因此,波斯只能依靠自己,麦加巴佐斯于是率领一支大军从陆地向埃及进发平叛,而雅典大军在白塞与波斯残军相持了很久并未取得进展,陷入一种尴尬的境地,虽然此时的雅典是希腊世界实力最强的城邦,并握有人多势众的希腊盟邦,但是面对东方的强大帝国,无论从军队数量还是总体资源来讲,还是远不能望其项背的,此次雅典参与埃及叛乱已经清楚地表明:雅典人已经不再将波斯放在眼里,自以为可以无所顾忌地与波斯为敌了。我们不知道是自信还是无知促使雅典人敢于同时向希腊世界的霸主斯巴达和世界最大帝国波斯挑起战争。

麦加巴佐斯率领的波斯大军从陆路到达埃及以后,向围困白塞的雅典人及其盟军发动进攻,并取得了胜利,将希腊人逐出孟菲斯,雅典军队退回驻扎在尼罗河口的普罗索皮提斯岛,雅典的舰队驻泊在那儿,波斯人将希腊人围困在这个岛上长达一年多的时间,最后截断河流使河水改道,这样波斯军队就可以直接步行登岛和希腊人展开陆战,雅典人不得已烧毁自己的战船,战败后投降,麦加巴佐斯放过了他们,让他们自由离开,同时将伊那洛斯钉在十字架上处死。不久,雅典另外派出的50艘战舰的援军抵达埃及,由于他们并不知道前面同胞已经发生的失败,因而在同样的地方被波斯人联合腓尼基舰队再次打败,只有少数舰只逃脱,雅典人在埃及的冒险遭到了彻底的失败,蒙受了重大损失。这是公元前454年发生的事。

也就在这一年,雅典将提洛同盟设在提洛岛上的同盟金库移至雅典,理由是波斯人在埃及打败雅典舰队以后,非常有可能入侵爱琴海,提洛圣地已不再安全,同盟金库必须迁往安全的雅典卫城。这一决定是雅典单方面做出的,不仅仅出于安全考虑和方便起见,更主要的是,这次迁移说明了提洛同盟共同基金从性质到今后的支配和用途都将发生本质上的改变,虽然当时看来也没有重大的违法和违约之处。

雅典人在埃及征战的过程中,希腊本土的战事进展顺利,雅典和埃吉那的战争取得了胜利,埃吉那在被围九个月以后,最终于前457年向雅典人投降,按照条件:埃吉那被迫加入提洛同盟,拆除城墙,交出舰队,并答应每年向雅典缴纳贡金30塔兰特,这是提洛同盟中最高的额度。征服埃吉那对雅典意义重大:第一,埃吉那一直是雅典身边的敌人,不仅是海上贸易的竞争者,更是雅典海军强有力的对手，埃吉那的归顺，同时增强了雅典的收入，并减少了军事上的威胁；第二，埃吉那是雅典第一个完全通过武力征服的与斯巴达人同源的多利安人城邦，这个胜利对雅典人具有历史性的意义，因为他们从来没有征服过一个多利安人的城邦，而且还是强大富裕的城邦。

所以，雅典人通过这两场同时进行的战争表明了他们与斯巴达人决裂，并开始在希腊世界追求霸主地位的决心。虽然远征埃及失败了，但是征服埃吉那所带来的喜悦和感受完全足够弥补雅典人在埃及损失所造成的遗憾和失落。因为，雅典接下来的一系列举动不是对扩张的节奏和目标进行调整和收敛，而是毫无衰减的积极和进取。

斯巴达自来库古改革以后成为希腊世界当然的霸主，它的领袖地位是因为它一贯行事正义、正直和稳定的特性而被希腊诸邦高度信赖，当然，强大军事实力是必不可少的支撑，雅典不同于斯巴达，雅典人的霸主地位来自积极争取，是希波战争以后雅典人民用自己勇气和牺牲，甚至包括强权建立起来的。两者的追求不同：斯巴达人的个性是安于现状，城邦的核心利益聚焦于伯罗奔尼撒半岛的安全和美塞尼亚人的顺服，他们对财富、地位的追求远不如尊敬和稳定；而雅典人关注的是财富、艺术和生活的多样性，活跃的思想和富于冒险精神的性格即使在早期也一直促使雅典人向外冒险，寻求个人和城邦的荣誉以及能够轻易从外邦得到的各种利益。他们在政治体制上的分歧则更是格格不入：斯巴达人从公元前七世纪形成的寡头制的贵族民主制度延续了几百年而不变；但雅典人同样从最早的贵族制已历经数次重大改革，走出了一条独特的全民民主，实质上的激进民主制道路，两者的区别远远超过名称上不同，因为大多数情况下，相同阶层的理念或者利益的共同性是可以跨越国家和民族的。而且，当时寡头派和民主派在希腊是能够跨越城邦的政治分野,不同城邦但相同性质的政治派别互相支持是普遍现象,就跟公元前七到六世纪时希腊的僭主们互相提携支持一样,雅典和斯巴达分别作为希腊寡头制和民主制的旗手和核心,他们在其他城邦之中扶持或者支持各自政治同盟者的竞争有时候丝毫不亚于基于民族和利益因素的竞争。

无论从性格还是政治上看,雅典人和斯巴达人的直接冲突已经不可避免。只是因为斯巴达大地震以及希洛奴隶起义使拉栖戴梦人元气大伤、无暇他顾,雅典人才能在希腊得以四处征战而且战无不胜,但经过几年的休养生息,拉栖戴梦人不再会放任雅典的势力继续膨胀下去,毕竟,斯巴达是不可能未经较量就轻易交出希腊世界的主导权。

公元前457年,在德尔斐神庙所在地,福基斯出兵进攻多利斯的三个小邦,而多利斯地区是拉栖戴梦人的故乡,可能是数百年前多利安人从北方入侵希腊,并最终定居于更南方的伯罗奔尼撒的一个中间站,斯巴达人的祖先曾在这里落脚,然后再向南迁徙。当福基斯刚刚攻占这些城镇时,斯巴达就派出了1 500名重装步兵和10 000同盟军北上援助多利安人,由于斯巴达国王普莱斯托纳科斯年纪尚幼,就由他的监护人克里奥米尼斯之子奈科尼德领军出征,拉栖戴梦人轻易地打败了福基斯人,福基斯人退出刚占领的土地,恢复他们之间的自由与和平。有不少史家认为这还不是此次斯巴达出兵的主要目的,他们的主要目的是进入彼奥提亚地区,建立与底比斯人的合作,因为底比斯人由于在希波战争中站在波斯一边而威望尽失,需要借助拉栖戴梦人的力量,才能重建它在彼奥提亚地区的传统权威和领导地位,得到拉栖戴梦人援助的条件是他们愿意与斯巴达联手共同对抗雅典。拉栖戴梦人在完成了这些工作以后准备撤军回国,据说此时有雅典的贵族党派人来告知雅典政府准备在他们回国的路上加以拦截,还希望拉栖戴梦人帮助推翻雅典的民主势力,当拉栖戴梦人还在彼奥提亚的塔纳格拉这个地方犹豫如何选择回国路线的时候，雅典人集结了自己国内的全部军队，以及阿戈斯的 1 000 名士兵和其他同盟国军队共 14 000 人赶到塔纳格拉，向拉栖戴梦人发起进攻，双方进行了激烈的交战并且都伤亡惨重，战斗中，雅典的同盟贴撒利骑兵临阵叛逃到敌人阵营，最终，战至夜晚才脱离接触，双方都宣称自己获得了胜利，但拉栖戴梦人的军队最终还是闯过麦加利德，经由雅典人和麦加拉人封锁了的科林斯地峡回国。而雅典人也至少做到了没有让拉栖戴梦人的军队进入并蹂躏阿提卡。这似乎是雅典人和斯巴达人之间首次爆发的大规模的正式战争。但这场战役是否意味着拉栖戴梦人明确站到了雅典的敌人的立场上了，似乎还不能这么说，因为我们没有看到它接下来对雅典的进一步的明显敌意和敌对计划。

雅典人的邻居底比斯人据说是由腓尼基人建立的古老城邦，自古以来也是一个希腊强国，而且与雅典的关系一直不算和谐，因为各种原因龃龉不断。此次在拉栖戴梦人的帮助下恢复了它在彼奥提亚地区的传统地位，但雅典不愿意看到自己身旁再出现一个强权，于是在塔纳格拉之战过去两个月的时候，委任凯利阿斯之子迈隆尼德斯担任将领，率领雅典军队出征彼奥提亚，而底比斯也因为压抑已久的怒气爆发，举全国之力迎战雅典人，双方在厄诺菲塔进行了一场会战，结果雅典大获全胜，迈隆尼德斯一鼓作气征服除了底比斯以外的整个彼奥提亚地区，摧毁了拉栖戴梦人在塔纳格拉建起的防御工事，然后征服了奥彭提亚的洛克里，这些城邦虽然没有加入提洛同盟，但都承认雅典的霸权，并成为雅典的属邦，有的被迫向雅典交出人质。迈隆尼德斯继而使福基斯加入了提洛同盟，最后北上讨伐在塔纳格拉战斗中背叛雅典的贴撒利，结果一无所获，后返回了雅典。狄奥多罗斯认为迈隆尼德斯这次远征取得对底比斯人及其他人的胜利，意义非常重大，甚至不亚于马拉松和普拉提亚所取得的胜利，因为这是纯粹由雅典人的将领率领雅典人组成的部队所完成的,而没有任何盟军参与。通过塔纳格拉和厄诺菲塔两次会战,雅典的重装步兵成功地与拉栖戴梦人和底比斯人相抗衡,跻身于希腊最强步兵之一,并且证明他们在希腊大陆也能取得与雅典海军一样的辉煌战绩。无论如何,雅典在历史上第一次用武力控制了中希腊,除了底比斯以外。

就在这一年,雅典人完成修建通往比雷埃夫斯和法勒隆的长墙。可能希波战争结束时地米斯托克利主持修建的长墙是权宜之作,现在要升级为更加正规坚固的缘故吧?

另外,和拉栖戴梦人和底比斯人战役的重大伤亡让雅典人开始寻求与斯巴达人签订和平协定,而能完成这项使命的最佳人选应该就是流放在外的喀蒙,并且这位攸里米敦的英雄的传奇事迹在雅典人的心目中还依然余韵未消,所以雅典人民再次通过决议提前召回喀蒙为城邦服务[1]。

为了全方位地彻底打败科林斯,雅典收服了麦加拉和埃吉那,以及后来攻取的特洛伊曾,建设比雷埃夫斯和法勒隆等港口,从海上控制了萨洛尼卡湾的大部分,再通过麦加拉从陆地上控制了科林斯地峡,但科林斯依然可以通过地峡另一边的科林斯湾自由出入,因此,前456年雅典派出了托尔米德斯率领海军沿伯罗奔尼撒海岸向西,一路骚扰袭击,进入希腊半岛西面,攻占了扎金索斯岛,并进而夺取了科林斯湾入海口北岸的瑙帕克图斯。过了两年,伯里克利受雅典人民委派率领1 000名重装步兵搭乘三列桨战舰继续托尔米德斯在希腊西部的"经营",他沿途对伯罗奔尼撒半岛进行了烧杀蹂躏,进入西吉昂并打败了西吉昂人,因拉栖戴梦人增援西吉昂人,伯里克利率军退出并转向阿卡纳尼亚,在围攻奥尼阿代的时候没有成功,返回了雅典,可能就在伯里克利这次远征之后,亚该亚诸邦也加入到雅典阵营。不管怎样,雅典据有瑙帕克图斯

---

〔1〕喀蒙于前461年被雅典人以陶片放逐法流放十年,此时时间才过了4年。

就控制了一半的科林斯湾，也将雅典的影响扩大到了希腊的西部沿海，而科林斯传统上就在这个地区拥有较多的殖民城镇和最大的影响。

无论从绝对的还是今天的眼光看来，希腊城邦总体还是小国寡民的规模，无论是人力还是物力，战争资源非常有限，连续从事战争的能力尤其受限，雅典和斯巴达同样没有例外。虽然拉栖戴梦人已经从大地震的破坏以及奴隶起义的打击中缓过来了，但还不能说完全恢复到以往，当然没有主动寻衅的意愿，所以，对雅典发出的和平信息一拍即合，大约在前451年，拉栖戴梦人首先与阿戈斯人签订了三十年和约，可能同时也让阿戈斯人与雅典断绝了原先的同盟关系；然后与喀蒙谈判，与雅典签订了一份为期五年的和平条约。

但是这并不表明雅典建立世界霸权的脚步有所停歇，因为伯里克利是一个坚决的霸权主义者，在希腊世界推行雅典统治的霸权是他终生不渝的目标，而拉栖戴梦人就是他远大理想的最大障碍。他在雅典的影响力是他实现这一远大理想的根本保证。

雅典与希腊最强大的斯巴达业已谈和，本土诸邦大家都获得了短暂的和平时期，但是，与波斯的战争状态尚未结束。从米卡列之战波斯被逐出希腊人的世界，尤其是阿尔塔薛西斯对雅典人始终抱有忌惮，波斯再次发动入侵的可能性虽然不大，但雅典称霸希腊和爱琴海的过程中还是不能忽略波斯这个庞大帝国的影响。

公元前450年，喀蒙率领雅典及同盟海军共200艘舰船向被波斯势力占据的塞浦路斯发起远征。塞浦路斯原来就有不少希腊人早年建立的城邦，但现在波斯人从薛西斯以后就征服了从黎凡特〔1〕到埃及这一带，也包括了塞浦路斯岛。喀蒙率军刚到达塞浦路斯时，与波斯和西里西亚的舰队进行了一次海战，喀蒙获得了胜

---

〔1〕 一个不甚精确的地区概念，大致包括从今天土耳其的西里西亚地区，沿地中海东岸南下到西奈半岛为止，美索不达米亚平原以西的范围。

利,随后,喀蒙接到了埃及伊那洛斯事业的继承者阿米尔塔攸斯的求援,分兵 60 艘战船赴尼罗河三角洲援助埃及叛军与波斯作战,自己率领余下战舰继续在塞浦路斯征战,收复了一系列岛上城邦,在围攻腓尼基人的城镇西提昂的过程中,喀蒙患病而死,加上缺粮,雅典人决定退回希腊,撤军之前,在塞浦路斯的萨拉米斯海面以及附近海岸,雅典人与波斯和腓尼基联军各进行了一场海战和一场陆战,都取得了大胜,然后会合从埃及撤回的 60 艘舰船一起回到了希腊。

公元前 449 年,曾被雅典人民寄予极大期待的喀蒙壮志未酬身先死,伯里克利在爱琴海完全战胜波斯的希望破灭,只能通过谈判,波斯和雅典开始进行和平谈判,波斯愿意谈和的动因可能是阿尔塔薛西斯的主要注意力在东方,并不在希腊身上,同时,曾经率领波斯军队镇压埃及叛乱的麦加巴佐斯自己也起兵造反了,而雅典面临着同时在希腊与斯巴达人争霸和在地中海东部与波斯的对抗之间进行优先选择的问题。大约在前 448 年,以波斯为一方,以雅典及其同盟者为另一方,双方在波斯的苏萨签订了和平条约,以雅典首席谈判代表卡里阿斯命名,称为卡里阿斯合约。现在所知的条约内容大致有:"亚细亚的所有希腊城市将获得自治,波斯总督辖区不能进入离海岸三天行程之内,波斯战舰不能驶入法赛里斯和夕阿尼埃之间的海面。雅典不得侵入波斯大帝的领土。"[1]

虽然米卡列之战以后,波斯军队已全部退出欧洲的土地,但直到卡里阿斯和约的签订,才以条约方式正式宣告希波战争结束。小亚细亚沿岸的希腊城邦赢得了独立并且免受波斯威胁,同时,波斯对塞浦路斯和埃及的统治也得到雅典的承认,雅典不得予以干涉,双方和平相处。这份条约更重要的意义在于:第一,对波斯舰

---

〔1〕《希腊史 迄至前 322 年》〔英〕N.G.L.哈蒙德著,朱龙华译,商务印书馆 2016 年版,第 475 页。事实上,关于这个条约的内容一直存在较多争议,甚至有人质疑这个条约的存在。

队的限制使爱琴海成为了雅典的内海，雅典的海上霸权得到了波斯的承认，这是伯里克利一直以来坚持海权优先战略的胜利；第二，雅典在希腊世界的主导地位也得到了波斯的承认，雅典在当时所知的世界范围内已经是各方认可的、无可争议的希腊领袖。另外，希腊和世界各地的商船得以自由航行，贸易安全得到保障，地区经济繁荣可期。

很有可能就是伯里克利设计了雅典的民主制度和霸权战略的计划和实施，并且他有足够的能力和魅力去争取最多的支持和同盟。公元前 462/461 年开始，伯里克利联合厄菲阿尔特在雅典最终完成了激进民主制改革，厄菲阿尔特死后，伯里克利凭借他的智慧、沉稳，以及他对民主制度信仰的坚持，对内通过演讲，他得到了绝大多数雅典人民的信赖和支持，对外通过对海上霸权政策的坚持和维护，使雅典的地位明显提升和财富增长，成为雅典政治生活的主导，后世有人认为他的"第一公民"称呼实际是无冕之王的委婉说法。后世看来，他毕其一生为之奋斗的信念有三：一是建立并维护雅典的世界霸权，二是为了实现雅典的霸权，必须建设一支地中海最强大的海军，三是雅典的民主制度，即权力要掌握在广大人民的手中，这样才能使每一个雅典人的牺牲精神和冒险精神得到最充分的发挥。并且，伯里克利为雅典设计的霸权战略不仅被实践证明是完全正确与合适的，更是当时最有远见，而且最有开创性的，我们可以从修昔底德记录的他的演说中窥见一二[1]。当时，希腊其他城邦都没有雅典的实力，而有与雅典同等实力的斯巴达人却没有雅典的创造力和冒险精神。

雅典与斯巴达人签订了五年和约，以及稍后与波斯签订卡里阿斯和约的时候，雅典在希腊的霸权已经毫无疑义地得到了世界

---

〔1〕《伯罗奔尼撒战争史》〔古希腊〕修昔底德著，徐松岩等译，广西师范大学出版社 2004 年版，Ⅰ 140-144；Ⅱ 35-46。

主要大国的承认。在阿提卡的南面,雅典通过麦加拉封锁了科林斯地峡,将伯罗奔尼撒孤立;在中希腊,雅典经过厄诺菲塔一战,控制了除底比斯以外的整个彼奥提亚地区,并将盟国和势力范围延伸及于福基斯和奥彭提亚的洛克里地区;在西希腊,雅典得到了亚该亚和阿卡纳尼亚部分城邦的加盟,并占据了瑙帕克图斯扼守科林斯湾。在希腊半岛只剩下了拉栖戴梦人和底比斯两个陷于防守的敌人,萨洛尼卡湾基本成为雅典的内海。在小亚细亚,雅典通过提洛同盟掌握了沿海希腊城邦的最主要部分,以及几乎所有的爱琴海岛屿城邦。在色雷斯和刻尔索尼斯半岛和进出黑海的拜占庭,雅典控制了通往攸克星海[1]海峡通道。并且这一切都是得到了斯巴达和波斯的条约认可的。雅典的霸权不仅仅体现在权力所能控制的地域范围之广大辽阔,同时,"公元前454—前449年,缴付贡金的盟邦数目由135个增加到173个左右"[2]。

至此,雅典建立起了人类历史上第一个霸权,并且在伯里克利手中达到了顶峰。

雅典霸权的统治

霸权是一种不同于帝国的统治方式,它的管理更为复杂而微妙,难度更高。而这正是雅典对人类文明的伟大创造。公元前五世纪中叶开始,雅典创造性地给希腊世界早已存在的同盟形式注入了全新的实质内容,彻底改变了希腊人同盟的性质,雅典霸权所依托的同盟形式原先本身并不具有一个城邦统治或者支配其他城邦的内容,我们现在所知:希腊最早的伯罗奔尼撒同盟以及其他可能存在的同盟关系主要都是基于军事联防的同盟,而且这种同盟的内部并不存在盟主对同盟成员的支配关系,斯巴达人对同盟

---

[1] 今黑海。
[2]《希腊史　迄至前322年》〔英〕N. G. L. 哈蒙德著,朱龙华译,商务印书馆2016年版,第474页。

的军事行动具有领导权,但绝非是对同盟城邦的统治权(前506年,克里斯提尼领导雅典改革并与斯巴达支持的伊萨格拉斯为敌,斯巴达国王率领伯罗奔尼撒同盟出兵雅典进行干预,同盟国科林斯出于自身利益考虑,半途撤军,使斯巴达的侵略行动半途而废,说明斯巴达在同盟的权威并非想象中那样强大),更不存在财政和经济上的剥削关系。然而,雅典却在提洛同盟成立后的二三十年时间内,单方面改变了同盟设立时的约定,将原来只具有军事关系的提洛同盟逐渐从军事关系扩展到了政治、军事、司法和财政等其他领域。雅典在同盟内的地位和权力无可争议,从此,它对同盟国进行政治上压迫,财政上剥削,对任何成员以任何理由退出同盟的,则是毫不犹豫地镇压。最终,提洛同盟蜕变为雅典实现其霸权统治的工具。

作为同样的强权统治方式,霸权不同于帝国。即使如雅典般的霸权统治,也是始于同盟各邦自愿签订的条约,而非野蛮的武力征服,在同盟存续过程中,从领导权到统治权的质变一般也不会发生国家的消亡,然而权力总是在发生变化的,从历史的角度看,任何一个外族强权的统治时间与一个城邦国家的存在时间相比要短得多;而帝国统治则有本质上的不同,它首先就是消灭了被统治的国家,再由外族统治其剩余的人民,而这些人民已失去了自己原来的国家,成了他国的臣民。所以,跟帝国相比,任何霸权统治都是相对短暂的,被霸权统治的国家理论上还是独立的,而帝国统治下,国家独立地位的丧失往往就意味着永久被外族统治。

雅典在希腊的霸权统治表现为针对不同类型有不同的政策:比如属邦,盟邦和军事殖民地。统治总体上采用依靠军事实力为后盾进行政治和财政控制的方式。

雅典的霸权统治并不简单依靠它的海陆军队的武力来实现,在所有属邦和盟邦建立共同的民主制度才是雅典实行其统治更稳固的基本政治手段。当然,这种民主制度一般来说并不会是完全独立与自由的,无论属邦还是盟邦,城邦的政权需要建立在认可雅典的霸主地位并且顺从雅典对自己城邦的基本控制的基础之上;否则,雅典将采用"更为主动"的统治方式,最常见的就是那些叛离的城邦被镇压以后,就失去了平等的同盟身份,变为属邦,雅典向这些城邦派出专门人员"帮助"建立政权,甚至直接管理,这些人被称作"委员"或者"执政",他们的使命是主导、扶持成立当地的民主政府,并且这些民主政府必须宣誓效忠雅典政府及其盟友,在厄律特里亚和克罗丰,雅典向这些城邦派出了委员,这些委员在当地抽签选出新的议事会成员,这届议事会及其成员必须宣誓效忠民主政府和雅典,并且在处理本邦的重大政治事务,如政治放逐和召回等,需要得到雅典政府的同意,在米利都,雅典派出了一个由五名行政长官组成的团队与米利都的执政官员合署办公,并随后在米利都也主导建立了同样的民主政体,实施了同样的宣誓效忠。另外,雅典也并没有相信誓言,为了保证这些城邦权力机构的顺服,雅典将这些城邦的行政和议事会官员的儿子扣押作为人质,如果有人违反雅典的意志,自己以及人质就会被处死。在该地派驻的雅典军队是实现这些控制的最根本保证[1]。所以这些落入雅典统治的城邦,属邦或者是被镇压的盟邦,无论其原先是否实行民主制度,现在它们在政体上和政策上已经和雅典连成一体,完全同步了。所谓的民主政体也只是为了满足雅典统治形式上的需要,实质上的傀儡而已,根本失去了民主本来的面目。

最终,原先平等的提洛同盟除了列斯堡、开俄斯和萨摩斯这三个强大的城邦还能保持为同盟提供舰船,保持基本自治地位以外,原先每年提供贡金的第二类同盟城邦实际上已经变成了雅典统治下丧失了独立的政治权力,而只有有限自治权力的属邦了。

---

〔1〕《希腊史 迄至前 322 年》〔英〕N.G.L.哈蒙德著,朱龙华译,商务印书馆 2016 年版 第 478 页。

　　除了在希腊—爱琴海地区扶植建立自己控制下的同盟政权以外，雅典还在一些具有战略意义的地区直接建立新的城镇，或者移民点，即军事殖民地。根据记载看到的首次尝试发生在公元前506年，雅典在克里斯提尼改革后，斯巴达国王克列奥蒙尼组织并发起斯巴达、彼奥提亚和卡尔基斯三方联军入侵雅典，对于优庇亚的卡尔基斯，雅典军队取得了全胜，然后占领了卡尔基斯并割取了最肥沃的土地，分给4 000名雅典的军事移民[1]，这些军事移民仍然保有雅典的公民身份，缴纳税款，参加原部落投票，分到的土地不能出售，也不能出租，他们的使命就是雅典派驻在卡尔基斯的常备部队，即占领军。这种军事殖民的做法取得了成功，被沿袭下来。到公元前476年，喀蒙率军从波斯人手中夺取了斯特雷梦河口的城镇埃昂，由于此处战略地位重要，雅典马上移民建立了一个殖民地，但是，这些孤悬海外的殖民者很快就被色雷斯人消灭了，说明了雅典人的军事殖民计划应该是一种比较寻常的习惯，有成功也会遭遇失败。差不多十年以后，前465年，喀蒙率军打败叛离雅典的塔索斯的同一年，雅典和同盟城邦共抽调了10 000名移民在斯特雷梦河口一个名叫"九路"的地方建立了一个新的城镇（可能就在埃昂附近），这个城镇就是后来的安菲波利斯，由于这些移民都具有原来城邦的重装步兵身份，所以，他们的驻地就成为雅典的军事前哨，军事功能是设立这个城镇的首要目的，平时，这些移民就从事农业、牧业或者贸易等。通过建立安菲波利斯，雅典不仅取得了控制色雷斯的银矿、森林木材和粮食运输的便利，更是掌握了色雷斯、马其顿和波斯之间交通往来的重要枢纽。随后，雅典按照这种模式陆续在刻尔索尼斯半岛、斯夕洛斯、英布罗斯和列姆诺斯等爱琴海北部地区建立了一系列军事殖民地，刻尔索尼斯的部分殖民点可能是雅典出钱买来的。前450年，雅典又开始在其盟

〔1〕见本书第二章 一"雅典的力量"有关章节。

邦领土中间建立军事殖民地,据哈蒙德所说,有安德鲁斯、那喀索斯和优庇亚的希斯提埃亚,其实应该不止这些。这些殖民地的建立都是通过战争征服,或者雅典直接从盟邦手中无条件征收而来,土地都是按份发给这些殖民者个人,根据一些保存至今的殖民法令原件,雅典派出的殖民者基本上从按照梭伦改革时划分为后两类的贫困阶层中选择,这项政策大受人民欢迎,因为他们能够在保有雅典公民身份的同时,获得虽在海外但仍属于雅典的土地;而对城邦来说,这些军事移民的输出有助于"减少雅典城里懒惰的暴民,这些人不务正业,整天沉迷于公共事务。这样做还可以缓解贫困。他这样做也是为了在当地建立驻军,让盟邦因为害怕而不敢造反"[1]。当然,如果雅典剥夺了这些盟邦的(部分)土地并派驻军事移民的话,它也会相应调减该盟邦的贡金数额,这在后来发现的记载有雅典与科洛丰签订的协议的石碑,以及雅典的贡赋清单比照,得到了佐证。由于这些军事殖民地大多处在交通便利之处,其中有些经过数年可能迅速发展为当地人口众多的大型城镇,比如安菲波利斯和刻尔索尼斯半岛上的一些城镇。雅典建立的这样的军事殖民地应该是遍及他的盟邦,而不仅仅是修昔底德所记载的这些。

军事殖民地是雅典建立并维持其霸权的另一项主要手段,在雅典进行霸权统治的过程中发挥了关键的作用。这些军事殖民地首先是雅典派驻海外的军事基地,它们可以震慑附近同盟城邦可能的背叛企图,也是雅典舰队在海外的补给基地和驻泊港,或者是陆地关隘的同盟哨兵,无论战时还是平时都是雅典势力的延伸。但它的本质是雅典的海外军事基地,不同于希腊数百年前广泛开展的殖民运动,它建立的城镇也好,堡垒也好,都不是城邦,不具有独立的政治共同体的地位,只是雅典的领土和军事实力的一部分

---

[1]《伯罗奔尼撒战争的爆发》〔美〕唐纳德·卡根著,曾德华译,李隽旸校,华东师范大学2019年版,第122页。

和延伸。

"拥有统治权的人民有权利在自己权力范围内任意行事,除了对自己有利的判断,不受任何是非界限的约束"[1]。即没有宗教的和道德的规制,雅典人的霸权统治方式就是基于这样的规律。

雅典同盟建立以后不久就发生了盟邦的叛离,对此,雅典的政策是绝不容忍,无情镇压。对其中任何一个背叛者的宽容或镇压的失败,都将给雅典的霸权权威带来示范效应和连锁反应,最终导致无法挽回的损失。

卡利斯图斯、那喀索斯和塔索斯是雅典最早镇压的三个并不顺服的城邦,我们从中可以看出雅典在处理类似事件中所遵循的基本原则。前472年,优庇亚岛上的卡利斯图斯由于不愿意加入提洛同盟,雅典运用军事手段予以征服,强令其加入同盟;前466年,一度脱离了同盟的那喀索斯,在雅典舰队的围困和进攻下被迫以更不利的条件重新入盟,"这是雅典违背盟约而奴役同盟城邦的第一例"[2];前465年,爱琴海北部富裕而且强大的城邦塔索斯因为与雅典的利益冲突而退出同盟,喀蒙率军打败了塔索斯海军并长期围困城邦,可能是在前462年迫使其投降。这三次事件充分证明了"解放了的雅典人民已经成为了暴君",它并不忌惮对同盟内部的盟邦随意使用武力以作为推行自己政策和实现自己利益的基本手段。

大约在前448年,雅典的势力在希腊和爱琴海达到最大范围,雅典同盟内部的反叛也被镇压,雅典代表整个希腊与波斯谈判签订和约,雅典城邦和伯里克利本人的威望站上了峰顶之际,伯里克

---

[1]《自由史论》〔英〕约翰·阿克顿著,胡传胜、陈刚等译,译林出版社2012年版,第19页。
[2]《伯罗奔尼撒战争史》〔古希腊〕修昔底德著,徐松岩译,广西师范大学出版社2004年版,第51页。

利提出倡议召开一个泛希腊大会。他派出了20个50岁以上的特使,去邀请除了西地中海意大利和西西里以外的所有欧洲和亚洲的希腊城邦,从伯罗奔尼撒半岛到赫勒斯滂,从罗德岛到阿卡纳尼亚,他宣告的大会议题是如何重建被波斯毁坏的神庙;当希腊与蛮族作战的时候,如何向神明立誓和献祭;还有海上自由航行的问题;以及希腊人如何和平相处等事项。说实话,这些问题都是站在全体希腊人角度需要考虑的全局性问题,体现了伯里克利高屋建瓴的视野和格局,但在雅典这些年横行希腊和四处侵略的事实衬托下,大会议题的和谐美丽不仅让其他城邦感觉格格不入,更有对其别有用心的猜忌。斯巴达人领头不予响应,伯里克利的"构想毫无成效可言"[1]。不得人心的雅典已经无法作为普通一员号召全希腊城邦共同投入一项事业了,因为没有人愿意相信雅典任何口头表达的善意了。

与波斯人的卡里阿斯和约签订以后,中希腊的雅典盟邦和属邦掀起了一轮反叛的高潮。起因在于这些城邦的政治制度,民主制度本来是雅典和盟邦保持紧密一致的纽带,此刻就成了雅典的负担。就在前447年开始,奥科麦努斯、喀罗尼亚和彼奥提亚地区亲雅典的民主政府被流放的寡头派夺权,而同时拉栖戴梦人入侵阿提卡,骚扰了边境几个城镇就回去了,但这样的干扰致使雅典派去镇压彼奥提亚的军队数量严重不足,次年初,雅典派出将军托尔米德斯率领由区区1000名雅典步兵和其他盟邦的援军组成的军队前去镇压,在攻占了喀罗尼亚以后就无力采取进一步的行动了,然后,在撤回雅典的半途一个叫科洛奈的地方,雅典军队遭到了由奥科麦努斯、洛克里和优庇亚等地流亡者组成的军队的伏击,托尔米德斯阵亡,雅典军队不是被杀就是被俘,雅典在厄诺菲塔一役取得的胜果至此基本清零,无奈的雅典只能和这些叛乱的城邦议和,

〔1〕《普鲁塔克全集·Ⅰ》〔古希腊〕普鲁塔克著 席代岳译吉林出版集团股份有限公司 2017 年第一版 第 303 页。

雅典战俘释放回国,但雅典的势力也就此退出中部希腊,寡头派势力重新掌握了彼奥提亚,并与雅典分道扬镳。

彼奥提亚的反叛如一颗火种引发了希腊反抗雅典霸权的燎原大火并迅速蔓延。就在前 446 年雅典在中希腊前功尽弃的时候,优庇亚岛上的城邦纷纷起事脱离雅典,接下来发生的麦加拉的叛离更是让雅典痛失关键,因为控制了麦加拉就控制了科林斯地峡,控制了科林斯地峡就能封锁住伯罗奔尼撒。麦加拉叛离雅典以后,在科林斯和埃皮道鲁斯等多利安人城邦的帮助下,消灭了原先在拦截科林斯地峡的长墙镇守的雅典驻军,而雅典派去镇压麦加拉的三个部落的军队在另一个将军安多基德斯率领下到达了麦加拉境内一个叫皮加依的地方的时候,斯巴达国王普雷斯托纳科斯率领的拉栖戴梦军队侵入了阿提卡,并占领了埃琉西斯平原,安多基德斯退回阿提卡的道路被封锁了,幸运的是,他们得到了一个麦加拉人的帮助,这个叫皮提昂的麦加拉人作为向导带领这支雅典军队绕道彼奥提亚才回到了阿提卡。而早先受命率领雅典的大部分(十个部落中的七个)兵力渡海前往优庇亚平叛的伯里克利在半途得到麦加拉叛离的消息,他马上率军返回雅典,当普雷斯托纳科斯看到雅典的两支出征军队都顺利回到雅典以后,就率军返回了斯巴达,雅典自身面临的威胁解除。伯里克利马上率领 5 000 重装步兵和 50 艘舰船再度渡海进入优庇亚,逐个攻取了岛上反叛的城邦,北部抵抗最激烈的希斯提埃亚,城镇被摧毁,人民全部被逐出优庇亚,伯里克利没收其土地并分给雅典派来的军事移民,建立了一个新的军事殖民地,命名为奥琉斯,而希斯提埃亚则不复存在。其余各邦重新与雅典签订盟约明确其新的地位和义务,在卡尔基斯和厄律特里亚及其他城邦,雅典没收了一些肥沃的土地归属雅典,再出租给非雅典公民用以收租,在一些城邦扣押人质送到雅典监视居住,将这些被迫的盟邦的司法终审权收到雅典,从而对这些城邦实行完全彻底的控制。

伯里克利对希斯提埃亚的处置已越过了霸权统治的标准,实质上是一种典型的帝国主义方式,但应该说这样的情况在雅典的霸权推广过程中是属于极少数的,不能把它视为雅典霸权政策改变的一个标志。因为整体上消灭一个城邦并将其并入自己的领土范围的做法,我们除此以外几乎没有再看到过,其次雅典将其人民逐出家园,而不是卖为奴隶或者留在原来土地上继续加以奴役,这又是与帝国的占领有所区别的政策。所以,我认为希斯提埃亚并不足以说明雅典的霸权政策从总体上发生了改变,雅典并没有在国家政策上变成一个帝国,而是继续在追求雅典的霸权统治,并利用霸主权力攫取自己的利益的道路上前行。

在此期间,远在小亚细亚的卡利亚和吕底亚地区的希腊人城邦,曾经在米卡列之战以后加入了雅典同盟,现在有一部分也退出了同盟,对此,雅典放任自流而不加干预,因为他们本来就不是爱奥尼亚人的城邦,更主要的是因为雅典考虑了维持他们在盟的成本要大于可能获得的收益,所以让他们和平地脱离了。雅典人(也许是伯里克利)的思维并不绝对。

当优庇亚的事态恢复平静,雅典与斯巴达为期五年的停战协定也已到期,公元前446/445年,雅典与斯巴达经过重新谈判,签订了新的三十年和约。缔约的一方为雅典,代表了它所控制下的同盟各邦,而以斯巴达及其斯巴达同盟盟邦全体作为主权国家的集团为另一方,双方同意在三十年内互不侵犯。条约规定雅典放弃他们占领的伯罗奔尼撒土地:尼塞亚、佩盖、特洛伊曾和亚该亚;阿戈斯保持中立,它不得加入其中任何一方;斯巴达同盟的成员加入了麦加拉,和除去了阿戈斯和亚该亚以外的伯罗奔尼撒各城邦,再加上彼奥提亚同盟各邦;双方都以清单方式列举了各自盟邦的名单,并规定雅典和斯巴达都不得允许自己的盟邦加入对方,没有列进名单的城邦可以自主选择加入任何一方;条约还规定所有参与者都享有海上贸易自由;如果有关于条约遵守方面的纠纷,双方同意将其交由公断仲裁而非战争。条约各缔约方宣誓遵守并将副本保存在雅典和斯巴达，也刻石保存于奥林匹斯神庙，可能还有德尔斐。

三十年和约是雅典和斯巴达双方都意识到没有能力战胜对方的一个无奈的妥协的产物。它反映了斯巴达自古以来的霸权地位和城邦实力的进一步衰落，和雅典作为一个新兴霸主的地位和实力的提升，雅典在此次和约中单独作为签约一方既可以窥见其与同盟盟邦的关系与斯巴达同盟的差异，雅典的盟邦对外已完全失去了独立的主权地位，不能单独对外发出自己的声音，雅典不仅是领袖，更是盟友们事实上的主人。雅典的海军已经独霸地中海，并且借助同盟的贡金得到了更大的发展，它的步兵也成为拉栖戴梦人不敢忽视的力量，而斯巴达人在经历了大地震和希洛奴隶起义之后，斯巴达步兵的实力和自信都受到了重大打击，以至于普雷斯托纳科斯看到雅典陆军返回阿提卡以后，竟然失去了向雅典军队发起进攻的勇气。雅典已经在全希腊人中毫无疑义地取得了不低于斯巴达的地位和影响。

但三十年和约也从另一个角度描绘了作为希腊两大领袖城邦在实力以外的另一幅画像。"雅典不再是一个由自愿联合结成的欣然协作的同盟之首。现在，作为帝国的领袖，它靠实力统治"[1]。在另一方面，雅典的对手斯巴达虽然在几乎所有看得见的方面都不具有雅典的强盛和潜力，但正是因为它古已有之的守旧和正直的传统，斯巴达吸引了曾经遭受雅典压迫和掠夺，或者对雅典这种存在及其方式充满不安和恐惧的一大批希腊城邦的归附，虽然斯巴达坚持寡头政体，但它既不向盟邦征收贡金和土地，更没有向盟邦派出驻军和执政、委员去推行自己的寡头政制，"在一个尊重独立自主的世界中，斯巴达的反抗雅典使它的领导保有

---

[1]《希腊史 迄至前322年》〔英〕N. G. L. 哈蒙德著 朱龙华译 商务印书馆 2016年版 第486页。

强大的道义力量"[1]。斯巴达对城邦独立和自由的尊重是基于信念,而雅典是出于自己的需要。伯里克利出征优庇亚以后,雅典即使意识到:为了避免优庇亚事件重演而需要减少同盟各邦贡金,即使这样也已经改变不了什么了,因为它的同盟政策已经成为一个彻底而且成熟的霸权统治的思维体系的具体化实践,雅典民主政制的运转和军队及战争的维持都必须依靠盟邦贡金的不间断输送,雅典人民的日常生活和心理欲望已经与它的霸权政策融为一体,互为支撑,同时,雅典的形象也早已不同于波斯人入侵时的样子,在希腊的所有城邦中,雅典已经失去了道义的力量,换句话说:民心尽失。霸权的掠夺本性也不允许雅典的政策有任何的后退,何况,对伯里克利这样一个冷静理智、坚守原则的爱国主义和霸权主义者来说,他到死也没有愿意后退的意思。

至于三十年和约是否就是伯里克利或者雅典扩张野心的边界,或者说他(们)认为他们已经控制下的这些地盘和势力范围已经足够让他们满足,而不寻求更大,我们很难找到答案。

十五年和平

三十年和约的签订,并不一定表示雅典和斯巴达双方是出于各自明确的计划:即蓄积力量为下一场更大规模的战争做准备。和约签订之后,双方都认真遵守了约定,和平持续了十四年。

在此期间,伯里克利在内部清除了政治生涯中的最后一个主要对手,领导雅典致力于大建神庙,发展贸易,开拓新疆域。

可以说,党派之争是民主政体最基本的运转方式,没有党派之争就没有民主,如同没有君王就没有专制政体。喀蒙死后,雅典的

---

[1]《希腊史 迄至前322年》〔英〕N. G. L. 哈蒙德著 朱龙华译 商务印书馆2016年版 第487页。

贵族派领袖就由修昔底德[1]充任，与其说他代表的是贵族派的利益和原则，还不如说他是梭伦以来以正义和道德行事的那些坚信传统习俗和准则的人们的旗手，因为此时，雅典的贵族派与平民派的区别已经不在于身份或者出身，而更多地在于各自所信仰的价值观和所遵循的行事原则，如果把财富和权势看作人们共同的目标，那么，贵族就是在它们之上还有更高追求的那些人：即对人类美德的追求，而财富和权势只是用以探索或者实现他们心中美德的工具。修昔底德坚持在公民大会及其他公开场合谴责伯里克利实行的霸权政策，尤其是对盟邦的高压政策和挪用同盟基金用于雅典的神庙和公共建筑的政策，他认为雅典应该和盟邦之间保持一种和睦友好的盟友关系而非暴力统治；雅典无权将同盟基金用于雅典的神庙等公共建筑，同盟基金的用途只能限于防御波斯的战备所需；他也反对雅典与波斯媾和，认为卡里阿斯和约的签订使雅典失去了领导提洛同盟的正当性。现在我们无法正确地分清修昔底德作为反对派是出于党派利益还是个人对权力的欲望，但他的政策都是以正义、道德和良知作为基础，也许他和伯里克利的斗争只是政策路线的分歧，但大多数时候，人们是很难分辨两个对立党派之间路线的对立与党派领袖个人之间争权夺利的区别。修昔底德因为他的爱国主义在雅典也取得了较高的威信，并有相当数量的来自富贵阶层的人们团结在他的周边，忠诚于他，以至于他认为有把握可以将伯里克利逐出雅典政坛，于是在公元前 443 年，据说是修昔底德发起了一次陶片放逐公投，希望将伯里克利流放，出乎意料的是，投票结果却是他自己被雅典人民放逐了。自此，伯里克利在雅典政坛完全没有一个有分量的对手，在人民对他产生失望或者担心的情绪之前，他在雅典政治生活中的影响和实

---

[1] 不是写《伯罗奔尼撒战争史》的那位，这是梅莱西亚之子，而作家是奥罗鲁斯之子，但两个人都跟喀蒙有远亲关系。

际上的权力已经超越了曾经的僭主皮西特拉图,达到了一时无两的巅峰。

而伯里克利所遵循的是另外一套方法和准则,即"把城邦之间的道义关系下降到现实的物质利益水平的论点"[1]。虽然史家们都说伯里克利从来不向群众"谄媚",但他施政的主要脉络都是以能够直接带给雅典最广大的民众以实实在在的、可以看得到的物质利益为原则。并且通过采用他提出议案并在议事会或者公民大会的投票通过的方式确保合法性,从军事殖民地的土地分配,和给城邦行政官员和司法陪审员以及数量巨大的战舰水手发放固定薪金,到挥洒金钱在雅典大兴土木建设神庙与举办泛雅典娜节等各种节庆活动,这一系列的措施背后的逻辑就是用雅典和同盟的金钱"慷公家之慨",从而赢取民心和对抗政敌,而雅典传统上一直以来都是贵族和富人们靠从自己口袋里掏出金钱来举办各类社会活动和增加军备支付军费来赢得民心。伯里克利彻底改变了这个传统,结果是:既保持了个人的廉洁,又得到了绝大多数民众的拥护。伯里克利的这一原则是对希腊社会实践发展的重大突破,希腊自古以来的坚持正义原则转变为利益至上原则,虽然其最初动机并不一定是主观而且主动的。如同中国春秋时代一样,在王道和霸道之间,在正义和利益之间,伯里克利坚定而开创性地选择了霸道和功利。

从前445年开始,雅典和斯巴达在条约约定的框架下,各自发展自己的实力和势力。斯巴达已经从大地震和奴隶起义的废墟中恢复了元气,斯巴达同盟的海军也在这段时间里得到重建并加强,科林斯等传统海上强国为核心的斯巴达同盟海军可以随时集合起一支超过300艘舰船的强大舰队,并且在西地中海拥有不弱于雅典的海上霸权,海上强权需要一支强大的海军舰队和分布合理、数

---

〔1〕《希腊史 迄至前322年》〔英〕N. G. L. 哈蒙德著,朱龙华译,商务印书馆2016年版 第490页。

量足够的海外基地这两个基本条件,斯巴达同盟因为在西西里和撒丁岛的多利安人殖民地子邦而取得了区域优势。在陆地,彼奥提亚和洛克里等中希腊地区的城邦加入了斯巴达同盟,使雅典着力将斯巴达的势力封锁在伯罗奔尼撒半岛的企图落空,而雅典则通过亚该亚城邦的归附和控制了关键的瑙帕克图斯,以及和阿卡纳尼亚地区的部分城邦结盟,使雅典能插足多利安人控制的希腊西部地区。雅典和斯巴达虽然各自有各自的势力范围,但是也都在对方范围内争取到小部分的同盟。

雅典则在东地中海拥有无可比拟的海上优势,并且爱琴海岛屿和小亚细亚的主要城邦也基本都已成为雅典同盟的盟邦,接下来,伯里克利最希望的是向黑海和地中海西部开拓自己的新同盟。

雅典在意大利的机会:图里伊。公元前六世纪,腓尼基人在北非和西西里岛的西部建立新的殖民城邦,抑制希腊人在西地中海立足,而殖民时代在西西里东部和南部意大利建立一系列殖民地的基本都是多利安人,腓尼基人和多利安人的殖民地之间可能已经达到一种平衡,贸易往来比战争冲突更繁荣。爱奥尼亚人在西西里和意大利虽然早先没有建立殖民城邦,但雅典与西地中海城邦的贸易获得了很大的发展,在西部取得一个自己的属邦或者至少一个可靠的盟邦对雅典来说都具有经济和军事意义,而意大利南部塔林顿湾附近的叙巴里斯城市的重建恰好给雅典提供了一个介入的机会。公元前510年,富庶的叙巴里斯被邻居克罗同打败后,整个城市被夷为平地,人民流亡在外,此后几十年,叙巴里斯人民的数次复国都被克罗同人破坏,不得已之下,叙巴里斯人想借助外邦的力量重新建国,他们同时向斯巴达和雅典发出邀请,重建新叙巴里斯城,斯巴达人不感兴趣,而雅典觉得是个千载难逢的好机会,但伯里克利再次展现了他的深谋远虑,他向伯罗奔尼撒半岛发出号召,希望联合西地中海城邦的母邦多利安人一起参与重建,当然,这一切应以雅典为首,最后亚该亚人、阿卡迪亚人和多利斯人响应了雅典的号召,共同重建新的叙巴里斯,新城邦建立后,老叙巴里斯人和新建设者之间产生了矛盾,经过内乱,老叙巴里斯人被赶出了城邦,因此,叙巴里斯亟须再次引入大量移民,他们再次向雅典提出请求,伯里克利予以响应,并向全希腊发出请求,为将叙巴里斯建设成雅典领导下的泛希腊的殖民城邦,他甚至请雅典宗教事务的最高权威,预言家拉姆朋一起参与这项事业,大批来自希腊各个城邦的移民蜂拥进入新叙巴里斯,后来改名为图里伊,新的图里伊城的创始人应该是包含了来自雅典的,但如同以前的殖民城邦一样,新的城邦与母邦的联系是软性的和宗教性的,而非政治和统治方面的,图里伊人民决定德尔斐的阿波罗神是城市的创立者而非雅典娜,就说明它是独立而不依附于雅典的。城市由米利都的希波达姆斯设计规划,他曾设计了比雷埃夫斯的城市规划;城市采用民主政制,将所有公民划分为十个部落,分别由来自亚该亚等城邦的多利安人、洛克里等中部希腊人以及爱奥尼亚人组成;并且移植了洛克里的法律,而不是雅典的。虽然雅典是图里伊城邦的保护人,图里伊有一定的雅典政治生活的遗传因素,但城邦各项制度的建立仍然是独立自主的,具有浓厚的泛希腊色彩。此后,图里伊发展成为经济繁荣,政治自由的地方,历史学家希罗多德从家乡哈利卡纳苏斯移民到雅典,然后移居图里伊,并在这个地方终老。图里伊的成功建立表明雅典的势力扩展到了意大利乃至西地中海地区,成为伯里克利泛希腊主义的成功试验典范,而且,雅典已经可以在斯巴达缺席的情况下,依靠自己的实力和声誉号召全希腊了。

相比于西地中海,东地中海才是雅典霸权的核心,爱琴海岛屿以及小亚细亚沿岸、赫勒斯滂海峡和色雷斯地区是否安宁和顺服决定着雅典的霸权,甚至存亡。攸克星海的粮食、色雷斯的木材都是雅典自己不能生产的战略物资的供应地,以及这些货物到达雅典的海上航路的安全,事关雅典城邦的国家安全和核心利益。眼下,它在这一区域的霸权没有挑战者,但是霸权并不仅仅用来维持自己的生存,对别人的支配权以及超越正常可得的利益才是目标。

接下来,萨摩斯与雅典的战争最终说明雅典的实力和意志达到了霸权的顶峰。前441年,萨摩斯和米利都因为争夺普列涅地区爆发了战争,这两个都是雅典同盟的成员,但萨摩斯是同盟中硕果仅存的只提供海军而不必缴纳贡金的三个城邦之一,一直以来,它的实力和独立性是同盟之中最强的,而且根据提洛同盟的盟约,平时同盟国之间的争端,包括互相开战是各城邦的主权,雅典虽然作为盟主,为显示公正不得干涉,顶多可以在双方共同提交仲裁的情况下参与公断。但这次,当米利都向雅典求援时,雅典命令萨摩斯停战并接受它的仲裁,雅典为何违反盟约而支持米利都的原因众说纷纭,甚至有一种说法是伯里克利受到阿斯帕西娅[1]的影响而偏袒米利都,不管其真实的动因为何,雅典与萨摩斯为敌偏袒米利都的态度是明确的,为此,对雅典失去信任的萨摩斯人决心反叛,次年伯里克利亲自率领40艘战船出征,用奇袭方式攻占了萨摩斯,然后在该城留下了驻军并组建了亲雅典的政府,向萨摩斯征收了80塔连特的罚金,最后从当地抓走了100个人质——上层富贵家族的成人和孩童各50人拘押于列姆诺斯岛,在征服了萨摩斯处理完这一切以后,伯里克利率领舰队返航。但是反对雅典的萨摩斯人并未就此罢休,他们流亡到了亚洲大陆,并得到了驻萨迪斯的波斯总督毕苏什尼斯支援的700名波斯士兵的支援,在一个夜晚,反对派和波斯人返回萨摩斯,在当地人民的支持下发动政变,将雅典扶持的政府官员抓住以后流放,另外派人去列姆诺斯岛救回人质,将被俘的雅典留守士兵交给波斯人,然后,新一届萨摩斯

---

[1] 米利都阿克奥克斯的女儿,极富美貌和智慧,是雅典最负盛名的妓女或者老鸨,伯里克利因为她而把妻子嫁与他人,但两人是否结婚不得而知,伯里克利与她同居并可能生有一子,阿斯帕西娅在雅典的社交圈以富于政治和演讲才华而著称,苏格拉底和柏拉图都是她的朋友,许多雅典青年拜她为师学习演讲术。

政府公开宣布反叛雅典。几乎同时,拜占庭也发生了对雅典的暴乱,并控制了博斯普鲁斯海峡。

现在雅典的形势确实有点危急,因为斯巴达和波斯虽然有和约的约束,但是如果看到提洛同盟内部发生严重破裂而乘势进攻的话,雅典的同盟体系就此像多米诺骨牌一样最终崩溃也不是不可能的。因此,雅典人民再次派遣伯里克利率领 60 艘战舰赶赴萨摩斯,同时向奇奥斯和列斯堡发出征集令,命令他们派出舰船支援,萨摩斯人可能向腓尼基人也提出求援,最终,伯里克利得到了雅典续发的援军,以及奇奥斯和列斯堡派来的超过 100 艘舰船的支援,而腓尼基人的舰队最终没有在萨摩斯海域出现,伯里克利在特拉吉亚岛附近的海上打败了萨摩斯舰队以后,登陆围困萨摩斯城,经过 9 个月的僵持,萨摩斯最后投降[1],雅典人按下列条件接受了萨摩斯的投降:拆毁城墙,交出舰队,提供人质,罚金共 1 276 塔连特,可以分期缴付。随后,叛乱的拜占庭也被雅典征服。雅典避免了同盟发生连锁背叛的危机。

但是萨摩斯事件的发生更清晰地暴露了雅典的暴君面目,也让雅典同盟各邦和斯巴达同盟都认识了雅典的强大力量。对雅典同盟来说,萨摩斯这样一个拥有 60 艘以上舰船的强大的城邦,加上波斯人的帮助,尚且被雅典弭平,其他各邦就更没有摆脱雅典奴役统治的能力和决心了,在雅典同盟内部,雅典是唯一的主人,其他盟邦与属邦的地位并没有差别,可能只是雅典的统治方式不同而已。而斯巴达同盟曾经在战争进行过程中举行过一次会议,讨论是否要乘此机会进攻雅典,大家投票决定的时候,更多城邦跟随科林斯投了和平票,说明此时斯巴达人以及伯罗奔尼撒城邦对雅典的敌意并非高涨,双方的公开敌对还没有变成现实。

雅典同盟通过镇压叛乱再一次得到巩固,伯里克利着手进一

---

〔1〕据狄奥多罗斯的《希腊史纲》记载:萨摩斯城是被雅典人用攻城器械攻破的,并且伯里克利最终也只征收了 200 塔连特的罚金。

步扩大雅典的商业贸易和海外势力。前437年,伯里克利率领一支强大的海军舰队进入黑海,遍访黑海周边的希腊人殖民地城邦;并且在一个叫西诺普的城邦留下了部分军舰和士兵帮助当地人驱逐他们的僭主,然后派出雅典移民去占领僭主的土地,在阿米苏斯新建了一个叫比雷埃夫斯的殖民地;在克里米亚,伯里克利与当地一个强大王朝的统治者斯巴托库斯订立了商业协议,他控制着黑海地区粮食出口,与雅典的友好关系一直持续了很长时间。前436年,雅典派出尼西阿斯之子哈格农率领的雅典以及盟邦公民打败伊东尼亚人,在三十年前建立后被色雷斯人摧毁的城镇遗址上再次重新建立起安菲波利斯,并在随后的时期内再度发展繁荣,安菲波利斯的重建与斯特雷梦河口的原本就由雅典占领的埃昂互相保护,使雅典更好地控制了出入马其顿和色雷斯的战略要地和资源集散,雅典在北部爱琴海地区的地位更牢固了。前435年,雅典派出移民占据了普罗庞帝斯海附近的阿斯塔库斯,这个城邦原属于麦加拉,后来遭到周边蛮族的破坏而衰落。经过这一轮扩张,雅典和它的同盟得到了更多的贸易机会和海上安全的保障。雅典的势力扩张达到了顶峰。

四 雅 典 社 会

从希波战争结束到伯罗奔尼撒战争开始前的半个世纪是雅典城邦历史的高峰。雅典人早期积累的力量被战争的残酷锤炼而充分激发,雅典人民变得更加自信,更加团结,以前所有发生过的不论是你死我活还是同仇敌忾,都像是雅典人在城邦进步过程中堆砌的一块块砖瓦,现在一座崭新的宫殿基本完工,开始发挥它世界性的功用。雅典城邦和人民在社会生活的所有方面都以最正面的、最积极的精神状态凝聚成一股合力,迸发出足以改变希腊的能量。这五十年里,雅典彻底改变了以往的形象,成为与斯巴达比肩而立的希腊世界的霸主,不仅在政治和军事上展现出咄咄逼人的实力,在经济、社会和文化方面更是建立起在整个希腊世界遥遥领先的优势,而且思想文化艺术方面在此后很长一段时间都能保持兴盛繁荣。

雅典的人口和经济

从某种程度讲,人口是冷兵器时代的民族国家生死存亡的决定因素之一。雅典城邦一直是希腊人口大国,所以在过去的几百年间,即使没有能够成为希腊霸主,但基本上还是能做到自保无虞。

雅典城邦生活着几种不同身份的人:公民、外邦人和奴隶。公民是城邦的主体,公民全体共同掌握着城邦的政治权力,也是军队的主要构成,法律规定:在雅典,只有公民可以拥有土地和房屋。当时的雅典,男性公民年满18岁即可以成为重装或轻装步兵参加打仗,但参与政治的话,可能要年满30岁以后,才能担任公民大会代表和陪审员。妇女总体上来说属于“二等公民”,没有政治权力,与政治生活隔离,结婚以后,丈夫成为妻子的主人,女性公民不能单独签订重要契约,也不能单独参与诉讼,但妇女拥有独立的财产权利,“嫁妆肯定不能归她的丈夫控制,是她分享父亲的财产,用作她的生活费用”[1],妇女的离婚权力远远小于丈夫的,会受到很多限制。随着希波战争结束以后流入阿提卡的外邦人数量急剧增加,贫穷的雅典公民与富裕的外邦人结婚应该是很容易理解的社会现实,他们的子女就可以成为雅典公民,为此,公元前451年,伯里克利提出立法,严格了雅典公民资格的认定,规定必须是父母双方都是雅典公民,其所生的子女才具有公民身份,而关于这次立法之前的雅典公民身份的具体规定却不是很清楚,至于这一立法

---

[1]《苏格拉底之城——古典时代的雅典》(第二版)〔英〕J·W·罗伯兹著,陈恒、任荣、李月译,格致出版社上海人民出版社2014年版,第26页。

的动机,有人认为是伯里克利为了打击喀蒙的后代,因为喀蒙三个儿子的母亲据说来自伯罗奔尼撒的阿卡迪亚。即使收紧了公民身份的门槛,雅典的人口增长还是迅速。总之,成年男性公民是整个社会的最主要成员,享有全部的权利和特权。

外邦人是雅典人口中必不可少的组成部分,而且是作为自由民存在于雅典社会生活的各个方面。据说在克里斯提尼时代,雅典法律已经有关于外邦人身份的规定,主要是来自其他城邦的自由人移民。雅典对外邦人总体态度即使不是欢迎的话,也肯定没有排斥,雅典对外邦人身份的法律现在看来还是非常宽松的,到前五世纪末,外邦人欲图取得被法律认可的身份,需要满足三个条件:在雅典城邦范围内居住超过一个月;向雅典缴纳"外邦人税",这是一种人头税,成年男性每个月交1个德拉克马,不与丈夫或儿子居住的成年女性交半个德拉克马即可;并且要在德莫进行登记,因为外邦人不能在雅典拥有不动产,所以可能还需要一位雅典公民作为他的"庇护人",至于外邦人和庇护人以及租赁的居所之间的关系,现在了解的还不是很明确。一旦取得了外邦人的合法身份,他在雅典社会的生活基本是自由的。他的法律地位也介于公民和奴隶之间,不能等同于公民,比如,外邦人杀害公民要被判死刑,而公民杀死外邦人,即使是谋杀而非意外,也顶多被判流放,其他诸如在雅典的重大节庆活动上,外邦人可以参加节日大游行,但可能不被允许参加祭祀,外邦人在涉及公民政治宗教等重大事项方面是不具有与雅典公民同等资格的,但古代希腊的宗教不像后来的一神教,总体是多元和宽容的,所以,在雅典的外邦人应该可以自由地崇拜自己民族的神祇而不受限制。

在社会经济领域和民事领域,外邦人与公民基本没有差别。大部分外邦人来到雅典的目的就是因为雅典繁荣的经济和相对公正合理的法律而前来谋生的,也不能排除还有小部分人是抱着宏大的野心来到这个地中海贸易中心的,另外一些就是其他城邦的政治牺牲品——被流放者,以及文化和艺术方面的移民。外邦人在雅典大多从事海外贸易、零售商业以及各类手工业制造,雅典的造船工场、日用品的作坊和兵器作坊,以及阿提卡城镇内的商业零售等,外邦人可以成为业主,大多数并不富裕的就成了工匠和商贩赚取工资,外邦人也可以充任海军舰船上的专业桨手,某些有特种技能的人还能在各类节庆活动和戏剧和音乐比赛的合唱队中担任领取报酬的歌舞演员,他们的经济活动可能要缴纳雅典公民所不需缴纳的一些税金。当时,雅典人不愿从事的艰苦或者不太荣誉的行业都充斥着外邦人的身影。外邦人也能拥有自己的奴隶,而且数量没有限制,叙拉古人凯法洛斯在比雷埃夫斯的武器工厂就拥有 120 名奴隶,而雅典处于中产地位(按照梭伦的标准划分为第三等级,双牛级)的公民一般也只有 1 到 2 名奴隶。到前五世纪后半叶,外邦人中的较为富裕者也有参加雅典军队,并成为重装步兵的,希罗多德统计伯罗奔尼撒战争时,雅典的重装步兵中已经包含了至少 3 000 麦特克(即外邦人),外邦人在雅典的生活跟雅典公民没有太大的区别,他们也能世代居住,财富也可以代际传承,无论其后代是否可以通过联姻而成为公民,他们的财产和人身在雅典总体是安全的,雅典对外来移民的积极宽容态度不仅给自己带来了充足的劳动力和人口,意义更加重大的是也吸引了全希腊,甚至可能来自东方的智慧和文化艺术,最初来自外邦的哲学和科学学者持续不断地流入雅典,如种子一般,经过长期发育慢慢地培养了为后人称颂的伟大的古希腊文明。

我们今天不知道雅典的奴隶制度更多地依靠习俗还是法律来加以规范,但总体来说,雅典奴隶的生活环境与斯巴达或其他地方的奴隶相比还是有相当大的差别。雅典的奴隶可以分别属于公民和外邦人私有,还有可能有属于城邦的神庙奴隶和公共奴隶。他们从事的工作不仅仅限于农场种植、作坊工匠以及矿山采矿,或者家庭事务等体力劳动,他们还经常被用于城邦事务管理,充当最底层的公务员,比如充当议事会的书记员,辅助税收委员会工作的助手,公共行刑者,维持公民大会、议事会和法庭秩序的公共警察等。无论从事何种职业,奴隶和公民都是同工同酬,只是酬金由他的主人来收取。虽然奴隶的地位不可能与普通人平等,但至少享有最低的保护,如老寡头所说,"如今在雅典,奴隶和麦特克(外邦人)都获得了太多的特许,在那里,殴打他们是犯法的。在街上,奴隶们不会给你让路"[1]。同时,好多人都说雅典奴隶的衣着和外表与公民基本没有差别。一些原本受过良好教育,因为战争或买卖沦为奴隶的外邦人甚至被雅典的主人委派为管家或者代理人,帮助甚至代替主人经商管理,有些奴隶和主人共同劳动,在主人因年老或者因伤不能工作时,为主人养老送终。雅典的奴隶也有被主人释放的希望,一旦主人决定释放自己的奴隶,释奴的身份就如同外邦人一样,可以拥有自己的生意。当然,奴隶毕竟还是奴隶,无论使用方式和压迫程度多么和缓与友善,事情的本质——奴隶身份丝毫不受影响。

曾经,梭伦改革立法禁止将公民沦为奴隶,所以,雅典的奴隶都是来自外邦或者色雷斯、斯基泰和弗里吉亚等这些蛮族人的领地。奴隶的来源除了少部分为家养以外,大多是进口,主要的方式是通过战争、海盗、劫掠甚至因为(可能是外邦)家庭贫困而产生的买卖。

由于资料的匮乏,后人们只能从雅典各个时期参战人员规模来间接的推断人口,毕竟古代战争都是生死存亡之战,当时的军队基本都来自公民。从马拉松战役时雅典出动了全部的 10 000 重装步兵,到伯罗奔尼撒战争开始那年,雅典可以派出 13 000 人的重装步兵,以及另有 16 000 驻防兵,从这一点来看,雅典的公民人口是有明显增加的。

---

[1]《希腊史》〔古希腊〕色诺芬著,徐松岩译注,上海三联出版社 2013 年版,第362 页。

据修昔底德记载,在伯罗奔尼撒战争刚开始的时候,雅典的常备兵力为300艘左右的战舰和12 000名骑兵的规模[1],由前两个等级公民担任战舰司令和骑兵的传统,前两个等级公民应该有4 000人左右,一旦发生战争,雅典的战舰司令和骑兵将由他们出任;而作为城邦公民中坚并承担重装步兵主要力量的第三等级(双牛级)的公民总数大约有23 000人,则其连带家庭成员可能在100 000左右,其余贫民阶层的人数应该少于第三等级,但也在60 000以上;再加上世居雅典的外邦人,"无论在哪种情况下,肯定会有8 000名外邦人重装步兵"[2],考虑到一个重装步兵及其家庭的人口比例因素,外邦人总数也至少有30 000人以上,这样,雅典的公民和外邦人合计可能就已经达到20万。再根据柏拉图说的雅典奴隶与公民的比例基本为1∶1的关系(斯巴达的公民和奴隶比例保守估计在1∶6以上,也有可能达到1∶10),雅典的奴隶人口也基本在15万左右,这样,我们大致推算出雅典在公元前431年前后的人口总数可能在34万左右。

雅典的财富由两个主要组成部分,其一是雅典城邦自身的税收和经营收入,其二得益于提洛同盟的贡金政策,雅典每年可以对同盟国缴纳给同盟金库的巨大财富予取予求,总体上来自同盟金库的钱大于雅典自身收入。

雅典自身收入的结构主要由以下几方面构成:作为城邦共同体所拥有的资产的经营收入,例如劳里昂银矿的采矿权的出让金

---

〔1〕《伯罗奔尼撒战争史》〔古希腊〕修昔底德著　徐松岩等译　广西师范大学出版社2004年版　第88页。雅典的骑兵数量是不可能超过10 000之数的,一百年之后,亚历山大率领的东征大军,骑兵数量也不过7 000人,还是集所有马其顿和全希腊的骑兵。全希腊没有任何一个城邦拥有超过3 000骑兵,因此我认为这里可能是1 200的笔误。
〔2〕《苏格拉底之城——古典时代的雅典》(第二版)〔英〕J. W. 罗伯兹著　陈恒　任荣、李月译,格致出版社、上海人民出版社2014年版　第41页。

收入，城邦在国内外的土地租赁收入，城邦其他资产的出租收取的租金；比雷埃夫斯港口征收的进出口税，税率为进出口货物价值的1％；外邦人的人头税；诉讼费收入，因为雅典的陪审法庭不单审理雅典城邦的法律纠纷，也是提洛同盟内各盟邦的法庭，诉讼费和判决以后的罚金都是由雅典收取；对外战争中掠夺的战利品和奴隶的拍卖收入，战俘的赎回收入；海外建立的军事殖民地也必须每年向雅典上交一定财富，如安菲波利斯和刻尔索尼斯半岛上的一些雅典人城镇；对叛乱城邦强征的战争赔款也是归雅典而非同盟基金所有。这些雅典城邦自身实现的收入每年基本维持在400到500塔兰特。

同盟金库的资金一开始是属于同盟共有的，只是交予雅典来管理，但从前454年雅典将同盟金库从提洛岛移到雅典以后，一般认为雅典人就将这个金库变为自己的财政来源了。这个过程虽然没有明确的时间节点，但趋势是：通过任命雅典人担任同盟"基金司库"或者叫"金库保管员"，将基金纳入雅典的管理之下。起先可能雅典金库和同盟金库是分别列账管理的，而且雅典借用同盟金库的钱款是需要归还的，因为曾经在残断的资料中发现雅典在前434年归还同盟金库几次欠款共3 000塔兰特的记录，在伯里克利掌权的后期，他肯定是将同盟基金直接当作雅典的财政收入而自由支配的，因为他认为"只要雅典能有效地保护他们的安全，盟邦就没有理由抱怨"[1]，何况提洛同盟的盟约也没有关于基金使用的条款规定。另外一个可以说明的角度：伯里克利的政敌修昔底德曾经反对伯里克利的一个理由就是指责他将同盟基金挪用于雅典神庙建设等等做法是非正义的，因为同盟基金只能用于希腊人对波斯的防御和战争，而不能用于雅典城邦自身的利益。

---

[1]《希腊史·Ⅱ》〔英〕伯里著 陈思伟译 晏绍祥校 吉林出版集团有限责任公司2016年版 第448页。

从同盟成立之初亚里斯提德核定盟邦的贡金数目大致为 460 塔兰特之后,雅典对各盟邦的贡金数额四年重新核定一次。核定金额在每四年一次的泛雅典娜节上公布,因为这时所有盟邦都会有代表参加这个雅典最隆重的节庆活动,如果盟邦对核定的贡金有不同意见可以向雅典法庭起诉,由雅典人组成的特别法庭受理。总体上,小亚细亚沿岸的爱奥尼亚城邦承担份额相对较轻,而爱琴海岛屿城邦的负担要重得多。期间遇有城邦反叛或者普遍怨恨的时候可能有所调整,但雅典每年从盟邦所收的贡金数在 400 到 600 塔兰特之间似乎是比较稳定的。

前 454 年,雅典将同盟金库从提洛岛搬迁至雅典的时候,雅典搬来了大约 8 000 塔兰特的金库结余。伯里克利在重建雅典的神庙和卫城其他建筑时,挪用了同盟金库大约 5 000 塔兰特的银子。此后,雅典司库管理的同盟金库一直保有数千塔兰特的结余,最多时接近一万塔兰特。雅典在需要的时候是不需要和盟邦商量即可随时取用的。同盟金库的资金其本质上就是雅典维持其霸权统治、穷兵黩武必不可少的财政来源,这也成为雅典日后与斯巴达争夺霸权的主要资源,因为斯巴达拥有全希腊乃至于当时世界上最强大的步兵,雅典只能依靠海军才有与斯巴达争锋的利器,实质上说,雅典的步兵只需要强于它的盟邦以备能够随时镇压并不偶然发生的反叛就足可应付了。因此,雅典及其同盟必须要建设并维持一支强大的海军,同时,自古至今,所有的海军从来都是耗资巨大的军事力量,其对军费的需求远远超过陆上军队,海军需要大规模建造舰船,需要集齐大量木材、金属和其他各种复杂而全面的材料,也需要更多的桨手。

从全社会总量的角度看,雅典的奴隶制从人力上保证了雅典公民能从劳作谋生中解脱出来,用相当部分的时间精力参与城邦的政治和管理,而雅典同盟的贡金制则是从金钱上提供了雅典成为全希腊中心的城市建设和海军力量所需的大部分花销。

　　那时,雅典社会的经济结构和运行还是相当简单的。不同等级的雅典公民或大或小地掌握着阿提卡的土地,传统贵族和新的富贵阶层运用奴隶在大农庄耕作,并且管理耕作奴隶的人可能也是奴隶身份,由于阿提卡的土地大多贫瘠,不能大量种植粮食,主要的作物是橄榄、无花果和葡萄,而较低等级的雅典公民大多以小块土地的自耕农形式存在,从事一些小规模的种植和养殖业,他们即使有奴隶也顶多是一两个人,有地公民大多居住在雅典以外的乡村,而富人们在乡村除了在乡村有别墅以外,在雅典城内也有住宅。而将近一半的雅典人口则住在雅典和比雷埃夫斯,他们大多是外邦人和无地或贫穷的低等级公民,居住在城镇里的人口大多从事贸易和手工业,在梭伦改革开始,雅典就发展起有手艺的工匠阶层,他们从事陶器制作、剑盾盔甲等兵器加工、经济作物的加工(如橄榄油和酒)以及后来的造船业,雅典陶器和橄榄油是它的大宗出口商品,而外邦人则大多从事对土地依赖较小的手工业和贸易业,雅典人的主要食物为谷物和鱼(肉类极少),主要来自攸克星海,具体说应该是克里米亚地区,"雅典帝国的权力是建立在贸易的持久性和稳定性上的,那个庞大而过于膨胀的城市靠此获得食物"[1],以及后来的埃及输入,可能粮食进口和零售是外邦人的主业,而大量的公民和外邦人里面的穷人则为这些手工业和贸易相关行业,如港口码头搬运、仓储等提供了充足的雇佣劳动力。公元前五世纪,雅典的教育和戏剧等文化产业已经兴起,悲喜剧、乐队和歌舞都有专业演员,他们的报酬可能基本上都依赖富裕阶层的赞助,因为比赛得奖能为赞助人带来社会名誉。雅典的社会行业形态是当时全希腊最齐全和最活跃的,这一切都源于雅典社会充分的自由和财富,以及雅典人旺盛的精力和丰富的精神活力。

---

〔1〕《希腊文明中的亚洲因素》〔英〕威廉·雷姆塞著,孙晶晶译,大象出版社2013年版,第100页。

伯里克利主持的雅典重建

荷马笔下的诸神其实是最早希腊人关于自身思想、恐惧和欲望的放大,只有对人类各种成败和悲喜状态的描写而没有确定的规范和原则,毕竟,对于刚进入婴幼儿阶段的人类来说,除了切身的感受和满目的茫然以外,实在不知如何去思考什么在前面等着自己。虽然赫西俄德通过撰写《神谱》将希腊古代的神话故事规范为希腊早期多神教的宗教体系,但我们以今天的眼光加以审视的话,这种希腊宗教还是原始和混乱的,因为这些神祇还是人性和人形的。雅典人的宗教也毫不例外地只是对自然界和远处人类的神秘无知的想象,由此,希腊人如同其他早期文明一样地建立起了完整的宗教祭祀体系。

古希腊各城邦最宏伟的建筑一是神庙和神像,二是剧场,因为迈锡尼文明以后希腊就再没有宫殿了,雅典也不例外。希腊人只为诸神建造巨大石质公共建筑作为神庙,而神像大都是放在房屋内的,也有少量更巨型的置于室外,祭祀活动、祭品供奉和专职的祭司,这些宗教要素和人类所有早期文明一样齐全。但伯里克利将雅典的神庙群建成了全希腊巅峰水准的艺术品,今天的考古发现,它们的建筑和雕刻可能是当时希腊世界中最雄伟、最精美的,我仍然怀疑其他希腊人的城邦非常可能也曾建设了各自的神庙建筑或者神像雕刻,而且具有不低于雅典的宏伟和优雅,就如罗德岛的波塞冬神像和米洛的维纳斯都不是产自于雅典,同一个时代同一个种族的审美总体是平均的,现实是,实际的视觉对人的冲击要远远大于想象罢了,历史中的湮没就是永远消失,存在才有生命。

公元前447年,与波斯的卡里阿斯和约签订以后不久,虽然雅典四面出击,扩大和巩固自己在希腊世界的霸权范围,但最大的威胁——波斯已通过条约正式解除,为了表达对希波战争中希腊诸神的保护和眷顾的感激和崇敬,同时,为了树立与雅典霸主地位相称的城市形象,伯里克利主导开始重建雅典的神庙。

核心就是雅典卫城的重建。卫城是雅典城市中心的一块天然形成的高地,传统上这里就是雅典城邦的圣地,原先就建有供奉雅典娜和其他神祇的神庙,波斯人占领雅典期间,雅典是希腊城邦里面遭到最彻底破坏的城市,而神庙所在的卫城受害尤重,波斯人撤退后虽有修复,但现在雅典需要的是一个能全希腊首都的辉煌宏大的格局和样子,而在实行民主平等的希腊社会,从来没有壮丽的国王宫殿,要体现城市的宏大的只有通过修建神庙和神像这样的宗教建筑。

从前447年开始直到前432年,伯罗奔尼撒战争开始前夕,十五年的时间内,雅典人虔诚而且毫不吝啬地他们投入宗教义务和城市装扮工程,这吸引了来自全希腊世界的能工巧匠汇集雅典参与神庙和神像的重建,雅典城邦任命了专员负责管理这些项目的实施。我们今天所知:卫城上集中了帕台农神像[1]、帕台农神庙和卫城山门和厄瑞克透斯神殿这几个主要的标志性建筑,另外还有一些较小型的神殿,用以供奉宙斯和雅典娜。

伯里克利的朋友、雕刻家和艺术家菲迪亚斯设计的帕台农神像和神庙是整个卫城的焦点。帕台农神像是一尊青铜雕像,由菲迪亚斯设计铸造,它矗立在卫城的西面,面朝西南方向,神像是如此高大,以至在埃吉那及萨罗尼卡湾的海面上都能看到神像头盔和矛尖在阳光下的闪光,象征着雅典娜作为雅典的守护神看护着自己的人民。帕台农神庙连同帕台农神像是整个卫城的明珠,这座高大的长方形石质大殿由天才设计师伊克提努斯负责建筑设计,菲迪亚斯负责殿内神像和建筑装饰设计,卡里克瑞特负责工程实施,据普鲁塔克所说,三人之中菲迪亚斯具有最高权责,他被伯里克利委以整个重建工程的"督导长"。神庙用产自阿提卡本土的

---

[1] 帕台农即贞女的意思,指雅典娜女神,另外,胜利女神是雅典娜女神的另一个名称。雅典娜是雅典城邦最主要的保护神。

彭特利科大理石建造,大殿正门向东,四周柱廊围成的檐壁和大门上方两面三角形山墙雕刻着精美的人像和场景浮雕,最高的山墙上,东面是雅典娜出生的场景浮雕,西面刻画着雅典娜与波塞冬竞争雅典保护神的场景;南北两侧檐壁浮雕展现着泛雅典娜节上游行队伍的景象,由英俊的骑兵和两轮战车,携带着橄榄枝的老人,赶着献祭的牛和羊的年轻人,演奏乐器的外邦人,端着水壶的女孩和部落代表,六位神灵组成的游行队伍步行走向女神,雅典娜微笑着招呼她的人民,宙斯和赫淮斯托斯坐在两边,女神身边的祭司手捧一件折叠的长袍,原来的浮雕都施以金、赤和青蓝色,整个建筑更显富丽堂皇,据说檐壁上共刻画了190多个人类的形象,其中有些人的形象可能是按照马拉松战役中阵亡将士的面貌来雕刻的,现在伦敦还保存着最多的这些雕刻残件;大殿中供奉的帕台农神像是菲迪亚斯的最著名的杰作,全身戎装,身披长袍的雅典娜女神站立在大殿中央,通高可能在40英尺左右,左手持盾,右手托着一尊较小的胜利女神像,雕像应该是木胎雕塑,外饰以黄金和象牙,服饰使用黄金,肌肤以象牙雕成,菲迪亚斯因为这件作品获得了举世的盛赞,可惜,神像已毁,只留下一些并不传神的复制品。今天,帕台农神庙的残垣断柱还在卫城的最高处俯瞰着两千年后同样的卫城和雅典,以及不同的人类。

菲迪亚斯在设计帕台农神庙和神像以后因受到指控而被迫离开雅典。可以肯定的是,在受伯里克利委托修建卫城之前,菲迪亚斯已经是蜚声希腊的雕刻艺术家,他曾经受托在德尔斐制作马拉松战役纪念碑和十几座战争英雄的雕像,并且在卫城之前已经为利姆诺斯雕刻雅典娜神像,所以在重建卫城中被委以重任也是水到渠成的。然而,在公元前438年,帕台农神庙接近完工时,有人指控菲迪亚斯贪污建造神像所用的黄金,虽然这项指控被否决,菲迪亚斯无罪释放,但不久以后又因被控在盾牌上描绘了他自己和伯里克利的形象而出走,不知道这次出走是否属于被流放,随后,他受埃利斯邀请去奥林匹斯设计建造宙斯神像，传说他在此花了五年时间建造了他一生的巅峰之作：巨型的宙斯神像，宙斯坐在王座上，左手紧握权杖，右手托着胜利女神像，蓄须，头戴橄榄枝花环，与帕台农神像一样以黄金和象牙装饰，这座神像不仅是艺术的杰作，更能给人带来精神上的慰籍，有一个诗人说道：他能让站在他面前的人无论经历过多少痛苦和磨难，内心恢复安宁，忘掉心中的恐惧和不幸。而雅典卫城的帕台农神像却没有如此高的评价。菲迪亚斯在雅典的遭遇不知是因为受伯里克利政治斗争的波及，还是民主之害，因为民主制度保障人人有权的结果就是无所谓好坏，大家的决定是否符合大多数人的心意，而不必在意是否符合是非好坏。有时候，嫉妒会给人造成跟仇恨一样的伤害。

卫城山门于公元前 437 年开工，位于卫城西面，它是从山下进入卫城的唯一通道，由姆涅克里斯设计，也是用彭特利科大理石为材料，大道采用斜坡式而非阶梯是为了方便游行彩车通行，整个山门有外面的大门和里面的门厅组成，大门高 24 英尺，宽 13 英尺，两侧是彭特利科大理石，顶梁和大门由木头制作，多利安式的设计使之显得高大而威严，过了中央大门是门厅，分为正面中央和侧面的两个小型门道，有廊檐和廊柱，整个工程一直到前 432 年，因与斯巴达人开战在即而停工，没有能够完全建成。

在卫城中心帕台农神庙的旁边是另一项伟大的工程——厄瑞克透斯神庙。厄瑞克透斯是雅典传说中的先古国王，虽然是凡人，但在雅典人心目中有极高的地位，被海神波塞冬所杀，克里斯提尼改革重新划分的十个部落中，第一部落就以厄瑞克透斯命名。这是一座古老的综合性神庙，建筑与它里面供奉的神祇一样复杂而多样，可供辨认的标志是它的廊柱既不是多利安式，也不是爱奥尼亚式，而是雕刻成少女像的柱子，神庙里面供奉的是阿提卡人自古至今都在崇拜的多个神祇和先王：有宙斯、雅典娜、赫尔墨斯的神像；有波塞冬、赫淮斯托斯和厄瑞克透斯和波特斯兄弟的祭坛；还有厄瑞克透斯的坟墓。

雅典的神庙修建并不仅仅限于卫城。伯里克利还在卫城以外的地方修建了不少于五座除了黄金和象牙以外，其他毫不逊色于帕台农的神庙。它们是：在卫城西面克罗诺斯·阿戈莱奥斯山丘上的赫淮斯托斯神庙、阿卡奈的阿瑞斯神庙、埃琉西斯的秘仪神殿、苏尼昂海角的波塞冬神庙，和拉姆诺斯的复仇女神（涅墨西斯）神庙，其中有些神庙的建筑雕刻同样的尽善尽美，无与伦比。后续的修建还有：在卫城修建了其他一些较小的神庙，在卫城的旁边修建了狄奥尼索斯剧场，以及在雅典其他各地城镇的剧场，因为公元前五世纪，悲喜剧已经在雅典普遍流行，同时，每个城镇的议事会或公民大会的集会场所要不在市场，要不就在剧场。

由于伯里克利主持修建了如此众多的公共建筑，大量耗费了雅典和同盟的金钱，虽然这样的支出在当时雅典的财力是完全可以支撑的，但仍然招致其政敌的大肆攻击，为首的就是后来因为错估形势而被放逐的修昔底德。雅典在十五年的时间内修建了众多辉煌雄伟的神庙，其所花费的金钱以数千塔兰特计，这些资源主要来自三个方面，首先是雅典城邦的财政收入，其次是挪用提洛同盟的贡金，再次是各个神庙数百年积累的献祭，根据希腊人的传统习俗，遇有重大节庆和战争胜利，必须向神庙献祭战利品的至少六十分之一作为祭礼，多的时候这个比例可以达到十分之一。而且，这些公共建筑的修建分十五年进行，所以摊到每年也就是数百塔兰特，所以说以战前雅典的财力足可以应付，这还没有考虑到雅典人富贵阶层，甚至来自外邦人（如曾经的吕底亚国王克洛伊索斯就经常给希腊众多神庙令人惊诧的献祭）的临时性捐助。

人类的思想和传统都是流动的，而且脆弱，因为它们的载体是作为群体的人，始终处于生死存亡之中。在数千年的历史长河中，随着国家的灭亡，人群的迁移，战争的征服，某个民族、某个人群所形成并遵循的思想观念和传统习惯必定会被迫发生改变，甚至被消灭，即使幸存下来，也会在跟其他人群发生交流和融合的过程中而逐渐失去最初的样子。但建筑和其他有形的艺术作品，是有可能一直得以保存延续的，它们可以抗拒时间和自然的风化侵蚀，并因为具有审美的价值而被后人保护延续，其实，实际上毁坏这些有形作品的依然是人；另外一个因素，得益于雅典的自然环境，雅典人的建筑和艺术的材料更多使用石材而不是木材，才避免了中国阿房宫这样的喟叹。虽然伯里克利发起大规模公共建设项目，其目的是为了感谢诸神对波斯的战争胜利和向希腊彰显雅典的繁荣强盛，但实际上他是为后人保留了一段早期人类活动和创造的记忆，并且，这才是毫无争议的真正存在过的辉煌，而不是曾经横行地中海的舰队和霸权。

戏剧和哲学

芬利认为"从荷马到亚里士多德近四百年左右的时间里，（希腊）所有主要的思想、文学与艺术形式几近完备，并为后世及诸多文化所传承"。更精确地讲，希腊文化的成就期应该只在公元前五到四世纪，随着雅典的霸权建立才可能形成，在当时的希腊这个面对面的世界里，所有思想、文化和艺术的发展都需要一个中心汇聚，即使为了交流和传播。

人类所有文化都需要合适的土壤，政治、经济和风俗等等因素只是文化能否生长的条件，但文化的类型和特质是由种子决定的，现在看来，希腊文化的种子是因为希腊人自古以来对命运和正义的长期困惑，始终在寻求答案，以及在此过程中，自由的宗教和政治对社会生活的共同发酵而发育成形的。

从公元前六世纪末的克里斯提尼改革到五世纪初的波斯入侵，雅典城邦经历了历史上最为动荡，最惊心动魄的三十年，对内，雅典人民打退了斯巴达的干涉，建立了稳固的民主制度；对外，雅典人民付出了巨大的牺牲，最终赢得了对波斯侵略战争的全面胜利。在此过程中,人们即使面临灭顶之灾,也只能凭着本能和精神力量苦苦支撑着、拼命战斗,当然,也有不少性格不那么倔强的城邦就向波斯交出了"水和土"表示归顺了。最终,九死一生并且获得最终胜利的雅典人心里,对城邦和战争,对命运和正义的理解和观念必定与几十年前形成了天壤之别。这些内心的深刻变化必将通过某种形式表达出来。

　　无论对个人还是民族,灾难是一把尺,在某一条看不见的界限之上的,渡尽劫波后不仅会继续生存,而且变得更强,而大多数会因此悄然沉寂,甚至消亡。波斯人来了,被打跑了,胜利的雅典人由此变得更为自信和主动,相对战后雅典建立提洛同盟并且对波斯采取积极进攻态势,同时对斯巴达毫无顾忌地分庭抗礼,这些政治和军事上的变化以外,雅典文化的进化过程如同一个人突然从孩童到成熟的智者般,如此突然而且意义深远。

　　"一条真理,戏剧艺术并非那种全人类皆备,每个人皆享的固有文化遗产的一部分"[1]。戏剧艺术的产生也是一样。

　　一般认为,雅典的戏剧起源于对狄奥尼索斯——酒神祭祀的宗教活动。希腊最初的史诗和宗教难分难解。《神谱》记载:狄奥尼索斯是宙斯与凡间妇女忒拜国王卡德摩斯之女塞勒墨所生的快乐之神,酒是狄奥尼索斯带给人间的礼物。由于狄奥尼索斯最早可能是西亚的神祇,通过色雷斯传入希腊并最终被希腊人接受,民间流传着众多关于狄奥尼索斯的传奇,而且他是快乐之神,由合唱队或者游吟诗人到处传唱着各种酒神颂歌,当然,希腊人对神的颂歌并不局限于狄奥尼索斯。从形式上看,希腊人原有的里拉琴和奥罗斯管基本被用作人们演唱对神的颂歌时的伴奏,歌颂神祇的史诗是叙事的,由乐器伴奏而合唱,慢慢地音乐得到了舞蹈的配

---

[1]《希腊的遗产》〔英〕M. I. 芬利主编,张强等译,上海人民出版社 2016 年版,第 164 页。

合。在城镇中，人们载歌载舞地表演关于神和英雄的长诗故事，在叙述故事的过程中，出现了演员，并且发生了演员与合唱队之间的问答或者对话开始，戏剧的雏形出现了。

今天，人们一般认为：出生于阿提卡伊卡利亚的铁斯皮斯是古希腊悲剧的创始人。"铁斯皮斯在那个时代开始悲剧的表演"[1]，这个时代是梭伦的老年时代，即公元前六世纪的三十年代。至于古希腊的三个戏剧类型：悲剧、喜剧和萨提尔剧（也称羊人剧）具体出现的先后顺序已不可考。从戏剧出现到其在雅典的繁盛可能是个慢慢积累的过程，并且因为受到了希波战争的影响呈现断断续续的特点，期间我们能看到的记载是前494年，小亚细亚的希腊人城邦发生反对波斯统治的起义，其中，米利都城邦被波斯攻占，人民遭受屠杀，城邦被毁的惨剧成了悲剧诗人弗吕尼科斯的创作题材，他据此创作的《米利都的陷落》在雅典上演，因为剧情太过悲惨，观众悲情难抑，诗人被罚款1 000德拉克马，并永远禁演该剧。从中可以看到，古希腊悲剧已经突破了原先对狄奥尼索斯和其他神祇的宗教和神话题材的限制，将当下的人间现实也采纳为悲剧故事的来源之一，但现实题材只占很少比例。

从铁斯皮斯首次在雅典演出悲剧开始，悲剧演出就成为雅典酒神节上的竞赛项目之一。悲剧的含义不在剧情的悲惨，主要是严肃的态度。在古希腊，戏剧作家是一个综合了诗歌、音乐、舞蹈和导演创作全才，而参与戏剧演出的演员刚开始时全部是男人，即使角色是女性，有可能在早期的悲剧中，诗人自己一般都会作为演员直接登台演出。戏剧表演的剧场应该是属于城邦共同体的，但会出租给承租户，所以，雅典市民观看戏剧需要向承租人支付入场费，价格可能是每人每天两个奥波尔。在雅典，肯定存在着一个专门创作悲剧的诗人团体，而且肯定不会仅仅局限于埃斯库罗斯、索

---

〔1〕《普鲁塔克全集·Ⅰ》〔古希腊〕普鲁塔克著，席代岳译，吉林出版集团股份有限公司2017年版，第177页。

福克勒斯和欧里庇德斯这几个人,但这几个人确实是其中的佼佼者,至于这个团体有多少人,以及他们的生计与戏剧演出收入之间的关系如何,我们目前已无法了解;同时,还存在一个专业从事戏剧表演的合唱以及乐器演员的团体,可以肯定他们是有薪水的,但关于他们薪水来源的信息却不充分,根据当时的情况,富裕阶层的资助是可能性最大的,因为戏剧中的演员会随着竞赛得奖而给赞助人带来荣耀。当戏剧诗人们想让自己的剧本在酒神节上或者其他节庆活动上参加表演竞赛的话,他们必须向城邦执政官申请获得一支合唱队的指定配合,因为一支合唱队往往包含12到15名队员,诗人们是供养不起的,而执政官如何分配合唱队的规则也是一个令人费解的谜,是否其中已经包含了一个激烈的初选资格的竞赛过程也未可知。

古希腊悲剧的本质是单纯从精神上对人性和命运的探索,是人的意识自我觉醒。通过放大情感,悲剧诗人们首先使观众得到怜悯、恐惧、妥协和解脱这样的悲剧的快感和情感上的满足。纵观人类历史,"整个文学史上只有两个时代产生了伟大悲剧,其中一个是伯里克利时代的雅典,另一个是伊丽莎白时代的英格兰"[1]。而且,我们今天看到的雅典悲剧其实也是其鼎盛时期的样貌。公元前五世纪的一百年,在经历战争与和平、牺牲和荣耀、毁灭乃至辉煌的大起大落以后,希腊传统神话故事已不能解释眼下现实世界里更加复杂、残酷或者让人满足的全新事物,雅典人开始对超越现实之上的人性和命运进行深刻的探索。这是一种自发的、主动的思考,是一种仅只关乎人的思考,现实经历给了思维更加宽阔的空间,依托具体的一个个神话故事,雅典的诗人们从中重新解读了故事背后抽象的、激烈冲撞的人性和无法捉摸的命运。

雅典的三个悲剧诗人都出身于阿提卡的贵族或富裕家庭,而

---

〔1〕《希腊精神》(修订本)〔美〕伊迪斯·汉密尔顿著 葛海滨译 华夏出版社2019年版 第189页。

且公民的身份让他们先后参与了雅典的战争,埃斯库罗斯曾经是光荣的马拉松勇士,并且参加了萨拉米斯海战和普拉提亚战役,他以参加这些反抗波斯侵略的战争为其一生骄傲;而索福克勒斯不仅当选过同盟征税官,前440年,更当选雅典位高权重的十将军,与伯里克利一起出征镇压萨摩斯叛乱,一度活跃于政坛,可能由于他出众的睿智和清醒,虽然政治上偏向于喀蒙这样的贵族保守派,但行为上决不过分;欧里庇德斯虽然也参加过雅典的对外战争,但他的观点是非主流的,对当时雅典的对外政策更多的是批判和怀疑,他不仅反对雅典的霸权战争,而且对奴隶和妇女地位的态度也不同于当世,他的作品离神话远,离现实更近了。作为悲剧诗人,索福克勒斯一生得过24次竞赛大奖,生前能够尽享荣耀,而欧里庇德斯总共只得了五次大奖,其中一次一等奖还是在他死后所得,除了风格以外,还可能因为他的主张观点不容于世,欧里庇德斯晚年被迫出走马其顿,最终客死异乡,死后却意外地获得了无上的推崇,他的作品被用作教材,完整流传下来的剧本有19部,而另两位各留下了7部,如果将他的作品被作为教材与保存下来的结果相关联的话,似乎也在说明这是一种社会的选择。有人认为欧里庇德斯的悲剧对后世罗马和欧洲的影响远远超过了前面两位。

不同的个性和经历使他们即使讲述同一个故事,也会以差异的态度形成各自不同的风格。例如,他们都创作了关于阿伽门农的儿女奥瑞斯特斯和埃勒克特拉为父报仇而弑母的故事,但三位悲剧诗人所表达的关切和立场就是有差别的。而且,每个悲剧诗人的作品赢取社会好感的程度与当时社会的思潮和情绪密切相关。欧里庇德斯的《美狄亚》首次上演正逢伯罗奔尼撒战争开始前几个月,当时雅典人爱国热情和自信心正处于高峰状态,所以《美狄亚》在这一次的比赛中名落孙山,其原因正在于:这出戏最初所表现的雅典人对英雄形象(兼具外邦人、广受希腊人欢迎,以及高贵的复仇行为)的刻画,但是随着剧情发展,美狄亚计划杀死伊阿宋的新娘和新娘的父亲以外,更加丧心病狂地策划杀死她和伊阿宋的两个孩子向背弃了自己的伊阿宋复仇时,观众受到了震撼:原先的英雄,值得同情的人违背了伦理和正义的底线,以及自制和分寸的要求,观众心目中原先勇于复仇的英雄做出了令人厌恶,甚至渎神的决定,雅典人民当时的善恶标准受到了极大冲击,何况剧中雅典国王埃勾斯竟然愿意为这样一个亲手杀死自己儿子的人提供庇护,这令他们感觉严重不适,评价自然不会很高。但谁能说这不是诗人对今后社会思想潮流变化的预言呢?欧里庇德斯也许恰恰因为他对人性和社会情绪变化方向的正确预见而不容于当下。

　　古希腊的喜剧最初主要是从农民在收获葡萄时祭祀狄奥尼索斯的民间庆祝活动中,大家举行化妆舞会,唱歌跳舞,表演滑稽戏这些形式逐渐演化而来。相比于悲剧所呈现出来的严肃、严谨,内向的精神探索,古希腊的喜剧则让人感觉喧闹、快乐,外向的情绪宣泄。喜剧成为重大节庆竞赛项目晚于悲剧,最早于公元前 486年才出现酒神节,到前 441 年,喜剧登上了一年一度的勒纳节表演竞赛舞台。

　　公元前五世纪的古希腊喜剧也叫旧喜剧,我们现在知道代表性的喜剧作家有克拉努斯、欧伯里斯和阿里斯托芬,但是流传至今的只有阿里斯托芬所作的 11 部喜剧。阿里斯托芬可能原先不是雅典人,传说他的父亲来自罗德岛或者埃及,但久居雅典并获得了雅典公民权,前 431 年,雅典征服了埃吉那城邦,赶走了大量的原住民,将他们的土地分配给雅典人和居住在雅典的外邦人,就在这时,阿里斯托芬或者他的父亲分得了一块份地。他出生于前五世纪的四十年代,在二十出头的时候就已经创作了喜剧《宴饗者》等,上演的时间是在二十年代。这个时代,雅典国力正处于辉煌的顶点,并已开始拐头向下了。他与苏格拉底、欧里庇德斯、柏拉图等人都有交往,但他的政治倾向可能偏向于比较保守的民主制度,而非激进民主制,这从他对克里昂为代表的雅典政治人物的持续而强烈的嘲讽,以及抨击的方式可以得到极其鲜明的印象。

不同于悲剧,古希腊喜剧基本都以社会底层的普通人为主要角色,剧中的时间和场景也被设计成现代的、当下的城乡生活的各个方面,就如同发生在身边熟悉的环境中。似乎是为了与悲剧形成互补,喜剧讲的大多是一个个没有任何优越感和竞争优势的,无关紧要的小人物如何意外地获得了成功的故事,剧中人物粗鄙,台词粗鲁而直率,气氛喧闹而轻狂,更为明显的特点在于剧中人物的对话朴实、生动、市井、粗俗,不需要抽象或想象。

由于雅典社会充分的言论自由,阿里斯托芬可以在喜剧中几乎将所有的公众人物,尤其是有权有势有名望者都当作讽刺对象,而未受到惩罚。但他对雅典的民主制度、传统道德和宗教信仰这些维持城邦政治和社会生活的基本原则却能保持自制而不加非议。他可以肆无忌惮地讽刺甚至抨击任何个人,但不会及于社会准则。这种对现任政治人物和公众人物无所顾忌地嘲讽和攻击不知是当时习以为常的公民权利还是仅仅给予喜剧诗人的特权? 公元前 426 年,伯里克利之后的政治继承人克里昂曾向议事会控告阿里斯托芬,因为后者所写的喜剧《巴比伦人》当着同盟国的面嘲弄了雅典地方行政官,但结果似乎是这个控告无疾而终,诗人未受到任何惩戒,如果说是不受限制的公民权利,似乎克里昂不会如此愚蠢,但认定为是喜剧诗人的特权,仅凭这个结果还不够充分。何况此时雅典的伯里克利还高踞政坛,他对雅典人民的思想和言论自由的态度也是比较激进的,虽然他曾经在前 440 年镇压萨摩斯起义的时候曾经对克拉提努斯做出了一定的限制,三年后才予以解除。

自然界,包括人类社会在内,各种力量必须是平衡的,平衡才有稳定。在一个完全自由的社会,有权势的政治人物有可以不顾道德和名誉,以合法的手段谋取各种私利的自由,而喜剧诗人(因为他们专注于现实社会的各种问题)有畅所欲言地揭发、抨击当权者个人的所有私德的自由,两种自由形成了一种平衡,当两种自由所产生的矛盾不可调和时,将最终的裁判交给法律。这个传统延续至今,在美国联邦最高法院在1964年沙利文诉《纽约时报》案的判决中得到了与其一致的体现:即仅只有当政府官员和公众人物受到媒体或公众尖锐抨击的时候,即使这些言论存在不正确之处,媒体也不必为此承担法律责任,无须支付赔偿,因为根本就不存在对政府的煽动性诽谤。这项判决的意义在于:它使政府官员和公众人物利用自己的优势试图对媒体或者公众的尖锐批评进行任何打击报复都几乎不可能。在出现了掌握强大权力和暴力资源的国家这个"怪兽"以后,如何才能切实保护人民的言论自由才是当务之急。美国联邦最高法院对本案的判例确定了以下原则:面对政府及其官员,"人们可以自由地发表任何观点,永远不会基于这一点受到起诉。"[1]只不过随着人类社会的发展,今天的媒体取代了两千多年前的喜剧诗人的作用。

阿里斯托芬的喜剧不仅告诉我们,他对当时雅典社会种种现象的观点,更重要的意义可能在于为我们提供了他所生活的那个时代的诸多事实。这有助于我们通过他并不故意记录的真实情况去了解那一段历史。比如雅典的骑兵数量,雅典的货币,外邦人的法律地位,雅典陪审法庭的有偿陪审制度等等。从探究雅典社会历史的角度看,喜剧提供给我们的信息应该是大于悲剧的。

哲学是一片战场,在这里,人们用来自确定的、自然的科学知识与来自超自然的、唯心的道德伦理互相较量并在此过程中共同探讨人类生存的目的。

古希腊的哲学起源于小亚细亚,终于雅典。当早期的人们经

---

〔1〕前美国司法部副助理部长费恩语。

过艰难的生存考验得到温饱以后,有一小部分的个体会开始不由自主地远眺过去和将来,思考一些不那么现实的问题。不同于东方专制帝国,除了国王或者法老一个人,其他都是奴隶,小亚细亚的希腊城邦有一个自由公民阶层,成千上万的人拥有自由;除了公元前546年克洛伊索斯的吕底亚王国被波斯灭亡以后到前479年的米卡列之战这几十年[1],小亚细亚的希腊城邦被波斯奴役之外,小亚细亚的希腊城邦一直享有足够的自由;而且,仰赖总体上比较和平的环境,以及素来发达的殖民体系和海上贸易,这里的希腊人大多已经拥有安宁和舒适的生活,出于人的本能,他们自然而然地产生了精神方面的需求;需求是要依靠欲望来推动的,当他们已经发展出诗歌、建筑和雕塑等审美形态以后,对作为整体的人,作为家园的城邦,更广大的土地、海洋和天空,以及所有这一切的意义充满好奇,在这些疑问困扰下,希腊人开始环顾四周,仔细"打量"这个他们生存的世界,于是,原始的西方哲学开始萌芽了。

古希腊哲学从一开始就走出了一条独特的道路。虽然它们的东方邻居们拥有更加先进和成熟的自然知识,但基本上都是国王和法老统治下,由奴才们掌握的技艺,是为了有助于建筑、农业和健康,甚至宗教和国王崇拜等等这些实际的需要,而最早的希腊人对自然的观察和理解,其目的则纯粹是为了了解世界,了解自然,而不为任何现实的用途,是自由人在寻求的智慧。同一件事物开始时的分歧是以后所有区别的起点。

古希腊哲学最初是伴随着数学、几何学、天文学等自然科学一起诞生的,也可以认为是自然哲学阶段。随着人类知识的积累和思维的进步,科学与哲学互不相容,日渐抵牾,最终分道扬镳,它们

---

[1] 吕底亚王国与小亚细亚的希腊城邦之间虽然有臣属关系,但吕底亚的国王除了向希腊城邦征收一定的税收以外(除了米利都,米利都和吕底亚和波斯都是平等的盟友关系),基本让其自治,所以在波斯取代吕底亚统治希腊城邦之前,当地的希腊人并没有受到严重的压迫和剥削。

两者所具有的原始力量和生长潜力是如此强大以至于最后各自长成了具有无限空间的参天大树,并且还在继续成长。

从公元前六世纪开始,在散布于地中海不同地域的希腊城邦,先后出现了一些最早的哲学思想家。他们分布于东起小亚细亚,西到南部意大利的希腊人城邦,却唯独不见于希腊本土的雅典。

现在比较一致的看法是:古希腊哲学始于米利都的泰勒斯,并且提出了米利都学派的说法。米利都是小亚细亚的爱奥尼亚城邦,拥有众多海外殖民地,贸易发达,是小亚细亚最繁荣的城市,但是关于它的政制知之甚少。泰勒斯的生存年代可能是从公元前640年(或者前629年)到前543年,说他曾经准确地预测了一次日蚀,而后人推算,这次日蚀发生在前585年,利奥波德·冯·兰克认为泰勒斯有腓尼基血统,零星的记录表明:他晚年曾经游历埃及,并将埃及人建造金字塔所用的几何学知识带回了希腊,而且与吕底亚国王克洛伊索斯也有交往。关于他的哲学成就,因为没有什么著作留下来,甚至不知道他有没有写过什么著述,只知道他的观点:世界是由水构成的,大地是漂浮在水上的,以及其他天文学和几何学知识。他开创了哲学思考,但作为古希腊哲学的开创者,直接编写一部哲学专著似乎不太可能,即使这些思想极其简单和原始。但大家都认可哲学肇始于泰勒斯,其主要原因可能就在于他最早开始对构成世界的基本物质进行探索并加以抽象化,以及他的思考开始带有哲学的性质和特征。

米利都学派的第二个哲学家是阿那克西曼德。他的生卒年代比泰勒斯更为模糊,可能生于公元前610年,因为第欧根尼转引一个雅典人的记载说他在前546年时已经64岁了,而且不久就去世了,所以他比泰勒斯年轻,但死得早。他的哲学观点比泰勒斯更为抽象,他提出构成世间万物的既不是水,也不是其他任何已知物质,而是一种不确定的"无限",这是一种无形的元素,它具有无限、无尽和永恒的特性，充满并且环绕整个世界。阿那克西曼德同样对科学充满兴趣，据说他在西方世界第一个绘制了地图，并把大地想象成一根圆柱体，并且意识到太阳要比地球大二十多倍。

米利都学派的最后一个哲学家是阿纳克西美尼，据推算，他大概生于前 560—548 年之间，死于前 528 年。他认为世界万物是由有生命的"气"形成的，人的灵魂也是气，世间万物都是气的不同程度的凝结的形态，火是稀薄的气，随着凝聚力的增强，气会依次变成水、土和石。他认为大地像一个圆盘，周围包裹着气。

米利都学派的理论，就仅有的这些内容来看，它的思想围绕着自然展开：来自自然，同时也以自然为其内涵，无论从今天的角度来讲多么粗糙、原始，多么不完备，但其中似乎看不到宗教的痕迹。

米利都学派最先揭起了围绕着古希腊哲学宫殿的帘子的一个尖角，透进了第一束光，在此基础上，接下来的哲学家们先后以更大的力度将这个帘子一幅幅掀开。

毕达哥拉斯的一生充满传奇，他创立了数学和一种新的宗教，并将数学和宗教糅合在一起，将他的宗教付诸社会实践。他是萨摩斯城邦的公民，关于他的出生日期有许多不同说法，大致是公元前七世纪末到前六世纪八十年代，成年以后差不多正处于萨摩斯著名的僭主波吕克拉底统治时期，据说他早年曾游历了小亚细亚的希腊城邦，可能拜访过泰勒斯或者阿那克西曼德，后又去过腓尼基和埃及，并且在埃及长期居住过一段时间，学习了东方哲学和天文学等，再从埃及返回萨摩斯，可能因为波吕克拉底的僭主统治下造成的政治动荡，他和他的信徒迁移到了意大利南部的克罗顿定居下来，并且建立了一个以他和他创立的宗教为核心的团体，它规定了大家的生活方式，甚至大家的道德标准，所有信众共同生活，共同学习，财产共有，这个团体接受一切男女参加（古希腊人风俗是妇女一般是禁锢在家,不能随便出门的),当然只能是公民而不可以是奴隶。这个宗教团体信仰的是毕达哥拉斯创立的思想:灵魂不灭并且会在一切生命体中的轮回;和对数(学)的修炼,在毕达哥拉斯的观点,数是一切事物的本质,是不变的普遍的理念,数属于思想范畴,而非科学。这个教派还有一个特征:禁食豆子,另外还有一些奇奇怪怪的准则:比如不要去触碰白色公鸡,东西掉了不能捡起来,不要吃整个的面包,不要在大路上行走,不要在光亮的旁边照镜子,等等。以及严格执行纪律:团体的修炼内容绝对不允许向外人泄露。毕达哥拉斯的宗教团体起初因为有纪律的生活方式在克罗顿赢得了非常大的影响,据说可以决定克罗顿城邦的实际控制权,但光环褪尽以后,就被其他公民赶出了克罗顿,毕达哥拉斯和一部分信徒再次迁徙到另一个意大利城市梅达朋提翁,他以80以上高龄去世。

虽然,毕达哥拉斯最伟大的发现是关于直角三角形的两条夹角边的平方之和等于斜边的平方,即勾股定理。但是我认为:他更值得注意之处在于:他成立宗教教派去研习科学,用神秘主义的方式去实践理性和理智,以至于伯特兰·罗素将他一生所做的事情形容为"几乎是一堆难分难解的真理与荒诞的混合"。如果今天的我们对宗教的看法更中性一点的话,是否可以把他理解为真理与信仰,换一种说法,即科学与宗教的完美结合呢? 毕竟,现在的学者都不可避免地带有教育和知识的烙印,在一切思想的起源方面已经很难保持原生的纯洁。在今天看来,毕达哥拉斯的思想犹如一块贵金属的共生矿石,包含了许多原生的、珍贵的未加分离的成分,在他的时代,西方的哲学和科学尚处于混沌初分,而他的后人们则从中各取一块分离提纯以后就成了一些新的科学学科的创始人。例如:康福德认为:巴门尼德——逻辑的发现者,是毕达哥拉斯的一个支派,而柏拉图本人则从意大利哲学获得了他的灵感的最主要来源;罗素认为:"我不知道还有什么别人对于思想界有过像他那么大的影响。我所以这样说,是因为所谓柏拉图主义的东西倘若加以分析,就可以发现在本质上不过是毕达哥拉斯主义罢了。有一个只能显示于理智而不能显示于感官的永恒世界,全部的这一观念都是从毕达哥拉斯那里得来的。"〔1〕虽然,毕达哥拉斯本人没有给我们留下什么著述,我们也无法非常确信地判定我们今天所知关于他的所有思想是来自他还是他的毕达哥拉斯学派的成果,我们今天看到的这些都是他的学生或者信徒的记录,有点类似于我们孔子的《论语》的诞生和传承。

毕达哥拉斯以后,哲学继续在各自独立的、互不影响的发展。赫拉克里特,一个以弗所的贵族,提出了世界火成说,他说火是世界的基本物质,其他万物都是由火生成的,并且这个世界始终处于流变当中,生和死、一和多都时刻在变化,但世界是统一的,是结合了对立面的统一,对立是造成统一和和谐的力量,正如同善和恶、有和无其实都是一回事,因为万物都在变化中,所以对立是好事,战争也是值得称赞的。他也有自己的宗教信仰:就是一种高傲的苦行,他认为人的灵魂由火和水组成,火是高贵的而水是低贱的,他将火形容为干燥、高贵和自制的,而水形容为潮湿、快乐、满足和卑下的,所以人要保持灵魂干燥,不能过于追求快乐,否则灵魂变潮湿就接近死亡了。

与赫拉克里特相对的是巴门尼德,他的观点恰恰相反:没有事物是变化的。出生于意大利南部埃利亚的巴门尼德在哲学史上赢得重要地位,主要是因为"他曾创造了逻辑,但他真正创造的却是基于逻辑的形而上学"〔2〕,他否认赫拉克里特的对立统一,认为世界就是由固定不变的"一"构成的。还有,他开始探讨思想和语

---

〔1〕《西方哲学史》(上卷)〔英〕罗素著,何兆武、李约瑟译,商务印书馆1963年版,第65页。
〔2〕《西方哲学史》(上卷)〔英〕罗素著,何兆武、李约瑟译,商务印书馆1963年版,第78页。

言以及其所针对的客体三者之间的关系问题,为了说明这些问题所使用的实体、存在等这些概念日后成了哲学、心理学和物理学等等学科中的基本概念。

随后,西西里的恩培多克勒提出了世间万物是由火、水、土、风四种元素的不同比例构成学说,并且将爱和仇恨作为影响四种元素组合变化的动力,世界的好坏就是爱与仇恨之间力量变化的体现,对前面的物质构成学说做了一个集成;但可能他在科学方面的贡献更大,他首先发现了空气是一种独立的实体,也首次发现了离心力现象,并第一次发现了自然进化的理论,当然这是想象大于实证的。而天文学的成就更大一点:他提出月亮是由反射而发光的,光线的行进需要时间,日蚀是由于月亮的位置遮挡而引起的。虽然恩培多克勒在科学和哲学做出了具有重大影响的贡献,但可能他的参与社会政治活动的兴趣更大,据说他一生的经历轰轰烈烈,连最终的死亡都有不少传奇的说法。

这些希腊早期思想先驱基本都同时既是哲学家又是科学家,哲学和科学的诞生和发展既是同步的,更是互相共生而且共同促进的,应该说,这时人们取得的最大进步是认识和思维方法的进步,而对自然万物的根本思考虽然原始而且幼稚,但不急于一时,关键在于没有一种超然于自然的宗教的束缚,希腊的哲学家们的思想和身份一样具有完全的自由,探索是真实的、自然的、不受限制的。所以小亚细亚的希腊哲学更偏向于自然和自由,而意大利哲学虽然比小亚细亚有更多的神秘主义色彩,甚至哲学家自己也会创立宗教,但这种宗教总体上并不具有东方式宗教的天赋神权与政权的紧密结合,从某种角度而言,希腊哲学所包含的宗教因素也不过是他们对人性的探究的一个领域而已,归根到底,城邦的权利来自民主,不管这种民主是全体公民还是部分贵族公民。但这种哲学和科学领域的进步是巨大的而且分散的,直到这些思想在雅典汇聚。

伯里克利说:"一言以蔽之,我们的城邦是全希腊的学校。"确实,公元前五世纪的雅典不仅在政治和军事上雄踞希腊之首,而且取代了卡尔西斯和科林斯等原先贸易中心城邦成为全希腊的海上贸易中心,除此之外,雅典的民主和自由的气氛更是吸引全希腊,甚至更遥远地方来客的主要原因。安全、富裕和自由的环境使雅典成为当时希腊的文化艺术中心,并进而发展成为希腊的思想和学术的繁荣之地。

这些来自四面八方的智力"外援"携带者各自的思想和知识在雅典传播和交流,形成了智者和哲学家这两个相似但绝不相同的群体。说实话,要想以一种明确、可辨析的标准来区分这两种类型是非常难的,因为他们在思想和知识方面不仅有重合,更有跨界的优胜之处。

智者是这样一些人:他们在不同领域具有相当程度的智慧和知识,尤其擅长演讲和雄辩术是他们的共同特点,他们与哲学家之间存在一个比较现实且清晰的区别:一是教授辩论术,二是收取高昂的学费,而哲学家更倾向于思考人类和自然的规律。智者的代表人物有高尔吉亚、普罗泰戈拉、希皮亚斯等,据说高尔吉亚的学费高达六个明那。人类的任何时代,人们受教育程度的分布总是金字塔型的。在雅典直接民主制度下,最高权力机构公民大会以及议事会的成员总体也是同样,受过较少教育,甚至文盲的平民构成全体成员的绝大多数,"他们有着普通公民们所特有的偏见,并且缺乏职业性的气味"[1];而且参加公民大会的成员原本就是农民、工匠和商人为职业,参加公民大会的次数(根据芬利的观点:一般每年40次左右)都不固定,而就是这样一些非职业的、"兼职"

---

[1]《西方哲学史》(上卷)〔英〕罗素著,何兆武、李约瑟译,商务印书馆1963年版,第108页。

的民众却要在"这一体制的最高机构,拥有对所有政策的决定权"的大会上投票决定城邦的重大事项,他们在投出每一张赞成票或反对票时,依据的到底是什么? 除了个人的情感好恶和道德(以及可能偶尔出现的零散的专业知识和经验)以外,公民大会上投票之前少数职业政治家之间的辩论和演讲对绝大多数公民的意见是决定性的。因为"教养不足的人极易受人影响,而今天的世界主要由教养不足的人构成。他们能够抓住思想,但他们没有获得验证思想以及同时怀疑思想的习惯"[1],而最能打动他们的,一般来说就是煽情的辩论、演讲而不是理性的远见,"因此,称呼政治领导人为'演说家'是极为准确的语言表达"[2]。而智者,就是向意图领导公民大会民意并获取其支持投票的领袖人物教授辩论或者演讲技术的人。

同样的情况也发生在雅典的各类陪审法庭。无论是关于个人财产纠纷,还是事关城邦政治性的公共诉讼,原告和被告在面对由众多随机参加陪审的公民法庭时,辩论和演讲的能力不仅影响着财产的得失,有时更会决定着个人的生死。能够有条件接受智者的教授,从而提高自己在公众面前演讲和辩论的能力,它的意义和从政一样,重大而且广泛。

古代希腊人对智者的总体评价是偏贬义的。这种印象最初可能起源于柏拉图的鄙视,以及当时社会普遍存在的对教育收费的不满,但是这些智者往往是以教授辩论和演讲为生,但这并不妨碍他们对其他领域的知识和智慧方面做出深入并且卓有成效的探索。普罗泰戈拉除了在他的"职业"演说方面是"第一个区分演说辞各组成部分的人,也是第一位为欧洲创建科学语法的学者"(伯

---

〔1〕《古代民主与现代民主》〔英〕M. L. 芬利著,郭小凌、郭子林译,商务印书馆2018年 第16页。

〔2〕《古代民主与现代民主》〔英〕M. L. 芬利著,郭小凌、郭子林译,商务印书馆2018年 第45页。

里的观点），其实，他在哲学方面也毫不逊色，他提出了"人是万物的尺度，是存在的事物存在的尺度，也是不存在的事物不存在的尺度"，由此看来，他否认存在着绝对的客观真理，也可以说是他怀疑主义的一个表现，以至于后世的实用主义创始人之一：费·坎·席勒自封为普罗泰戈拉的弟子；而高尔吉亚作为一位演说家极负盛名，他的散文文体优美、富于韵律，并且深含理性和哲理，全希腊都为他的文采而折服，但他在哲学和政治学方面同样也留下了自己的痕迹，比如他哲学思想的不可知论，他在雅典代表莱昂蒂诺反对叙拉古的政治演说等等，都能深深地打动雅典人民。

相比于智者的活跃，同期哲学家的影响可能稍逊，雅典的哲学家苏格拉底因为没有留下片言只语，仅仅依靠通过柏拉图的记载而成为一个传奇，但同样的记载却没有告诉我们苏格拉底实实在在的理论和学说，我们不知道这里面的真实性含量有多高，也不知道柏拉图将苏格拉底作为自己创作的一个角色还是苏格拉底的传记，我们只知道苏格拉底始终一贯的说法是他评价自己的一无所知，而且他比别人聪明之处就在于他十分清楚地知道自己一无所知。所以，这个时候的雅典是汇聚了全希腊各地的思想和文化的地方，但来自雅典本地的贡献甚微。

智者和哲学家共同成为公元前五世纪古代希腊，尤其是雅典的思想文化运动的推动者，即使他们的方式和方向迥异，但这种思想和文化上的繁荣，合并了戏剧诗歌和雕刻建筑艺术，使雅典成了全希腊的文化中心，文化高地的地位帮助了雅典霸权的确立和维护。我们需要注意到的是：正是雅典实施的民主制度，而不单单是自由，造成了智者向雅典的聚集，因为在民主政治中发挥作用，甚至可以说必不可少的重要工具是辩论和演讲，而不是暴力和阴谋（教皇和哈里发的统治往往就不太需要有杰出的演说和辩论的能力），而雅典的政治和政治家都必须直面公众、说服公众，通过演说影响公众的选择和决定，所以，雅典的民主制度，在客观上造就了演说术和演说家。以后,随着伯罗奔尼撒战争的失败,乃至于马其顿帝国和罗马占领的日子里,雅典虽然失去了霸权和政治影响力,但依然维持着它在西方世界独特的、不可取代的作用和文化上的尊崇地位。

第四章 ｜ 雅典衰落(前431年—前403年)

> 因为弱者应当臣服于强者,这一直就是一条普遍的法则

伯罗奔尼撒战争是以斯巴达和雅典为首,联合各自盟邦而形成的两大集团进行的希腊历史上规模最大、持续时间最长的内战。这场战争的后果就是:雅典直接丧失了它在希腊世界的霸权,而且希腊世界整体性的开始走向衰落,战争不仅极大地消耗了各个城邦的财富和智慧,似乎希腊文明的潜力和运气也已用完了。

至于说到战争的起因,奇怪的是,我们并没有看到雅典和斯巴达之间存在根本利益的冲突,也就是说,他们发动这场战争的理由不仅不够充分,甚至让人费解,因为斯巴达似乎并不在意雅典的崛起,在经济上,他们利用美塞尼亚的奴隶城邦自给自足,与雅典贸易为主的开放式经济也没有形成冲突;在政治上,斯巴达一向反对僭主制,与雅典也没有势力范围扩张而形成矛盾。相反,大战爆发之前雅典与科林斯的冲突却是激烈而且多地发生,从希腊西部到北部色雷斯的卡尔基狄克,雅典和科林斯因为执行了同样的殖民地和扩张政策,并且都处于同样活跃的状态,才使得他们之间的矛盾无法调和。从表面上看,是因为科林斯与雅典的冲突,斯巴达是为了与科林斯的同盟条约的约束,而被动地陷入与雅典的战争。

人类历史上没有比雅典更为彻底的自由和民主制度了,但这丝毫不影响民主城邦所实行的霸权政策,对盟友和属邦在政治上压迫和经济上剥削。雅典在确立了自己的霸主地位以后的对外政

策,使全希腊——不仅仅雅典同盟的成员——都清晰地认识到:雅典不仅会剥夺盟邦的独立和自由,更会剥削其利益,而唯一剩下的形式上的民主制度也不会对雅典同盟成员以后的政治地位和经济利益有什么有意义的帮助,从任何角度看,一个失去了独立,成为强权附庸的民主制度对城邦更是没有一点好处。所以说,伯罗奔尼撒战争的直接原因主要不在于斯巴达的寡头制与雅典的民主制的冲突,而是雅典的霸权主义对所有其他希腊城邦和人民的独立和利益的各种侵害而导致的恐惧和反抗,而且,只要雅典人没有感觉力不从心,这种霸权的扩张就是没有界限和止境的,斯巴达只是由于历史原因和传统声誉,而被选择来顺应广大希腊城邦阻遏和反抗雅典霸权肆无忌惮的扩张的领袖角色。

个人恩怨很容易走向你死我活,但国家,尤其是大国之间的理性因素会多一点,所以,伯里克利坚决反对拉栖戴梦的立场并不必然地表明他要消灭斯巴达,在反对和消灭之间存在着非常多种可能:打败、使其衰弱、征服,直至消灭。谁也不能知道他内心真正的针对斯巴达的最终目标到底是什么。

而且,这场战争的性质应该更多地从起因上分析,而不是从结果来看。因为战争开始以后的进程脱离了双方最初的主观规划,战事的发展就按照规律自动进行,甚至双方决策力量的决心也会随着战场形势常常发生重大变化。雅典的战争目的和战略也仅仅从伯里克利到克里昂保持了十年,随着他们两个人的死亡,雅典人民的战争意志和追求也因为民主政治天然的短视和随意的特性,与开战初期相比变得南辕北辙了。

一 战 争 起 因

科林斯是完全不同于斯巴达的多利安人。他们建立了众多的海外殖民地,也进行着繁忙的海外贸易,拥有强大的海军;而且在伯罗奔尼撒同盟里面,和彼奥提亚联盟一起属于实力强大、拥有极大独立性的盟邦。虽然拉栖戴梦人身为古老的伯罗奔尼撒同盟的霸主,但是不同于提洛同盟,斯巴达人总体上既没有扩张的欲望,也没有对盟邦如同主仆般的控制权力。

从表面上看,当科林斯在希腊多处受到雅典的打击以后,寻求同盟的帮助,成为整个伯罗奔尼撒同盟无法推脱的责任和义务,因为斯巴达当初建立同盟时就以共同的安全为同盟的宗旨。

科基拉

希腊半岛的西部,爱奥尼亚海沿岸在传统上是多利安人殖民地范围,在前439—前436年间,阿卡纳尼亚人和安菲洛奇亚人为了赶走鸦占雀巢的安布拉基亚人,夺回阿尔戈斯城,而向雅典求援,雅典派出了由佛米奥率领的舰队帮助阿卡纳尼亚人占领了阿尔戈斯城,并将安布拉基亚人降为奴隶,因为这件事,雅典在西部取得了第一个盟友:阿卡纳尼亚。

此后不久,这一地区最强大的城邦科基拉与其殖民母邦科林斯发生的冲突又让雅典卷入。科基拉与科林斯的矛盾起因于科基拉和科林斯所建立的殖民城邦埃庇丹努斯,埃庇丹努斯在科基拉以北的伊利里亚地区,周边都是蛮族陶兰提亚人,可能在前435年,埃庇丹努斯城邦发生了内乱,平民将贵族赶出了城邦,贵族们联合了附近的蛮族从海上和陆地向城邦发起了进攻和袭掠,城中的掌权派惊恐之下向母邦科基拉求援,但科基拉拒绝帮助,绝望中的埃庇丹努斯人只得向德尔斐神庙去问神,并根据神谶指示将城邦交给科林斯,科林斯对此态度积极,不仅派出了军队救援,同时招募了安布拉基亚人、琉卡斯人和科林斯人,以及自愿移民埃庇丹努斯的其他城邦,如麦加拉、埃皮道鲁斯、基法伦尼亚、特洛伊曾和埃利斯等组成了新的移民定居者一起赶赴埃庇丹努斯,他们进入埃庇丹努斯,当科基拉人得知这一切以后,又改变了原先不干预的政策,他们出动了 40 艘舰船,并且联合了被赶出城的贵族和伊利里亚蛮族军队兵临城下,向城邦发出了最后通牒:凡是自动离开城市的,不论本邦人还是异邦人都可以不受伤害,而所有留下的都将被当作敌人看待,但是城里的人都不加理睬,科基拉人就开始围城并准备攻城。双方开战前,斯巴达和西夕温曾应科基拉邀请而调解斡旋纠纷,希望科基拉和科林斯能通过谈判和平解决纠纷,但被柯林斯拒绝了。于是,双方在海陆两个战场展开了战争,结果科基拉都取得了胜利,科林斯及其多利安盟友的海军大败而逃,埃庇丹努斯城市也在科基拉围攻下投降了。科基拉将海战中除科林斯以外的俘虏全部斩首,刚来城市的新移民全部卖为奴隶。

科林斯在战败后全力扩建海军准备复仇,两年后(前 433 年)就拥有了人员齐备的 90 艘战舰,虽然现在科基拉的海军控制了爱奥尼亚海域,并不断进攻骚扰埃利斯等科林斯的盟邦,但不敢挑起新的战事,双方的敌意进一步上升。此时,斯巴达和西夕温也不愿再插手他们的争端。由于科基拉一贯奉行的不结盟政策,既非拉栖戴梦同盟的成员,与雅典同盟也毫无瓜葛,面对强大的科林斯和它的盟邦势在必行的卷土重来,科基拉感觉势单力孤,他的敌人基本都是伯罗奔尼撒城邦,留给他们的没有选择:只能向雅典求援,去加入雅典同盟。

科基拉和科林斯同时派出了使节赶赴雅典,一个是去申请加入雅典同盟,而另一个是去劝说雅典不要接受这个申请,雅典为此召开了公民大会,让两个敌对的外邦代表当众进行辩论。争论的焦点集中在道义和功利两个方面:科林斯认为自己建立科基拉这个殖民城邦,宗主城邦"是要成为他们的领导者,并且要他们对我们表示适当的尊敬"[1],而科基拉认为"派到国外去的移民不是留

---

〔1〕《伯罗奔尼撒战争史》〔古希腊〕修昔底德著 徐松岩等译 广西师范大学出版社 2004 年版 第 23 页

在母邦的人的奴隶，而是他们的平辈"[1]，其实此中曲直难以分辨，更不是影响雅典人民的主要因素；对雅典来说，接下来的更重要，科基拉告诉雅典人民自己是除了雅典以外"最大的海上强国"，"一旦发生战争，我们对于你们是有用的"[2]，对此，科林斯使节极力劝说雅典人不要因为表面的好处而丧失了长远的利益，并且提出了过去科林斯人至少有两次对雅典给予了关键的帮助：一次是在大流士入侵希腊之前，雅典人因为与埃吉那人发生战争，缺少舰船，科林斯设法为雅典提供了 20 艘战船，帮助雅典打败了埃吉那[3]；第二次发生在不久前，雅典镇压萨摩斯反叛的关键时刻，拉栖戴梦同盟应萨摩斯请求准备干预，军队都已集结，出发在即时科林斯第一个退出联军，从而使斯巴达的援救计划破产，科林斯在这两次危急关头帮了雅典的大忙，科林斯希望雅典做决定时要考虑这些历史上的友好关系。至于雅典与拉栖戴梦同盟的三十年和约是否成为一种约束，因为科基拉从未参与任何一方的同盟体系，因此，根据三十年和约条款，它确实可以自由参加任何一个同盟。

雅典人随后就此事召开了两次公民大会讨论。在第一次会议中，大家明显偏向于科林斯，但在第二次的大会上，意见分歧加大了，再加上伯里克利提出了自己的见解，他的意见足以左右大会的舆论导向，在他的引导下，公民大会最终投票决定接受科基拉入盟，雅典与科基拉建立同盟关系，但这是一个仅限于共同防御的盟约，科基拉不能要求雅典参与它对科林斯主动发起的进攻。

从雅典的选择我们可以看到当时人们的观念、准则及其重要性排序。至少对雅典人来说，正义和道德已经不是城邦必须遵循

[1]《伯罗奔尼撒战争史》〔古希腊〕修昔底德著 徐松岩等译 广西师范大学出版社 2004 年版 第 21 页

[2]《伯罗奔尼撒战争史》〔古希腊〕修昔底德著 徐松岩等译 广西师范大学出版社 2004 年版 第 20 页

[3]《历史》〔古希腊〕希罗多德著 徐松岩译注 上海三联书店 2008 年版 第 330 页

的首要准则，即使是曾经发生过的友谊和帮助也不是确定敌我关系的决定性因素，只有如何有助于提升城邦的利益和战争实力的选择才是最重要的。因为科基拉拥有强大的海上力量，它可以匹敌拉栖戴梦同盟中的海上强国科林斯；还有一个因素，就是科基拉处于雅典向西通往意大利和西西里的航道上，这个对雅典今后的扩张野心也是一个不小的诱惑，在雅典人心中，这两个现实的好处胜过任何虚幻的道义。

雅典和科基拉的盟约签订以后，马上就派出 10 艘舰船开往科基拉，因为科林斯的进攻已经迫在眉睫。但是他们得到的命令是尽量避免跟科林斯舰队发生冲突，除非柯林斯舰队有攻入科基拉海岸的企图和现实危险的时候才能投入战斗。

科林斯完成了准备，派出了 90 艘舰船汇合了盟邦的 60 艘战船，一共 150 艘舰船向科基拉驶来，科基拉倾全国之力出动了 110 艘战船迎战。双方在西伯塔附近的海面上相遇后就排好阵形，开始了迄今为止希腊人之间规模最大的海战，雅典舰队被配属在科基拉舰队的右翼，战斗开始的时候科基拉的左翼打败了科林斯联军的右翼，并追击到科林斯人的岸上基地，但科林斯把舰队的精锐放在自己的左翼，正对着科基拉与雅典共同组成的右翼，而且雅典舰队开始时也确实没有投入作战，所以科基拉的右翼很快被科林斯突破并溃散，由于科基拉舰队本来数量就少于科林斯联军，再加上有一部分舰船去追击科林斯，随着时间推移，科林斯联军越来越占优势，这时，雅典战舰开始投入战斗，但已无力挽回败局，只能掩护科基拉人退回本岛，而科林斯舰队打捞起海里的阵亡士兵和敌方俘虏以后，再次航向科基拉海岸乘胜追击，恰在这时，雅典派往科基拉援助的第二批舰队共 20 艘战船赶到了，科林斯人首先看到以后，就退出了战场。第二天，科基拉舰队和雅典的 30 艘战舰航向科林斯舰队的基地外海，在雅典人向科林斯人表明他们的唯一使命就是保护科基拉不受攻击以后，科林斯人看到继续作战不一定能达到目的，就率领联军舰队离开回国了。

这场战斗科林斯取得了胜利，由于雅典的保护，科基拉能够免于受到更大的损失。科林斯联军摧毁了科基拉 70 艘战船，俘获了一千多个俘虏，他们把其中的奴隶水手约 800 人卖掉，而将剩下的200 多名科基拉战士带回去，虽然拘禁，但给予很好的照顾，因为这些人都是科基拉公民中很有地位的人，科林斯对如何利用这部分俘虏有更长远的打算。

此事发生在伯罗奔尼撒战争尚未开始之前，伯里克利的政治智慧以及战争意志得到了充分的体现。雅典派出了很少数量的舰队驰援科基拉，已经实现了共同防御的盟约精神的底线标准，并且确保不能让科基拉沦陷于科林斯及其盟邦之手，雅典需要确保这个不可忽视的海上强国站在自己一边，但并没有派出足以战胜科林斯的更多舰船去帮助科基拉（此时雅典在其他地方并没有重大战事），也是为了让科基拉与科林斯火并一场，无论是潜在的敌人科林斯，还是这个新近结盟的海上强国，他们的力量耗损都有利于雅典，因为目前对科基拉，雅典还不能像对待雅典同盟的属邦一样降低其地位；而且，雅典需要控制这场冲突的规模，使其不致刺激到引起拉栖戴梦人感受到迫切而巨大的威胁而直接参与，如果雅典这次全力协助科基拉消灭了科林斯的海军，拉栖戴梦同盟对此必将有所警觉，一个同盟要是重视并重建其海军所能动用的资源必定会大大超过科林斯一个城邦的，所以削弱而不是消灭更有利于雅典对局势的掌控。更加可能的是：伯里克利基于坚定扩大雅典霸权的野心，他此时已经对与拉栖戴梦同盟爆发战争做好了充分的思想准备，所以不想提前在任何方面过度地直接刺激到斯巴达。他的策略就是在全面大战爆发前，以分散的、渐进的、小规模的地区冲突方式尽量多的扩充雅典的势力范围，不引人注目地"蚕食"敌方的关键资源和战略要地，为战争的爆发做好充分准备。这些可以从他后续的举动得到印证。

波提狄亚

　　科基拉和科林斯大战结束后不久,前 432 年,伯里克利提出议案并经公民大会通过一项针对麦加拉的法令:宣布两个国家"处于绝不和解和永远仇恨的敌对状况"[1],规定凡是麦加拉人进入阿提卡领土均要处死,雅典的将军发誓每年必须对麦加拉进行两次侵略,雅典以及雅典同盟属下的所有港口和市场全部拒绝麦加拉人或船只进入,最后一个条款可能就是西方世界的第一个经济制裁的法律,它对麦加拉的经济是毁灭性的,雅典以前的所有条约都没有这样的条款,即使对波斯人也是开放贸易和航行自由的。

　　雅典的第二个法令就是命令波提狄亚城邦实行去除科林斯影响的一系列政策。波提狄亚城邦坐落于北方,色雷斯和马其顿交界的卡尔基狄克半岛的一个狭窄地峡上面,原先是科林斯人建立的殖民地,现在加入了雅典同盟,是雅典每年缴纳贡金的盟邦(显然是名义上的盟邦,实际上的附庸),这个城邦的传统:它实行的是科林斯式的行政体系,城邦行政官员一直是由科林斯派遣而来,每年一换。雅典这次通过法令要求波提狄亚废除原先的科林斯式行政体系,驱逐科林斯籍官吏并且以后也不能接受科林斯派遣官员,向雅典提供人质,拆毁其面向海洋的城墙。

　　雅典的这一法令虽然表面上仅仅涉及雅典同盟内的两个城邦,但它的影响马上引起了有关地区动荡以及希腊两大同盟关系的矛盾激化,并进而导致了后来发生了一连串的战事。该地区的马其顿国王帕蒂卡斯原先与雅典结盟,因为雅典支持他的两个兄弟菲利普与德尔达斯与他争夺王位而与雅典反目成仇,乘此机会,帕蒂卡斯遣使远赴斯巴达,劝说拉栖戴梦人出兵反对雅典,同时联络科林斯支持波提狄亚人发动叛乱,而他自己则去串联色雷斯的

〔1〕《普鲁塔克全集·Ⅰ》〔古希腊〕普鲁塔克著 席代岳译 吉林出版集团股份有限公司 2017 年版 第 314 页

卡尔基斯人[1]和波提亚人一起结盟参加即将对雅典的战争。波提狄亚人在收到雅典人的最后通牒以后，连忙派人去雅典谈判，请求对该项法令的有关条款重新商议，虽然谈判一再延长，但最终没有取得任何成果；与此同时，波提狄亚派出使节在科林斯的陪伴下也到了伯罗奔尼撒，在与斯巴达长老会吉洛西亚和监察官举行秘密会谈以后，波提狄亚得到了拉栖戴梦人的保证：如果雅典军队入侵波提狄亚，斯巴达将入侵阿提卡。

在各方密集外交紧锣密鼓地进行之时，雅典已经察觉了这些反对自己的暗流涌动，于是果断地派出了舰队赶赴波提狄亚以先发制人。前432年夏，雅典派出的舰队包括30艘战舰和1 000名重装步兵，由阿契斯特拉图斯及其他四名将军率领，他们的任务是：到达后自行搜捕人质，拆毁有关城墙，时刻戒备邻近城市可能发生的叛乱。而马其顿在和卡尔基斯、波提亚和波提狄亚结成同盟以后，这些城邦就爆发了反对雅典的叛乱，马其顿国王帕蒂卡斯说服了卡尔基斯人放弃沿海的城镇，将部分人民集中迁居到内地较大的城市奥林苏斯，并且为其他的卡尔基斯人提供了马其顿境内地的土地，供他们生活。

当阿契斯特拉图斯率领的舰队到达波提狄亚以后，看到城邦已经叛乱，他们感觉单凭自己的力量难以攻克波提狄亚，就转向马其顿，希望与帕蒂卡斯的两个兄弟联合起来进攻马其顿。波提狄亚等城邦叛乱的消息传到希腊，科林斯马上派出了一支由科林斯人和伯罗奔尼撒其他地方的雇佣军组成的志愿军部队，共1 600名重装步兵和400名轻装步兵，由科林斯人阿里斯特乌斯率领去援助波提狄亚人。而雅典人在得知叛乱以及科林斯人派出援军的消息以后，也马上派出了第二支部队，由40艘战舰和2 000名公民重装步兵组成，在卡里阿斯的指挥下去汇合第一支军队共同镇压

---

[1] 古代希腊地名多有重复，此处的卡尔基斯在色雷斯，而非优庇亚的卡尔基斯。

叛乱。

阿契斯特拉图斯率领的雅典第一支远征军在与帕蒂卡斯的兄弟会合后向马其顿发起进攻,在攻取一些小城镇以后,围攻马其顿的重要城市皮德纳,在得到卡里阿斯率领的第二支远征军的支援以后,帕蒂卡斯的形势更加危殆,雅典围城一段时间以后,帕蒂卡斯被迫与雅典签订了新的盟约。在雅典军队进攻马其顿的同时,阿里斯特乌斯率领的志愿军进入了波提狄亚,雅典军队与马其顿结盟后就离开了,前往卡尔基狄克半岛,从陆地向波提狄亚进军,并且陆续得到了当地盟军的支援。而叛军联盟得到阿里斯特乌斯志愿军的增援以后,帕蒂卡斯马上脱离了墨迹未干的与雅典盟约,率领一些骑兵又返回了波提狄亚等同盟。叛军推选阿里斯特乌斯为全军总指挥,并且在离波提狄亚不远处的奥林苏斯也派驻了部分兵力,形成波提狄亚和奥林苏斯两个城市互为掎角之势,雅典军队从北面陆地向波提狄亚叛军发起进攻,并且打败了阿里斯特乌斯指挥的叛军联盟,然后,雅典派出了佛米奥率领的第三支援军,共1600名重装步兵,他们在波提狄亚的南面筑墙,另外,用海军从海上封锁了波提狄亚的东西两个方向,至此,波提狄亚被四面包围,双方的战线基本稳定下来并形成僵持态势,总体看,雅典将反叛城市封锁起来,再一次控制了卡尔基狄克地区,展现了海陆两方面的强大优势。

伯罗奔尼撒同盟大会

公元前432年秋,因为科基拉和波提狄亚,科林斯与雅典的冲突广泛而且激烈,在无法取得任何优势的情况下,科林斯只能向同宗同族的伯罗奔尼撒同盟求助;而同样作为伯罗奔尼撒同盟重要成员的麦加拉面对雅典的仇恨法令,根本无力去和强大的雅典同盟抗衡;埃吉那则因为没有得到雅典承诺的独立而向斯巴达人寻求公正。拉栖戴梦人因此召开了公民大会,邀请所有向拉栖戴梦人控诉受到雅典侵略和不公正对待的同盟盟邦和其他希腊城邦前来，向拉栖戴梦的公民大会具体陈述雅典的恶行。修昔底德详细记录了此次大会上科林斯和雅典代表面对拉栖戴梦公民大会的演说，科林斯人不仅深刻地揭示了雅典霸权的本质和"狡猾地蚕食邻邦"的方式，更通过将雅典人和斯巴达人性格的比较来说明雅典霸权的现实威胁，以及斯巴达人坐视雅典对伯罗奔尼撒同盟城邦的侵略也是违背正义和盟约的。大会期间，雅典正好有代表在斯巴达办理其他事情，在听到大会发言以后（公民大会都在城镇中心露天举行，在场的谁都能听到），在得到斯巴达人许可以后做了一个综合性的阐述，而非辩论和说明，因为他们的使命不包含这个，他们从波斯入侵战争开始说起，证明了雅典霸权的合理性和正当性，用实力去夺取自己的利益也是值得称赞的，他们建议拉栖戴梦人不要急于撕毁合约，可以以仲裁方式解决争端。

当这些发言完毕退场以后，拉栖戴梦人进行讨论。素来稳重的国王阿契达姆斯建议斯巴达不必急于宣战，考虑到雅典的实力和战争准备，斯巴达人应争取时间以积累资金和争取盟军，无论他们是希腊人还是异邦人，做好与雅典开战的准备。而斯巴达的监察官之一：斯森涅莱达斯则简单得多，他认为斯巴达不能坐视雅典攻击自己的盟邦，虽然雅典有强大的海军、骑兵和充裕的金钱，但是拉栖戴梦人有众多忠诚的同盟者，他觉得再拖下去会让雅典的势力继续扩大，因此提议马上投票，斯巴达公民大会的表决一直以提案得到的呼喊声大小为判断标准，而非投票方式，这一次，为了更清晰看清公民的意见，他请支持认为三十年和约已遭破坏，雅典犯有侵略罪的人站在一个地方，持反对意见的人站到另一块，最终，认为和约已被破坏、雅典有罪的人占绝大多数。于是，斯巴达人将同盟者代表再叫进会场，通知他们再派代表过来参加全体盟邦大会，以正式决定是否向雅典宣战。大会结束以后，斯巴达人按照传统去德尔斐神庙求取神谕,神回答说:如果他们以全力作战,他们就将获胜,无论如何,神都将站在伯罗奔尼撒一边。当年的10月或11月,伯罗奔尼撒同盟大会召开,科林斯积极主战,将雅典比喻为"一个僭主式城邦",对其他希腊城邦的统治形容为僭主对其国民的统治方式,所以对雅典开战就是拯救希腊人的自由。表决结果:大多数城邦主张对雅典开战,这只是一个宣言,大会似乎并未制定战争部署等具体议案。至此,伯罗奔尼撒战争的准备工作已经完成,雅典以实际的战争默默宣战,斯巴达和伯罗奔尼撒同盟以大会决议宣战。

　　斯巴达和雅典的这场战争的起因令人费解,斯巴达和雅典两个城邦不曾发生利益的冲突,而且迄今还没有看到雅典和斯巴达之间将要发生冲突的愿望和计划。斯巴达人只关心自己城邦的安危和美塞尼亚的希洛奴隶,几百年来,他们因循守旧,目光短浅,生活简朴,既不追求舒适和多样性,也对外面的世界不感兴趣;而雅典人热衷于革新和冒险,对外面的一切充满好奇,而且勇于奋斗与追求。"他们(雅典人)总是在海外,你们(斯巴达人)总是在家乡"〔1〕,科林斯人这样总结雅典人和斯巴达人的区别。斯巴达人毫不羡慕雅典人所拥有的一切,而雅典人又从来看不上斯巴达人的生活方式。他们之间的几次小规模的出兵从来不是你死我活的,大多数是为了其他城邦的投诉或者是应对方的国内问题而主动向自己提出的请求,甚至可以说,在伯罗奔尼撒战争爆发前,雅典和斯巴达总体上是友好、合作的,这次战争爆发主要原因在于雅典利用霸权在追逐自己利益的过程中,与伯罗奔尼撒同盟成员产生的冲突积累,导致同盟集体的恐惧和不安,而斯巴达作为同盟领袖为了反对雅典侵略,维护正义而率领同盟与雅典以战争方式进

〔1〕《伯罗奔尼撒战争史》〔古希腊〕修昔底德著,徐松岩等译,广西师范大学出版社2004年版,第36页。

行的政治解决，作为城邦的斯巴达与雅典基本没有冲突，但作为两大政治同盟的矛盾，斯巴达出于道义和盟主的责任而将自己投入战争。

今天提出的"修昔底德陷阱"虽然从国家角度总结出了历史性的规律，但它很可能更符合今天的社会现实，而不是当时。我认为两千多年前的希腊两大霸权冲突的根本原因不在于新老霸权之间只能存在一个的问题，最根本的是经过千百年文明发展之后形成的人类思维观念和人类本能之间的冲突。为什么说根本，是因为它来自本能，为什么说最根本，是因为一切的冲突理由，深究下去，都只能归于先天本能和后天观念的冲突，没有办法再以分析和归纳的办法追寻更上一级的动机的来源。即一个根据自己作为人的天然反应和欲望追求所作的决定，雅典信仰的是：实力即是正义，它要做其他城邦的主人，而依靠实力夺取别人的一切是天经地义的；而另一个根据教育积累的世俗道德和信念的引导所做的决定。即，自己认为正确的和自己内心想要的，斯巴达信仰的是：自由至上，它的正义观不允许在希腊世界发生剥夺别人自由的事情，被剥夺了独立的城邦，整个城邦的人民都失去了自由。这两种源自不同内心动力的决定总有冲突摊牌的一天。

二　战争的第一阶段(公元前 431 年 —公元前 421 年)

外交

伯罗奔尼撒同盟大会做出对雅典的战争决定以后，在军事上并无任何实际举动，反而是外交活动非常活跃。可能是在加紧做各种战争准备，而外交活动只不过是寻找一个与雅典开战的适当借口。

拉栖戴梦人首先派使团去雅典,要求他们驱逐那些"被女神诅咒之人"[1],以显示他们在宗教和道义上的纯洁和正当性。这个被女神诅咒的人其实就是指伯里克利,他的母亲阿伽利斯特就是阿尔克米昂家族的后代,因为几百年前,雅典执政官之一麦加利斯特违背了对逃入神庙避祸的基伦的诺言而使自己所在的整个阿尔克米昂家族被宣布为被女神诅咒的家族[2],伯里克利是麦加利斯特的第六代后裔。虽然拉栖戴梦人也知道,考虑到伯里克利目前在雅典的地位和影响,让雅典驱逐伯里克利是不可能的,但他们希望通过这个至少使部分雅典人民将战争的起因归罪到伯里克利的身上。

而雅典人马上针锋相对地提出拉栖戴梦人也应该同时驱逐泰纳鲁斯的被诅咒者,以及那些被黄铜宫的雅典娜女神所诅咒之人。泰纳鲁斯的被诅咒者是指几十年前发生在泰纳鲁斯地方的事,当时一些逃亡的希洛人逃进了当地的波塞冬神庙寻求庇护,拉栖戴梦人把他们诱骗出来以后再加以杀害;至于黄铜宫[3]的雅典娜女神诅咒之人[4]则是指关于斯巴达人对待曾经率领希腊两军在普拉提亚打败波斯人的斯巴达国王鲍萨尼阿斯的事件,当时鲍萨尼阿斯因为勾结波斯而被判有罪,他逃进斯巴达卫城的雅典娜神庙避祸,斯巴达人封闭他所在的房间将他饿死,斯巴达人因而遭女神诅咒。双方要求对方驱逐受神诅咒的要求就这样不了了之。

紧接着,拉栖戴梦人又派出使节出使雅典,要求雅典解除波提狄亚之围,尊重埃吉那的独立,尤为重要的是:拉栖戴梦人明确告

---

〔1〕　见第一章　二"雅典民主的起源"有关章节
〔2〕　古代希腊传统:所有人,包括奴隶和罪犯,都可以到希腊的任何神庙寻求庇护,只要他们到了神庙以内,他们就受到了神的护佑,任何人不得伤害也不能强行带出。同时,当局和其他民众如果为了诱骗他们走出神庙而违背了对他们的承诺,就犯了严重的渎神罪,会受到神的诅咒。
〔3〕　斯巴达卫城的雅典娜神庙以及里面的女神像都是黄铜制造。
〔4〕　见第二章　四"战后斯巴达和雅典的政策"有关章节。

诉雅典,只要他们撤销针对麦加拉的法令,战争就可以避免。但雅典人对此还是不予理睬。

最后,拉栖戴梦人派出了最后一个使团向雅典发出最后通牒:"拉栖戴梦人希望和平继续维持下去。只要你们愿意给与希腊人自由,维持和平就并非不可能"[1]。古代希腊就是如此有趣:自己可以将一个人踩在脚下反复踩躏,却不能允许别人这样做,因为斯巴达征服了整个美塞尼亚城邦作为自己的奴隶是自古以来的惯常做法,不需要理由。雅典人召开了公民大会,从总的原则和各具体方面进行讨论,以求给拉栖戴梦人一个完整而明确的答复。在会上,雅典人的意见多种多样,也有人愿意撤销麦加拉法令,但伯里克利的一番演讲让主和派或者沉默,或者改变了原先的主张,他坚持他的原则"那就是反对向伯罗奔尼撒人做出任何让步",他认为拉栖戴梦人"以命令的形式向其邻邦提出的任何要求,不论这些要求是大是小,其目的只有一个,那就是要我们接受他们的奴役"[2],奴役就是失去自由,而雅典人绝对不能接受别人的奴役,当然,雅典施加于别人的奴役则是无可厚非的,其实,大家对自由和奴役的实践是没有区别的。何况,拉栖戴梦人的最后通牒也只是要求雅典人放弃对其他希腊人的奴役,但此时,"道义上的考虑已无足轻重"[3];再加上他对伯罗奔尼撒同盟的财力等战争力量的分析,让雅典人民鼓起了信心,最后,雅典人遵从了伯里克利的意见而拒绝了斯巴达人的外交要求,但是提出他们准备按照和约规定接受法律手段解决争端。拉栖戴梦人和平的外交努力至此结束。

---

〔1〕《伯罗奔尼撒战争史》〔古希腊〕修昔底德著,徐松岩等译,广西师范大学出版社2004年版,第73页。

〔2〕《伯罗奔尼撒战争史》〔古希腊〕修昔底德著,徐松岩等译,广西师范大学出版社2004年版,第74页。

〔3〕《希腊史 迄至公元前322年》〔英〕N·G·L·哈蒙德著,朱龙华译,程庆晷、郝际陶校,商务印书馆2016年版,第509页。

底比斯和普拉提亚的序幕战

从希波战争结束至今,伯里克利吸收并发扬了地米斯托克利首创的海权战略,并照此原则坚定地付诸实施,从而带领雅典创出了一条全新的霸权之路,它在构建和扩大提洛同盟以及镇压盟邦反叛的过程中日渐强大,在希腊的影响即使不能说超越斯巴达,但肯定已经取得和斯巴达相等的影响和实力,而斯巴达等传统大国,如科林斯、底比斯等城邦在和平的环境下同样取得了各自的发展,但他们的进步和积累的方式一如过往,无论在技术和模式方面依然沿袭着传统。

战争开始时,斯巴达及其同盟国不仅拥有质量最为精良的步兵,而且在数量上也大大超过雅典同盟,据哈罗德估计,伯罗奔尼撒同盟可以出动最多 50 000 人的重装步兵以及数量更多的轻装步兵,而且还有少量盟邦可以提供骑兵;虽然他们的富裕程度远不及雅典同盟,但他们可以得到来自德尔斐和奥林匹亚神庙为数不小的贷款;由于斯巴达拥有整个美塞尼亚肥沃的土地和数量充足的奴隶,伯罗奔尼撒城邦的粮食自给率一向是希腊最高的,而且还可以得到克里特、西西里和北非的殖民地的粮食支援;而中希腊的彼奥提亚联盟与伯罗奔尼撒同盟联手,在陆地上对雅典形成了地理上的包围,何况,以底比斯为首的彼奥提亚联盟也一向是希腊的军事强国。但海军只有科林斯以及几个萨罗尼克湾沿岸的小邦以外,总体跟雅典差距较大。

而雅典的优势则完全不同。虽然雅典是希腊人口最多的城邦,但粮食始终缺乏,严重依赖海上输入,虽然金钱最多,但它的军力主要集中在耗资巨大的海军。据推测,以当时最普遍的三列桨战船为例,每艘船需要配备划船手约 170 人,重装步兵至少 20—30 人,这样每艘战船就需要 200 人,300 艘战船就需要配备 60 000人,所以,雅典的军事力量离不开定居的外邦人,以及后来越来越普遍的雇佣兵。前 431 年，大战开始之时，雅典的军事力量是这样的：陆军有 13 000 名重装步兵和 16 000 名后备重装步兵（主要用于驻守长墙的防御力量），另外还有 1 200 名骑兵，和包括 1 600 名射手在内的数千名轻装步兵；雅典海军拥有一支 300 艘舰船组成的海军，而且经验丰富，战术先进，以及同盟中仅剩的独立盟邦列斯堡、奇奥斯提供的舰队，和新近加入的盟邦科基拉的舰队，这些舰队不仅可以海战，也可以载运重装步兵侵入敌方海岸和陆地进行作战。伯里克利的基本战略就是：在陆地，采取防御态势，必要时可以放弃部分国土，不惜一切代价避免与敌人在陆地上决战（"摈弃所有关于我们土地和房屋的念头，时刻准备保卫海洋和城市"）；在海上，利用海军机动能力，对敌方沿海地区进行长期、多点的骚扰和侵略，从而摧毁其战斗意志。

就此看来，双方的战争资源和能力其实总体相当，各有所长，但是因为雅典有伯里克利制定的战略，雅典具有充分发挥部队机动性的更先进观念。

现在一般认为底比斯和普拉提亚之战是伯罗奔尼撒战争的开端。这两个敌对了几百年而且分属于两个阵营的世仇之间发生的一次小规模冲突点燃了使雅典乃至整个希腊走向衰落的大战的导火索。前 431 年 3 月，一个雨夜，一支 300 人的底比斯军队应普拉提亚的小部分人邀请，并在他们的配合下趁黑进入了普拉提亚城市中心的市场，底比斯人没有采纳这些人屠杀其政敌的建议，而是派传令官宣布：希望普拉提亚人投诚，从而和平地脱离雅典同盟加入彼奥提亚联盟，由于天黑，普拉提亚人不知道底比斯军队的实力，所以答应了侵略者的要求，但随着天色微明，普拉提亚人看清了底比斯人的人数以后马上就反悔了，因为普拉提亚人中亲雅典派占据大多数，拂晓时分他们就向底比斯人发起进攻，除了 180 个人被俘以外，其余的底比斯人被杀，而底比斯的援军因大雨而迟滞,等赶到普拉提亚时,城内部队已被肃清,城门已经关闭,双方经过谈判达成休战和约:底比斯答应对乡村不做骚扰,即刻退兵,换取普拉提亚释放180名俘虏,双方可以继续和平相处。然而,普拉提亚在底比斯撤军后,马上将乡村的财产搬入城中,并将所有的底比斯俘虏全部杀死。普拉提亚人害怕底比斯的报复,马上向雅典求援,雅典人派出军队携带给养进入普拉提亚,留下了80个雅典步兵,配合普拉提亚的400个士兵组成驻防军,另外还有100多名妇女留在城中为士兵做面包提供伙食,将除此以外的妇孺和其他人员全部带回雅典。

至此,三十年和约的两个签约方已经明确进入了战争状态,和约已经被破坏。战争号角吹响以后,双方都马上开始全力准备。拉栖戴梦人派遣使者出使波斯和其他异邦人国家寻求帮助,争取和希腊本土独立的、还未加入两大同盟的城邦结盟,要求在西西里和意大利南部的多利安人城邦建造战船,目标是最终达到500艘的规模(实际上,整个大战期间,这些多里安城邦都是消极观望,基本没有起实质作用);而雅典的准备就更简单有效,他们派出使者去科基拉、基法伦尼亚、阿卡纳尼亚和扎金苏斯这些友好城邦,进一步加强同盟关系,因为这些城邦都在伯罗奔尼撒周边和更加往西的关键位置,一旦全面开战时方便以此为基地,从海上封锁和打击拉栖戴梦人及整个伯罗奔尼撒同盟。

这个时候,"公众的舆论是明显地倾向于拉栖戴梦人的,尤其是因为他们宣称自己是希腊的解放者"[1],拉栖戴梦人虽然实行贵族民主制,但数百年来,一直以反对僭主统治而成为希腊自由的保护者,而雅典由于其横行无忌的霸权行径而被希腊人普遍厌恶,甚至痛恨,已在雅典同盟内的想方设法谋求脱离,未被纳入雅典同盟的害怕被雅典吞并,因为雅典人不仅剥削其利益,更要剥夺别人

---

[1]《伯罗奔尼撒战争史》〔古希腊〕修昔底德著,徐松岩等译,广西师范大学出版社2004年版,第84页。

的独立和自由。

陆地和海洋的袭扰战

到了 5 月,斯巴达及伯罗奔尼撒同盟出动了他们全部重装步兵的的三分之二,在斯巴达国王阿契达姆斯的率领下向阿提卡进军。阿契达姆斯与伯里克利有着良好的私人关系,但是大战在即,还是各自以国家利益为重。就在大军即将进入阿提卡边境前,阿契达姆斯派出了使节前往雅典,做最后一次和平努力,但是雅典已经在伯里克利倡议下通过一项决议,只要拉栖戴梦人的大军不离开本国边境,雅典就拒绝接见其传令官或者使节,即不会进行任何谈判的意思,所以,拉栖戴梦使节未能进入雅典城市而被护送出境,离开边境时,这位使节对雅典人说了一句预示今后的话"今天对希腊人来说,是大祸降临的开始"。

在拉栖戴梦大军还未到达阿提卡的时候,伯里克利已经命令阿提卡居民带着他们的妻子儿女和所有能带走的家产进入雅典城市和长墙以内的地方,把牛羊牲畜运往优庇亚及附近岛屿上雅典人的殖民区。雅典人自古以来都习惯于分散居住在阿提卡的诸多城镇和乡村,这次让他们放弃自己的家和土地搬入城市,对他们而言是非常痛苦而且不情愿的。他们进入雅典以后,没有那么多住房提供给他们,有些人只能寄居在亲戚朋友家里,或者暂时以神庙神殿为家,大多数在雅典和比雷埃夫斯的周边空地上临时搭建住房,由于人数实在太多,土地不够,不得已之下,宗教禁地上也盖了房子供人们居住。

阿契达姆斯率领的盟军侵入阿提卡边境以后,移动缓慢,行事拖延。进攻阿提卡的第一个小镇奥诺花费不少心思却无功而返,接着他们绕过奥诺进入埃琉西斯和特里亚平原扎营,把周围的农田和果树破坏以后,继续向雅典腹地进发,抵达雅典最大的德莫阿卡奈,他们在这儿驻扎以后,大肆破坏即将成熟的粮食和所有果树,希望通过这样故意的破坏行为惹怒并挑衅雅典人能出城和自己决战,阿卡奈是雅典城邦最大的德莫,能提供3 000名重装步兵,是雅典公民大会中非常重要的一支力量,由于阿卡奈离雅典比较近,只有十公里多,阿卡奈的居民知道自己家乡被蹂躏以后,坚决要求出战,伯里克利在群情激奋的情况下依然保持冷静,坚决不回应阿契达姆斯的挑衅,顶多派出小股的骑兵部队出城进行侦察和骚扰,他坚持早就制定的不与敌人在陆地决战的策略,为避免人民的热情冲动下做出什么不理智的决议,他连公民大会都不召开,因为这时他已被雅典公民大会委托独自主持战事。就在对峙期间,伯里克利的反击行动也开始了,他下令集结了100艘战船,搭乘了1 000名重装步兵和400名弓箭手,启航向伯罗奔尼撒半岛发动远征。这时,进入阿提卡以来始终得不到应战的伯罗奔尼撒盟军因为粮草不济也离开了阿卡奈,拔营回撤,在沿途破坏了彭特利科地区的几个德莫以后,撤出了阿提卡,同盟军各自回国。

伯罗奔尼撒大军撤出阿提卡以后,伯里克利马上提议雅典从同盟金库中提取1 000塔伦特,并且另外组建了100艘精锐战船的舰队,将此两项作为特别后备资源,规定只能在雅典城市直接受到敌人的进攻威胁时才可以动用。

继伯罗奔尼撒人侵略阿提卡之后,雅典人的舰队对伯罗奔尼撒的海上侵略行动也开始了,但这种侵略的表现方式只是骚扰和破坏,而不是长久的占领。雅典舰队得到科基拉的50艘战船以及其他同盟者的增援,环绕伯罗奔尼撒海岸航行,伺机对防御薄弱地区进行骚扰。他们首先在美塞尼亚西南角登陆,进攻一个叫麦索涅的小城,碰巧一个叫做伯拉西达斯的斯巴达军官正在附近,他得知雅典人进攻麦索涅的消息后,率领100名重装步兵直接冲破雅典包围圈进入城中,防守力量的增强使雅典人放弃了进攻,伯拉西达斯因此受到斯巴达通报表扬,这只是他初露锋芒,在以后的战争中他将发挥更大的作用。雅典舰队继续沿海岸绕行伯罗奔尼撒,在埃利斯的菲亚登陆,打败了当地小股队伍,破坏了所能看到的一切,在增援部队到来之前撤退了。就这样,雅典舰队沿着海岸线伺机随意地对伯罗奔尼撒同盟的城邦进行破坏。

同时,雅典派出30艘舰船向北沿洛克里海岸航行,沿途登陆破坏,为了保卫优庇亚的军事殖民地和通往卡尔基狄克半岛的交通要道,雅典人在优庇亚和洛克里之间的阿塔兰塔岛上建立了固定的海军基地。在萨罗尼卡湾,雅典人将埃吉那岛上的居民全部驱离,派出自己的移民占领全岛,埃吉那人被赶出家乡以后,被拉栖戴梦人收留,将他们安置在拉科尼亚毗邻阿戈斯的泰利亚定居。通过这些行动,雅典进一步巩固了阿提卡周边海上的安全态势。

在色雷斯附近的北方地区,雅典任命色雷斯地区阿布德拉人尼姆佛多鲁斯为雅典驻色雷斯的代理人[1],通过尼姆佛多鲁斯的斡旋,雅典与色雷斯国王泰瑞斯之子西塔尔科斯结成盟友关系;并授予西塔尔科斯之子萨多库斯以雅典公民权,然后又通过将特尔马归还给马其顿国王帕蒂卡斯,与马其顿结成盟友。这样,雅典在北希腊得到了色雷斯和马其顿两个大国的支持。

雅典派往伯罗奔尼撒的海军舰队继续在希腊的西部攻城略地。他们攻占了西部沿海的科林斯人建立的城市索尼昂和阿斯塔库斯,然后将索尼昂连同土地全部送给了自己的盟友阿卡纳尼亚人,赶走阿斯塔库斯的僭主,让这个城邦与雅典结盟;兵不血刃地占领了基法伦尼亚全岛以后,雅典舰队返航雅典。科林斯人只有等雅典舰队回航以后才派了40艘舰船出海,收回了阿斯塔库斯,但进攻基法伦尼亚是遭到了失败。这一年年底,伯里克利亲自率领雅典全部剩余的军队以及在雅典的外邦人组成的步兵,从陆路

---

〔1〕 代理人原意为朋友,是最早的领事的雏形,由一个城邦在另一个城邦或异邦人国家任命的当地人,协助自己城邦使节在当地安排活动,或者为自己城邦提供当地信息等,代理人在当地可能有一定的特权。

侵入麦加拉,将其绝大部分国土化为焦土以后才返回。

战争第一年,由于伯里克利制定的正确战略,雅典在战争之初取得了相对较好的效果。虽然双方都侵入了对方的国土,但伯罗奔尼撒同盟占优势的陆军未能得到会战的机会使雅典同盟的陆军受到损失,而雅典的海军不仅袭扰了伯罗奔尼撒,而且在西希腊进一步扩大了自己的势力。雅典与色雷斯和马其顿的成功结盟也为战争的后续发展争取到了强大的地区盟军。

伯里克利死于瘟疫

公元前430年3月,雅典人按照传统为战争中的阵亡将士举行公葬,程序中最重要的一个步骤是挑选城邦里最有智慧和威望的人给大家发表演讲,讴歌阵亡者,伯里克利被推举为这一年的演讲者,这一篇著名的演讲被修昔底德记录下来,流传至今。

这篇演讲可能就是伯里克利的人生绝唱,无论是内容思想还是文采修辞都极其隽永、精彩。同时,人民对他的不满和怨恨经过长期酝酿也终于爆发出来了。

这种不满和怨恨可能出自普通百姓天然的嫉妒以及雅典社会始终存在的民主派与寡头派的党争。从战前伯里克利主持的雅典大规模重建就已经开始,而战争开始时伯里克利制定的战略——在陆地上采取守势,不轻易跟伯罗奔尼撒同盟的重装步兵正面交锋,使大批住在雅典城市以外的乡村农民抛弃了自己的庄稼和房产搬进雅典,生活的痛苦和乡下财产的损失像一根导火索点燃了目光短浅的民众的怒火,他们在一些粗俗暴躁的政治家(如皮货商出身的克里昂)的煽动下对伯里克利本人展开攻击,虽然这时候大多数人依然认可他无人能及的智慧和毅力。

他们首先对伯里克利的朋友菲迪亚斯提起控诉,指控他利用主持雅典娜神庙和神像的修建贪污黄金,但由于伯里克利提到过雅典的战争资源时说过,即使雅典到最后将同盟金库和雅典金库的资金全部用完,并且神庙贷款也没有了,"甚至到了最窘迫的时候"还可以将女神像身上的黄金片揭下来用作军费,所以,菲迪亚斯是将装饰雅典娜神像的金片做成可以拆卸的,伯里克利建议原告可以将神像身上的金片拆下来称重,以验证是否菲迪亚斯贪污了黄金。反对派的这一招失效以后,虽然制造了很多谣言去污蔑菲迪亚斯与伯里克利的关系,但谣言终究是谣言,上不了法庭,最终,雅典人以菲迪亚斯在女神盾牌上雕刻了自己和伯里克利的形象而判他有罪,将他流放,而菲迪亚斯被流放以后,到埃利斯的奥林匹斯山又建造了更加宏伟的宙斯神像,也有另一种说法是菲迪亚斯被关进监狱,并死在狱中。菲迪亚斯之后,雅典又对伯里克利的情人阿斯帕西娅进行指控,罪名是亵渎神灵,在伯里克利亲自向雅典人民求情以后,阿斯帕西娅被判无罪。最后,伯里克利的导师和朋友阿纳克萨格拉斯也被起诉不敬神,伯里克利只能安排他逃离雅典。不难看出,这些旁敲侧击式的诉讼都与伯里克利有关,我们也无法判定是他的政敌挑起并利用了人民的不满和狂热,还是人民对他的不满已经普遍广泛而且强烈的存在。反正,伯里克利受到他所尽心竭力地保护的人民的反对,和雅典人民对他的智慧和他对城邦忠诚的极端信任,是同时存在并行不悖的。

伯里克利制定的方针继续得到执行,虽然反对的声音也一直强大。战争进入第二年,伯罗奔尼撒同盟在阿契达姆斯的率领下,依然用他们的三分之二的军队入侵阿提卡,蹂躏乡村。就在这时,从雅典到比雷埃夫斯之间的长墙内爆发了一场史无前例的大瘟疫,修昔底德详细记载了这种瘟疫的病状:病人从头痛高烧开始,接下来呼吸道、肺部和肠胃连续出现疼痛、高热、呕吐和溃烂等症状,经过七到八天的折磨后痛苦地死去,这种瘟疫的传染速度很快,传染对象也不分男女老少或者原先强壮还是赢弱。更令人沮丧的是:因伯里克利将乡村的居民搬进城市以后造成的拥挤和混乱更加剧了瘟疫的肆虐,根本没有有效的治疗手段,试图照顾病人的医生同样感染死亡,整个城市陷于绝望的气氛中,暂时还没感染的人抛弃了一切约束寻欢作乐肆意妄为,感染的人放弃了求生希望,希腊人一直最为重视的丧葬礼仪也没有办法认真遵循了,死者被随便扔到别人的火堆上火化,即使康复的人也会留下各种后遗症。从今天来看,这一次瘟疫的惨状丝毫不亚于十四世纪中叶的欧洲黑死病,雅典人民遭受了从未有过的人员损失和精神崩溃。雅典的老人回忆起很久以前有过一则神谶"和多利安人的战争一旦发生,瘟疫与之俱来"。与此相对照的是:伯罗奔尼撒则完全没有受到雅典瘟疫的侵入。

伯罗奔尼撒同盟大军自西部进入阿提卡以后,将此平原地带的乡村再破坏了一遍,然后向东绕过雅典城市进入南部的劳里昂并沿着萨罗尼卡湾扫荡,接着向阿提卡的东北,面朝优庇亚的城镇进军,蹂躏了差不多除了雅典和比雷埃夫斯以外的整个阿提卡以后,撤军回国,而这个时候伯里克利依然坚持不与之战的战略,固守雅典。

像上一年一样,在伯罗奔尼撒大军侵略阿提卡的同时,雅典也出动海军从海上对伯罗奔尼撒发起进攻。伯里克利亲自率领100艘战船,加上列斯堡和奇奥斯的50艘战船,搭载了4 000名重装步兵和300名骑兵横渡萨罗尼卡湾侵入伯罗奔尼撒,雅典海军沿着伯罗奔尼撒半岛的海岸,在埃庇道鲁斯、特洛伊曾、哈雷斯等伯罗奔尼撒城邦进行登陆,蹂躏其国土,进攻其城市,最后,攻陷了拉科尼亚的滨海城市普拉西埃,在劫掠了全城以后离开回国。伯里克利的舰队回国后,雅典换了哈格农和克里奥旁普斯为将军,率领同一支军队北上去进攻色雷斯的卡尔基斯和波提狄亚,这次雅典人没有取得值得夸耀的战果,因为雅典舰队的4 000重装步兵中发生了瘟疫,1 000多人病亡,哈格农只得率军返回,而原先就在波提狄亚的那3 000人继续留在卡尔基狄克。

　　不同时期的人民对痛苦的群体性的认识和忍耐力是不同的，大众的情绪和心态是时刻处于流变之中。在遭受了外敌对家乡的破坏和瘟疫造成的生命损失以后，雅典人民的心态发生了变化，原先的积极进取因为战争和瘟疫而变得沮丧、恐惧，充满内心的愤懑使他们必须要寻找一个情绪的宣泄出口，而民主恰好能将大众心情和感受得到充分的体现，于是，他们将这些损失归咎于伯里克利个人，指责他是战争的发动者，"是造成他们的所有不幸的根源"〔1〕，甚至派出使者去拉栖戴梦人那儿议和，被对方拒绝。这时伯里克利向雅典民众发表了一篇演讲〔2〕，跟大家阐述了城邦的整体利益与个人利益、城邦的成功与人民所要付出的代价、取得统治权与被仇恨的关系，他的远见以及为了雅典霸权的持续辉煌需要人民付出相应的信心和牺牲精神的主张，与人民大众天然的享受荣耀与利益却不肯付出代价的天性产生了不可调和的矛盾，虽然，最后理智占了上风，雅典人民听从了他的主张，不再设法与斯巴达议和，但还是行使民主权利，通过投票撤销了他首席将军的职务，并且判他有罪和巨额罚款，在大家的怨气得到发泄以后，随后又马上选举他继续担任将军之职，领导雅典。

　　民主制度就是这样奇妙：大家的意见都能得到尊重和反映，哪怕这些意见是互相矛盾、互相对立的，也不管这种矛盾是存在于不同的人和人之间，还是存在于同一个人的不同时期。

　　伯里克利在这次瘟疫中先是失去了自己的妹妹和唯一有继承权的儿子詹底帕斯，然后在次年(前429年)，他本人也染上了瘟疫并于当年秋天去世，这时，他的家庭和自己的不幸引起了雅典人民对他强烈的同情，他们甚至通过法令让他原本没有继承权的儿子

〔1〕《伯罗奔尼撒战争史》〔古希腊〕修昔底德著，徐松岩等译，广西师范大学出版社2004年版，第109页。

〔2〕见《伯罗奔尼撒战争史·Ⅱ》60-64。

取得合法身份[1],得以继承他的姓氏。

哈蒙德认为:伯里克利"仅他一人的死亡对国家的损害可能比公元前 430 年—前 429 年瘟疫猖獗时期人力的总损失还要巨大"[2]。伯里克利不仅创造性地领导雅典成为希腊世界最为富裕强大的霸权国家,更为传奇的是他凭借个人的智慧、远见和品格赢得了不可动摇的绝对权力,"确确实实是一位能够独力控制民众的人物——简言之,是他领导民众,而不是民众领导他,因为他从来没有使用不当的手段来追求权力,他也从来没有被迫逢迎他们"[3],伯里克利在民主政治里面从未采取惯用的哗众取宠、阿谀奉承手段,他的领导风格很清晰:要求民众团结,忠诚于城邦的利益高于个人利益,这些要求始终一致,而且强硬。以后的雅典政坛就完全变成另外一副样子了。

前 430 年夏,拉栖戴梦人和它的同盟者派出 100 艘舰船的舰队,随船携带 1 000 名重装步兵,出征埃利斯对面的扎金索斯岛,虽然这个岛上的居民大多数是来自伯罗奔尼撒的亚该亚人,但他们在战前就已经与雅典结为同盟,拉栖戴梦人登陆以后还是没有办法让当地人民投降,拉栖戴梦人就登船回国了。稍后,伯罗奔尼撒的科林斯和泰格亚派出以阿里斯特乌斯为首的数个代表和一个中立的阿戈斯人一起以私人身份组成一个使团从陆路前往亚洲,目的是说服波斯皇帝参加对雅典的战争,在途经色雷斯的时候,他

---

[1] 伯里克利于前 451 年亲自提出议案,严格规范了雅典公民权的限制,规定只有父母双方都是雅典公民的子女才可具有公民身份,伯里克利除了詹尼帕斯是他与原配妻子所生以外,后来传说与阿斯帕西娅生过儿子,由于阿斯帕西娅是外邦人,不具有雅典公民身份。

[2] 《希腊史 迄至公元前 322 年》〔英〕N·G·L·哈蒙德著,朱龙华译,程庆昺、郝际陶校,商务印书馆 2016 年版,第 555 页。

[3] 《伯罗奔尼撒战争史》〔古希腊〕修昔底德著,徐松岩等译,广西师范大学出版社 2004 年版,第 113 页。

们试图说服色雷斯国王西塔尔科斯叛离雅典,结果被西塔尔科斯的儿子,已经归化雅典的萨多库斯派兵抓获,并直接交给雅典使节,这些伯罗奔尼撒人被带回雅典以后,未经审判就被雅典人全部处决。

这一年年底,遭雅典人长期围困的波提狄亚因弹尽粮绝(城中已经发生人吃人的现象)而不得已向雅典将军投降,雅典军队的指挥官们考虑到自己军队在城外野地里的艰苦生活,并且雅典为了波提狄亚已经花费了 2 000 塔伦特的军费,不愿再耗费下去了,于是接受了波提狄亚的投降,波提狄亚人及其雇佣军可以离开城市,每个男人可携带外衣一件,妇女可带两件,随身可携带少许旅途所用的金钱。波提狄亚人撤出城市以后,雅典人立刻移民 1 000 人进入波提狄亚,并重新把这个城市建成堡垒。

战争进入第三年,即前 429 年,双方争夺的焦点转向了西希腊。由于上一年安布拉基亚人将阿尔戈斯人和安菲洛奇亚人赶出了阿尔戈斯城,独占了这个城市,因此安菲洛奇亚人逃到阿卡纳尼亚,并一起向雅典求援,雅典派出了佛米奥率领 30 艘舰船去支援他们,佛米奥攻下了阿尔戈斯城以后,将安布拉基亚人贬为奴隶,安菲洛奇亚人和阿卡纳尼亚人占据了阿尔戈斯城,并成为雅典的盟友。而佛米奥的舰队就常驻在瑙帕克图斯。

因此,在今年安布拉基亚人联合当地的考尼亚人遣使说服拉栖戴梦人派兵来驱逐雅典人,占领整个阿卡纳尼亚地区,以及基法伦尼亚和扎金索斯,可能的话最后拔掉雅典人的据点瑙帕克图斯,从而在西希腊彻底清除雅典的势力。于是,拉栖戴梦人派出海军将领科涅姆斯率领 1 000 名重装步兵乘船到达安布拉基亚,几乎同时,科林斯、西夕温等盟国也派出了海军前来支援,陆地上,由拉栖戴梦人和安布拉基亚、琉卡斯和阿纳克托利亚派出了重装步兵,另外还联合了内陆地区的考尼亚、摩罗西亚、奥瑞斯特等蛮族人组成的队伍,马其顿的帕蒂卡斯也派出了 1 000 人来秘密加入拉栖戴梦人,因为晚到而没赶上。科涅姆斯等到绝大部分步兵集合完毕,没有等待科林斯舰队到来,就率领步兵出发了,他们沿途劫掠村庄,向阿卡纳尼亚的首都斯特拉图斯进发,准备攻克这座城市消灭阿卡纳尼亚。阿卡纳尼亚人发现拉栖戴梦人率领的大军正在来袭的路上,就向佛米奥求援,佛米奥因为要在科林斯湾拦截科林斯舰队而无法派出援军,科涅姆斯率领大军分三路向斯特拉图斯而来,行军时三支队伍相隔甚远,互相不能相望,原先计划到城下集结扎营再发起进攻,但缺乏纪律和战术的蛮族和希腊人混编的军队是很难打胜仗的,考尼亚人和其他土著不等其他希腊人集结和扎营,贸然就向斯特拉图斯发起进攻,而阿卡纳尼亚人早已经将部队埋伏在城外有利位置,城里城外从四面八方与入侵者展开近身战,蛮族进攻部队一下子就溃散了,一部分逃进了拉栖戴梦人的营地,希腊人受到盟军失败影响,再加上阿卡纳尼亚人在远处不断发射石弹攻击,沮丧的科涅姆斯只得下令撤退,拉栖戴梦人的陆地进攻被瓦解。

大约在斯特拉图斯之战同时,科林斯及其盟邦的舰队从科林斯向阿卡纳尼亚进发,想配合科涅姆斯联合进攻,但被瑙帕克图斯驻守的佛米奥发现并拦截。这时,科林斯及其盟邦的舰队有47艘船,而佛米奥只有20艘舰船,雅典人主动向伯罗奔尼撒舰队发起攻击,佛米奥等待有利的风向和灵活的战术,一举击败了柯林斯舰队,击沉了一些,并俘获了12艘敌方舰船返回瑙帕克图斯,剩下的科林斯联合舰队逃往埃利斯的吉伦尼,不久科涅姆斯率领败军也坐安布拉基亚和琉卡斯的舰船来到了这里汇合。拉栖戴梦人在知道了这次失败以后,派出了三名代表,其中一人就是伯拉西达斯,他们奉命要求科涅姆斯再进行一次海战,并要争取胜利,为此,拉栖戴梦人派来了同盟国海军增援,使伯罗奔尼撒同盟在西希腊的舰队达到了77艘的规模,而佛米奥也向雅典要求增援,但派出20艘舰船的援军因故延迟了。双方在科林斯湾通往爱奥尼亚海的海峡附近,一个叫瑞昂的地方隔海对峙,雅典在北面邻近瑙帕克图斯,斯巴达舰队在南岸,属于亚该亚地区。在备战以后,斯巴达舰队和雅典舰队在海上展开了决战,雅典人 20 艘战船对敌人的 77 艘,结果雅典人在开战时 9 艘船受伤的情况下,不可思议地打败了斯巴达舰队,并俘获了 6 艘敌人舰船,而斯巴达舰队在经历了混乱和失败后四散而逃。战斗结束后,雅典的 20 艘增援舰队才赶到瑙帕克图斯。

佛米奥两次海战的辉煌胜利巩固了雅典在西希腊的优势地位,雅典的盟军在陆地上打败了拉栖戴梦人,雅典海军在海上两次重创伯罗奔尼撒同盟,使斯巴达人在海上与雅典对抗的希望遭受了重大打击,更遑论要在爱琴海与雅典争锋。拉栖戴梦人在西希腊失败后,为了鼓舞士气,策划了一次对比雷埃夫斯港的袭击,由于准备不周和犹豫而告失败,这次偷袭的唯一后果是警示了雅典人加强比雷埃夫斯和萨拉米斯岛的防御,以防备敌人从海上侵略。

这一年的夏天,拉栖戴梦人没有进攻阿提卡,转而向普拉提亚发起了进攻。斯巴达国王、伯罗奔尼撒联军总司令阿契达姆斯要求普拉提亚人放弃与雅典的结盟,拉栖戴梦人将尊重普拉提亚的中立和独立,因为普拉提亚的妇孺和财产都在雅典,普拉提亚人因此去跟雅典人商量,雅典人要求他们保持盟约,并答应帮助,为了不失信于雅典,普拉提亚拒绝了阿契达姆斯的提议。拉栖戴梦人的进攻在普拉提亚和雅典守军的顽强抵抗面前依然被一次次地打退,最后,他们在普拉提亚城外再筑起围墙,将城市包围,由部分盟军和彼奥提亚人驻守,然后撤军回国了。

这一年冬天,佛米奥在西希腊试图扩大雅典的势力范围,率领雅典舰队和美塞尼亚人对阿卡纳尼亚内地进一步清除敌对势力,并且对坚定反对雅典的奥尼阿代城市进行了围攻,但是没有当地盟军支持也只能无功而返。双方在西希腊都无力继续进行大规模作战,而在北希腊的色雷斯和马其顿,由于这两个王国的势力影响较大,各方势力犬牙交错、互相影响,雅典在夺取波提狄亚以后也无法获得更大的进展。

米提列涅的反叛

公元前428年,各个战场上总体波澜不兴。拉栖戴梦人依然率领其盟邦继续侵入阿提卡,蹂躏乡村,直到军粮耗尽然后返回。雅典人也不会应战,除了庄稼也没什么其他损失。

这一年发生的重大事件就是雅典的盟邦米提列涅发生了反叛。米提列涅坐落在爱琴海靠近小亚细亚的大型岛屿列斯堡上,这个岛是爱琴海最大最富裕的岛屿,岛上除了米提列涅以外,还有安提萨、爱里苏斯和麦塞姆那等几个主要城邦,其中只有麦塞姆那是坚定地站在雅典一边的。

这些城邦(除了麦塞姆那以外)的反叛已经酝酿了很久。在伯罗奔尼撒战争开始以前就准备叛离雅典,因为拉栖戴梦人不愿意接受他们,他们就自己开始在岛上建造环绕港口的工事、城墙和舰船,以及向本都输入粮食、物资和雇佣兵弓箭手,在这些准备工作进行之时,麦塞姆那人向雅典报告了列斯堡人反叛的企图,雅典对此情况极其重视,因为列斯堡是雅典同盟中仅剩不多能提供舰队的强大盟邦,在与拉栖戴梦人的战争未分胜负的情况下更不容有失,雅典立刻从伯罗奔尼撒抽调了40艘舰船奔赴列斯堡,力争出其不意,但有人提前通风报信,当雅典舰队抵达米提列涅时,对方已有准备,雅典人命令他们交出舰队,拆毁城墙,叛军拒绝了,于是双方在港口形成对峙,期间米提列涅派出代表前往斯巴达,当面请求伯罗奔尼撒同盟派出援军,由于列斯堡及其海军力量的重要性,拉栖戴梦人及其同盟者没有经过多少犹豫就同意接受米提列涅等反叛城邦加入伯罗奔尼撒同盟,并且决定马上从海陆同时出兵阿提卡,使雅典人不能抽出兵力前往列斯堡,但是除了拉栖戴梦人以外的同盟各邦却忙于收割庄稼(因为他们没有像斯巴达那样拥有整个美塞尼亚的希洛奴隶），兵力集结不能按时完成，而雅典不仅已经有 30 艘舰船在围绕伯罗奔尼撒沿海进行侵略，而且另外征募公民和异邦人重新组建了一支 100 艘战船的舰队在地峡巡游示威，拉栖戴梦人看到雅典的力量，信心受到挫折，再加上雅典的海上舰队正进入拉哥尼亚蹂躏他们的乡村，拉栖戴梦人就回国了。就在拉栖戴梦人在地峡集结兵力准备进攻阿提卡的时候，列斯堡岛上米提列涅联合其他几个反叛城邦进攻麦塞姆那，但是没有成功，雅典人得知这个消息后马上派出帕基斯为将领，率几十艘舰船搭载了 1 000 名重装步兵赶赴米提列涅，到达后马上围绕米提列涅在城外建造一道单墙，从海上和陆地将米提列涅包围的严严实实。

这一年，雅典因为三年战争，尤其是阿提卡乡村连续遭到伯罗奔尼撒同盟的破坏，财政储备日趋紧张，故而对富有公民和外邦人征收一笔特别财产税，总额 200 塔伦特，同时，对各属邦征收的贡金额度开始提升。

战争进入下一年，前 427 年，斯巴达国王克里奥蒙尼率领同盟大军再次进入阿提卡，这一次对乡村进行了更为严重而且彻底的毁坏，直到粮食耗尽才回国。夏季，伯罗奔尼撒同盟派出了 40 艘战舰组成的舰队，由斯巴达人阿尔基达斯统领开往列斯堡去支援米提列涅。就在他们犹犹豫豫、畏畏缩缩前行的过程中，米提列涅城内在雅典的围困下粮食告罄，寡头派掌权者准备将公民武装起来出城和雅典人决战，但是公民们一旦武器到手，很多人就不再听从当权派的指挥了，他们要求把粮食全部拿出来分配，否则就投降雅典，寡头派最终同意和平民一起向雅典投降，帕基斯同意接受米提列涅人的投降，至于具体投降条件，他允许米提列涅派代表去雅典陈情，由雅典人民决定，并且承诺在雅典人民决定之前，雅典军队不会监禁、奴役和杀害任何一位公民，包括这次反叛的发起者。帕基斯在占领了米提列涅后派舰队占领了另一个反叛城市安提萨,并在岛上加强了防卫。

而阿尔基达斯率领的伯罗奔尼撒援军舰队缓慢而胆怯地驶向列斯堡,等到米提列涅投降三天以后才到达小亚细亚岸边的爱利特莱,得知米提列涅投降的消息后,有的舰队将领建议乘雅典人不知道他们到来而发动突然袭击,也有的将领建议可以夺取一个爱奥尼亚城市以作为根据地,因为这里的雅典盟邦普遍地讨厌雅典人而将伯罗奔尼撒人看作解放者,他们可以在这个地区破坏雅典的盟国体系,从而减少雅典所收的贡金来源,也有人建议跟波斯总督皮苏特涅斯建立联系,与波斯人结盟反对雅典。但这些建议都被阿尔基达斯否定了,他认为既然救不了米提列涅就应该尽速回国。伯罗奔尼撒人就这样一事无成地从以弗所返航了,当帕基斯知道有伯罗奔尼撒舰队进入爱琴海以后,立刻率领舰队追赶,因相距太远没来得及赶上,帕基斯沿着小亚细亚海岸回列斯堡,途中收复了科洛丰的诺提昂城,杀死了里面的波斯人和雇佣军,将此地变为雅典殖民地,让科洛丰人进入这个城市,实行雅典的法律,派雅典人统治这个城市。回到列斯堡以后,帕基斯征服了其他几个跟米提列涅一起反叛的城邦,将他认为发起反叛的人送往雅典,然后一面整肃列斯堡岛上的城邦,一面等待雅典的决定。

此时,雅典公民大会关于如何处置叛乱城邦的决定也是跌宕起伏。第一次开会时,雅典人民群情激奋,极其痛恨列斯堡的背叛行为:首先是因为雅典一直给予他们在同盟中独立而自由的地位,而不是像其他那些缴纳贡金的附属国,他们仍然还要叛离,但事实上,米提列涅的叛乱应该是说明了,在雅典霸权体系中的"独立"和"自由"可能也是极其有限的幌子,并非完全真实;其次是这场叛乱策划已久,竟然引入伯罗奔尼撒人作为外援,让拉栖戴梦人的舰队出现在了雅典的内海——爱琴海,这是雅典人无论如何不能接受的。因此,他们很快就形成了决定:命令将米提列涅的成年男子全部处死,妇女和儿童全部贬为奴隶,然后派代表乘船携带大会决议去列斯堡通知帕基斯执行。

自伯里克利死后的几年中，雅典的社会观念和政治氛围发生了微妙但是重要的变化。虽然这些变化并不涉及民主政体和基本法律等重大原则问题，而是发生在人们的思维方式和做事原则上的角度和程度的变化，比如，人们对是和非、错与罚，以及行事方式上尊重传统的少了，更多讲求利益；宽容少了，更多极端。体现在政治领域，原来贵族出身的政治家如伯里克利、喀蒙等成为民主政制中不同的党派领袖和意见领袖，他们的风格是理性、冷静、善于把握大局，所以做出的决定无论结果如何，总是体现出一种宽容大气，合情合理。但是现在，雅典政坛被一些来自中下阶层的平民把持，是这些人在引领公民大会的情绪和意见的方向，比较成功的意见领袖，如克里昂是皮革商人，攸克拉提斯是索具商人，叙佩波鲁斯是灯具商人，他们的风格是勇敢无畏、积极进取、目光短浅、无所顾忌，在处理雅典政务中，他们往往以强大的声势和偏激的观点，用平民化的、浅显的，甚至有点粗俗的语言，和观点清晰、目标明确的演讲，取得优势。这种趋势并不仅仅出现在雅典，只是雅典比较典型，拉栖戴梦人在占领了普拉提亚以后，以一种虚伪的审判方式将俘虏全都杀掉也是在希腊历史上开了先河，根据传统，以往的城邦战争都是将对方的俘虏拘押，然后等待对方出钱赎回，或者战后用于交换俘虏，除此以外再将多余的俘虏卖为奴隶，而普拉提亚之战的杀俘已经预示着伯罗奔尼撒战争不同于以往的残酷。当然，雅典数次对同盟中叛乱城邦的屠杀是因为他们觉得这不是战争，而是平叛，是对雅典的"奴隶"的惩罚，雅典同盟成员之间的不平等是维系同盟关系的前提。

到了第二天，有相当部分的雅典人民开始感到这个决定过于残忍而后悔了，而最早被派到雅典陈情的米提列涅代表看到了这种情况以后，与一些雅典人一起去谒见当局，力推雅典人民就这件事重新开会讨论，给人民一个重新考虑的机会，最终，公民大会重新召开,将昨天同样的议题拿出来让大家再次讨论。

　　会上,一直主张强硬的克里昂与反对残酷的狄奥多图斯分别发表了针锋相对的意见。克里昂首先毫不讳言雅典霸权的性质是专制统治,即对同盟城邦的统治就像僭主对待他的臣民一样,而支撑这种统治的基础就是雅典具有武力的优势。尤其是因为米提列涅是独立的同盟而不是缴纳贡金的属邦,他们的反叛就不是被压迫者的起义,而是蓄谋已久的侵略行为,是帮助雅典的敌人来毁灭雅典的,因此更没有得到宽恕的理由,所以,为了雅典的利益必须要毁灭这个城邦,"给你们其他同盟者树立一个触目惊心的典型:暴动者死路一条"[1]。而狄奥多图斯提出反对意见并非是因为仁慈和同情,而是他认为对叛乱城邦实行屠杀政策对雅典是不利的,"我们不是在一个法庭上,而是在一个政治会议上;我们所讨论的问题不是公平与否的问题,而是怎样使米提列涅人对雅典最为有利的问题"[2],如同死刑不能制止犯罪一样,屠杀也不能防范以后反叛的发生,而且只会让反叛的城市更加坚决地顽抗到底,最后,他建议只审判那些帕基斯认为策动叛乱而送来雅典的贵族派人士,让其余的人保持现状,这是对雅典最为有利的选择。

　　雅典公民大会随后进行了再次表决,狄奥多图斯的意见以极其微弱的多数获胜。他们马上派出了第二艘船紧急启航,因为第一艘船已经领先一天了,他们必须不晚于第一艘船赶到列斯堡,这个新的决定才有意义,而米提列涅的代表为船员们提供了酒和大麦面饼,并向船员许诺,如果他们及时赶到的话将另外重谢,所以第二艘船的水手们一刻不停地轮换划船,最终比第一艘船稍晚到

---

〔1〕《伯罗奔尼撒战争史》〔古希腊〕修昔底德著,徐松岩等译,广西师范大学出版社
　　　2004年版,第157页
〔2〕《伯罗奔尼撒战争史》〔古希腊〕修昔底德著,徐松岩等译,广西师范大学出版社
　　　2004年版,第159页

一会儿,帕基斯刚看完第一艘船带来的命令,还未及动手,第二艘船赶到了,拯救了千百条人命。但是对叛乱的惩罚还是不可少:雅典人将帕基斯送到雅典的米提列涅叛乱策动者全部处死,据说人数在1000人以上,另外,雅典人拆毁了米提列涅的城墙,没收了他们的舰船,将列斯堡岛上的土地(除了麦塞姆那以外)分为3000份,其中300份作为供神的圣地,其余的以抽签方式分配给雅典新派过去的移民,土地由列斯堡人继续耕种,每一块份地每年向雅典移民缴纳2明那的租金。列斯堡的反叛就这样被雅典镇压了。

米提列涅事件平息后不久,在伯罗奔尼撒人和彼奥提亚联军围困下的普拉提亚因为断粮而向斯巴达司令官投降了,拉栖戴梦人考虑到将来战争结束时,都会签订和约,要退回战争期间占领对方的土地,因此,斯巴达人提出条件:如果普拉提亚守军自愿将城市交给伯罗奔尼撒同盟,那么他们将受到斯巴达人组成的法庭的公平审判,而不是作为俘虏而被杀。果然,斯巴达人过了几天派来了5名审判官,他们把普拉提亚守军全部叫了过来,只问一个问题:在目前这场战争中,你们是否做过对拉栖戴梦人及其同盟者有益的事情? 这个暗藏杀机的问题就注定了普拉提亚守军的命运,普拉提亚人的辩解被底比斯人驳回,因为战争开始时普拉提亚人就是未经审判杀死了全部底比斯俘虏的。因此,斯巴达审判官逐个询问这些俘虏,当听到"没有"的回答时,就拉去处决,就这样共杀了200多名普拉提亚人以及雅典派来的守军25人,将妇女卖为奴隶。守军原来有400个普拉提亚人和80个雅典士兵,其中一些人在去年冬天的一个风雪之夜偷偷溜过伯罗奔尼撒人的围墙逃走了。然后,斯巴达人将城市交给麦加拉的流亡者和亲斯巴达的普拉提亚人,规定居住一年后将城市夷为平地,没收普拉提亚土地转租给底比斯人耕种,租期10年。就这样,普拉提亚城邦成为伯罗奔尼撒战争开战后被第一个灭亡的国家。

科基拉革命

同样在427年夏,在西希腊海洋上具有举足轻重作用的科基拉发生了一场残酷的革命。起因就在于前433年科林斯在和科基拉的西伯塔海战中留下的科基拉200多位俘虏被释放回国,他们原先就是科基拉上层家庭的成员,回国以后就和国内的寡头派联合,大力推动科基拉脱离雅典。

当雅典的使者和科林斯使者同时到达科基拉的时候,科基拉召开公民大会,大家投票表决:决定还是维持和雅典的防御同盟关系,但是和伯罗奔尼撒同盟应保持一贯的友好关系。但是国内的寡头派和民主派的矛盾开始激化,寡头派指控民主派的领袖同时也是雅典的代理人,为雅典的利益服务,而民主派则反诉寡头派最富有的5个人侵犯了神庙土地,双方各不相让,即使一方请求妥协,对方也不肯答应,最后,寡头派的人组织暴动,他们携带武器闯入议事会,杀死了民主派领袖及其同伴60人,少数民主派幸存者逃到雅典使者的船上避祸,寡头派掌握了政权,然后召集公民大会,宣称脱离雅典恢复中立,以后不再接待雅典和斯巴达为首的两个同盟的任何一方来访者,即使根据和平条约,每次只允许来一艘舰船,超过这个数的将被视为敌人。通过这个决议以后,寡头派派出使者去雅典说明事件经过,这些使者一到雅典就被雅典政府以叛逆罪逮捕,关押到埃吉那岛上。

科基拉的寡头派和民主派的内战开始了。开始,执政的寡头派进攻民主派并打败了对方,民主派退守卫城,而寡头派占领了市场,同时双方都去乡村以自由为代价争取奴隶的支持,扩大自己的力量,大批奴隶支持民主派,而寡头派则争取到来自大陆的雇佣兵的援助,经过准备,双方重新开战,这一次人多势众的民主派取得了胜利,次日,雅典将军尼克斯特拉图斯率领12艘战舰和500名美塞尼亚重装步兵从瑙帕克图斯来到这里，他决定要去弥合两个党派的纷争，实现科基拉的人民和平共处，并与雅典签订攻守同盟（原先签订的是防御性质的同盟条约）。在与刚刚赶来的伯罗奔尼撒同盟的海军舰队打了一仗以后，尼克斯特拉图斯率领舰队回去了，这支由53艘战舰组成的伯罗奔尼撒舰队在取得胜利后也没有追击，而是驻扎在西伯塔，直到另外一支从雅典赶来的更大规模的舰队抵达，胆怯的阿尔基达斯率领的这支伯罗奔尼撒舰队就连忙撤退了。雅典人驻扎在科基拉以后，岛上的民主派马上大肆屠杀他们的敌人，寡头派无路可逃全都进入赫拉神庙躲避，民主派一度成功劝说一部分人出来接受审判，结果50个人全部被判死刑，余下更多的人就不敢出来了，而民主派在雅典舰队停泊的这段时间内，以阴谋推翻民主制度的罪名指控所有他们的敌人，事实上，政治只是其中一部分原因，其中夹杂着不少因为私人恩怨、债权债务而引起的仇杀，在这七天的时间里，只要是民主派就似乎拥有了随意杀人许可，他们将寡头派和自己非政治的敌人以各种残忍的方式加以处决，甚至躲进神庙里的也不能幸免，在这种恐怖气氛下，不少寡头派或者非民主派的富人自知难逃而选择自杀。

目光敏锐的修昔底德第一个注意到了这是一场革命，而不是惯常的党争。他将科基拉内部发生的这一切称为一场血腥残酷的革命，是一种全新的斗争规则和形式。不同于以往，希腊各城邦内普遍存在的党派之间的斗争都以争夺政治权力为目的，基本上以在公众面前演讲和辩论的和平手段为主，即使使用暴力，也是以驱逐流放为限，而科基拉的党争则剧变为以消灭对方为目的，以大规模肆无忌惮的屠杀为主要手段。最终不是在政治上达成某种新的平衡为终点，而是以消灭敌对势力才算结束。革命者将人们一直以来遵守的正义的信念、法律的约束、宗教的戒律等所有"人类的普遍法则"全部摒弃，甚至连"常用词句的含义不得不加以改变，而采用现在所赋予它们的意义"〔1〕。最终,科基拉残存的寡头派逃到大陆发展力量继续反抗,几年以后才逐渐平息,但是科基拉在西希腊的地区强国地位自此一蹶不振。

这一年,西西里岛上的伦提尼城邦因为不敌以叙拉古为首的人多势众的多利安人城邦同盟,派出名满希腊的智者高尔吉亚为首的代表团向雅典求援,伦提尼、卡马林那以及意大利南部的瑞吉昂都是卡尔基斯人的殖民地城邦,同属爱奥尼亚人,而叙拉古等多里安城邦早已经在名义上加入了伯罗奔尼撒同盟,虽然并不是积极参与这场对雅典的战争。雅典为此派出了 20 艘战舰,由拉奇斯和卡罗阿德斯为主将,进驻瑞吉昂,目的有两个:一是干扰或者切断西西里的谷物运往伯罗奔尼撒,二是了解征服西西里的可能性,因为这时的西西里以盛产粮食、城邦富裕而闻名希腊。

前 427 年末,瘟疫在雅典再次爆发,并持续了一年。瘟疫给雅典造成了比战争还要巨大的伤亡,雅典死于瘟疫的重装步兵至少有 4 400 人,以及不低于 300 人的骑兵。

次年的夏天,伯罗奔尼撒同盟派出了由国王阿吉斯率领的大军向阿提卡进发,队伍刚到科林斯地峡就遇到地震,他们就撤兵回国了,同时,优庇亚也是地震频频,雅典在阿塔兰塔岛上建立的海军基地遭到地震引发的海啸席卷,毁损严重。

地震影响了拉栖戴梦人的战争计划,但是对雅典海军几乎没什么影响。雅典派德摩斯梯尼和普洛克里斯率 30 艘战船环绕伯罗奔尼撒巡逻,然后进入西希腊,在得到阿卡纳尼亚和基法伦尼亚等当地盟军援助后进攻琉卡斯,未果。这时美塞尼亚人向德摩斯梯尼建议进攻埃托利亚,埃托利亚人虽然好战但居住分散,征服他们是很容易的事,而且一旦征服了埃托利亚,科林斯湾北岸的诸多

---

〔1〕《伯罗奔尼撒战争史》〔古希腊〕修昔底德著,徐松岩等译,广西师范大学出版社
　　2004 年版,第 179 页

部落唾手可得，他们就可以不用雅典支援从西面经奥佐利亚的洛克里沿帕纳苏斯山进军，进入佛基斯，从佛基斯就可以直接居高临下地攻入彼奥提亚，如果这个计划成功，对雅典来说是一个不可估量的胜利。德摩斯梯尼被这个提议吸引，但是阿卡纳尼亚人反对这个计划，因为他们的注意力在于借助雅典的力量消灭琉卡斯这个宿敌。德摩斯梯尼决心已下，率领300名雅典海军陆战队，以及基法伦尼亚、扎金索斯以及美塞尼亚盟军从奥佐利亚的洛克里出发，起初一路顺利，但到埃吉提昂这个地方，埃托利亚及其同盟军从四面八方向雅典人发起进攻，他们虽然都是轻装步兵，但在山地作战行动迅速，很快就将雅典及其盟军打败，对溃散的雅典人及其盟军一路追击，给雅典人造成了很大伤亡，德摩斯梯尼最后逃回洛克里，雅典重装步兵120阵亡，还不算雅典盟军的损失，经此一战，德摩斯梯尼只能停留在瑙帕克图斯，因为战败而羞愧于回到雅典。

　　雅典人想征服埃托利亚，埃托利亚人就向拉栖戴梦遣使，请求他们派兵夺取瑙帕克图斯。拉栖戴梦人因此派遣同盟军队共3000重装步兵，由斯巴达人攸里罗库斯担任指挥官，前往德尔斐，因为海上力量的缺陷，伯罗奔尼撒同盟的行动只能通过陆地，攸里罗库斯在发起进攻之前，派出传令官到通往洛克里和瑙帕克图斯沿途的部落，要求他们参与本次行动进攻雅典人，这些部落慑于斯巴达的威势提供了人质，派出了军队，攸里罗库斯率领这支庞大的联军向洛克里进发，在攻克了两个洛克里人的城镇以后，与埃托利亚人汇合进入瑙帕克图斯城郊，德摩斯梯尼已经知道伯罗奔尼撒人的进犯，他亲自前往阿卡纳尼亚请他们派兵救援瑙帕克图斯，当阿卡纳尼亚1000名重装步兵乘着军舰赶到的时候，攸里罗库斯认为已经无法攻克瑙帕克图斯了，这时安布拉基亚人来了，他们劝说攸里罗库斯和他率领的伯罗奔尼撒军队先不要回去，而是和他们一起进攻安菲洛奇亚以及雅典的盟友阿卡纳尼亚，并告诉他说如果征服了阿卡纳尼亚人，西希腊的大陆地区就会全部与伯罗奔尼撒结盟了。

在西希腊,阿卡纳尼亚和雅典,与安布拉基亚找来的拉栖戴梦这两股势力必将决出胜负。安布拉基亚首先出动 3 000 重装步兵进攻安菲洛奇亚的阿尔戈斯,同时派出传令兵要求攸里罗库斯的伯罗奔尼撒军队和自己城邦的全部兵力赶往阿尔戈斯。而阿卡纳尼亚人则请求德摩斯梯尼前来指挥他们的军队,并找到了正在伯罗奔尼撒沿岸游弋的一支雅典舰队,共 20 艘舰船赶来支援,德摩斯梯尼带领一支重装步兵和弓箭手组成的援军与雅典舰队和阿卡纳尼亚在安布拉基亚海湾靠近阿尔戈斯附近的地方汇合,而攸里罗库斯的援军也赶到阿尔戈斯城下与安布拉基亚人汇合,双方在城外一个叫奥尔派的地方展开决战,由于德摩斯梯尼的出色指挥,雅典一方以少胜多打败了攸里罗库斯率领的伯罗奔尼撒和安布拉基亚联军,攸里罗库斯阵亡。攸里罗库斯死后,剩余的伯罗奔尼撒联军的指挥权落到另一个斯巴达将军头上,他顿感手足无措,海上和陆地又都被雅典联军封锁,绝望之中,他和德摩斯梯尼和阿卡纳尼亚将军们谈判,要求允许他们撤退,而不顾安布拉基亚人,德摩斯梯尼和他的盟军将领们最终决定:他们公开宣布拒绝这个建议,但其实允许伯罗奔尼撒盟军秘密撤退,让这个地方的人知道斯巴达人和伯罗奔尼撒同盟是不可靠的。随后,德摩斯梯尼率领联军在伊多门涅半路设伏,放过拉栖戴梦及其同盟军,集中兵力将安布拉基亚倾城而出的援军消灭殆尽,安布拉基亚遭受了灭顶之灾,但是阿卡纳尼亚人没有对安布拉基亚人赶尽杀绝,而是放剩余的人回城了。此战过后,雅典舰队回到了瑙帕克图斯,德摩斯梯尼带着战利品荣耀回归雅典,阿卡纳尼亚人、安布拉基亚人和安菲洛奇亚人签订了一个为期 100 年的防御性的同盟条约,双方在不影响对方结盟的前提下,互相之间终止敌对状态。

雅典和拉栖戴梦人在西希腊的竞争到此告一段落,雅典依靠其优越于伯罗奔尼撒人的海军舰队、阿卡纳尼亚等当地盟邦和一个坚实的前进基地——瑙帕克图斯,最终战胜了伯罗奔尼撒同盟及其本地同盟军。而当地希腊人之间的争斗也渐趋于平静,雅典的盟邦在本地居于明显的优势地位,换句话说,本地的主要城邦大多都成为雅典的同盟者。

同一年夏天,拉栖戴梦人在特拉奇斯建立了他们的殖民地赫拉克利亚。这个地方靠近优庇亚,又处在从伯罗奔尼撒通往色雷斯的要道上,还能控制通往德摩比利(温泉关)的道路,不仅作为陆地上的城市和堡垒,还能建设成为海港,因此,当特拉奇斯人向拉栖戴梦人发出邀请以后,拉栖戴梦和伯罗奔尼撒的城邦派出 4 000 移民,以及随后应他们召请而来的其他希腊人有 6 000 人[1],这样赫拉克利亚有 10 000 居民,三位拉栖戴梦人被派去领导城邦建立工作而成为创立者。虽然拉栖戴梦人设立这个殖民城邦的初衷是设立一处针对雅典的重要基地,既可以拦截雅典与其盟邦贴撒利的联络,也可以就近针对雅典身边的优庇亚采取行动,但事实却差强人意,拉栖戴梦人只考虑了地利,对人和考虑欠缺,赫拉克利亚在面临外有贴撒利各部落持续进攻的侵扰,和内部拉栖戴梦所派驻长官的严苛和不公平行政造成的人心涣散,这个城市没有多久就衰落下去,丝毫没有对雅典构成任何威胁。

同时,雅典派往西西里的舰队协助自己的盟友对抗叙拉古等多利安人城邦。在一次战斗中雅典的卡罗阿德斯阵亡,现在希腊军队只剩下拉奇斯独立指挥,他们联合盟军打败并且让墨西拿投降,交出了人质和担保品,雅典人从而控制了西西里到意大利南部的海峡。但是雅典舰队在其他方向的进攻并不顺利。稍晚,雅典通过降低支付给雅典神庙战争借款的利息和提高同盟属邦缴纳贡金的额度,筹集了超过 1 000 塔伦特的资金,雅典人计划用这笔钱

---

[1]《希腊史纲·Ⅱ》〔古希腊〕狄奥多罗斯著,席代岳译,文化发展出版社 2019 年版,第 737 页

中的一部分另外新建一支40艘战船的舰队,待准备工作完成后将其派往西西里,与原有部队会合,争取结束西西里战事。

在这一年夏季,雅典派出了尼西阿斯率领60艘战船以及搭载的2000名重装步兵进入爱琴海,前去征服仅有的两个拒绝与雅典结盟的岛屿之一——米洛斯,他们登陆以后破坏了城外的土地,但是无法攻克城市,米洛斯人誓死不投降,因此,尼西阿斯率领舰队撤退,前往阿提卡北面的奥罗普斯,登陆后,雅典舰队联合从陆地赶来的军队进攻彼奥提亚联盟的塔纳格拉,蹂躏了他们的土地,并且打败了塔纳格拉和前来援助的底比斯联军,然后撤军。

在前426年末,雅典人在提洛岛举行了隆重的被除祭典。将提洛全岛规定为圣地,以后在全岛范围内不得再发生人的死亡和出生的事情,那些将要死亡和将要生产的人都要送到邻近的瑞尼亚岛上去进行,这个传统持续了很长时间。另外,雅典人把已经在提洛岛上的所有坟墓一律挖掘出来移出岛屿安葬。举行了祭奠仪式以后,雅典人首次在这里举行提洛赛会,比赛内容有体育和诗歌等,提洛岛传统上就一直是爱奥尼亚人的圣岛,往年就常有大型节日的庆祝活动,雅典人的举动只是让它更为固定和规范,活动的规模和影响随着雅典势力的扩大也更大了。

派罗斯之战

公元前425年,拉栖戴梦人的国王阿吉斯率领伯罗奔尼撒同盟大军继续一成不变地侵入阿提卡,蹂躏那里的土地,挑衅雅典的军队。

而雅典新建的40艘战船的舰队也已完成,雅典任命攸里梅敦和索福克利斯作为指挥官率领这支舰队前往西西里,雅典当局要求他们航行过程中,顺道经过科基拉的时候,前去照顾一下科基拉城邦的民主派。在他们出发前,伯罗奔尼撒同盟已经派出60艘舰船驶往科基拉,准备去援助流亡在大陆的科基拉寡头派。而西希腊的英雄德摩斯梯尼回到雅典以后没有担任公职,这次他主动要求随舰队一起出发,雅典人民同意他的要求,而且(只有在)在环绕伯罗奔尼撒的时候,他可以随意利用这支舰队。

当舰队航行到美塞尼亚海岸的时候,遇到了风暴,舰队被迫开进一个叫派罗斯的海角躲避。这个地方位于伯罗奔尼撒半岛的西南角,远离人口稠密的地方,离开斯巴达约75公里。古代的地广人稀就是这样:除了城镇和交通要道,大部分的地方都是空闲而且无主的。派罗斯是大陆伸向海洋的一个尖角,隔着狭窄的海面与对面的斯法克特里亚岛相望,这个海角和斯法克特里亚岛与大陆海岸线之间是一个狭窄的海湾,这个狭长的小岛上没有居民,但是林木葱郁。德摩斯梯尼向两位指挥官建议在此建立一个设防的基地,但舰队从上到下都没有兴趣,因为这样的地方在伯罗奔尼撒沿海俯拾皆是,而德摩斯梯尼则认为:第一,这个地方有海港,第二,这个地方是原先美塞尼亚人的土地,他们可以以这个地方为基地很方便地骚扰拉栖戴梦人。于是,趁着一连六天天气不好,舰船无法出海,德摩斯梯尼就让这些闲着的士兵和船员利用当地丰富的石料开始修建面向大陆的防御工事,而斯巴达人虽然知道雅典舰队在派罗斯避风,但因为他们正在举行节庆活动,而且大部分军队正在阿提卡,所以并不着急来赶走派罗斯的敌人。等到第七天,天气放晴,两位将军就率领舰队就按照命令启程去科基拉和西西里的了,临走的时候留给德摩斯梯尼5艘舰船,让他自己驻守这里。

拉栖戴梦人召回了入侵阿提卡的军队,同时也命令已在科基拉的60艘舰船回航,准备从海陆两方面同时进攻派罗斯,同时,为了防止雅典人占据斯法克特里亚岛,拉栖戴梦人分批将420名重装步兵运到岛上,加强控制。在伯罗奔尼撒舰队到来之前,德摩斯梯尼派出两艘船去科基拉向雅典舰队求援,将另外三艘战船拖到岸上,舰上士兵上岸准备陆战,这时碰巧来了一艘美塞尼亚人的海盗船和一艘轻便船,他就让海盗船上的40名士兵编入防御部队,将船上的盾牌等武器装备水手,德摩斯梯尼就这样利用手头能找到的资源凑齐了一支1000人的防御部队,其中有重装步兵、弓箭手和刚换上陆军装备的水兵,德摩斯梯尼将他们分成两部分,大部分防守陆地工事,少部分在海岸阻止拉栖戴梦舰队登陆。拉栖戴梦的军力无论陆地还是海上都要比雅典军队多很多,但是由于战场区域狭窄,拉栖戴梦军队无法全面展开,只能分批接战,这样就让雅典人弥补了人数上的劣势,就跟几十年前波斯人进攻温泉关战役一样,拉栖戴梦军队的第一次进攻被"孤注一掷"的雅典人打退了,勇敢的伯拉西达斯在海上进攻中受伤,自己失落的盾牌成为雅典人的战利品。战斗的第三天,刚到科基拉的雅典舰队也赶回派罗斯,并很快在斯法克特里亚岛两边的两个海湾入口处打败了伯岁奔尼撒舰队,取得了海上的优势,并将已登岛的拉栖戴梦重装步兵围困在岛上。这样,在陆上,优势的拉栖戴梦大军在派罗斯与雅典人隔着雅典人修建的防御工事对峙,在海上,雅典舰队封锁了斯法克特里亚岛上拉栖戴梦步兵,拉栖戴梦人既不能救出已经登岛的士兵,也无法向他们提供给养。斯巴达向战区派来了官员,他们了解了不利的形势后,向雅典将军们提议休战,双方达成协议:双方停止一切作战,让斯巴达人的使节前往雅典谈判,休战期间,斯巴达将自己的舰队临时交给雅典,并承诺在休战期间无论海陆都不发起攻击,雅典允许斯巴达人向岛上运输粮食,雅典人不得登岛,休战至斯巴达使节从雅典回来即告结束,届时雅典将按照接收时的原状将斯巴达舰船交还斯巴达人。拉栖戴梦使节到了雅典以后,在公民大会上向雅典人民提出建议:双方议和并且结盟,以换取雅典释放岛上被围的士兵。因为几年前雅典发生瘟疫的时候曾向他们提议议和,拉栖戴梦人至今还以为雅典人内心是渴望议和的,但是现在雅典在派罗斯占着上风,而且战争总体上也是雅典领有更大的优势,尤其在克里昂的煽动下,雅典人提出了更高的要求：岛上被围士兵必须交出武器，投降，才可以离开；拉栖戴梦人必须交还三十年合约中雅典退出的尼塞亚、佩盖、特洛伊曾和亚该亚。对于这些要求，拉栖戴梦使节并未拒绝，只是希望能与雅典的委员会进行秘密谈判，看来，身陷窘迫的拉栖戴梦人非常有可能为了他们士兵的生命愿意牺牲盟邦的利益，这样的条款确实不宜昭告天下，如果冷静思考一下，斯巴达人的心理已经明确表明了：为了这些被围士兵的生命已经准备付出更高的代价，主动提出秘密谈判可能就是准备做出进一步让步的姿态，但是在为城邦争取更多利益和在公民面前表现强硬以赢得更多好感相比，克里昂应该更倾向于后者，于是，关于秘密谈判的提议被克里昂义正词严地否决了。雅典失去了一次通过谈判得到更多利益的机会。拉栖戴梦使者无功而返。

随着拉栖戴梦使节的返回，休战期结束了。雅典人提出了一些理由不肯将斯巴达战舰交还，拉栖戴梦人除了对雅典人的不讲信用提出抗议以外，似乎也没什么有效的办法，只能准备在陆地上进攻了，而伯罗奔尼撒同盟的军队也已经从陆上赶来会合，只是因为投鼠忌器，拉栖戴梦人没有对派罗斯发起大规模的进攻，而雅典人则一直围困着小岛。

随着对峙和封锁的持续，小小的派罗斯战场集中了双方大批军队，雅典士兵也陷于粮食和饮水不足，斯巴达人则悬出重赏偷运粮食到岛上，偷运成功的希洛奴隶可以得到自由，因此，这样的局面对于围困的和被围困的差不多都一样难受。雅典人民开始后悔听从克里昂的意见拒绝了拉栖戴梦人的求和，此时，克里昂必须将大家的不满和怨气转移到别人身上才能自保，他的政敌，此时正担任雅典首席将军的保守派，贵族出身的尼西阿斯是最合适的对象，于是他在公民大会上当众奚落雅典的将军们，如果是真正的男子汉，就应该带兵出发，将困在斯法克特里亚岛的斯巴达人活捉回来，这事如探囊取物般容易，如果让他指挥军队的话，他肯定能做到。没想到尼西阿斯马上表态他可以把远征派罗斯的指挥权移交出来,并请雅典人民做证,他支持克里昂指挥军队去完成这项壮举,克里昂推脱不成,只能接受雅典人民的任命带领援兵去派罗斯,他任命德摩斯梯尼为他的唯一同僚,共同指挥军队,然后带着由重装步兵和轻装步兵,以及弓箭手组成的远征军乘船驶向派罗斯,并向雅典人民宣称他将在20天内把斯巴达俘虏带回雅典。在此期间,斯巴达人驻守的岛上发生了一场大火,将岛上的林木几乎全部烧光,德摩斯梯尼能够将岛上斯巴达人的人数和防守情况,以及岛上的地形看得一清二楚,这时克里昂的援军也赶到了,第二天黎明,雅典人出动了包括重装步兵、轻装步兵和弓箭手的数千名士兵登上岛屿,由于地形崎岖,尤其是前几年曾经率领重装步兵在埃托利亚被蛮族从四面八方的远程进攻打得一败涂地的德摩斯梯尼吸取了教训,在他的指挥下,斯巴达重装步兵很难与雅典的重装步兵正式交手,却被来自四面八方的轻装步兵和弓箭手骚扰,人员不断受伤,阵地失守,最后,斯巴达人退守一个靠着悬崖的堡垒固守,但当熟悉本地地形的美塞尼亚人从后面爬上悬崖后,大势已去的斯巴达人在得到大陆上司令部的命令:"拉栖戴梦人命令你们自己做出决定,但不能做出任何有损名誉的事情来",最后,共有292名(其中斯巴达人120名)守军向雅典投降。克里昂也令人意外地实现了他承诺雅典人民在20天内将斯巴达俘虏带回雅典的豪言壮语。

派罗斯之战的意义是重大的:首先,它是有史以来拉栖戴梦人在战场上发生的第一次以投降告终的失败。因为以往拉栖戴梦人在全世界的印象都是:即使战至最后一人,也绝不会投降。其次,雅典人占领派罗斯以后,在拉栖戴梦人的背上打入一个坚实的楔子。定居瑙帕克图斯的美塞尼亚人将他们最精锐的部队派到派罗斯,因为这是他们的故土,并且,美塞尼亚人以此为基地,不断侵略拉科尼亚,并鼓动希洛奴隶逃往美塞尼亚,在某种程度上,希洛奴隶的不断逃亡使斯巴达人更感不安,因为斯巴达人向来不事稼穑,整个斯巴达人的生活资料完全靠希洛奴隶的劳动支撑的。再次,雅典手中握有拉栖戴梦俘虏,因此伯罗奔尼撒联军再也不敢侵入阿提卡,因为雅典人威胁说,再发生入侵事件,雅典将杀死这些俘虏。

雅典在派罗斯的最后胜利虽然更多地依靠德摩斯梯尼的指挥和经验,但荣誉应该归于克里昂,因为他是雅典公民大会授权的主帅,而略显尴尬的尼西阿斯在这时候也需要做点什么了。于是,在派罗斯取得对斯巴达人史无前例的完胜以后,信心大增的雅典人民采取了更加进取的行动,他们决定委派尼西阿斯率领 80 艘战舰携带 2 000 名重装步兵,以及 200 名骑兵(雅典这时已经发明了海上运载马匹的专用船只),进攻科林斯本土,随行的还有米利都、安德罗斯和卡利斯图斯的盟军。他们乘夜在地峡登岸,天亮与已有准备的科林斯军队爆发了激战,最后雅典军队取胜,但失败的科林斯军队没有慌乱,依然保持着严谨的阵线,当科林斯援军赶到的时候,雅典人退回船上,沿着伯罗奔尼撒半岛海岸继续袭扰,最后在埃皮道鲁斯和特洛伊曾之间的麦塞纳登陆,在半岛和大陆之间修了一道长墙,留下部队驻守和骚扰本地,尼西阿斯率领大军回国。

同时,因为派罗斯之战而从西希腊赶回参战的舰队继续他们原定的科基拉和西西里远征行动。攸里梅敦和索福克利斯率领的舰队到达科基拉以后,和城内的民主派一起向占据对岸大陆的寡头派及其雇佣军发起进攻,并攻破他们的堡垒,寡头派最后向雅典人投降,交出武器,遣散雇佣兵,雅典人将俘虏集中关押到一个小岛上,并和他们约定:等他们从西西里回来以后,将这些俘虏带回雅典,接受雅典人民的审判,在此之前,他们受雅典保护,并且不得试图逃跑,否则,将交由科基拉人自己处置。寡头派接受这样的约定。但是科基拉的民主派生怕这些寡头派将来到了雅典以后,雅典人民不杀他们,于是策划了一个阴毒的计谋,他们安排寡头派的一些朋友前去岛上告诉他们，雅典将军们想把他们移交给科基拉人民，他们必将死路一条，因此这几个朋友来帮助他们逃跑，逃跑的船只已经安排好了，当这些俘虏听信了朋友的劝告登上船只时，被全部抓获。雅典的将军们按照约定将俘虏交给科基拉当局以后，民主派将一部分人不经审判残酷地处死，剩余的也都以各种方式在监房里自尽，科基拉持续数年的国内革命到此时以寡头派被彻底消灭而告终。

不同于以前的政治斗争，科基拉的革命以它的不择手段、不留后路地消灭一切敌人为后世开创了一个先例。

同一年的夏天，瑙帕克图斯的雅典人联合阿卡纳尼亚人攻占了阿纳克托里昂，这是个科林斯人的城市，雅典在西希腊的版图还在巩固和扩大。

冬天，雅典人征收贡金的舰队在色雷斯的埃昂意外抓到了正给拉栖戴梦人回复的波斯密使，经过检查其所带文书，发现波斯和拉栖戴梦人由于存在沟通问题，因而并未结成同盟。随后雅典派出使者跟随这位波斯人想去波斯寻求自己的结盟，这一行人刚到以弗所，就听说了波斯皇帝阿尔塔薛西斯驾崩，雅典使者也就回国了。

同时，在雅典的命令下，雅典同盟最后一个独立的，只提供舰队而不用缴纳贡金的同盟城邦——开俄斯拆毁了他们新修筑的城墙，因为雅典怀疑他们准备谋反，但雅典承诺他们保持原状。

在前424年开始之前，雅典基本将伯罗奔尼撒同盟的势力顺利挤出了西希腊地区，取得了战争开始以来阶段性的胜利，西希腊的主要城邦和势力都成了雅典的同盟，只有屈指可数的几个小城邦依托科林斯的保护得以保持独立，但已经无力再与雅典展开争夺了。另外，雅典在伯罗奔尼撒半岛取得了派罗斯和麦塞纳这些基地，利用斯巴达人质解除了拉栖戴梦人每年规律性地对阿提卡的入侵和蹂躏，这些成就让雅典人的心理完全从瘟疫的打击中恢复了过来,继续进行大胆的冒险行动。

这年夏天,尼西阿斯和两位同僚率领 60 艘战舰搭载 2 000 重装步兵、少量骑兵以及米利都等盟邦军队发起了对吉塞拉的远征。吉塞拉是一个位于拉科尼亚海岸外的海岛,岛上的居民主要是皮里阿西人,斯巴达人每年派人过来巡视管理,在地理上是拉栖戴梦人的一道屏障,也是进入斯巴达的海上门户,从北非过来的运粮船和商船都是首先停泊此地。尼西阿斯的舰队在此登陆,并不费力地打败了当地守军,随后尼西阿斯以宽容的条件与皮里阿西人谈妥了投降条件,随后在岛上留下了驻防军,舰队主力沿着拉科尼亚骚扰了一阵就回国了,这个过程中,拉栖戴梦人并没有像派罗斯之战一样派出全伯罗奔尼撒的军队来防守,而是坐视不管,还时刻惴惴不安地担心着雅典人是否会深入内地。拉栖戴梦人似乎还没有从派罗斯失败的阴影中走出来,开始变得难以置信的胆怯和消极。

接着,雅典决心将控制科林斯地峡的麦加拉收入囊中,彻底断绝伯罗奔尼撒通向阿提卡和中希腊的陆地交通。麦加拉在离开雅典加入伯罗奔尼撒同盟以后,遭到雅典每年两次侵略已经不堪忍受,此刻,城内掌权的民主派还因为受到在佩盖的寡头派流亡者的侵扰而濒临绝望,其中部分人就密谋将麦加拉交给雅典,但是麦加拉横跨地峡的长墙两头,靠近科林斯湾的佩盖要塞在反叛者手里,靠近萨罗尼卡湾的尼塞亚要塞则完全由拉栖戴梦人的军队驻守。民主派和两位雅典将军希波克里特斯以及德摩斯梯尼通过谈判达成一致:他们将配合雅典攻占麦加拉城和尼塞亚。雅典军队出动重装步兵和普拉提亚轻装步兵一起发动夜袭,在内应的策应下攻上了长墙,向尼塞亚进攻,拉栖戴梦守军被迫投降,雅典人占据了尼塞亚,但当雅典人夺下尼塞亚准备进攻麦加拉城的时候,正在科林斯募兵的伯拉西达斯闻讯带领援兵赶到麦加拉城下,他同时派出信使去召唤彼奥提亚同盟军赶来,而城内密谋将城市交给雅典的那些人受到大多数民众的阻拦,雅典人的第二批援军赶到,和伯拉西达斯率领的军队都在麦加拉城下,同时要求城内开门,密谋者和大多数民众都怕对方的外援进城将对自己不利,因此两派都开不了城门,都希望城外双方开战,等打出结果来再行定夺,这时彼奥提亚的援军赶到,与雅典军队在城下打了一仗,双方都宣称自己取胜,而雅典军队因为已经夺取尼塞亚而不愿意为了麦加拉展开可能带来重大伤亡的决战,雅典人撤回尼塞亚。麦加拉人民打开城门让伯拉西达斯进城,随后迎回佩盖的流亡者,这些流亡者将私通雅典的100人判处死刑,然后建立起寡头政体。雅典得到了重要的港口尼塞亚,但没有占领全部麦加拉长墙,只是控制了靠近尼塞亚的一段。

在麦加拉之战的同时,远在西西里的雅典舰队遇到了一件不常发生的事情。叙拉古人赫摩克拉特斯召集全体西西里城邦,到格拉开会,在会上他分析了雅典舰队来到西西里的目的和雅典人的本性,指出"雅典人的野心对整个西西里已经构成威胁"[1],因此他提议大家都是西西里人,就绝对不要邀请西西里以外的同盟者或者仲裁者到西西里来,他愿意首先做出让步,请所有城邦,无论是多利安人还是卡尔基斯人,都签订一份长期和约,停止内战,从根本上消除邀请雅典人来西西里的理由。西西里人听从了他的建议,大家签订和约以后,邀请雅典的卡尔基斯城邦就告诉了雅典将军,这个和约对他们同样适用,雅典舰队失去了邀请者,失去了留下来的理由,只能回雅典了。果然,当他们回到雅典时,主将攸里梅敦被科以罚款,两名副将被判处流放,因为雅典人民认为他们本来是可以占领西西里的,因为收了当地人的贿赂而撤军了。这时的雅典人被修昔底德描述为:"雅典当时的繁盛使雅典人以为他

---

〔1〕《伯罗奔尼撒战争史》〔古希腊〕修昔底德著　徐松岩等译　广西师范大学出版社　2004年版　第226页

们什么事都能做到"〔1〕。

　　"在战争期间的这个时刻,雅典达到了其成就的顶峰,斯巴达
的军事和政治威望都可悲地动摇了。"〔2〕雅典不仅在西希腊取得
了对伯罗奔尼撒同盟的胜利,而且实际通过派罗斯、吉塞拉和尼塞
亚等地的实际占领,在陆地上,雅典通过尼塞亚可以威胁进出伯罗
奔尼撒半岛的科林斯地峡,在海上,雅典在拉栖戴梦人的后背打入
了两个楔子:派罗斯和吉塞拉,给拉栖戴梦人造成了双重压力:雅
典的海军和陆战队可以随时侵入伯罗奔尼撒半岛;这两个雅典军
事基地的存在也成为收留希洛奴隶起义或者逃亡的支撑,而希洛
奴隶的状况决定着拉栖戴梦人的生存和国内安定。在东地中海,
雅典的舰队依靠广泛分布于各地的海军基地,不仅可以在爱琴海
耀武扬威,而且在爱奥尼亚海也自由出入,拉栖戴梦人及其伯罗
尼撒同盟的势力则被紧紧地钳制在本土,无所作为。斯巴达的军
事实力和战无不胜的尊贵形象已经不再耀眼,唯一剩下的就只有
希腊世界里自由和独立的保护者的传统名声。
　　雅典人夺取尼塞亚以后,虽然不能彻底封锁伯罗奔尼撒半岛
进出希腊大陆的通道,但至少能监视和干扰这条至关重要的道路。
接着,他们就把眼光投向了拉栖戴梦人的中希腊同盟——彼奥提
亚人。鉴于希腊所有城邦到处存在的党派斗争,要找到阴谋背叛
自己城邦的少数派不难,一个来自底比斯的流亡者找到德摩斯梯
尼和希波克拉特斯,他自己的同党在提斯皮亚地区濒临科林斯湾
的港口城市西弗艾发动叛乱,投靠雅典;同时,彼奥提亚的奥科麦
努斯流亡者联合了一些福基斯人阴谋在喀罗尼亚也准备举行叛

〔1〕《伯罗奔尼撒战争史》〔古希腊〕修昔底德著　徐松岩等译　广西师范大学出版社
　　2004 年版　第 229 页
〔2〕《希腊史 迄至公元前 322 年》〔英〕N·G·L·哈蒙德著　朱龙华译　程庆昺　郝际
　　陶校　商务印书馆 2016 年版　第 580 页

乱；为了配合这两处暴动，雅典自己计划在塔纳格拉的迪里昂发起军事行动以保障优庇亚岛的安全。这样，雅典人和它的反叛者盟友约定在彼奥提亚境内不同的三个地方同时起事，让彼奥提亚当局顾此失彼，从而在部分城邦建立起像雅典一样的民主制度，打击彼奥提亚联盟乃至于伯罗奔尼撒同盟。

　　这个夏天密谋的重大行动准备在初冬开始，但雅典人不知道的是这个阴谋已经被泄密给拉栖戴梦人，自然彼奥提亚人也知道了，所以，当德摩斯梯尼从瑙帕克图斯率领军队逼近西弗艾时，彼奥提亚人已经提前加强防守，使德摩斯梯尼无功而返，喀罗尼亚的情况也是同样。而希波克拉特斯率领军队侵入塔纳格拉的迪里昂，并且围绕迪里昂的阿波罗神庙建立起军事防御工事，就在工事即将完工，雅典军队开始启程回国的路上，彼奥提亚大军赶到了，来自底比斯的同盟官帕冈达斯指挥彼奥提亚联军向雅典人发起进攻，这场会战发生的地点可能就在两国边境刚进入雅典境内，彼奥提亚联军共有 7 000 重装步兵，10 000 多轻装步兵以及 1 000 骑兵和 500 轻盾兵，而雅典军的轻装步兵已经走在前面先回雅典了，希波克拉特斯又留下 300 骑兵在迪里昂神庙驻守，所以他指挥的只是手下的重装步兵，彼奥提亚联军从一个小山包向下进攻，雅典的右翼虽然在开始时打退了敌人，但是后来在敌人骑兵冲击下全线溃败。据说苏格拉底也参加了这场战斗。这一仗雅典失败了，但迪里昂还在雅典人手中。随后，彼奥提亚在科林斯等伯罗奔尼撒盟军的帮助下，依靠一种新发明的喷火机械夺回了迪里昂，大部分守军乘船逃回雅典，彼奥提亚还俘虏了 200 名雅典守军，至此，彼奥提亚才将迪里昂和上次战斗中战死的 1 000名雅典士兵的尸体还给了雅典人，其中包括希波克拉特斯。这就是雅典人违背了伯里克利早就提出的雅典应该在海上发挥优势，而不应该在陆地上主动与敌人争锋的战略，以至于造成这样严重的后果。

伯拉西达斯在色雷斯

就在雅典人和彼奥提亚的叛乱者密谋暴乱的时候，斯巴达的伯拉西达斯正率领1 700名重装步兵匆匆行进在彼奥提亚经过贴撒利，前往马其顿和色雷斯的路上。他们是应马其顿的帕蒂卡斯和背叛雅典的色雷斯诸城镇的请求而来，这1 700名重装步兵是由700名被释的希洛奴隶和其余伯罗奔尼撒城邦的雇佣兵组成，这是拉栖戴梦有史以来第一次派出的，由一位军官（可能连将军都算不上）率领的非公民军队，远赴离伯罗奔尼撒半岛最远的地方执行任务。我们很难想象保守的拉栖戴梦人会进行这样一次史无前例的冒险活动，虽然事先没有具体而且明确的目标，但代价也同样微小而且有限。针对北希腊地区，雅典在针对马其顿和色雷斯的争夺中已经明显处于后来居上的地位，而伯罗奔尼撒同盟在这里基本没有什么强固的根据地，马其顿和色雷斯人多变的性格应该还是会给当地复杂形势变化带来较大变动的可能性的，而伯拉西达斯所具有的大多数斯巴达人都不具备的智慧和冒险精神，正是拉栖戴梦人愿意给他提供军队和这样一块自由发挥的空间的依凭。

伯拉西达斯一到马其顿，就对雅典势力展开了有力而且卓有成效地进攻。起初，马其顿的帕蒂卡斯请拉栖戴梦的军队到来是为了消灭他的敌人：林库斯王阿拉巴攸斯，但是伯拉西达斯没有简单听从帕蒂卡斯的命令，而是在开战前先与阿拉巴攸斯会谈，然后他率军退出了林库斯，帕蒂卡斯很生气，将原先许诺的提供给伯拉西达斯的二分之一军费减少为三分之一。而伯拉西达斯则跟卡尔基斯人一起进攻阿堪苏斯，由于阿堪苏斯的人民意见分歧，伯拉西达斯只身进入城邦，作为一个斯巴达人，伯拉西达斯具有斯巴达人的勇敢和坚毅，但却不像斯巴达人那样惜字如金，在向市民发表了一篇关于独立和自由的热情洋溢的演讲以后，阿堪苏斯经过公民投票决定叛离雅典，与拉栖戴梦人结成同盟。随后，伯拉西达斯以同样的方法让相邻的城邦斯塔基路斯（亚里士多德出生于此）也背叛雅典。

到了前 424 年末的冬天，伯拉西达斯和他的色雷斯同盟军一起向雅典在本地的核心据点——安菲波利斯进攻。安菲波利斯城市几建几废，现在已是雅典在北希腊最重要的军事基地和财政来源，城内居民由来自四面八方的各地移民共同组成，其中的阿吉路斯人和伯拉西达斯密谋，甘做内应配合他拿下这个城市，伯拉西达斯率领他的军队在风雪之中发起了出其不意的进攻，打败了驻守在跨越斯特雷梦河的桥梁上的雅典守军，包围了安菲波利斯城，在城外等待内应打开城门，而城内的守军由雅典将军攸克里斯率领，他们的数量远超密谋献城的阿吉路斯人，看到拉栖戴梦人的军队就在城外，他们马上派人突围，向邻近的另一个雅典将军修昔底德（就是我们今天读到的《伯罗奔尼撒战争史》的作者）求援，当时他率领 7 艘军舰驻扎在塔索斯，离安菲波利斯半天路程，当他得到消息后马上出发向安菲波利斯而来，没想到伯拉西达斯反应更快，他知道有一支雅典舰队就在塔索斯，所以为了避免陷入被动，他向城内宣布：无论是本城的公民还是侨居在此的雅典人，只要愿意投降，都可以继续居留在安菲波利斯，其财产安全，人身自由均不受影响；如果不愿意居留在城内的，可以带着他们的财产在五天之内不受影响的离开。城内居民看到如此优惠的条件，认为既然他们的公民身份和财产都不受影响，雅典和斯巴达的统治又有什么区别呢？于是在那些原本准备献城的阿吉路斯人的带头鼓噪下，大家决定投降，双方签订和约，将安菲波利斯城交给了斯巴达人。当修昔底德率领舰队到达离城不远的港口埃昂时，安菲波利斯已经换了主人。虽然修昔底德没有来得及救援安菲波利斯，但他到来以后，一面加强埃昂的防务，一面接收离开安菲波利斯的居民，并在第二天打退了伯拉西达斯发动的水陆两方面对埃昂的进攻，保住了雅典在本地的另一个重要据点。但是,修昔底德承担了丢失安菲波利斯的后果,雅典人民判决将他流放 20 年,此后他游历希腊,甚至到过西西里,专注于这一次战争的写作,直至死亡突然降临。

安菲波利斯的丢失对雅典来说影响巨大。不仅财政收入受到损失,来自色雷斯的造舰的木材也减少了,而伯拉西达斯在得到安菲波利斯以后,不出所料,马上利用这些资源建造自己的舰队;更令雅典人担心的是色雷斯地区盟邦和属邦是否会发生如多米诺骨牌一样连锁反应,事实确实如此,当雅典的属邦知道伯拉西达斯对安菲波利斯开出的投降条件,加上伯拉西达斯一直宣扬他的使命是"解放希腊",以及伯拉西达斯的温和和诚恳的态度让人觉得可信,与雅典的行事风格一件件比较下来,"每个城邦都争先恐后地想叛离雅典"[1]。接下来,伯拉西达斯用征服和招降两手,顺利地降伏了从斯特雷梦河口到卡尔基狄克半岛一带大多数的小城镇,并继而攻占了卡尔基狄克半岛上由雅典人驻守的重要城镇托伦涅和列吉苏斯要塞,将守卫要塞的雅典军队全部消灭。这样,伯拉西达斯在北希腊色雷斯掀起的旋风将这里大多数的雅典势力范围扫没了颜色。其实,伯拉西达斯在进攻安菲波利斯的时候,正是雅典在塔纳格拉和彼奥提亚军队鏖战的时候,雅典没有办法派出有力的军队前来色雷斯地区支援,或者说阻止伯拉西达斯的凌厉攻势,而伯拉西达斯在取得巨大进展以后也向拉栖戴梦请求派来更多的军队以期扩大战果,但因为拉栖戴梦上层人物的嫉妒和不思进取而未果。

前 423 年初,拉栖戴梦人和雅典人签订了为期一年的休战和约。雅典人愿意休战是因为伯拉西达斯在北希腊风卷残云般的攻

---

[1]《伯罗奔尼撒战争史》〔古希腊〕修昔底德著 徐松岩等译 广西师范大学出版社 2004 年版 第 250 页

势难以抵挡,签订休战和约至少可以及时阻遏这种势头的进一步
蔓延;拉栖戴梦人愿意休战是由于伯拉西达斯取得的进展显著增
加了自己与雅典人谈判的筹码,主要目的还是希望换取派罗斯之
战被俘的200多名战士的释放。其实,和约的内容基本限于双方
目前战线的固定,战事的停歇,但没有提及斯巴达战俘的释放问
题。双方确定这个和约的一年期限,说明了这个和约的过渡性质,
既可以利用这段时间准备更大的战争,也可以利用这段时间谈判
更长时间、更大范围的和平条件,对双方来说,都同时存在着两种
可能,两手准备,两个前途。

就在休战和约即将签订的时候,卡尔基狄克半岛帕列涅海角
上的斯吉奥涅又主动背叛雅典投向伯拉西达斯,伯拉西达斯乘船
到了城市以后,鼓励其勇敢地为自由而战,并且派了一支数百人的
队伍从海上增援斯吉奥涅,并计划利用斯吉奥涅的力量顺势攻占
邻近的门德和波提狄亚这两个雅典人的重要城镇,正在这时,前来
宣布休战和约的特使到了,色雷斯的所有各方都同意遵守和约休
战,唯一的问题是斯吉奥涅,雅典人认为他们的叛离在和约实际签
订之后,所以不能将其放在拉栖戴梦人已占范围内,而伯拉西达斯
自然不肯放弃这个如此重要并且将他尊为希腊解放者的城邦,拉
栖戴梦的特使向雅典特使建议付诸仲裁,但雅典人不想冒险仲裁,
拒绝了拉栖戴梦人,随后,雅典人在克里昂建议下通过了一项法
令:决定派出远征军攻克斯吉奥涅,将斯吉奥涅人处死。此时,雅
典人在其他地区都已停战,有力量来处理这里的变故了。

在这过程中,斯吉奥涅附近的另一个雅典所属的城镇门德也
发生了叛乱,虽然这毫无争议地发生在和约以后,但伯拉西达斯依
然无所顾忌地接受了,理由是雅典也有违约的地方,雅典人对此更
加怒不可遏,决心立即进攻这两个城镇,伯拉西达斯预见到雅典当
然不会善罢甘休,于是做了周全的准备,他将这两个城镇的妇女儿
童送往奥林苏斯,并另外加派了500名伯罗奔尼撒的重装步兵和

300名卡尔基斯的轻盾兵,由另一个斯巴达将军指挥保卫这两个城镇,而他自己则赶去大陆,与帕蒂卡斯的马其顿盟军联合进攻林库斯的阿拉巴攸斯。但是,在战场上,当帕蒂卡斯因为听到原本答应来支援自己的伊利里亚人与阿拉巴攸斯联合的消息以后,就带领自己的队伍连夜逃跑了,将伯拉西达斯的拉栖戴梦友军扔在战场,伯拉西达斯面临得到增援的敌人独力支撑,总算顺利撤出林库斯,退回了托伦涅,就在这段时间雅典远征军在尼西阿斯的率领下已经攻占了门德,雅典舰队这次出动了50艘舰船,搭载了1000名重装步兵、600名弓箭手和1000名色雷斯雇佣军,以波提狄亚为基地,围绕帕列涅灵活机动地登陆进攻,而伯拉西达斯在雅典舰队面前只能束手无策地看着雅典舰队纵横驰骋,既不能跨过波提狄亚从陆路,也不能从海上去支援斯吉奥涅,尼西阿斯占领了门德以后,继续向斯吉奥涅推进,但在拉栖戴梦和城市的联军抵抗下无法取得任何进展,于是,雅典人在整个夏天就建造了一道围绕斯吉奥涅城池的封锁墙,留下了一支驻防军以后,尼西阿斯率领大军返回雅典。

在和约签订以后,拉栖戴梦人也试图派出了一支军队赴色雷斯去支援伯拉西达斯,从伯罗奔尼撒到北希腊必须经过贴撒利,这时,因为在战场上抛弃了伯拉西达斯的马其顿国王帕蒂卡斯又重新回头与雅典结盟了(作为帕蒂卡斯的盟友,最大的问题就是不知道和他的盟约的有效期),他利用与贴撒利诸王的传统友谊,劝说他们阻止拉栖戴梦人的军队通过贴撒利领土,断绝了伯拉西达斯得到援助的可能。最终,只有三个人到了伯拉西达斯身边,这三个人的主要使命是来观察和评估形势,同时他们分别担任本地同盟城邦的统治者,如安菲波利斯和托伦涅,这跟斯巴达人的一贯做法不同,以往他们都是委托当地人自己管理自己的城邦。

由于波提狄亚占据着进出帕列涅海角上门德和斯吉奥涅两个城市的狭窄通道,伯拉西达斯曾经试图攻占波提狄亚,从陆上进兵拯救斯吉奥涅,但在雅典人的严密防守面前无功而返。

尼西阿斯和约

前 422 年,战争进入了第十个年头。双方在为一年休战结束后更大规模的战事做着各方面的准备。

休战期间,雅典人将提洛岛上的居民全部赶出,理由是他们过去曾经犯过罪,所以,即使他们向神献祭也是一种亵渎。同时,克里昂首先通过临时性的手段增加了特别税等财政收入,然后向雅典人民申请授权,让他亲自率领一支军队在休战到期以后远征色雷斯,派罗斯之战的胜利虽然极大地提高了他的自信,但对他指挥战争的能力并没有多大帮助。

这一年的春天,克里昂率领 30 艘舰船以及 1 200 名雅典重装步兵和 300 弓箭手以及同盟各邦提供的军队向北希腊进发。他首先向托伦涅发起进攻,在伯拉西达斯带领援军赶到之前夺下了城镇,将城中的妇女和儿童卖为奴隶,将俘虏的拉栖戴梦守军和托伦涅男人共 700 人送往雅典,在顺手攻占了附近一两个投靠伯拉西达斯的小城镇以后,全军进驻埃昂,这个雅典人的海外基地,然后,他派出使者去马其顿,要求盟友帕蒂卡斯率军前来支援,也遣使去了色雷斯,拜谒奥多曼提亚人国王波列斯,请他率领自己的军队过来,一起联合进攻安菲波利斯;与此同时,伯拉西达斯也在谋划如何在安菲波利斯与雅典军队决战:首先,他的人数比雅典人少,他手下只有约 2 000 重装步兵,300 名希腊骑兵,以及一些卡尔基斯、色雷斯雇佣兵等当地人组成的轻盾兵约 1 000 人,而克里昂不仅现在手上就有比他多的士兵,马其顿和色雷斯的援军还未到;其次,雅典海军在这个地区可以发挥更为明显的优势,因为安菲波利斯、埃昂这些地方都是在河流或者海洋附近,雅典军队运动的速度更快,得到支援也更方便。因此,伯拉西达斯最希望雅典人现在就向安菲波利斯发动进攻,而不等马其顿和色雷斯盟军的到达。伯拉西达斯亲自率领1500人在安菲波利斯城外的一个叫科迪里昂的高地上观察，余下的士兵则在城内防守。

就在克里昂驻扎埃昂等待援军的时候，他手下的士兵在闲暇中将自己的指挥官与敌方的进行比较，认为自己的指挥官懦弱无能、缺乏经验，而敌方将领机智勇敢、身经百战，何况有些人从一开始就不愿意跟着克里昂进行此次远征，将他的等待视作畏缩，这些传言最终战胜了克里昂在派罗斯之战中赢得的自信，为了证明自己，他不等盟军的到来，就率领自己的军队向安菲波利斯进发，这正中伯拉西达斯下怀，当他看到雅典人拔营前进时，马上率领高地上的军队进入城中。克里昂率领的军队在安菲波利斯城南的一个小山冈上列阵观察，双方都能看到对方的一举一动，但是克里昂并不是决心来战斗的，他随时准备撤退，而伯拉西达斯是必须要趁此机会进行决战，否则等到马其顿人和色雷斯人加入雅典大军以后，他就更没有胜算了，双方将领在此时的决心就决定了战斗的结果。

伯拉西达斯在城内做了部署：由他亲自率领150人的精锐步兵等待一个合适的时机主动出击，对雅典军第一次冲击以后，由另一个斯巴达将领统率全军再向雅典人发起总攻，因为更多考虑撤退而不是坚守的军队很容易军心涣散、惊慌失措的。于是，他在正对雅典人的南门内等待，克里昂这次是独自统率全军，而不像在派罗斯有经验丰富的德摩斯梯尼共同指挥，当他看到伯拉西达斯在城内进行献祭仪式（开战前的准备）完毕后，就下令全军撤回埃昂，但是由于他经验不足，队伍回撤过程中发生碰撞混乱，久经战阵的伯拉西达斯抓住这个机会，马上打开城门向雅典大军中央发起冲击，随后城内的主力部队也从东面的城门冲出，向雅典人发起进攻，雅典军队一触即溃，幸亏殿后的部队占据一座山岗死守，直至被优势的敌人围攻数次而溃散，伯拉西达斯率领150人第一批冲进敌阵，很快就负伤被抬出战场，而克里昂在敌人一冲过来就逃跑了，被一个米金努斯轻盾兵追上杀死，剩下的雅典军逃往埃昂。此战,雅典有 600 名士兵阵亡,而伯拉西达斯的军队只有 7 个人战死,伯拉西达斯就是其中之一。他死后被安菲波利斯人民奉为城市的创建者,每年祭祀,享有最高的荣誉,完全取代了真正的创建者雅典人哈格农。伯拉西达斯虽然死了,但是他在色雷斯确立的拉栖戴梦对雅典的优势随着雅典撤军更加不可撼动。

这一年,雅典派出了菲亚克斯等三人,坐船到西西里,去联络伦提尼和卡马林那的民主派,寻求建立一个广泛的联盟以对抗叙拉古,但是收效甚微。

安菲波利斯之战结束以后,雅典和拉栖戴梦双方均主动停止了军事行动,开始认真考虑和平事宜,因为他们都遇到了比征服或者解放遥远城邦更紧急或者更重要的事。

拉栖戴梦人面临的问题是紧急的:首先,他们与阿戈斯签订的三十年和约即将到期,而种种迹象表明,阿戈斯人并不急于和他们续签和约,所以他们提出拉栖戴梦将基努里亚划归阿戈斯作为续约前提,其实,经过这几十年的锁国和中立,阿戈斯已经恢复了原来的实力,同时恢复的还有一直以来与斯巴达争夺伯罗奔尼撒主导权的野心,所以比邻而居的阿戈斯带来的危险远比雅典更为紧迫;其次,在敌人手中的派罗斯和吉塞拉不仅对拉科尼亚形成经济和军事上掣肘,尤其是美塞尼亚人驻守的派罗斯已成为希洛奴隶逃亡的灯塔,拉栖戴梦人担心目前这种零散但是持续的逃亡终有一天会引发美塞尼亚的希洛奴隶大起义,这是动摇国本的威胁。

而雅典的问题更为复杂,"战争已把雅典国内的阶级平衡改变了"[1]。原来基本平衡的中上阶层的人数,经过迪里昂、卡尔基狄克半岛和最近的安菲波利斯几次战役,已大幅减少,在公民大会中的势力弱于中下阶层,民主宪政的控制权已落入贫苦阶级的手中,因为骑士阶层和相对较为富裕的重装步兵是战斗中伤亡最大的,

---

[1]《希腊史 迄至公元前 322 年》〔英〕N·G·L·哈蒙德著 朱龙华译 程庆昌 郝际陶校 商务印书馆 2016 年版 第 581 页

战争初期,伯罗奔尼撒大军几次入侵阿提卡蹂躏的大多是前三个等级公民的田产,再加上几次征收的特别税对第一第二等级更是雪上加霜;而第四等级的公民不仅不用参加远征,同时还能接受国家补贴和劳务薪饷的报酬,所以,战争给他们带来的损失就没有那么明显,只需要有人发表激情澎湃的爱国主义煽动,就可以让他们狂热地支持将战争进行到底;同时,古往今来的海军都是耗资最为靡费的,以海军为主要力量的雅典也已经将城邦的财政资源消耗殆尽;在北希腊的色雷斯,伯拉西达斯仅凭一支杂牌军就摧枯拉朽般打败了雅典耗时耗力建立起来的同盟体系,雅典也担心这里的失败会给其他属邦造成心理上的影响,鼓励他们随时可能发动叛乱。

最后,分别在雅典和斯巴达坚持主战的克里昂和伯拉西达斯这两个政治和军事冒险家的阵亡,在客观上给和谈创造了有利条件。主战派的突然消失使一直受到压制的主和派终于有机会大声提出并得以实现自己的主张。雅典的尼西阿斯和斯巴达国王普雷斯托阿纳克斯分别代表各自国家,经过数轮谈判,前421年3月,双方终于达成了和平协议(也叫尼西阿斯和约),和约以雅典为一方,以斯巴达及其盟邦为一方,双方同意以下主要内容:

双方保证希腊人共同的神庙,尤其是德尔斐的阿波罗神庙和奥林匹斯的宙斯神庙,以及德尔斐城邦的独立和自由,所有人可以自由安全地前往祭祀;

雅典和斯巴达以及各自的同盟者互相保证在海上和陆地都不得以欺诈或者武力伤害对方,遇有纠纷只能通过法律和誓约进行仲裁;

所有在战争中被俘的战俘都应无条件地释放;

对于争议最多的失地问题:雅典除了可以继续占有尼塞亚以外,归还所有占领土地,如派罗斯、吉塞拉、麦萨那等;对色雷斯地区叛离雅典的小城邦,如阿吉路斯、斯塔基路斯、奥林苏斯等,只要他们继续按照阿里斯提德确定的数额向雅典同盟缴纳贡金,雅典就必须保证他们的独立和自由,并且尊重他们在同盟关系上保持中立,既不与雅典结盟,也不与斯巴达结盟;斯巴达及其同盟者将安菲波利斯和帕纳克顿要塞[1]归还雅典;至于斯吉奥涅、托伦涅和瑟米里昂这些被雅典攻占的叛离城邦由雅典自己处理;

和约期限为50年;

如果本和约有疏漏之处,无论什么问题,雅典人和拉栖戴梦人可以在对双方都有利的原则基础上修改有关条款。

实事求是地讲:和约的条款对科林斯和彼奥提亚等几个盟邦的利益没有足够的关照引起了这几个盟邦的不满,尤其是最后一个条款约定似乎是只要雅典和斯巴达一致,他们就可以按照自己的意愿对和约的任何条款做任何修改,这就更导致了一些同盟国的怨气和戒心,因此,科林斯、彼奥提亚、麦加拉和埃利斯这几个盟邦最后拒绝接受这个和约,也就意味着他们实际上退出了伯罗奔尼撒同盟。就在这时,阿戈斯明确拒绝了拉栖戴梦人续签他们之间和约的要求,拉栖戴梦人开始担心伯罗奔尼撒同盟将面临解散,因为科林斯和彼奥提亚是具有强大实力的城邦,尤其是如果他们和野心勃勃的阿戈斯联合,则伯罗奔尼撒半岛将面临重新洗牌,而拉栖戴梦不仅盟主地位岌岌可危,自身安全形势也日渐恶化。不得已之下,拉栖戴梦人转而寻求与雅典签订两个城邦的盟约,这样即使不能增加一个同心同德的同盟,至少也可以避免阿戈斯与雅典的联合,于是,拉栖戴梦人和雅典人在前一个合约签订后不久,马上就与雅典使节谈判两国结盟事宜,很快双方达成一致,并马上签订了两国同盟协议,条款简单而直接:双方结成共同防御同盟,反对对他们中任何一方的侵略和敌对行为,任何一方不得单独媾和单独结盟,条约为期50年,每年续签一次。

---

[1] 帕纳克顿要塞是雅典与彼奥提亚边境上的一个要地,就在前一年被彼奥提亚同盟从雅典手中夺走。

"现在很明显,这两大强国在重建各自势力范围内的秩序的多事之秋已经互相支持起来了"[1]。其实,经过这十年的战争,希腊世界的强国已不再只有斯巴达和雅典,他们的颓势已显现,新的势力已经成长;其次,随着新的势力增加,传统大国也难以一言九鼎,游戏规则和利益平衡随着玩家的增多而变得更为复杂,老的强权已不能根据自己的意愿强制规定新形势下的游戏规则了,而建立新的规则不仅需要以实力为基础,更需要具有想象力的、能被普遍接受的规则。现在,希腊世界就处在新旧转换的历史节点,如果仅只凭实力的话,几十年以后依然是霸权,或者混乱,不会有进步。

不管怎样,雅典和拉栖戴梦之间的大战经过十年鏖战,大家都到了精疲力竭无法继续的境地,和平对双方都是不得已的选择。

三 战争的第二阶段(公元前 421 年 —公元前 416 年)

尼西阿斯和约对雅典和拉栖戴梦双方来说都是情非得已的结果,也可以说是没有胜利者的停战协定,因此,条约的执行也是磕磕绊绊。除了双方战俘的交换以外,雅典最希望收回安菲波利斯和帕纳克顿,而拉栖戴梦人则将派罗斯和吉塞拉的回归视作优先。拉栖戴梦人虽然已经将伯拉西达斯带去色雷斯和北希腊的军队全部撤回伯罗奔尼撒,但是,拉栖戴梦人发现自己处于非常尴尬的两难境地,不仅安菲波利斯的人民拒绝重新接受雅典统治,色雷斯和卡尔基狄克的其他城邦也都不愿重回雅典同盟,而帕纳克顿在彼奥提亚联盟手中,因为彼奥提亚甚至连和约都不参加,要将它还给雅典的难度更大;因此,雅典怀疑拉栖戴梦人的诚意,也决定不交还派罗斯和吉塞拉等领土,"双方都没有归还条约所规定的应该交

---

[1]《希腊史 迄至公元前 322 年》〔英〕N·G·L·哈蒙德著,朱龙华译,程庆晶、郝际陶校,商务印书馆 2016 年版,第 592 页。

还的领土"[1]。我们有理由相信斯巴达人确实在劝说那些根据条约回归雅典阵营的城邦,并且也在徒劳地试图说服彼奥提亚和科林斯接受条约,但是,斯巴达与同盟盟邦的关系不同于雅典与盟邦的关系,它不能强迫,只能商量。而对雅典人来说,仅有态度是没有任何意义的。不过拉栖戴梦人还是取得了一点成果,他们成功劝说雅典人将驻扎在派罗斯的美塞尼亚人和逃亡到那里的希洛奴隶全部撤离派罗斯,并将之迁移到基法伦尼亚,以减少拉科尼亚的奴隶逃亡,但派罗斯依然由雅典军队驻守。

和约签订以后,拉栖戴梦人从色雷斯和北希腊撤回了军队,但当地人民反抗雅典的战争仍未彻底停止。前421年夏,雅典攻占了帕列涅的斯吉奥涅,将城内男人全部杀死,妇孺卖为奴隶,将他们的土地交给普拉提亚人居住,这个残暴的行径反而更加坚定了那些反对雅典的城邦人民坚持抵抗的决心,卡尔基狄克半岛上的人民更是新夺取了两个雅典人的城邦,并俘虏了一支雅典驻军。

这一年,雅典又将被驱逐的提洛人迁回了提洛岛,原因是雅典在迪里昂和安菲波利斯等战场上的失利以及神谶的启示,雅典人需要讨好神祇

就这样,斯巴达因为盟邦的关系而无法履行归还领土的和约条款,其实,这是拉栖戴梦人在同盟内权威下降的明显标志;雅典则手握着对应的领土等待着拉栖戴梦人的努力取得成效后再对等地予以兑现。

就在雅典人和拉栖戴梦人为落实和约条款的履行而首鼠两端中,伯罗奔尼撒半岛上新一轮的结盟运动,甚至争夺领导权的斗争正如火如荼地展开,而雅典虽然也积极参与,但由于国内党争及策

---

[1]《伯罗奔尼撒战争史》〔古希腊〕修昔底德著,徐松岩等译,广西师范大学出版社
2004年版,第286页。

略分歧的干扰,难以形成一个明智而又一贯的指导思想,最终没有很好地利用这一半岛分裂的有利形势。

伯罗奔尼撒的分裂起因于科林斯对和约的不满和阿戈斯的称霸野心。伯罗奔尼撒战争开战以来,雅典所取得的战果有相当大的部分是取自于科林斯的殖民地或势力范围,换句话说,伯罗奔尼撒同盟诸邦里面,科林斯失去了西希腊的科基拉、安布拉基亚,和北希腊关键的波提狄亚,但是拉栖戴梦人与雅典人在和约谈判中最核心的问题只是派罗斯和吉塞拉,科林斯的利益几乎没有被提及,所以,科林斯与彼奥提亚、埃利斯和麦加拉这几个盟邦不出意外地没有在和约上签字。但是,科林斯在尼西阿斯和约订立的大会以后,没有直接回国而是绕道先去了拉科尼亚隔壁,拉栖戴梦人的世仇阿戈斯,向他们指出:拉栖戴梦人与雅典人签订停战和约对伯罗奔尼撒没有好处,在面对雅典这个最凶恶敌人的时候,阿戈斯应当出来承担伯罗奔尼撒的安全责任,并建议他们派代表去邀请除了雅典和斯巴达以外的希腊城邦与阿戈斯签订防守同盟,并且为了事情的顺利,建议以秘密盟约方式签约。当时,阿戈斯是采取民主制的城邦,并且因为长期保持中立,国力达到了空前繁盛,而斯巴达因为战争关系受到了削弱,阿戈斯希望可以借此机会恢复阿伽门农时代的辉煌,再次成为伯罗奔尼撒的领袖,因此,在听取了科林斯人的建议后他们通过一项法令,委派 12 个代表去和除了雅典和拉栖戴梦以外的所有希腊城邦商讨结盟事宜。

首先申请加入的曼丁尼亚及其同盟,他们因为在拉栖戴梦人与雅典人战争的过程中,征服了阿卡迪亚的大部分地区,因此担心拉栖戴梦人现在要干预此事。随后,埃利斯也与阿戈斯签订了盟约,他们是为了自己的属邦列普里昂而与拉栖戴梦人正发生争执,他们认为拉栖戴梦人派兵进驻列普里昂对抗自己是违反此前的一个条约的。而阿戈斯同盟的始作俑者科林斯在回绝了拉栖戴梦人的劝阻以后,带领自己色雷斯的卡尔基狄克盟友一起也加入了阿戈斯同盟。接下来是最有希望的彼奥提亚和麦加拉,因为他们和柯林斯一样,也没有参与尼西阿斯和约,对拉栖戴梦人与雅典结盟心有怨愤,但是他们因为自己实行的是贵族制政体,更接近于斯巴达的寡头制而不是阿戈斯的民主制,所以对加入阿戈斯同盟尚在犹豫之中。当科林斯和阿戈斯极力想争取另一个伯罗奔尼撒半岛上的强国泰吉亚被明确拒绝以后,阿戈斯放慢了游说扩大同盟的进程,并且出于害怕而主动派出代表去和拉栖戴梦人谈判关于续签和约的事宜,毕竟它现在和拉栖戴梦、雅典和彼奥提亚之中的任何一方都没有建立同盟关系,而它们三者之间的任何一方都握有与这几强中的至少一个的盟约。

而此时,彼奥提亚虽然没有参加尼西阿斯和约,但是和雅典之间的和平是通过一种特别方式维持着和平,即签订十天休战协议的方式,即两国约定停战状态,每十天签订一次协议,确定下一个十天的和平。但是雅典希望收回帕纳克顿是通过拉栖戴梦人以执行和约的方式来实现,所以并没有直接向彼奥提亚人提出要求,而拉栖戴梦人急于通过将帕纳克顿要塞还给雅典以换取派罗斯的收回,万般无奈之下,应彼奥提亚要求与之单独订立了与雅典一样的盟约,但这就违反了与雅典的双边盟约精神:一方不得单独与第三方结盟。更没有想到的是,彼奥提亚在盟约签订后,将帕纳克顿要塞的建筑全部拆平以后还给了雅典,雅典人据此认为拉栖戴梦人失去了信用,两国关系急剧恶化。

现在,素来团结的伯罗奔尼撒半岛四分五裂,阿戈斯的重新活跃和伯罗奔尼撒同盟国之间的龃龉影响了拉栖戴梦人对其和约义务的履行,雅典人渐渐丧失耐心,他们对拉栖戴梦人从不满、不信任的情绪上升为主动的行动了。原先存在的以克里昂为首的激进的主战派和以尼西阿斯为首的稳健的主和派之争,随着安菲波利斯之战的失败和克里昂本人的阵亡导致了尼西阿斯的胜出,尼西阿斯和约的签订开始了一段总体和平的时期,但是,人民群众永远都需要一个自己的领袖，克里昂战死以后，雅典的主战派很快就诞生了一个新的领袖：克利尼亚斯之子亚基比德。

亚基比德出身于雅典的贵胄世家，家境富裕。他的母亲也是出自阿尔克米昂家族，与伯里克利是远亲，据说他幼年丧父之后，伯里克利是他的监护人，他的个性不同于常人，聪慧率直，自由自在，骄傲豪放，从不顾及社会传统，尤其喜欢万众瞩目成为大家的注意焦点，年轻时曾经与苏格拉底过从甚密，并对苏格拉底非常尊敬。他的家族与拉栖戴梦人渊源颇深，他的祖父还曾经一度是斯巴达在雅典的代理人，克里昂死后，他在雅典政坛初露头角，此时，雅典正面临维持与拉栖戴梦人的盟约，还是与阿戈斯结盟的选择，因为阿戈斯人正与拉栖戴梦人争夺伯罗奔尼撒的霸权而非常希望得到雅典的支持，据说由于拉栖戴梦人没有对他表示出他想要的尊重，所以，他不再坚持家族传统，转而坚持从伯里克利和克里昂沿袭下来与斯巴达为敌的政策，力主与阿戈斯结盟，而帕纳克顿事件以及拉栖戴梦人与彼奥提亚订立盟约的事情激怒了雅典人民，他正好趁此机会提出了他的主张。不仅如此，他还私下派出使者赴阿戈斯，要求他们尽快带着曼丁尼亚和埃利斯的代表一起尽快来雅典，谈判结盟的事情，并许诺他将尽力促成此事。

阿戈斯得到亚基比德的口信非常高兴，和雅典结盟是他们最希望的事，他们原先对雅典和斯巴达的同盟协议的忧虑解除了，看来，这份同盟协议并非传统意义上的同盟关系，象征意义应该大于实质意义。而阿戈斯和雅典自古就曾经是盟友，而且都是实行民主制的城邦，因此他们也不等已经派往拉栖戴梦代表的谈判结果，就通知曼丁尼亚和埃利斯派出代表一起去往雅典，和雅典协商结盟事宜。拉栖戴梦人得知这个消息，马上派出亲雅典的人士几乎同时赶赴雅典，对拉栖戴梦人来说，在这个危机重重的时刻，无论如何也要阻止最有威胁的两个敌人——雅典和阿戈斯结盟。

亚基比德不仅决心要破坏尼西阿斯和约以及与斯巴达的两国

盟约,而且使用了有效但是令人不齿的手段。当拉栖戴梦的使团赶到雅典时,亚西比德担心现在厌倦战争的雅典公民会采取比较平和的态度并接受这些代表的解释,加上尼西阿斯的地位和作用,最终可能会影响他与阿戈斯结盟的计划,因此,他首先私下与他们见面,告诉他们:出于策略的需要,在第二天拉栖戴梦代表出席雅典公民大会讨论两国事务时,一定不要告诉大会他们已经被授予处理问题的全权的,而其实这个拉栖戴梦使团是具有当场解决两国之间所有问题的全权的,而他自己向他们信誓旦旦地保证:只要他们这样说了,他就一定会设法帮助让雅典归还派罗斯(其实雅典归还派罗斯的最大障碍就是他自己)。次日,这些拉栖戴梦代表出席了雅典的公民大会,希望解释与彼奥提亚的同盟协议以及安菲波利斯等问题,并商量解决两国之间的纠纷和争议,当雅典人问他们是否具有拉栖戴梦政府授予的全权时,他们按照亚基比德的关照回答说没有,这时,亚基比德马上站起来发言,就如同昨天没有和他们见过面一样,强烈指责和批评拉栖戴梦人是如何地缺乏诚意,不可信任,正当拉栖戴梦代表目瞪口呆之际,群情激奋的雅典人已经把外面等候的阿戈斯、曼丁尼亚等代表请进会场,当场决定与他们订立同盟协议,恰巧这时,地震意外来袭,公民大会无法继续,只能散会。第二天,会议继续,虽然前一天拉栖戴梦代表的事情对尽力维持雅典与拉栖戴梦关系的尼西阿斯也是一个沉重打击,但在如此重大的关头,一向不善言辞的他还是发言,力劝雅典公民不要急于做出这样的决定,他还是坚持雅典应该与拉栖戴梦人维持和平和盟约,至于目前的状况,他建议可以派代表去斯巴达进一步了解他们的真实意图,客观地讲,时间在雅典一方,和约签订以后,现在已没有人能影响雅典的安全和利益,而拉栖戴梦人则面临着伯罗奔尼撒的分裂和虎视眈眈的阿戈斯对它霸权的挑衅,雅典不必在这样仓促的改换盟友。雅典人民最后听从了尼西阿斯的建议,同意暂缓与阿戈斯的盟约,而且派出一个包含尼西阿斯在内的使团去拉栖戴梦人那儿,听取解释并要求他们必须和彼奥提亚解除盟约,同时归还安菲波利斯和帕纳克顿。雅典使团很快就出发了,此时,斯巴达的监察官可能已经换了一批[1],新的监察官中就有至少两人本来就反对尼西阿斯和约,该和约本来就是靠着两国的和平党派达成并且维持着的,但是反对的势力从来没有消失过,民主体制下,不同政见的党派力量此消彼长决定着国家政策的变化,而且这种变化有时是剧烈而且不平衡的。这次,拉栖戴梦就向雅典使团明确表示无法解除与彼奥提亚的盟约,虽然他们保证这个盟约不会影响与雅典的关系,但毕竟尼西阿斯这次是空手而归,所以雅典人民感觉受到了羞辱,亚基比德这时恰到好处了引入了阿戈斯代表,雅典马上就与阿戈斯及其同盟者订立了条约,结成了一个为期100年的海陆攻防同盟。

前420年夏,已经成为将军的亚基比德率领一支由重装步兵和弓箭手组成的雅典军队,在阿戈斯同盟的接应下进入伯罗奔尼撒,他不仅在半岛四处活动,更是打算在亚该亚的瑞昂附近修筑一个新的要塞,此地位于科林斯湾通向爱奥尼亚海的出口附近,与海峡对面雅典控制下由美塞尼亚人驻守的瑙帕克图斯相对,但是遭到科林斯、西吉昂等城邦的反对,他们派出军队前来阻止,由于亚基比德的部队人数过少,只能放弃。总之,这支雅典规模不大的军队在伯罗奔尼撒半岛的"巡游",充分说明了拉栖戴梦的衰落,雅典军队似乎是第一次在未经斯巴达人邀请的情况下进入伯罗奔尼撒半岛。同时,亚基比德还煽动阿戈斯发动了一场针对埃皮道鲁斯的战争,这样,一旦有事,雅典的援军从埃吉那出发支援阿戈斯将更加便捷。阿戈斯于是单独出兵入侵了埃皮道鲁斯,战争持续到第二年,拉栖戴梦人派出了300名重装步兵从海上偷偷进入埃皮道鲁斯帮助防守,阿戈斯为此责怪雅典让拉栖戴梦人的海军通过

---

[1] 斯巴达的监察官由五个人组成,任期一年。传统上,监察官们决定结盟、和平与战争等外交事务,而国王负责战争。

了雅典的防线,为了维护盟约,亚基比德说服雅典人将当时答应拉栖戴梦人从派罗斯撤出的希洛人重新回到派罗斯,去骚扰拉科尼亚才平息了阿戈斯人的不满,但是阿戈斯军队在后面发动的攻城战中依然没有能夺取埃皮道鲁斯,只能罢兵回国了。

前418年,拉栖戴梦人看到伯罗奔尼撒半岛的分裂和冲突加剧,在拉栖戴梦和阿戈斯两大阵营之外的小城邦也愈加不稳定,阿戈斯及其盟邦与雅典结盟已经稳固地形成了半岛另一股政治势力,此刻采取外交努力已经不可能维持和平,是时候采取军事行动来加以制止,或者决出一个胜负了。

于是,拉栖戴梦人命令国王阿契达姆斯之子阿吉斯率领拉栖戴梦全部武装力量,包括希洛奴隶在内,迈出国门进击阿戈斯。拉栖戴梦的同盟者泰吉亚、阿卡迪亚、彼奥提亚、科林斯等都派来了援兵,这支庞大的军队在弗琉斯会合,而阿戈斯及其盟友曼丁尼亚、埃利斯等的部队也会合在阿戈斯平原,只有雅典援军没到。双方还未开战时,两个阿戈斯人(其中一个是将军)看出了自己一方已被包围的危险,他们自作主张前去晋见阿吉斯,要求不要开战,他们愿意将两国间的问题提交仲裁并准备通过和平谈判来解决,阿吉斯在和一个身边的参谋军官简单交流了一下以后,就决定答应这两个人的请求,休战四个月,然后直接向盟军下达了命令,大家撤兵各自回国。虽然命令得到了执行,但是拉栖戴梦人和他们的同盟者一致抱怨并且抨击阿吉斯放过了这个赢回霸权的好机会;而阿戈斯人也发生了同样的事情,他们也觉得自己错失了一次打败拉栖戴梦人的大好时机,甚至要处死这两个未被授权去和拉栖戴梦人达成休战协议的人。过后,雅典的两个将军率领1 000重装步兵和300骑兵赶到了阿戈斯,由于已经达成了休战协议,阿戈斯人就让雅典军队回去,但是,此时作为雅典派往阿戈斯的使者的亚基比德,要求在阿戈斯公民大会上发言,他指出由于盟约的规定,阿戈斯无权单独,未经他们这些盟友的同意而与拉栖戴梦人达成休战协议,现在雅典援军已经赶到,而且曼丁尼亚和埃利斯人尚未回国,他们应该立即向拉栖戴梦人发动进攻。他的发言得到了所有盟邦的支持,阿戈斯虽然最初为了维护休战协议而反对,最后也不得不跟随大家意见。

就这样,在亚基比德的煽动下,阿戈斯同盟军首先打破休战,向奥科美努斯发起进攻,并迫使它投降,加入了阿戈斯同盟。然后,大军向拉栖戴梦的盟邦泰吉亚进发,消息传到斯巴达,拉栖戴梦人对阿吉斯更是怒不可遏,最终,他们通过了一条法律,推举十个人作为国王的顾问,限制他的权力,随他出征,阿吉斯再一次率领全部拉栖戴梦军队赶赴泰吉亚,然后派出使者去召唤盟军尽速赶到曼丁尼亚会合,双方最终在曼丁尼亚摆开阵势展开决战,因为时间紧急,拉栖戴梦人没有等到科林斯、彼奥提亚和麦加拉等盟邦的援军,而阿戈斯人则是比休战前增加了雅典援军,战斗结束,阿戈斯同盟的军队全面溃散,拉栖戴梦人在人数较少的情况下顽强作战,取得全胜。

通过这场"很久以来在希腊最有名的城邦之间爆发的规模最大的一次战役"[1],拉栖戴梦人证明了自己在任何情况下坚持自己立场和利益的决心,和在陆地战争中的王者实力。随后主动向阿戈斯发起了和平攻势,他们先派出大军进入泰吉亚,然后联合阿戈斯国内的反民主派向阿戈斯提出了一份立足于伯罗奔尼撒半岛利益的和平协议,在阿戈斯同意的基础上,和阿戈斯最后签订了为期50年的同盟盟约。阿戈斯解除了与曼丁尼亚、埃利斯和雅典的盟约。这个过程中,亚基比德作为使节正在阿戈斯,但是已经没有什么影响力了。拉栖戴梦和阿戈斯投票决定采取高度一致的对外政策:不接待雅典的传令官和使节,直至雅典完全撤出伯罗奔尼撒半岛,雅典随后被迫从埃皮道鲁斯建立的要塞撤退;然后两国军

---

[1]《伯罗奔尼撒战争史》〔古希腊〕修昔底德著,徐松岩等译,广西师范大学出版社2004年版,第306页。

队共同行动,在伯罗奔尼撒半岛推翻了西吉昂和阿戈斯的民主政府,将其改造为与拉栖戴梦人一致的寡头制政府;他们还共同派出使者去色雷斯,一则劝说马其顿的帕蒂卡斯加入他们的同盟,因为根据传说,马其顿的王族出自阿戈斯;二则将阿戈斯与色雷斯的卡尔基狄克[1]原有誓词进行了更换。

第二年(前417年),阿戈斯的民主派积蓄起力量,趁着拉栖戴梦人的宗教节日发动了暴乱,他们杀掉了一些寡头派政敌,然后夺取了阿戈斯城,逃出来的阿戈斯人向拉栖戴梦人求援,但是拉栖戴梦人不知为什么似乎无动于衷,并不急于帮助寡头派夺回政权,而城内的民主派则向雅典请求结盟,并且开始建设从阿戈斯城通向海边的长墙,以利于,万一需要的话,雅典的援兵从海上救援,雅典也派人参加了长墙的建设,但是拉栖戴梦人在阿吉斯的率领下,出动联军攻占并拆毁了新建好的长墙,然后回国了。

这一年亚基比德和尼西阿斯同时当选雅典将军[2],他们两个的政见完全不同,亚基比德主张支持阿戈斯在伯罗奔尼撒半岛与斯巴达的争斗,而尼西阿斯则将注意力放在北部希腊,希望收回被伯拉西达斯夺取或者反叛的属邦,于是,他们各自按照自己的理念执行自己的政策。年底,雅典派出海军到北希腊,从海上封锁了新近加入拉栖戴梦和阿戈斯同盟的马其顿,他们对帕蒂卡斯的反复无常、一再背叛深恶痛绝,因此,雅典正式宣布帕蒂卡斯为雅典的敌人。其实,海上封锁马其顿实际意义并不大,因为马其顿几乎没有什么海上贸易,而亚基比德经营的阿戈斯也因为其国内寡头派和民主派的斗争而陷入僵局,短期而言,亚基比德介入阿戈斯的政策给拉栖戴梦和伯罗奔尼撒半岛带来的麻烦使雅典得益更多。

---

[1] 尼西阿斯和约以后,卡尔基斯人曾跟随科林斯一起加入了阿戈斯发起的与拉栖戴梦人敌对的同盟,现在需要更换同盟内容和誓词,说明色雷斯的卡尔基斯仍然留在同盟内。

[2] 《尼基阿斯和约与西西里远征》〔美〕唐纳德·卡根著,李隽旸译,华东师范大学出版社2019年版,第132页。

　　至此,伯罗奔尼撒战争第一阶段结束,尼西阿斯和约签订以后,拉栖戴梦人的危机告一段落,阿戈斯与拉栖戴梦在伯罗奔尼撒半岛的争霸战以拉栖戴梦人的胜利告终。伯罗奔尼撒半岛的分裂起因于阿戈斯的野心和科林斯因为不满而起的阴谋煽动,作为外部力量的雅典只有亚基比德意识到这对雅典是一个机会,并试图利用这个机会分裂拉栖戴梦及其同盟,但是,各方围绕着伯罗奔尼撒霸主的争夺战展开的一系列外交和军事努力,所有这些矛盾和各个主体的作为如同按照各自方向排列起来的骨牌,拉栖戴梦人最终通过曼丁尼亚的一次会战,将局势引向自己希望的方向。阿戈斯的野心因为自身力量不济而破灭;科林斯则展示出了浓重的机会主义色彩,在各方之间捭阖纵横却始终不肯立场鲜明的站队确定的一方,而是喜欢多头下注,科林斯虽然在短时期内达到了自己的目的,即在各大国间激化局势继续纷争,并且在战争真正爆发时自身也没有受到重大损失;雅典的亚基比德虽然意识到这个可以利用的伯罗奔尼撒内部的分裂机会,但可能是由于尼西阿斯这样的主和派的牵制,或者由于自己的年轻而导致的决心或者能力不足,雅典没有投入全部资源,比如利用派罗斯的美塞尼亚全力骚扰,利用强大的海上力量全力封锁和介入,劝阻阿戈斯不要与拉栖戴梦在曼丁尼亚进行会战,进而利用两个多利安人的敌对同盟,通过更深入的外交和经济方式,多管齐下削弱拉栖戴梦及其同盟,也许结果就可能大相径庭,一旦阿戈斯在伯罗奔尼撒半岛取得不低于拉栖戴梦的地位,那么,斯巴达人的危机就可能长久而且艰难地持续下去。但是现在,斯巴达人通过曼丁尼亚战役将原先反对自己的阿戈斯同盟的威胁消弭,即使阿戈斯发生民主派夺权,但在伯罗奔尼撒半岛上跟自己作对的力量已经由数个半岛上的强国组成的阿戈斯同盟变为仅剩阿戈斯一个城邦了,对拉栖戴梦人而言,危险程度大幅度下降了。而雅典的海上力量并未受到损失,如同前面所说的,时间不在拉栖戴梦人一边。

前416年初,亚基比德和尼西阿斯的矛盾日益尖锐,雅典的任何政策都不能得到一以贯之的实施,普鲁塔克将其形容为"这是狂热献身战争的年轻人和爱好和平生活的老年人"[1]之间产生的斗争,这种局面刺激了旁观者的野心,一个叫海珀伯鲁斯的人一直想谋求更高的政治地位,因此提议发起了传统的陶片放逐,满心以为他们两人中任何一个的失败都将成为自己的机会,但是亚基比德和尼西阿斯同时意识到了这个危险,因此两个人心照不宣地动员自己的党派在投票时把火力转移到了发起人自身身上,海珀伯鲁斯意外地被雅典人民投票放逐,并死在流亡的路上。虽然他的政治操作失败了,但是也留下了一个记录:海珀伯鲁斯本人成为雅典历史上最后一个被陶片放逐的人。

然后,亚基比德率领20艘战船进入阿戈斯,抓获了300名据信为亲斯巴达的阿戈斯人,并将他们流放到附近的岛屿上。随后,雅典出动了30艘战船搭载了1 200名重装步兵、300名弓箭手和20名骑射手,以及8艘盟邦战船和搭载的1 500名重装步兵征战米洛斯,米洛斯位于基克拉迪丝群岛,是由斯巴达人建立殖民城邦,一直采取中立政策,数年以前雅典曾经入侵过米洛斯,但被打退,他们一直顽强地守护着自己的独立,但这次,雅典志在必得。雅典军队登陆以后,派出使节进入城中劝降,修昔底德记录了他全书中独一无二的一段如同戏剧台词般的对话,对话发生在雅典使节和米洛斯的行政长官和议事会议员之间,内容是双方关于正义和强权,实力和利益,以及希望和现实的理解和争辩,整个对话抽象而且直接,雅典人的自信、生硬、冷酷、盛气凌人的态度和语气,让人很难与其文明优雅、开放进步等总体印象统一起来。结果是:米洛斯人拒绝投降。雅典和盟邦军队于是开始建筑围墙包围城池,对米洛斯实行海上封锁,留下了部分军队继续围攻城市,大部

〔1〕《普鲁塔克全集·Ⅱ》〔古希腊〕普鲁塔克著,席代岳译,吉林出版集团股份有限公司2017年版,第955页。

分人撤回雅典。

同时，阿戈斯的寡头派与民主派依然争斗不止，民主派虽然掌权，但寡头派或造反或逃亡，而拉栖戴梦人的威胁时断时续。雅典利用派罗斯驻军不断骚扰拉科尼亚，但拉栖戴梦人的反应克制，总体而言，希腊大陆包括伯罗奔尼撒半岛的局势是比较平和的。

而亚基比德和尼西阿斯之间争夺领导权和更多民意支持的竞争似乎越加激烈。两个人都希望在公众面前通过展示个人魅力来赢得人心，而不是枯燥的政论赢得支持。在民主制度里，政治家个人受欢迎程度大多数情况下要比政见的正确和远见更重要，实际上，民主是让所有公民按照他们的喜欢、直觉、理性，甚至愿意来做决定（投票），这些因素完全没有先后和轻重之分。尼西阿斯在公众面前打造的是虔诚可靠的形象，宗教祭祀是他的主要舞台；而亚基比德则以活力展现给公众，他在当年的奥林匹克赛会上派出了七辆战车参加比赛，并夺得了前两名，他以此宣扬这是对雅典城邦的荣誉做出了重大贡献而洋洋自得。所有这些作为都是为了得到更多公民对自己的认可，乃至支持，这种竞争发展到后来就变成了竞选制度，但在当时，在公民大会上获得对自己提议的政策的更多支持是现实而且首要的体现。

到了年底，因为米洛斯人几次对围城军队的成功突袭，雅典人派出了新的援军，经过激烈的战斗，米洛斯人失败后投降，和克里昂的政策一样，雅典人把俘获的成年男子全部杀死，将妇女儿童卖为奴隶，然后，雅典派出了 500 名移民占据了米洛斯岛。

这次，雅典针对的既不是叛乱，也不是敌对阵营的城邦，而是一个独立的城邦。与雅典既没有历史上的恩怨，也没有现实的敌对或结盟的意图，雅典的行为单纯就是一种倚仗暴力的侵略，这就与战前修昔底德大费周章地记载双方对话的核心思想对应起来了，雅典所信奉的其实无关道德、正义，乃至历史上的恩怨这类理由，它赤裸裸地揭示了雅典城邦的哲学：需要和能力同样是理由。

所以,雅典对米洛斯采取了惯常的残酷政策。至于这件事情到底是预示着雅典城邦的政策和理念进入了一个新阶段的转向标志,还是雅典以及那个时代的国际通行原则的真实反映,放到今天可能都无法得出一个真实的答案。

第五章 ▏雅典衰落(前431年 —前403年)续

> 一个人最为显著的贪婪,在于不能满足命运女神赐予的福分,还要垂涎远方属于别人的财物,须知这些雅典人就是这副德行

四 远 征 西 西 里

远征西西里是雅典在整个伯罗奔尼撒战争过程中走向失败的决定性起点。

本质而言,自前431年开始的伯罗奔尼撒战争是发生在雅典和斯巴达之间的希腊世界的内部战争,虽然双方在希腊半岛及其周边海域断断续续厮杀了十年,以《尼西阿斯和约》暂时画上了休止符,但到前421年休战为止[1],雅典总体上是稍占上风的,体现在:科基拉附近的爱奥尼亚海域原先即使不是科林斯的势力范围,也是独立的地方,雅典的影响微乎其微,十年后,西部希腊变成了雅典的属地,雅典毫无争议地把握了爱奥尼亚海和阿卡纳尼亚地区的主导权;而在北爱琴海的卡尔基狄克和色雷斯,雅典属邦虽然受到伯拉西达斯的冲击而纷纷反叛,但是雅典的势力并未被彻底赶出该地区,在无法按照条约收回失地的情况下,雅典也有能力并逐步通过军队收复部分失地;尤其重要的是雅典在拉科尼亚打入的派罗斯等楔子对斯巴达是长期的、现实的威胁。随后,出于对

---

[1] 这个阶段即伯罗奔尼撒战争的第一阶段,也有人把这十年的战争叫做阿契达姆斯战争。

和约的不满以及阿戈斯的因素,伯罗奔尼撒同盟里面的科林斯、彼奥提亚联盟、埃利斯等重要成员并未跟随拉栖戴梦人承认并签署与雅典的和约,事实上脱离了伯罗奔尼撒同盟,亚基比德积极参与的伯罗奔尼撒半岛事务虽然不能决定性的让拉栖戴梦人一蹶不振(曼丁尼亚之战),但他造成了多利安人城邦之间的内部争斗却使拉栖戴梦人无法将注意力放到伯罗奔尼撒半岛以外。而此时,雅典的同盟体系依旧被雅典的无敌舰队牢牢地束缚在雅典的战车上,不受影响。

之前,西西里的存在与否对伯罗奔尼撒战争几乎未产生任何影响,之后,一个被征服了的西西里对雅典与拉栖戴梦人的霸权之争中又能起什么作用呢? 毕竟,从西西里到阿提卡需要三四个月的海上航程。

但是,随着雅典对西西里发动的一场规模空前、兴师动众的远征行动遭受败绩,雅典的重装步兵和海军舰队损失殆尽,这场惨败长远地、实质性地改变了雅典与拉栖戴梦人的力量对比,大批青壮的、命丧异乡的公民兵是无法在短期内能得到补充的。最终,在随后发生的伯罗奔尼撒后续战争中,雅典及其霸权不可避免地被倾覆了。

决定

西西里是远离希腊的一个大岛,原始居民以及来自意大利、特洛伊和腓尼基的移民共同生活的地方,在公元前八世纪落幕的大移民运动中,希腊殖民者在岛上的沿海地区建立了众多的殖民地城邦,建立了当时最为先进的文明,在随后数百年间,这些城邦不断征战和融合,已经形成了自己的政治经济格局和环境,虽然西西里岛总体属于希腊式的文明,但相对他们东部的宗主国家,他们已经能够独立生存和发展。在这些城邦中,多利安人建立的城邦是主要力量,其中,科林斯人建立的叙拉古城邦是实力最强大的。

前 416 年,西西里的爱吉斯泰人来到雅典,因为前者与邻邦塞林努斯爆发了战争,而塞林努斯在得到盟国叙拉古的帮助后使爱吉斯泰难以招架,可能他们觉得以自己的身份来求援的理由尚不充足[1],他们还带来了伦提尼被叙拉古占领而成为其一个要塞的消息,他们来雅典求援,希望雅典派兵帮助,而伦提尼成为爱吉斯泰使者口中一个更为重要的理据:"如果任凭叙拉古人驱逐伦提尼人民而不给予惩罚,允许其蹂躏雅典在西西里的盟邦,以至控制西西里全岛,那么就会产生一种危险,即作为叙拉古人,他们总有一天会派遣大军来援助他们的同族多利安人;作为移民,他们会帮助派遣他们出去的伯罗奔尼撒人,这些人将联合起来推翻雅典帝国"[2]。最后,使者向雅典承诺他们将以充足的城邦收入承担这次雅典远征的战争军费。

然而,公元前 415 年雅典人民决定远征西西里的决策过程,除了修昔底德记录的雅典第二次公民大会上尼西阿斯和亚基比德的演说以外,基本没有特别清晰的详细内容,更多的是做出决定以后各方的支持和反对态度。

雅典人对西西里的兴趣和关注由来已久,并主动做过尝试。最近的一次是前 427 年,雅典和斯巴达战争之际,雅典就应西西里岛上伦提尼和卡马林那城邦的求援,派出了一支 20 艘舰船的舰队前往西西里去支援同属爱奥尼亚人的城邦对抗强大的叙拉古为首的多利安人城邦,具体的使命一是阻止西西里的多里安城邦用粮食和物资支援敌方拉栖戴梦同盟,二是了解西西里,并"试探征服

---

〔1〕 爱吉斯泰是位于西西里西部的一个古老城市,它不是希腊人建立的殖民地,据说是特洛伊人建立的城市。所以他们与雅典没有血缘关系,很可能与雅典也并没有同盟协议,但伯里认为他们之间曾有盟约。而伦提尼是卡尔基斯人建立的城邦,与雅典同属爱奥尼亚人,并且与雅典有确定的同盟关系。

〔2〕《伯罗奔尼撒战争史》〔古希腊〕修昔底德著,徐松岩等译,广西师范大学出版社2004 年版,第 326 页。

西西里的可能性"〔1〕,并且,雅典在两年以后再次派出 40 艘舰船的舰队增援已在西西里的雅典舰队,后来因为前 424 年召开的格拉会议上,叙拉古人赫摩克拉特斯提出了近似于今天的"门罗主义"的主张得到了几乎全体(不论是多利安人还是爱奥尼亚人)西西里城邦的赞同,实现了西西里的和平,雅典舰队才被迫离开了西西里。雅典远征的将领回国后受到不满的人民的处罚,分别被判处流放和科以罚款,"理由是说他们本来是有力量占领西西里的,但是因为接受贿赂而撤离了。雅典当时的繁盛使雅典人认为他们什么事都能做到"〔2〕。

而在雅典派出军队之前,雅典就跟西西里的部分爱奥尼亚城邦建立了同盟关系,用以对抗岛上势力占优的多利安人城邦。前454 年开始,就与爱吉斯泰、瑞吉昂、伦提尼、卡马林那等非多里安人城邦建立了同盟关系。而前 443 年伯里克利主持建立的位于意大利南部的图里伊应该可以理解为雅典征服西方的野心的一个步骤,或至少是准备工作的一部分,虽然最后图里伊更多体现出了独立的而非雅典的忠诚属邦的性质,这只是伯里克利成功实现了他理想中的民主国家的政制试验,超过了雅典城邦利益的战略经营色彩,这两个目标很难统一。

所以,雅典人决定远征西西里的决定有其思想基础,并不突兀,但为何在这个时间点?

可能的原因就是:《尼西阿斯和约》的签订和伯罗奔尼撒同盟的分化削弱使大多数雅典人民感觉与斯巴达人的战争已经结束,他们又有富余的精力可以从事新的冒险,雅典人进取的脚步永远不会停止,除非它已力不能及;而亚基比德个人富于成效的煽动和

---

〔1〕《伯罗奔尼撒战争史》〔古希腊〕修昔底德著,徐松岩等译,广西师范大学出版社 2004 年版,第 181 页。
〔2〕《伯罗奔尼撒战争史》〔古希腊〕修昔底德著,徐松岩等译,广西师范大学出版社 2004 年版,第 229 页。

引领作用是直接因素。"早在召开市民大会之前,亚基比德就用光明的远景加上如簧之舌,先入为主误导大家的判断"[1],以至于当时有一段时间,西西里话题成为雅典人在广场和街头议论的中心,无论老年人还是年轻人都会画出西西里的地图,并且以为轻易占领西西里以后,雅典可以以此为前进基地进一步征服富饶的迦太基和北非,以及赫拉克立斯之柱以内的海域。对普通百姓而言,对外征服意味着更多的利益和荣耀,而风险则不是他们能够注意的问题。

因此,雅典人民经过投票决定派遣使者赴爱吉斯泰,考察他们城邦金库和神庙里是否有如他们承诺的充足的金钱,并调查他们和塞林努斯人的战争情况。

这一年,雅典继续派出规模有限的军队参与阿戈斯和拉栖戴梦之间的战争,并用雅典骑兵和部分马其顿反叛者进入马其顿边境的麦索涅,侵入并劫掠已经与拉栖戴梦人结盟的帕蒂卡斯国王的领土。

次年(前 415 年)春,雅典派赴爱吉斯泰的使者回到雅典,并带回了 60 塔兰特未经浇铸的银块,雅典召开了公民大会讨论是否正式接受爱吉斯泰人的求援派出援军。在这次会议上,雅典公民投票通过了出兵援助爱吉斯泰人的决定,并且委任尼西阿斯、亚基比德和拉马库斯三个人担任全权将军,率领 60 艘舰船组成的舰队远征西西里,给他们的任务是"帮助爱吉斯泰人反击塞林努斯人,如果能够在战争中赢得优势就恢复伦提尼人的地位,并以他们认为对雅典最有利的方式处理西西里的其他所有事务"[2](注意:这项指令有明确的对象和目标,没有提到征服西西里全岛,但是最后

〔1〕《普鲁塔克全集·Ⅱ》〔古希腊〕普鲁塔克著,席代岳译,吉林出版集团股份有限公司 2017 年版,第 957 页。
〔2〕《伯罗奔尼撒战争史》〔古希腊〕修昔底德著,徐松岩等译,广西师范大学出版社 2004 年版,第 327 页。

一句也给将军们留下了审时度势、自由扩充任务的空间)。

　　过了五天,雅典召开了第二次公民大会,落实第一次会议的决定:尽快装备舰船准备远征,并且决心同意并支持将军们提出的一切要求。在这次会议上,一贯谨言慎行的尼西阿斯明确提出了对此次远征的反对意见,很可能他在前次会议上同样持反对意见,但是并没有被大部分的雅典人民接受,那么这次就是他想通过重申他的主张,改变第一次会议的决定,为避免远征西西里做最后一次努力。

　　在第二次公民大会上,尼西阿斯的观点是建立在对现实的冷静思考基础上的,而亚基比德支持远征的依据是从理想与热情出发的,雅典的民主政制为这两种思维方式提供了公平而且充分的表现机会,无论雅典人民最终选择为何,结果都比他们当初预料的更为严重。即便如此,民主的特点就是不该由任何个人为合法的民主决策及其后果承担责任,个人所得的只有荣誉或者羞辱,利益或者丧命。

　　根据修昔底德的记载:尼西阿斯不仅坚持了伯里克利的维持雅典帝国的原则,而且在策略上也是优先巩固而非盲目扩张的。所以他认为雅典不应该听从爱吉斯泰人的求援甚至蛊惑,而轻易发动远征西西里行动,如何在与拉栖戴梦人的战争中取得最后的胜利才是最重要的,"如果我们头脑清醒的话,我们作战的目的和西西里土著居民爱吉斯泰人毫无关系,而是怎样最有效地保卫我们自己,反击拉栖戴梦寡头政治的阴谋诡计"[1],他明确指出远征西西里的战争是"一场与我们毫无关系的战争",而此刻将主要力量投向远方的西西里将分散雅典的力量,因为与斯巴达的和约"名存实亡",而被雅典征服的反叛者随时伺机而动,雅典面临的形势依然严峻;同时,远征西西里,"单凭主观愿望很难取得成功",尼西

――――――――
〔1〕《伯罗奔尼撒战争史》〔古希腊〕修昔底德著,徐松岩等译,广西师范大学出版社
　　2004 年版,第 329 页。

阿斯甚至指出雅典现在处于有史以来最大的危险，当然，在演说中，他对亚基比德毫不掩饰的个人攻击虽然符合大家对后者的基本评价和担心，但并没有影响雅典公众对亚基比德描绘的愿景的向往。

而亚基比德虽然年轻，但是对人民大众的心理和欲望却有着更为敏捷、出众的领悟和把握能力。他紧接着尼西阿斯提出了自己的主张，首先是反驳尼西阿斯对自己的攻击，他认为自己奢侈无度的生活方式也是在为雅典城邦争取荣耀，他能过比别人更好的生活是因为他比别人更成功，所以对此无可非议；而他主张派出援军帮助爱吉斯泰人打败叙拉古并进而征服西西里的理由更为充分，因为西西里诸邦是"由多种族混合而成的乌合之众"，他们根本没有能力联合起来对抗雅典大军，同时雅典传统上就是援助所有来求援的人，雅典就是这样扩充帝国范围的，尤其是他相信"如果我们不统治别人，我们自己就有被别人统治的危险"[1]，反正无论如何，他坚定地相信，并且也让雅典人民相信"我们会很容易地成为全希腊的主人"；最后，他告诫雅典人民，如果长时期的保持和平状态会耗尽自己的力量，意思是雅典和平已经够久了，是时候去发动新的战争和冒险了。

尼西阿斯无论演说还是辩论，能力都远不及亚基比德。比如，他在演讲中提出希望年纪较大者支持他反对被亚基比德煽动起狂热的年轻人，与亚基比德的"无论是年轻者还是年长者，没有彼此间的帮助，都将一事无成"这样迎合所有人心的讲话技巧相比，尼西阿斯的失败是可以预见的。当尼西阿斯意识到靠冷静分析已经无法说服眼前张满激情和狂热之帆的雅典大众，他被迫从策略上采取了进一步的冒险手段，希望能以此吓阻雅典人民，使之知难而退。

---

[1]《伯罗奔尼撒战争史》〔古希腊〕修昔底德著，徐松岩等译，广西师范大学出版社2004年版，第333页。

　　他指出公民大会决定派出 60 艘舰船的力量相比于他们所要完成的使命来说是不够的。首先,从雅典到西西里的路途遥远,无法做到及时补给,更重要的是,在西西里,雅典基本不可能得到当地友好城邦的强力支援,要做好单打独斗的准备;其次,西西里诸城邦的军事力量并非孱弱,他们的重装步兵和弓箭手、标枪手,尤其是骑兵的力量与装备与雅典都十分相似,某些部分甚至更强;再次,叙拉古等敌对城邦在金钱方面同样富裕,而且他们还有一个相比于雅典的巨大优势,就是他们的粮食完全可以自给,无须依赖外部供应。所以,雅典单凭 60 艘战舰就想远征西西里是存在巨大风险的,雅典远征军将士的安全很难得到充分的保障,为此,雅典不仅需要一支庞大的陆军随同出征,更需要将原先的 60 艘舰船的规模予以大幅增加,以运载更多的重装步兵和其他兵种,增加运输船只以运载粮食,甚至需要运载更多的金钱,因为他不相信爱吉斯泰人关于军费的承诺。他还指出,即使这些要求都得到满足,"我们还是很难征服西西里或保全我们自己的"[1]。

　　尼西阿斯这番言论的真实意图是希望通过拉长这张战备清单,大幅增加这次远征所需的资源和代价,来恐吓雅典人民,使之收回远征西西里的决定,退一步讲,至少可以引起公民大会对这次远征的高昂成本开销产生犹豫和踌躇,从而冷却一下群众沸腾的激情,使大家归于冷静和理性,能够重新思考远征西西里的利弊,乃至已经做出的决定。

　　但是尼西阿斯的再一次努力依然归于无效。雅典另一位素孚众望的民众领袖德摩斯特拉图斯,也是极其热衷于这次西西里远征的人,马上站出来要求尼西阿斯"不要拖延,马上就告诉大家,雅

---

[1]《伯罗奔尼撒战争史》〔古希腊〕修昔底德著,徐松岩等译,广西师范大学出版社
　　2004 年版,第 336 页

典人到底需要投票决议派出多大的军队"[1]，尼西阿斯用以拖延的理由意外地成了他要求增兵的请求，而且雅典人民并没有想到他对客观困难的列举是为了让大家打消远征西西里的念头，反而认为他的意见是真诚地为了这次远征的负责任之举，大家对他的支持更为一致，同时也更为有力了，在德摩斯特拉图斯和群众急切的催促下，意外的尼西阿斯勉强提出了 100 艘战舰和同等数量的运输船，不低于 5 000 名重装步兵以及相应的辅助兵种，盟邦也必须出动相应的海陆军配合一起参加远征行动，这些条件当场得到了雅典公民大会的投票通过，"大家赞同将军们拥有确定远征军人数及其一切事物的全权，只要对雅典有利，他们尽可以自行处理"[2]。而一些原本就反对此次远征的人在大会激情高涨的情况下甚至都不敢投出对结果毫无影响的反对票，因为他们害怕雅典人民会因为他们的反对票而质疑他们的爱国心，所以，远征及其授权的决议在公民大会上被顺利地以全票通过。接下来，整个雅典都热忱地投入紧锣密鼓的筹备工作。

远征西西里，这一雅典历史上规模最大、距离最远的战争就这样决定下来了。需要引起注意的是：雅典公民的第一次会议确定60 艘战船出征的任务是明确而且有限的：帮助爱吉斯泰人打击塞林努斯和叙拉古；可能的话，帮助伦提尼人恢复他们的城邦；以及将军们认为需要的其他行动，只要对雅典有利。第二次会议的决定则将第一次会议的决定做了完全的修改，它只说了将一切托付给将军们自行做主，目标任务从某个具体的城邦已经变为西西里了，由此看来，第二次会议在阴差阳错地答应了尼西阿斯的扩军要求以后，雅典人民的脑海中已经将远征军的使命自动的、潜移默化

〔1〕《尼基阿斯和约与西西里远征》〔美〕唐纳德·卡根著，李隽旸译，华东师范大学出版社 2019 年版，第 180 页。
〔2〕《伯罗奔尼撒战争史》〔古希腊〕修昔底德著，徐松岩等译，广西师范大学出版社2004 年版，第 337 页。

的变成为征服西西里岛了,至于是征服全岛还是叙拉古,或者其他部分,就由将军们临机决断了。狄奥多罗斯的记载从旁印证了第二次会议以后,远征西西里的目的已经发生了改变,"将领参加最高委员会召开的秘密会议,讨论他们控制全岛以后,如何处理西西里的事务,同意他们可以奴役塞林努斯和叙拉古的人民,其他民族仅仅要求每年定期缴纳贡金给雅典当局"[1]。第二次会议上产生了两项至关重要的变化:一是远征军的规模扩大了;二是战争的性质改变了:从援助求援者变为征服西西里。

　　而正是因为规模和性质的变化,最后给雅典造成了灭顶之灾。60艘战舰的远征,没有搭载重装步兵,划桨手中有相当部分是由外邦人充任,这种情况下,即使远征失败,以雅典的实力而言是完全可以承受的损失,而如果超过100艘战舰和5000名,甚至更多的重装步兵的损失,对雅典而言就是灾祸,而不是战败了,因为公民数量的损失和雅典名誉的损失是无法在短期内可以通过任何其他方式加以弥补的,而希腊本土的宿敌拉栖戴梦人的战争能力和战争意志远未受到根本性的打击,也不可能被《尼西阿斯和约》所能束缚。

渎神事件

　　就在雅典人全力为远征西西里而准备各类舰只和装备、粮草辎重以及组建陆军部队的时候,雅典在一夜之间发生了严重的渎神事件,引起了极大的恐慌。

　　前415年6月初的一天清晨,人们发现城内几乎所有的赫尔墨斯神像都被毁坏或者亵渎了,有的是脸部被毁坏,有的是神像被泼上了污物或者颜料。赫尔墨斯,这个希腊神话中掌管旅行、商业和信使等等的最平民化神灵,他的神像大多以方形石柱分布在私

---

〔1〕《希腊史纲》第三卷〔古希腊〕狄奥多罗斯著,席代岳译,文化发展出版社2019年版,第767页。

人住宅的门口或者神庙,兼做路标和界碑之用,一夜之间遭到大规模的毁损,雅典政府极其重视,不仅马上悬赏寻找毁坏神像之人,更由公民大会通过法令,要求一切人,包括异乡人和奴隶,都有义务上报自己所知渎神之人的线索,外乡人和奴隶并可得到身份上的豁免。

两千年前渎神行为的意义和后果应该完全不同于后世。当时人们的精神生活最多与神祇相关,其程度甚至超过宗教含义,当神像所代表的神灵被亵渎,"整座城邦给人的感觉像是无神的城邦,街道、市场、柱廊都失去了保护神"[1]。同时,渎神发生的时间正处于雅典准备发动远征西西里的前夕,人们自然将其与远征联想起来,赫尔墨斯是旅行之神,对赫尔墨斯神像的亵渎是否也是对远征的警告或者征兆?甚至更远,联想到这"是发动暴动以推翻民主制阴谋的一个组成部分"[2]。

整个雅典陷于焦虑,甚至疯狂地采取行动,急于将实施这一大规模渎神行为的人寻找出来。有可能战神山议事会专门为此成立机构调查此事,关于宗教和祭祀本来就是它的基本职责,虽然雅典的民主制度确立以后,战神山议事会的职责被大幅缩减,但关于处理宗教事务的权力还是得以保留。

在重金悬赏和身份豁免的刺激下,危险的全民检举一旦推行就收到了成效。一个叫佩同尼库斯的人出来检举亚基比德和他的伙伴有渎神行为,并得到一位自称亲眼看见的奴隶的证实,即亚基比德和他的一些贵族朋友在某个人的家里喝得酩酊大醉,并且戏谑地模仿埃琉西斯秘仪,当时,这种私底下举行的、带有玩闹性质的、不严肃的模拟神圣的宗教祭祀秘仪的行为毫无疑问是非法的。

〔1〕《尼基阿斯和约与西西里远征》〔美〕唐纳德·卡根著,李隽旸译,华东师范大学出版社 2019 年版,第 185 页。
〔2〕《伯罗奔尼撒战争史》〔古希腊〕修昔底德著,徐松岩等译,广西师范大学出版社2004 年版,第 337 页。

　　然而,这种非法行为毕竟与亵渎赫尔墨斯神像案无关,但是此时的渎神案侦破过程已经被狂热的雅典人民扩大化了,只要是对神祇不敬的所有行为在这个专项治理的时刻都是高度敏感的,即使亵渎的不是赫尔墨斯,而是丰饶女神和帕耳塞福涅,方式也不如毁损神像这样严重。不幸的是,此时一件亵渎神像的案件已成为雅典政坛上的钩心斗角、清除异己的工具,本来,亚基比德异于常人的生活方式和政治地位早已为他招来很多明的和暗的政敌,他们正好利用这次机会置他于死地,据普鲁塔克所说,其中一个是安德洛克勒斯,以他为首的一些人从各自不同的角度汇合起来,他们以亚基比德一贯目无法纪、奢侈放纵的生活方式在大家心目中引起的不适作为基础,故意混淆戏谑模拟埃琉西斯秘仪和毁损赫尔墨斯神像两者的区别,而突出了他们渎神的共性,甚至夸大其词,指控亚基比德积极参与这两件事“是推翻民主制阴谋的重要组成部分”[1]。亚基比德愤而反击对他的指控,他要求立即就此事组织法庭对他进行审判,即使将舰队出发的时间延后也要先进行审判,如果被判有罪,他愿意领死,如果最后证明他是清白的,就应该恢复他远征军指挥官的身份,率军远征西西里,他不愿意自己头上悬着未定的罪行去进行远征。但是他的政敌却极力推迟审判,因为大家都知道,亚基比德在军队和盟邦中有众多的支持者,例如此次远征军中有1 000名来自阿戈斯和曼丁尼亚的士兵就是为了追随亚基比德而参加雅典军的,所以,他们的计划就是等亚基比德率军出征以后,在控制了公民大会,更加准备充分以后再对亚基比德提出正式指控,确保一击致命。在亚基比德要求出征前审判和他的政敌要求拖延审判相持不下的时候,他的政敌发动了一些平常看似中立,实则暗中嫉妒或痛恨亚基比德的人上台发言,他们反对立即审判,理由也冠冕堂皇“现在让他带着好运气出发吧”“战争结

---

〔1〕《伯罗奔尼撒战争史》〔古希腊〕修昔底德著,徐松岩等译,广西师范大学出版社
　　2004年版,第337页。

束以后,再让他回到这里来为自己进行辩护,法律不会变的"[1],最终,公民大会接受了这些看似"中间派"的意见,决议舰队立即出发,亚基比德回国以后在一定时限内接受审判。亚基比德身负未被澄清的指控出发了,而他的政敌们则掌控了公民大会,开始准备自己的,而不是雅典的下一步行动。

前 415 年仲夏,雅典远征军在举行了例行的出征前祈祷祭奠仪式之后,浩浩荡荡地从比雷埃夫斯港出发。他们首先将航行到科基拉与盟军会合,进军路线是:从科基拉开始渡过爱奥尼亚海抵达意大利南部的塔林敦,然后沿着意大利南部海岸向西,再从瑞吉昂渡过墨西拿海峡到达西西里。在科基拉,全部远征军集合以后,雅典的三位指挥官最后检阅了军队,然后将整个远征军部队分为三个分队,分别由雅典的三位将军各率领一队分别管理,这时的远征军共有 134 艘战舰和 2 艘罗德斯的五十列浆战舰,其中 100 艘来自雅典,这其中有 60 艘战舰和 40 艘补给船,其他战舰由开俄斯等盟邦组成;陆军部分共有 5 100 名重装步兵,其中雅典公民兵 1 500 人,他们由雅典重装步兵中的精锐抽调而成,另外还有弓箭手 480 人,投石手 700 人,骑兵 30 名,以及相应的轻装步兵数千人,陆军的组成更加多样化,不仅有雅典的属邦和盟邦,也有多利安人的部队,如麦加拉人、曼丁尼亚人和阿戈斯人,以及来自克里特和小亚细亚的城邦的部队,他们大多数是抱着对雅典的必胜信心而准备通过参与远征来分一杯羹的心态,主动参与这次军事行动的。除了通过参加军队远征以获取利益以外,还有相当多的百姓也自发跟随远征军赴西西里,这里面有雅典人,也有整个东地中海各个城邦的平民,他们自己装备货船,带上自己的货物或者钱币,跟随远征军,希望等到雅典远征军征服西西里以后,通过收购

[1]《尼基阿斯和约与西西里远征》〔美〕唐纳德·卡根著,李隽旸译,华东师范大学出版社 2019 年版,第 188 页。

战利品或者提供自己的商品进行贸易盈利,比如买卖战俘、奴隶就
是一桩不错的生意。

　　由于此次征战路途遥远,在远征军大队出发之前,雅典就先派
出三艘船赴意大利海岸和西西里打前站,以确定哪些城邦愿意接
待远征军,以及了解前方的形势。远征军横穿爱奥尼亚海抵达意
大利海岸,遇到的第一个城邦塔林敦就拒绝接待他们,因为塔林敦
是斯巴达人建立的殖民地,远征军沿着海岸航行,沿途的城邦都不
与他们进行贸易,顶多只给予他们取水和停泊的便利,雅典人依靠
自己携带的给养航行到紧邻西西里的瑞吉昂以后,被寄予很大希
望的瑞吉昂人仍然不许远征军进城,但是给他们在城外提供了一
个市场[1],远征军与瑞吉昂人谈判,劝说他们支持同族的伦提尼
人和远征军,瑞吉昂人说他们不愿参加任何一方,并且需要等所有
意大利的希腊城邦形成一个共同决定以后才能按决定行事,这实
际上已经在暗示雅典人,他们不可能像十年前那样将自己城邦作
为雅典军队在西西里行动的基地,明显站在雅典一边了。同时,先
前派去爱吉斯泰的船也回来了,告诉将军们爱吉斯泰所能提供的
全部金钱也只有 30 塔兰特,去年雅典使者考察时所见到的富裕状
况是一个精心安排的骗局,对此消息,尼西阿斯倒没有什么大惊小
怪,这本就在他意料之中,但是其他两位将军听到这个意外的消息
顿感垂头丧气。

　　在遭受了一连串虽然不大但足以影响情绪的挫折以后,雅
典的三位指挥官开始商讨西西里作战方案。如同他们的个性和
对此次战争态度的差别,这三位指挥官的作战计划同样大相
径庭。

---

〔1〕 古希腊时代的征战,军队一般自己无法携带足够的辎重和给养,而且组织军队的
　　　城邦或个人也不会集中供应给养,士兵每到一地都是以军饷或者战利品以及变现
　　　的货币,依靠所在地市场进行贸易以解决勤供应问题,有的情况下,有一些商人
　　　会自己携带商品跟随军队行动,随时交易。

尼西阿斯建议：全军航向塞林努斯，无论爱吉斯泰人是否能够提供远征舰队的军费，他们都尽量通过武力或者谈判的方式，解决爱吉斯泰和塞林努斯之间的纠纷，毕竟这是他们此行的主要理由，然后远征军环绕西西里全岛巡游一番，充分展示雅典的实力和帮助当地盟邦和朋友的决心以后，就返回雅典，除非发现有什么意料之外的机会去恢复伦提尼人的城邦或者有城邦主动倒向雅典。这种做法与他反对这次远征的初衷是一致的，既然已经到了，按照最基本要求完成任务，至于全身而退会引起雅典人民不满的问题，尼西阿斯完全可以以雅典人民受到爱吉斯泰人的欺骗和他战前陈述的反对理由得到证实来予以澄清。

亚基比德当然反对尼西阿斯这种消极无为的方案，他认为远征军这样一无所获地返回雅典不仅将给他们几个指挥官带来耻辱，也会让雅典在西西里，乃至于整个希腊的声誉遭受损失。所以他建议：除了塞林努斯和叙拉古这两个敌对城邦以外，他们向其他西西里城邦派出使者，试探并争取与雅典结盟的可能性；设法争取岛上最早的意大利移民西克尔人的支持，从他们那里得到粮食和军队的供应；争取墨西拿城邦的支持，因为它与瑞吉昂隔海相望，是从意大利进入西西里的门户，并且位置险要，在完成这些外交工作后，谁是敌人，谁是盟邦一清二楚，最后才向塞林努斯和叙拉古发起进攻，直至塞林努斯和爱吉斯泰签订和约，并且伦提尼从叙拉古手中赢回独立。亚基比德一贯的风格，是在各个城邦之间的纵横捭阖，从而实现敌人阵营的分化瓦解，只要有当地城邦与雅典联合，那么，雅典就可以充分利用这些资源来实现雅典的目标，而减小雅典的损失。

拉马库斯的意见则简单、直接，他的意见是：全军立即开往叙拉古，利用对远征军的传言，趁叙拉古人心理上还处于犹豫和惊慌之中，发动突然袭击，这样叙拉古人来不及做充分准备，并且精神上充满惊恐，雅典大军是最有取胜希望的，即使不能一下就攻陷城市,也可以夺取乡村,雅典舰队有足够的力量从海陆两方面对叙拉古城实施封锁,这样叙拉古的盟邦就有可能会倒向雅典,而随着时间的拖延,敌人的勇气随着准备工作而得以恢复,雅典的优势就一点点流逝了;而且远征军还可以利用叙拉古北面、已经废弃的麦加拉[1]作为舰队基地。古今很多史家大多数都认可拉马库斯的主张,相信他的意见是三者之中最合理、最有希望的。可能由于拉马库斯的政治影响力是这三人中最小的,而且更不善于辩论,所以,他的方案同样受到其他两位将军的反对,三个方案没有一个得到全票支持。最后,拉马库斯转而支持亚基比德,因为尼西阿斯的战略实在是太过消极了。

当雅典组建远征军即将出征西西里的消息传来时,叙拉古人总体上还是将此当作谣言看待的,只有少数感觉敏锐的人引起了警觉。叙拉古的赫摩克拉特斯就是其中一位,他在一次公民大会上发出了警示,他告诉民众:雅典远征军即将来到西西里,"虽然他们在名义上声称是前来援助爱吉斯泰人和恢复伦提尼人的地位,但其真实意图是征服西西里,尤其是我们的城邦"[2];面对威胁,他鼓励大家要充满信心,同时也要积极准备,如与岛上的西克尔人建立友好关系(因为叙拉古是西西里最强大的城邦,岛上大多数城邦都是它的盟友,而西克尔人是非希腊人的本地势力),派出使者去意大利,甚至迦太基,争取与他们结盟,同时也要遣使去伯罗奔尼撒,求得拉栖戴梦人和科林斯人的支持,希望他们一方面派兵过来支援,另一方面也要求他们加强在希腊本土对雅典人的战争,使其无法继续向西西里派兵。赫摩克拉特斯的发言引起了公民们的争论,但是没有引起他们的警觉,以至于叙拉古的民主派领

---

〔1〕 不是希腊半岛上科林斯地峡的麦加拉,这个麦加拉是位于西西里东海岸、靠近叙拉古的希腊人城邦,被叙拉古人打败后居民都被驱逐,成为叙拉古人的一个城市。
〔2〕《伯罗奔尼撒战争史》〔古希腊〕修昔底德著　徐松岩等译　广西师范大学出版社2004年版 第340页

袖埃特纳格拉斯在发言中,将赫摩克拉特斯这种针对雅典入侵的警惕和防御准备视为"无稽之谈",并非常认真严肃地提醒民众:城邦内存在着一些有权势的人和部分年轻人始终想建立寡头政制,而雅典的入侵是他们捏造出来的谣言,用以引起全城恐慌,他们的计划是希望大家在惊慌失措之下把权力交给他们,从而实现他们的阴谋,剥夺城邦和人民的自由,实现寡头统治。最后,叙拉古的一位将军停止了大会发言,宣布将进行战争物资的征集和准备,从而结束了这次公民大会。说明此时的叙拉古不仅对雅典的远征尚未引起足够的重视,他们民主制下的国内政治形势同样紧张,斗争同样激烈,而贵族和有权势者偏向寡头政治(即少数人统治)也是不分地域和民族的一种倾向性规律。

于是,远征军按照亚基比德的提议行动了。亚基比德率领他自己的分舰队前往墨西拿,想争取墨西拿成为自己的盟邦,被拒绝,墨西拿只同意在城外给雅典军建立市场,但军队不得进城,亚基比德只能率军回到瑞吉昂,然后远征军挑选了 60 艘战船携带粮食驶往墨西拿南面的那克索斯,纳克索斯人欢迎他们入城,舰队继续沿西西里东海岸南下,前往卡塔那,但被拒绝入城,这两个城市是属于卡尔基斯人的城邦,但是卡塔那城内有一个亲叙拉古的党派,所以,舰队只能在城外驻扎,第二天继续南下航向叙拉古,其中 10 艘战舰进入了叙拉古城外的叫做大港的海湾,但是没有叙拉古舰船出来应战,雅典人就在船上对着叙拉古城喊话,宣告此行是来恢复伦提尼人的家园的,在城内的伦提尼人应该出来和雅典人会合,同时雅典人对叙拉古城市和大港以及周边的地形地势进行了考察,以备将来战争之用,舰队随后返回卡塔那。卡塔那虽然禁止远征军入城,但是他们召开了公民大会,邀请雅典将军入城参加以说明来意,当亚基比德正在向卡塔那公民演讲之时,雅典舰队的士兵们通过破旧的城墙后门进入了城市,并三五成群地在市场里游逛,虽然卡塔那民众的注意力都在亚基比德身上,但是城内的亲叙拉古派的人看到雅典士兵进城以后,因为惧怕而逃出城去,他们的人数也并不算多,他们逃走以后,剩下的卡塔那民众就投票与雅典结盟,并且邀请远征军入驻卡塔那。因此,雅典远征军在叙拉古北面得到了一个落脚点,他们连同留守在瑞吉昂的部队全部开进卡塔那,并开始修筑他们的兵营。

差不多同时,从卡马林那城邦传来两则消息,说是卡马林那准备与雅典结盟,同时,叙拉古的舰队正在配备船员,满心欢喜的远征军马上兴师动众的沿海岸南行,首先到达叙拉古的大港,但是没有看到任何海军活动的迹象,雅典舰队继续向南到达卡马林那,但是,被拒之门外,看来两则消息都不确切,浩浩荡荡的舰队只能徒手而还,在返程经过叙拉古的时候,雅典派出一支小规模队伍登陆,劫掠乡村,撤退路上有几名掉队的轻装步兵被叙拉古骑兵活捉,这是雅典远征军与叙拉古军队的第一次接触,但是也暗示了西西里作战的特点:骑兵在陆地战斗中的重要性。

回到卡塔那营地,大家发现来自雅典的圣船"萨拉米尼亚"号正停泊在港内,原来它是奉命来征召亚基比德和一些人回雅典参加赫尔墨斯神像毁损案和戏拟秘仪渎神案审理并进行答辩的。原来,远征军出发以后,雅典城内对渎神案的追查一刻也没有放松,因为在远征西西里这样重大的城邦战争开始前夕发生如此严重的渎神案已经使整个城邦人心惶惶,更遑论还有民主制下的党派斗争和日常对政治人物的不满都被提高到了事关城邦和民主制度生死存亡的高度,有的人出于个性偏激自然正常,也有的人出于别有用心更是难免,这些因素混合作用下,本来就给自己招惹了一身是非的亚基比德当然处于不利地位,更何况率军出征的他现在连案件调查的进展都无法及时知晓,更无法为自己辩护了。对大多数普通民众而言,愤怒和恐慌足够让他们抹掉心中本来就不多的理性和逻辑思维能力了,尤其是在广泛的群众运动中更是如此,"雅典人惊惧不已,只要有人出来作证,哪怕这人声名狼藉并不可信,雅典人便接受其证词并不细加审查"[1]，而被检举的人，不管他们平时多有名望或者美德，往往难逃被杀或者逃亡的下场。所以，当一位出身显赫的雅典贵族妇女，阿伽莉斯特，出来检举亚基比德参加过戏拟秘仪的渎神活动时，亚基比德的政敌抓住了这点，并将其与亚基比德阴谋反对民主政制直接联系起来，因为据传说亚基比德在阿戈斯的朋友们正在采取行动准备推翻阿戈斯的民主体制，敌国一切针对雅典的敌对行为都能与亚基比德联系起来，而亚基比德的一切行为又都能和敌国联系起来。大家怀疑：亚基比德犯有任何疑似渎神的罪行，其目的最终都是为了推翻雅典的民主政制，其实亚基比德比较可能的就是参与过戏拟秘仪的渎神行为，而这类行为已经被揭示在雅典贵族的家庭或朋友聚会宴饮时是比较普遍的，至于他是否参与赫尔墨斯神像毁损案，除了一个明显不靠谱的奴隶检举以外，并无任何其他证词，但此时，这已经不再重要，关于这个判断，我们可以从雅典公民大会对他发布的正式起诉书得到部分印证，起诉书由喀蒙的儿子贴萨卢斯以自己的名义撰写[2]，指控的只有戏拟秘仪的违法行为。无论如何，雅典当局响应了大家的要求，最终决定派出了"萨拉米尼亚"号去西西里召回亚基比德以及受到同样指控的人，出于谨慎，为避免在远征军士兵和盟军中可能引起的骚动，给"萨拉米尼亚"号的命令是召回，而不是逮捕。

其实，亚基比德早已预见到他不在雅典时，渎神案将对他产生怎样的影响，所以表面上对"萨拉米尼亚"的使命还是予以配合，再加上他已经"从使者口中得知市民大会的决定"[3]，表示愿意跟随

〔1〕《尼基阿斯和约与西西里远征》〔美〕唐纳德·卡根著，李隽旸译，华东师范大学出版社 2019 年版，第 193 页。

〔2〕起诉书全文见：《普鲁塔克全集·Ⅰ》〔古希腊〕普鲁塔克著，席代岳译，吉林出版集团股份有限公司 2017 年版，第 380 页。

〔3〕《希腊史纲》第三卷〔古希腊〕狄奥多罗斯著，席代岳译，文化发展出版社 2019 年版，第 769 页。

使者回雅典,但是他带着其他受到指控的人一起登上自己的座舰(说明已经准备逃跑),跟随"萨拉米尼亚"返航雅典。亚基比德对回去受审的预判极其不乐观,因此,当船只航行到图里伊休息的时候,他带着其他被告弃船而逃,"萨拉米尼亚"上的人四处搜寻没有发现踪迹,也就放弃了追捕,回雅典复命。由于他的逃跑,雅典名正言顺地缺席将他和其他被告定罪并宣判死刑,同时处以剥夺财产,将他们的名字镌刻于耻辱柱上,竖立在雅典卫城,另外,雅典法庭还命令埃琉西斯祭司诅咒他们的名字,但是普鲁塔克说有一个女祭司拒绝了这项指令,因为她认为祭司的职责是祈福而非诅咒。当亚基比德听到自己被宣判死刑以后,放言"我要让他们知道我还活得好好的",然后渡海投奔拉栖戴梦人去了。

在西西里的战争

亚基比德离开西西里以后,尼西阿斯和拉马库斯将远征军一分为二,抽签决定各自指挥的部队。随后,他们率领全军沿着西西里东部和北部海岸线向岛屿西部航行,目的地是爱吉斯泰和塞林努斯,这两个城邦都在西西里的西部,去调解或解决它们之间的冲突,这似乎是尼西阿斯的计划,将远征军的任务限定在援助爱吉斯泰和伦提尼的最小范围之内。

当远征军沿着北部海岸航行到达一个叫希麦拉的希腊人城邦时,希麦拉人拒绝他们进城,他们只能继续前行,途中,远征军攻占了当地土著人的沿海小城镇海卡拉,这个城市与爱吉斯泰人为敌,所以,爱吉斯泰骑兵配合雅典军队作战,雅典人将当地人抢为奴隶,将城镇交给爱吉斯泰人后,尼西阿斯率领一部分军队到了爱吉斯泰,接收了原先承诺的30塔兰特军费,然后回到卡塔那,卖掉了俘获的奴隶,获得120塔兰特,与其他远征军再次汇合,期间,他们深入西克尔人的领土,动员西克尔人加入自己一方与叙拉古作战,然后派出一半军队进攻革拉的城镇海布拉,失败而回。

至此，雅典远征军已经走过了大部分的西西里，无论在东部希腊殖民城邦还是中部的当地土著人聚居区，或者是西部的迦太基和其他人的地区，在寻求同盟力量的努力方面遭到重大挫折，雅典人没有充分估计到的是：西西里岛已经形成一个独立的政治经济区域，虽然希腊人的殖民城邦占据主要分量，但总体上与希腊宗主国之间的关系早已不再紧密，至于经济和文化的来往则是基于平等和自由基础上的，通过雅典远征军这几个月的工作，西西里的希腊城邦基本上都不选择雅典，他们拒绝雅典的理由与事实其实差别不大，或者选择站在自己的近邻叙拉古一边，或者拒绝在雅典和叙拉古之间选边站，这是一种现实，证明了亚基比德在西西里发展同盟的战略实际上缺乏可行性，在西西里岛上，多利安人和爱奥尼亚人之间的民族区别已经不如雅典人最初所设想的那么重要了。这是雅典此次战争失败的一个主要原因，不同于帝国，任何霸权的成功从来都离不开一个坚实的同盟体系的支撑，而雅典在西西里却完全没有找到有力的同盟者。

随着亚基比德的离去，远征军的指挥权完全落到了尼西阿斯的身上，因为拉马库斯是一个擅长于冲锋陷阵的勇猛的战士，但是对政治却不感兴趣，而且就财富和地位而言，拉马库斯一直居于尼西阿斯之下。现在，征服西西里的军队由一个自始就反对它的人全权指挥，而尼西阿斯对于征服西西里不仅自己缺乏强大的愿望和信心，他的谨慎和犹豫客观上也在消磨着远征军广大将士的热情和希望。更可怕的是：尼西阿斯个人，也同时代表着雅典远征军，不仅缺乏征服西西里的雄心，同时也缺乏征服西西里的战略。

同时，叙拉古人从一开始怀疑雅典远征军的入侵到远征军刚刚抵达西西里时的恐惧，当看到远征军迟迟未向他们发起进攻，而他们自己的备战工作的逐渐完成，叙拉古人的信心和勇气也随着高涨起来，尤其是看到雅典人连海布拉这样的小城镇也攻不下来，叙拉古人更加藐视雅典人了，他们不仅向将军们要求攻打雅典人盘踞的卡塔那,叙拉古的骑兵甚至不断跑到雅典远征军的阵前进行挑衅。

尼西阿斯也认为必须要开战了,远征军抵达西西里以后除了战争以外的所有事情都已经做过了,剩下的选择就只有战斗或者撤军。针对叙拉古人已经有所准备,要想取胜就必须寻找到一个能避免骑兵发挥优势的地方,根据在雅典的叙拉古流浪者的建议,雅典人将理想的战场位置锁定在叙拉古城市南面,靠近大港的奥林匹斯山宙斯神庙附近的地方。为了能让自己的军队从容地在预设战场实现登陆和构筑阵地,雅典人实施了调虎离山计,他们让一个忠于雅典的卡塔那人到叙拉古,以卡塔那的亲叙拉古派的身份请求叙拉古出动大军袭击驻扎在卡塔那的雅典远征军,他们将在叙拉古军队发起进攻时予以配合,许诺将雅典军队和他们的武器分隔开来,确保叙拉古人偷袭成功,由于这个人能熟练地说出那些亲叙拉古派主要人物的姓名,叙拉古人对他毫不生疑,决定了突袭卡塔那的日子以后就让这个人回去了,等到了约定的日子的前一天,叙拉古联合塞林努斯和其他同盟的军队就向卡塔那进发,当雅典人得知叙拉古军队出发的消息以后,远征军全军就和一些参加雅典一方的西克尔人乘船从海上向叙拉古城市南面的大港〔1〕驶去,所以,当叙拉古军队的骑兵率先进入卡塔那时,雅典远征军正在大港靠近奥林匹斯山的地方登陆,准备构筑工事和营地。当叙拉古骑兵发现雅典大军已经出海以后,马上就通知了步兵,全体叙拉古联军调头南下,经过叙拉古城市向着奥林匹斯山而来,而雅典人利用这段时间,挑选了安纳普斯河边构筑防线和营地,防线的一头起自于大港海边的达斯孔,就是他们的登陆点,雅典人在这里建立了木栅和堡垒,另一端延伸到奥林匹斯山下的悬崖,这样就能避免叙拉古骑兵绕过防线的两端而发起进攻,因为叙拉古军队正疲

---

〔1〕 位于叙拉古城南面的一个海湾,开口向东,里面有天然良港,海湾口由南北两个方向的海岬伸入海中,使海湾的入口变得狭窄。

于奔命,雅典军在建筑这些防御工事的时候没有受到任何干扰,在他们从容不迫地完成工事的修筑以后,叙拉古全军也赶到安纳普斯河边,与雅典军对阵。第二天双方排好阵势,雅典军的右翼是阿戈斯人和曼丁尼亚人,雅典人在中央,叙拉古军的重装步兵也是在中央,整个联军的骑兵共有骇人的 1 200 骑,被配置在右翼,尼西阿斯阵前发表了简短的战前演讲,然后全军发起进攻,甫一交战,双方奋力拼杀互不相让,胶着之际,天空中突然电闪雷鸣大雨滂沱,叙拉古联军感到恐惧,而雅典一方的军队经验丰富,自然现象丝毫影响不了他们,最后雅典军右翼突入敌阵,中央的雅典人也取得优势,叙拉古人被截成两段,步兵向后奔逃,好在他们右翼的骑兵未受任何损失,在骑兵的掩护下,叙拉古步兵逃过了雅典人的追杀。此战叙拉古联军阵亡约 400 人,雅典远征军阵亡 50 人左右,双方交换阵亡将士尸体以后脱离了接触,叙拉古人回到城里,雅典军队在战场建立胜利纪念碑以后乘船回到卡塔那。雅典远征军到达西西里以后的第一场大规模战役以雅典军队取得小胜告终。此战过后,时近冬日,双方都不再进行大型作战行动。

“从古至今,人们都在批评尼西阿斯未能乘胜追击,没有马上充分利用胜果”[1]。尼西阿斯的谨慎犹豫的个性也意味着他是个缺乏想象力和创造力的人,而此次西西里远征完全不同于以往他指挥的所有战役,这是一次对一个地域辽阔、情况复杂,甚至有点陌生的地区的征服战争,这种行动是需要领导者具有高超的政治、外交和军事等综合战略战术和艺术技巧等复合能力才有可能胜任的,老实说,这对亚基比德这样天赋敏感、足智多谋,尤其他的不受拘束的个性的人是最为合适,而循规蹈矩、谨小慎微、处事方正的亚基比德是最不合适的。这时候,道德的力量和能力相比还是后者更为紧迫而且重要。但是,雅典人民在阴差阳错之下逼走了亚

---

[1]《尼基阿斯和约与西西里远征》〔美〕唐纳德·卡根著,李隽旸译,华东师范大学出版社 2019 年版,第 228 页。

基比德,留下了尼西阿斯来指挥这样一次特别复杂而且艰难的远征行动,其结果应该是可想而知的。

当尼西阿斯带着军队在卡塔那准备过冬的时候,叙拉古人则召开公民大会讨论如何进一步备战。叙拉古的主要将领赫摩克拉特斯[1]发言:首先为叙拉古人鼓气,他告诉叙拉古民众不要因为首战失利就一蹶不振,因为他们面对的是全希腊最富有实战经验的军队,叙拉古人的精神不能屈服;其次,他认为叙拉古此战失利的原因在于军队的训练和纪律均需要提高,为此,他建议所有公民兵都应加强训练,同时,改革叙拉古军队的指挥体制,原有的体制下,共有 15 名将军统帅军队,下命令的人太多了,他希望公民们重新选举将军,人数更少,权力更大,而且不必事事都向大会汇报,这样才能保证军队的效率和保密。结果,他的建议全部被大家接受,大会选举了三位将军,赫摩克拉特斯、赫拉克里德斯和西坎努斯,由他们全权负责对雅典远征军的作战。然后,他们向科林斯和拉栖戴梦派出使者,要求他们派遣军队加入叙拉古一方,并且同时在希腊本土对雅典宣战,以使雅典撤回远征军或至少无法向西西里派出更多援军。

在这期间,尼西阿斯还要完成一件早已安排的阴谋,利用墨西拿的内应夺下这个位置关键的城邦。亚基比德在被召回雅典之前,雅典人和墨西拿城内的亲雅典派已经策划了阴谋,由这些人作为内应,等雅典远征军兵临城下时,他们在城内行动将城市出卖给雅典人,但是亚基比德在看到圣船“萨拉米尼亚”到来时就已预见到自己的命运,处事极端的他在怨愤之下将这个密谋派人透露给墨西拿城内的亲叙拉古派,后者马上调集人马捕杀了出卖城市的亲雅典派,并在尼西阿斯率军来到的时候,全城动员阻止雅典人进

---

[1] 就是那位在前 424 年格拉会议上向所有西西里城邦提出类似于“门罗主义”主张的叙拉古将军,当年就是他的建议将雅典远征军逐出西西里,而他本人是个公认的有勇有谋的将军,见本书第四章。

城,尼西阿斯的军队在城外呆了13天,雅典军队在全希腊素以攻城能力强而著名,可能就是因为尼西阿斯的消极,雅典全军无所作为,最后悻悻返回纳克索斯,准备过冬,同时派出一艘战船回到雅典送信,希望雅典在来年春天时提供金钱和骑兵。

双方利用整个冬天在为接下来的战事做各种准备。叙拉古人实施了一系列建筑工程保卫城市,首先在城外修筑规模更为宏大的围墙,以增加雅典人将来可能修筑包围叙拉古城的进攻性长墙的难度,同时,在麦加拉和奥林匹斯山神庙各修建了一个城堡驻军,避免这两个地方被雅典人用作进攻基地,在沿海岸所有可以登陆的地方都钉立了木栅栏,以阻止雅典舰队靠岸。当他们听说雅典远征军在纳克索斯过冬,就出动了全部军队进攻卡塔那,将雅典人留在那儿的营寨付之一炬。

雅典人派出使者前往卡马林那,想恢复其于前427年与拉奇斯签订的盟约,将卡马林那拉到雅典一方,叙拉古知道这个消息以后,赫摩克拉特斯亲自带领随从赶赴卡马林那,意在破坏雅典的外交。卡马林那虽然在民族上也是多利安人,但是很久以来一直与叙拉古为敌。在卡马林那公民大会上,赫摩克拉特斯告诫卡马林那的公民:雅典号称前来西西里是为了解放卡尔基斯人的城邦伦提尼,而他们自己在希腊却在奴役优庇亚岛上的卡尔基斯人,雅典的解放是多么虚伪,现在雅典人的到来最终是要征服并奴役西西里人,希望他们不要帮助雅典人,而应该和叙拉古人团结,为了西西里的独立和自由而战斗。而雅典使节演讲的是:雅典因为单独对抗并战胜了波斯,所以成了希腊的统治者,"只要对自己有利的就没有什么不合情理的,亲族关系只有在他们靠得住的时候才存在"[1],雅典因为路途遥远,是很难统治西西里的,而叙拉古人,只要雅典人一旦回去,就会征服并统治卡马林那及其他西西里城邦,

---

〔1〕《伯罗奔尼撒战争史》〔古希腊〕修昔底德著,徐松岩等译,广西师范大学出版社2004年版,第366页。

叙拉古人对卡马林那的独立和安全威胁更大而且是长期存在的，如果叙拉古强大起来就会帮助伯罗奔尼撒人威胁雅典的安全，所以，卡马林那人应该乘此机会与雅典结盟，就能改变自己的地位，与雅典一起威胁叙拉古，而不是总想着如何防御叙拉古了。卡马林那人听了双方的演讲以后，虽然感觉更加偏向接受雅典的观念，因为他们心理更加害怕的是叙拉古人，但是雅典人在第一次作战中打败了叙拉古人的事实又让他们的选择增加了一重难度，所以，出于不敢得罪任何一方的自保心理，他们答复双方：因为雅典与叙拉古已经处于战争状态，且双方都是卡马林那的同盟国，因此，他们不参与或援助任何一方，严守中立。

另外，雅典人争取内地土著的西克尔人的努力可能取得了较大的成果。居住在中部内陆的西克尔人中的大部分都加入了雅典一方，由于他们一直是独立的民族，所以选择相对容易，并且向雅典军队提供谷物，甚至金钱，而对那些不愿意与雅典结盟的西克尔人，雅典人则以武力讨伐。同时，尼西阿斯派出使者分别去联络迦太基人和蒂勒尼安海沿岸的意大利人(埃特鲁利亚人)，迦太基似乎没有回应，但是意大利人因为素来与叙拉古有冲突，所以积极响应雅典人的号召，愿意派出军队参加雅典人的行动。在这期间，雅典远征军又从纳克索斯移师回到卡塔那，重建了被叙拉古烧毁的营寨，向西克尔人和爱吉斯泰人索取更多的马匹，以及征集其他建筑材料，准备来年春天的战争。

而叙拉古在这个冬天派出使者前往伯罗奔尼撒，请求更加实质性的援助。沿途经过意大利海岸的时候，叙拉古人顺带动员这些希腊城邦反对雅典，理由是意大利人和西西里人同样遭遇被雅典人奴役的威胁，但是无论意大利还是西西里，这些希腊人城邦的态度都是以中立为主，原因很简单：遇有两个大国的争斗，中小城邦维护自己的最好办法就是在大国决出胜负之前首先旁观，然后站到胜利的一方,或者稍微冒险一点,提前站到自己认为将最后取胜的一边以博取较大的利益,这是小国的生存之道。

叙拉古的使者到达科林斯,发表演讲,请求科林斯人基于同族的原因,出兵援助叙拉古人抵抗雅典的侵略,不需多费口舌,科林斯人自然经过投票表决同意全力援助叙拉古人,不仅自己将派出援军,科林斯还派出代表陪同叙拉古使者一起前往斯巴达,一起劝告拉栖戴梦人出兵援助叙拉古,共同对付雅典。叙拉古和科林斯使者在斯巴达意外地碰到了亚基比德,他是从图里伊乘坐一艘商船逃到伯罗奔尼撒,并得到拉栖戴梦人的安全保证和邀请以后进入斯巴达的,于是,在拉栖戴梦人的公民大会上,来自不同阵营的各方基于一个共同的目的:反对雅典,走到了一起。然而当叙拉古使者向拉栖戴梦公民大会提出求援以后,拉栖戴梦人虽然同意支持叙拉古,并愿意派出使团赴叙拉古,劝告他们不要向雅典人媾和或者投降,但拉栖戴梦的监察官们却不同意给叙拉古任何实际的军事援助,于是,亚基比德走上前来向大会发表演说,并且,这个在雅典时曾经给拉栖戴梦人造成最大伤害的人,此刻竟然不可思议地说服了拉栖戴梦人。首先,他通过指出拉栖戴梦人跟他的政敌(指尼西阿斯)谈判并达成和议,使他名誉扫地,这成为他与拉栖戴梦的敌人联合伤害拉栖戴梦的主要原因,并且他的家族一贯反对僭主专制,但他对民主制度没有什么好感,并将其形容为"一种被公认为是愚笨的制度"[1],这样既解释了双方曾经的敌视原因,也迎合了坚持寡头政治的拉栖戴梦人,消除了一部分听众的敌意;其次,他以"一个最熟知这次远征的人"的身份告诉了拉栖戴梦人关于"这次远征的由来和真正目的",就是雅典计划征服西西里,然后是意大利,最后是迦太基,然后利用意大利的木材所建立的舰队,利用西西里丰富的粮食作为给养,再雇佣伊比利亚半岛上勇敢

---

[1]《伯罗奔尼撒战争史》〔古希腊〕修昔底德著,徐松岩等译,广西师范大学出版社2004年版,第370页。

的土著作为战士,组成强大的海上力量来进攻伯罗奔尼撒,雅典就
很容易攻城略地,打败拉栖戴梦,最终统治整个希腊世界。现在雅
典远征军正在按照他的设计在西西里实施,如果没有外来援助,叙
拉古必定被雅典打败,而叙拉古失败了,整个西西里就会陷落。亚
基比德给拉栖戴梦人描绘这样一副恐怖的画卷是他的强项,也确
实是他当初鼓动雅典人发动远征的心中理想,他已经用他擅长的
煽动能力成功地将它变为雅典民众的共同心愿,虽然他的这些理
想实际上已受到了尼西阿斯的杯葛和反对,并未成为他离开以后
尼西阿斯所统领的雅典远征军的战略,但对拉栖戴梦人而言,他们
是无法分辨亚基比德的理想与尼西阿斯率领的远征军的目标之间
的区别的,现在他巧妙地混合了自己的构想与雅典大军在西西里
的现实,以此来恐吓拉栖戴梦人;最后,他很轻易地说服了拉栖戴
梦人,并为他们提出了几条足以葬送雅典的建议:立即派出一支
军队增援叙拉古,而且这些士兵上船能划桨,下船就是重装步兵;
更重要的是派出一位纯正斯巴达血统的将领去西西里担任叙拉古
军队的指挥官,组织军队,指挥打仗,这样就能给叙拉古人以承诺
和信心,让他们众志成城地抵抗雅典远征军;同时,拉栖戴梦在希
腊公开地与雅典进行战争,亟须派出军队去占领阿提卡的迪凯里
亚,并在此构筑永久要塞,这个地方是雅典的关键,既能影响劳里
昂的银矿,也能影响阿提卡的农庄,并且雅典的盟邦或属邦看到大
战又起,将影响其向雅典缴纳贡金的积极性,而贡金是维系雅典霸
权的主要经济来源。

　　亚基比德,这个"对雅典人的各项计划了如指掌"并且发起西
西里远征的雅典将领不仅将雅典的计划和盘托出,并给拉栖戴梦
人指示了雅典的命门,更为可怕的是,他的目的就是要拉栖戴梦人
"摧毁雅典现在的势力和将来发展的前途"[1],亚基比德不惜以雅

[1]《伯罗奔尼撒战争史》〔古希腊〕修昔底德著,徐松岩等译,广西师范大学出版社
　　2004年版,第372页。

典的存亡来实现自己的报复，尤其是他同时还具有罕有的判断力，以及敏感而准确的战略规划能力，他的天赋完全可以跟地米斯托克利相比，但地米斯托克利奠定了雅典崛起的基础，而亚基比德则是打下了让雅典崩溃的楔子。拉栖戴梦人对他的建议全盘接受，他们决定立即向叙拉古派出援军，并任命吉利浦斯赴西西里担任叙拉古军队的指挥官，同时着手准备入侵阿提卡并占领迪凯里亚的事情。吉利浦斯要求科林斯人先派出两艘快速战船到拉科尼亚接他赴西西里，然后尽快装备一支舰队赶赴叙拉古。而尼西阿斯派往雅典要求援助的战船也在差不多时候到达雅典，雅典人民马上投票决定支持远征军的要求，准备提供金钱和骑兵。

前414年春天，雅典远征军从卡塔那出发，乘船前往麦加拉，进攻叙拉古人建立的要塞，被打退以后，雅典军就绕过这里深入内地，大肆破坏，焚烧谷物，遇到小股的叙拉古军队，杀死了一些人，然后回到卡塔那，补给后再次进入内地，进攻与叙拉古交好的部分西克尔人，攻下了他们的城镇肯托里巴，破坏以后回到卡塔那，这时，雅典的援助已经到了，共有250名骑兵，带着装备但是没有带马，他们希望能在当地取得马匹，30名骑射手，以及300塔兰特白银。

叙拉古人知道雅典军得到了骑兵增援，而伯罗奔尼撒的援军还不见踪影，所以他们必须尽快做好防御的准备工作。叙拉古城西面有一片高地名叫埃皮泼莱，它俯瞰叙拉古城市，并且靠近城市的一侧是一片斜坡，而其他方向多为悬崖峭壁，对攻防双方来说，埃皮泼莱都是一个核心要地。一天，叙拉古全军在安纳普斯河畔集合，赫摩克拉特斯等新就职的将军们检阅重装步兵，并立即决定在重装步兵中挑选出600名精锐去驻守埃皮泼莱。与此同时，雅典远征军从卡塔那出发，到叙拉古城附近的列昂悄悄登陆，然后，雅典陆军马上跑步通过攸里亚鲁斯隘口抢占了埃皮泼莱，而从安纳普斯河畔到埃皮泼莱的距离要远得多,晚到的叙拉古士兵赶到以后马上投入战斗,由于长途奔袭并且是自下而上的仰攻,叙拉古军队战败,退入城中,此战叙拉古损失了 300 名重装步兵,带队军官也同时阵亡。第二天,雅典军队从高地下来进攻叙拉古城,但叙拉古人紧闭城门,没人应战,雅典军返回高地,并开始在高地北部边上的拉布达隆修建了一个要塞,囤积物资,打算长期坚守。

不久,雅典的本地盟军的增援也到了。爱吉斯泰人派来了300 名骑兵,西克尔人和纳克索斯人还有其他一些盟友派来 100名骑兵,雅典派来的 250 名骑兵的马匹也解决了,一部分由爱吉斯泰和卡塔那提供,不足部分是通过市场购买,这样,雅典远征军的骑兵也有 650 名了。然后,雅典军前往埃皮泼莱高地靠近叙拉古城的西卡,在此建造了一个环形要塞,并打算以此为起点,修建包围叙拉古城的围城长墙〔1〕。叙拉古人看到雅典人高效的修墙速度感到害怕,派兵出城来进攻雅典军队,阻止修墙,但是叙拉古军队即将与雅典军对阵时混乱不堪,队列都排不成型,将军们只能下令撤回城内,留下一些骑兵干扰雅典军筑墙,但是现在雅典军中也已配备骑兵,在步骑联合攻击下,叙拉古骑兵被打败了。

第二天,雅典人继续修建从环形要塞通往叙拉古以北海滨的长墙,而赫摩克拉特斯对出动自己的军队去阻止雅典人修墙已不抱信心,叙拉古人商量以后决定针对雅典人的长墙,自己也修建与之对抗的长墙,从叙拉古城的城墙开始向西延伸到埃皮泼莱悬崖下面,截断雅典长墙的走向,这样就能不让雅典人的长墙包围城市,叙拉古人出城修这条长墙,甚至砍掉了阿波罗神庙内的橄榄树,用来修筑高塔,而雅典人则埋头修建自己的长墙,对于叙拉古

---

〔1〕 古代希腊常用的工程战术之一,进攻方围绕敌方的城镇在陆地上修建一道连续的长(围)墙,修筑长墙的材料有石材、木材等,比较小型简单,进攻方派兵驻守,起栅栏的作用,作战时可以作为己方掩护,主要目的是封闭被围城镇的人员和物资进出。一般修墙的工作都是由士兵实施的,而非民工。

人出城修建长墙毫不理会，只是派兵毁掉了从城外通向城内的地下饮水管道，当叙拉古人修完这段长墙以后，留下一支部队守卫，其余的士兵回到城里，过了一段时间，守卫的士兵松懈下来，一部分进入营帐，还有一部分甚至回到城里，雅典军派出了两支部队，一支由300名重装步兵和一些重装的轻步兵组成，他们直接冲向叙拉古人新修的长墙，另一支部队则冲向城门，以阻止城内援兵，叙拉古城外的长墙守卫们见状马上放弃了长墙逃到城内工事里去，而冲向城门的那支部队甚至冲进了城内，但由于人数太少被赶了出来，损失了小部分士兵，雅典军撤回城外，将叙拉古人修建的对抗长墙拆毁，将木材运走，准备用在自己接下来修建的长墙上面。

次日，雅典人以环形要塞为起点，着手修建向南面穿过平原和沼泽，一直通向大港海滨的长墙，等这道长墙完工，雅典军就从陆地完成了对叙拉古城的包围。叙拉古人为了破坏这项工程，就从南面城门开始，向西南修筑第二道长墙，用木栅穿过沼泽地，再在木栅的边上开挖壕沟，以阻断雅典人长墙的建造，双方围绕着叙拉古人的木栅和壕沟展开攻防，雅典军取得了胜利，叙拉古军队一部分逃进了城门，另外靠西的部队则往安纳普斯河逃去，雅典人截断他们的逃路，在叙拉古人的疯狂反击下，雅典将军拉马库斯阵亡，雅典军占领了叙拉古人的第二道长墙，这时，逃进城内的叙拉古军队又出城向雅典人进攻，并且派出部分军队去高地占领无人防守的环形要塞，结果碰巧尼西阿斯因病留在要塞，叙拉古军队上来的时候他命令他的仆人放火逼退了叙拉古人，保住了要塞，高地下面，叙拉古军队破坏了几百米雅典人已经修好的长墙，遇雅典人的援军赶到，也被赶回城内，同时，雅典的舰队也从北面开到大港，看到这种情况，所有出城进攻的叙拉古军队全都仓皇撤退。叙拉古人阻止雅典人修筑长墙的争夺战都失败了，在老练的雅典远征军面前，叙拉古人各方面的实力都有较大的欠缺。

雅典人为此战建立了一个胜利纪念碑以后,将陆海军全部集中起来,从埃皮泼莱的环形要塞开始,向北向南两个方向建成了直达海滨的长墙,向南的方向有部分是双重长墙,完成了对叙拉古城的陆地围困。雅典军胜利的消息传播开来,一些仍在观望的西克尔人此时下定决心加入雅典一方,同时,意大利城邦的粮食也运到雅典军中,蒂勒尼安海沿岸的意大利(埃特鲁利亚)人也派出了3艘战船加入雅典,而叙拉古人的盟友科林斯和拉栖戴梦的援军至今仍杳无音信。叙拉古人对依靠自己的力量保卫城市已经感到绝望,他们开始和雅典远征军商讨具体的投降事宜,因拉马库斯阵亡,雅典远征军的指挥官只剩下尼西阿斯一个人,而叙拉古城内对他们的军事首脑也产生了猜忌和不满,叙拉古人民将三位民选的将领免职,另外推选了赫拉克里德斯、攸克里斯和泰利亚斯担任新的一届统帅。雅典远征军征服西西里的首要目标:叙拉古,似乎指日可下。

拉栖戴梦人的援助不仅数量上少得可怜,时间上也让人心焦。从冬天的公民大会决议援助叙拉古人,到现在几个月过去了,吉利浦斯还在琉卡斯,手上也只有区区四艘战船,其中还有两艘是科林斯提供的。当他听到雅典人已经将叙拉古城彻底围困的消息时,马上放弃了救援西西里的打算,希望退而保全意大利,他和科林斯人皮森率领两艘科林斯战船和两艘拉科尼亚战船横渡爱奥尼亚海,到达塔林敦,在继续向西西里航行过程中,遭遇了风暴袭击,不得已之下,只能回到塔林敦修理被风暴打坏的船只,尼西阿斯听到拉栖戴梦人派了四艘船来援助叙拉古,认为其船少,而且船上只会是海盗,不会有战士,也就没有引起重视,但是他可能不知道的是:科林斯还提供了14艘战船,其中两艘是琉卡斯的,还有两艘是安布拉基亚的,将跟随在吉利浦斯的四艘船后面前往西西里。

就在这一年的夏季,拉栖戴梦及其同盟者侵入阿戈斯,蹂躏了大部分的国土,雅典为此派出了30艘舰船援助阿戈斯,并且打破惯例首次在拉科尼亚登陆，从而彻底撕毁了与拉栖戴梦人的和约，雅典与斯巴达的和平时期结束了。

吉利浦斯和皮森修好船后，从塔林敦再次起航，沿意大利海岸向西到达洛克里斯时，得到新的情报，说叙拉古并没有被完全封闭，从陆路有一条道可以进入城中，于是他们面临从海路穿过雅典舰队进入叙拉古港，还是先到希麦拉再从陆路进入叙拉古的选择，最后吉利浦斯决定还是走陆路。当他们还在洛克里斯时，尼西阿斯派出了4艘舰船前来拦截，但雅典舰船还是晚了一步，吉利浦斯已经穿过友好城邦瑞吉昂和墨西拿之间的海峡前往希麦拉，到了希麦拉以后，吉利浦斯说服希麦拉加入，然后派人去塞林努斯要求他们出动全军与自己会师，而原来一直支持雅典的西克尔人的国王阿克尼达斯刚刚去世，西克尔人就转而支持叙拉古，所以，吉利浦斯的援军又增加了西克尔和格拉的军队，这样，吉利浦斯在希麦拉集合起一支超过3 000人的步兵，其中至少有1 000名是重装步兵，以及超过100名骑兵的大军，由他指挥向叙拉古进发。而在海上，科林斯的14艘舰船中的一条在科林斯人冈吉鲁斯的指挥下先于吉利浦斯到达了叙拉古，并及时阻止了城内叙拉古人正要召开的关于停战的公民大会，告诉他们还有更多的舰船即将到来，而且斯巴达人派出了吉利浦斯将来指挥叙拉古军队与雅典远征军作战，他的话重新鼓舞起了叙拉古人准备放弃的抵抗的决心和信心。

其实，雅典人的长墙工程并没有完成，但已经非常接近了。从环形要塞向南通向大港的长墙已经完成大部，主要路段还是双层长墙，仅剩靠海边的一部分还在施工，向北通向特鲁吉路斯的也已完成一半以上，剩余部分的材料也都准备齐了，如果吉利浦斯再晚到几天的话，雅典人的长墙就能全部修好，从陆地完全封闭叙拉古，从外面救援叙拉古的难度就更大了。现在，吉利浦斯率领援军在长墙完全封闭之前赶到了，他们在城内叙拉古人的接应下，在雅典长墙边对阵，吉利浦斯派传令官告诉雅典人，如果他们在5天之内携带个人财物和辎重撤出西西里,他就和雅典远征军签订休战协议,但雅典人对他的话不予理睬,吉利浦斯发现叙拉古军队无法排列队形,而雅典人只坚守他们的城墙,不想离开,所以,双方没有交战,吉利浦斯的援军就在城市边的阿波罗神庙的营寨驻扎下来。第二天,他率领主力部队在雅典人的长墙边上排成战斗队列,吸引雅典人的注意,同时暗中派出一支部队去进攻拉布达隆要塞,攻克要塞后将守军全部杀死,而雅典军的主力部队在高地下面看不见上面的情况。同一天,叙拉古人俘获了一条可能在列昂附近港口的雅典舰船。

　　随着援军的到来和吉利浦斯实力的展现,叙拉古人的信心再次高涨。他们动手第三次修建长墙欲图打破雅典人的封锁,这次修建的长墙将从城市的北面开始笔直向西,穿越埃皮泼莱高地上雅典人的环形要塞的北面长墙,已经完成南面长墙的雅典人安排部队分别守卫各段长墙,严防叙拉古人的破坏;同时,尼西阿斯决定开始在普利姆米里昂建筑堡垒工事,普利姆米里昂是扼守叙拉古城外大港入口的南面海岬,尼西阿斯在此修建了三个要塞,充当雅典军队主要的军需物资的储存库,这个地方既方便大型商船和军舰的停靠和运输,也能监视并封锁叙拉古从海上进出的通道,因为尼西阿斯认为吉利浦斯的到来使雅典军从陆地取胜的可能性降低了,他打算加强海上力量的运用,这也是雅典军队的擅长之处。但是他没有办法解决的是大军驻扎在这个海角以后,获取淡水和柴火的条件比较受限了,离水源地和收集柴火的地方路程较长,并且沿途会受到叙拉古骑兵的袭扰。然后,尼西阿斯派出了20艘战船去瑞吉昂到洛克里斯一线监视并拦截科林斯后面的舰队。

　　吉利浦斯率领叙拉古人修建的长墙进展顺利。因为吉利浦斯指挥叙拉古联军武装保护长墙的施工,而尼西阿斯也意识到一定不能让这道长墙修成,否则雅典的围困长墙将失去作用,对叙拉古城的封锁也将前功尽弃,双方随着叙拉古长墙的修建爆发了一系列攻防作战,雅典人先胜后负,最后在叙拉古人的长墙与雅典长墙即将交汇的地方,吉利浦斯指挥叙拉古联军打败了雅典的步兵,雅典士兵逃回了要塞,叙拉古人得以修筑长墙穿越了雅典人的封锁墙,这样,雅典人从陆地封锁叙拉古的努力付之东流,雅典已经取得的对叙拉古陆地上的原有优势经此一战丧失殆尽。

不久,科林斯和琉卡斯、安布拉基亚的海上援军共有 12 艘舰只在科林斯人埃拉辛尼德斯指挥下躲过了雅典舰队的阻截进入了叙拉古港口。

至此,叙拉古城的安全形势得到了实质性的改善,至少眼前没有被雅典人攻破的危险了。吉利浦斯马上去西西里各城邦,或者招募更多的海陆军兵源,同时也试图说服那些一直在观望的中立城邦与叙拉古结盟反对雅典。而尼西阿斯已经认识到战局的恶化,急转直下的形势逼迫他他专门写了一封信,派人送回雅典,而不是采用通常的传令官转达口信的方式,在信中他说明敌人实力的增长和自己遇到的困难,雅典远征军的处境危难,除非全军撤回或者国内再次给予强大的增援,另外,他以自身健康为由,请求雅典公民解除他的指挥官之职。这封信有一个问题:他在信中虽然列举了远征军的困难和敌人的强大,但是他奇怪地没有坚持在一开始就拥有的信念:即远征西西里是不可能获胜的,因而借此机会要求撤军,反而再次要求雅典派出跟第一次一样强大的陆海军援军,似乎在给雅典人民继续投入就能获胜的希望,这是出于何种心理动机很难判断,如果是害怕此刻提出撤军将会招致对他个人的不利的话,现在经过两年战争形势的验证应该是比他在最初讨论出兵时的论调更有事实依据,然而现在他却不提远征更有可能的失败前景了? 在信使出发以后,尼西阿斯开始指挥全军采取守势,避免任何冒险的行动。得知雅典军派人回国求援,叙拉古人和科林斯人也再次向拉栖戴梦和科林斯派出使者,要求继续增援,无论多少,无论何种方式都行。同时,叙拉古人也开始装备船只和训练水手,组建一支自己的舰队。

尼西阿斯的信在雅典公民大会宣读以后,雅典人民除了否决了尼西阿斯提出辞职的要求以外,其他的条件都给予支持。他们决定,首先派遣两位军官米南德和攸西迪姆斯,暂时帮助尼西阿斯行使指挥之职,直到新任命的远征军指挥官到达为止;另外再组建一支远征军,包括陆军和海军,他们指定德摩斯梯尼和攸里梅敦作为新的远征军指挥官,德摩斯梯尼在大战初期活跃于西希腊和伯罗奔尼撒并获得显著成效,而攸里梅敦在则是十多年前远征西西里的主帅,这两位都是雅典所能选择的老练而且强悍的将领,陆海军士兵则从雅典公民和盟邦中招募,将近年底,攸里梅敦先率领10艘舰船和120塔兰特白银赶去西西里,告诉在那里的远征军士兵援军即将到达;而德摩斯梯尼留在雅典组织规模庞大的援军,同时,雅典人派出20艘舰船从海上封锁伯罗奔尼撒半岛,以防止拉栖戴梦人和科林斯人的援军出发,前往西西里。

相比尼西阿斯带给雅典人民的黑暗和悲观,科林斯人受到西西里战局扭转的鼓舞,更加热心了。他们准备组建一支重装步兵队伍,用商船运往西西里,为了对付雅典人的封锁,他们准备配备一支25艘战舰的舰队,开赴西希腊对阵雅典常驻在瑙帕克图斯的20艘战舰,以掩护这支运兵的商船队。

此时,拉栖戴梦人对战争的态度也变得更加积极。原因是:此次雅典派出了30艘舰船帮助阿戈斯作战,不断骚扰伯罗奔尼撒各处和拉栖戴梦人的本土,这是对《尼西阿斯和约》的公然违背;拉栖戴梦人对于双方发生的摩擦和冲突几次根据和约提出仲裁要求,都被雅典人断然拒绝,拉栖戴梦人有理由认为雅典不仅主动挑衅,并且不再遵守条约,属于有罪过的一方,因此他们不再存有任何顾忌,全力投入战争。拉栖戴梦准备即将在西西里和阿提卡同时进行战争扩大的行动:在伯罗奔尼撒征召步兵,用商船运往西西里支援叙拉古;同时,在希腊盟邦征集铁和其他构筑工事的工具，做好来年开春入侵阿提卡、筑垒迪凯里亚的准备。

前413年的春天来得早了些，似乎在配合拉栖戴梦人迫切的心情。天一开春，拉栖戴梦人及其同盟者就在斯巴达国王阿吉斯的统领下入侵阿提卡，他们不仅蹂躏了阿提卡的乡村，更是马上着手在迪凯里亚修筑堡垒，迪凯里亚占据着阿提卡最富庶乡村的重要位置，便于控制平原地区，又因为自身坐落于山丘之上，建成堡垒以后易守难攻，距雅典城22公里，监视雅典也很方便。同时，在国内，拉栖戴梦人从希洛奴隶和获释奴隶中精选600名重装步兵，由斯巴达人艾克利图斯指挥，加上盟友彼奥提亚的300名重装步兵，由底比斯人赛农和尼康指挥，作为支援西西里的首批援军从拉科尼亚出发，随后，科林斯组织了由科林斯人和阿卡迪亚雇佣军组成的500名重装步兵，以及西吉昂人贡献的200名重装步兵也坐商船出发了，这些援军乘着科林斯海军新舰队与瑙帕克图斯的雅典海军对峙的时候，乘坐商船成功溜过雅典人的监视渡海前往西西里。

德摩斯梯尼的募兵几乎同时完成。当春天开始，他已经征募了：60艘雅典战舰和5艘开俄斯战舰，1 200名雅典重装步兵和盟邦的一些步兵和物资。因为雅典要求另一个将军卡利克里斯率领30艘舰船去阿戈斯载运根据盟约提供的重装步兵，然后两人合并一起骚扰拉科尼亚以后，德摩斯梯尼才率领这些援军赶赴西西里，德摩斯梯尼就率领自己的军队在埃吉那等候卡利克里斯将阿戈斯士兵运来，所以雅典援军的出发要晚于伯罗奔尼撒人。

这一年，随着双方对战争资源的更大挖掘和投入，以及双方经过前两年的初步接触，战争的决心和战略得到进一步明确，接下来的战事在西西里和希腊本土都进入了一个更加激烈和致命的阶段，节奏也变得比以前更快了。雅典以一敌二，同时在两个相隔遥远的战场上依然保持着顽强的斗志。

在西西里，吉利浦斯带着他利用冬季休战期间从全岛各友好城邦招募来的军队回到了叙拉古,他马上跟叙拉古人提议要建立一支强大的海军,直接挑战一向擅长海战的雅典远征军,并以此彻底扭转战局,取得对雅典军的全面优势;他的建议得到了赫摩克拉特斯的赞同,赫摩克拉特斯告诉大家:雅典人的海上实力并非天生就有的,叙拉古建立海上优势的条件并不比雅典差,针对雅典这样无畏的、气势强大的敌人,叙拉古人需要以更加勇敢的精神与雅典作战,这样必将使敌人赶到恐慌,而且可以弥补海战技术的不足。最终,他们说服了叙拉古人下决心组建强大的海军与雅典海战,而尼西阿斯的防御政策也使叙拉古的造舰和训练行动得以不受干扰地顺利进行。

　　然后,吉利浦斯计划发动海陆两路进攻雅典人的普利姆米里昂要塞。叙拉古人在大港内以 35 艘舰船进攻雅典舰队,同时,在其他港口的 45 艘战舰将从外海进入大港与港内会合,打败雅典舰队后,从海上攻击普利姆米里昂要塞,他自己率领步兵从陆地进攻,两面同时进攻要塞。战斗在晚上开始,雅典人出动了 60 艘战舰,以 25 艘战船对阵大港内的 35 艘叙拉古战舰,其余的在大港海湾入口,阻挡叙拉古来自外海的舰队进入大港,当海战双方顽强对抗,处于胶着之时,吉利浦斯于凌晨对要塞发动了突然袭击,很快就拿下了三个要塞中最大的那个,防守两个较小要塞的守军马上弃阵而逃;在海上,海湾外面的叙拉古舰队冲破了拦阻的雅典舰队进入大港,由于欠缺经验和纪律,众多的叙拉古的战船互相碰撞,秩序大乱,被雅典舰队打败,雅典人以 3 比 11 的战损比取得了对叙拉古海军首次海战的胜利。

　　虽然海战胜利,但是雅典的要塞被攻占了,雅典损失的远比几艘战舰重要得多。修昔底德认为:"事实上,普利姆米里昂要塞的失陷,是雅典军队崩溃的首要的和最主要的原因"[1]。因为这个

---

[1]《伯罗奔尼撒战争史》〔古希腊〕修昔底德著,徐松岩等译,广西师范大学出版社 2004 年版,第 391 页。

要塞的丢失，不仅使雅典遭受了人员的伤亡，更主要的是：雅典将此要塞作为全军的最主要的仓库，所以存放在里面的粮食、士兵和商人的大量货物（准备占领西西里以后进行贸易），足以装备 40 艘舰船的桅杆、索具等装备，全部随着要塞的失守而落入敌手，另一个后果就是雅典的士兵们因为失去了个人财物和军事基地而引起的士气低落。

叙拉古人虽然首次海战失利，但是对赢得最终胜利的信心变得更加清晰而且强烈，他们派出很多使者将战况和自己的信心传达给西西里所有的同盟者。同时，叙拉古派出 12 艘舰船，其中 1 艘前往伯罗奔尼撒，向拉栖戴梦和科林斯人通报战况，11 艘战船则开始进入意大利沿岸进行封锁和袭扰，将运给雅典远征军的辎重和给雅典人的造船木料或者在海上，或者直接在岸上就予以销毁，雅典人也首次遭到了别人的海上封锁。而在叙拉古，双方的海军因为驻地相邻而不断发生小规模的冲突和摩擦，但没有大型作战行动。尼西阿斯在大规模的援军到达前坚守防御政策，但是战局开始明显地向着有利于叙拉古人的方向发展，叙拉古损失的战力不断得到盟邦的支援因而越战越强，叙拉古人对最终胜利的信心随着战斗经验的积累和吉利浦斯等人的教授而更加高涨；同时，雅典远征军在西西里缺乏盟邦而造成的没有坚实的根据地，以及因雅典路途遥远而造成的后援乏力的缺陷日渐显露，直接导致了军队和指挥官信心流失和士气低落，雅典远征军刚开始时的充满信心、意气风发的精神面貌开始发生了根本动摇。

德摩斯梯尼在埃吉那集结了援军以后，开往伯罗奔尼撒与卡利克里斯的 30 艘舰船会合，卡利克里斯的舰队载着阿戈斯的重装步兵，他们首先劫掠了埃皮道鲁斯的部分地区，然后在吉塞拉岛对面的拉科尼亚登陆，占领这个地方以后，雅典人在此建立了一个要塞，一则可以让斯巴达人的希洛奴隶逃亡这里，二则可以以此为基地深入内陆骚扰和破坏，然后德摩斯梯尼率领援军舰队驶向科基拉,带上盟军部队去增援西西里,而卡利克里斯留在拉科尼亚直至要塞建成,留下守备部队以后也回雅典了,不知什么原因,原先说好的阿戈斯提供的援助西西里的重装步兵最终没有跟随德摩斯梯尼去西西里,而是回阿戈斯去了。而雅典征召的色雷斯狄伊部落的 1 300 名轻盾剑士夏天才赶到雅典,本来是计划作为援军让他们跟随德摩斯梯尼前往西西里的,由于没有赶上舰队出征,雅典决定让他们回去,也没有打算将他们用于夺回迪凯里亚的战斗,因为他们的薪饷是每人每天 1 个德拉克马,虽然需要,但雅典已经囊中羞涩,若非紧急,一般是雇佣不起了。

　　拉栖戴梦人占据迪凯里亚并筑垒长久驻守,给雅典带来的打击是严重而且多方面的。"事实上,迪凯里亚被占领,导致财产毁坏,人力丧失,这是造成雅典覆灭的主要原因之一"〔1〕。拉栖戴梦人在迪凯里亚建成堡垒以后,由同盟军轮流驻防并以此为基地,不停地袭扰阿提卡乡村,这就不同于以前对阿提卡的入侵,过去每年拉栖戴梦人侵略并蹂躏阿提卡乡村以后,经过三四十天都会撤军,雅典人还是可以利用剩余的时间进行间歇性农业和畜牧业生产,而现在常驻军队以后,整个阿提卡就没有办法进行生产活动了,雅典的损失巨大;然后,因为有一个敌人的堡垒在阿提卡土地上,雅典的奴隶逃亡也大规模发生了,第一年就有 20 000 名雅典奴隶逃往迪凯里亚,其中有相当部分是银矿的矿工和手工工匠,这些都对雅典的财富造成了直接的损失;迪凯里亚的丧失还使雅典遭受了间接的,然而长期的损失,原先雅典进口的粮食和货物大多是从优庇亚登岸,经奥罗普斯和迪凯里亚运往雅典,现在迪凯里亚落入拉栖戴梦人手中,雅典的进口货物就必须改道到苏尼昂海角登陆进口,增加了大量的运输成本,对于雅典这样一个外向型经济的国家,进出口货物数量巨大,运输成本的增加对雅典的经济是灾难性

〔1〕《伯罗奔尼撒战争史》〔古希腊〕修昔底德著,徐松岩等译,广西师范大学出版社2004 年版,第 392 页。

的,因此,雅典放弃了同盟贡金的征收,转而对所有海上进出口货物统一征收 5% 的关税,征税的范围应该是遍及所有雅典及其同盟国的港口,因为单纯在比雷埃夫斯征收的话,应该是无法与巨大的同盟贡金相比的;在另一个方面,由于迪凯里亚要塞的建成,雅典成了前线,雅典的骑兵和守城士兵的数量和服役时间都必须大幅增加,白天黑夜的守城使雅典人筋疲力尽,但是雅典人以其非凡的韧性和坚强继续支撑着两个战场的战争,此时,雅典派遣出海作战的舰船就已不少于 225 艘,领取军饷的士兵达 45 000 人,这是雅典历史上遭遇过最为庞大的财政压力。

而此时德摩斯梯尼的援军还在希腊争取招募更多的援兵。德摩斯梯尼率领他的舰队离开拉科尼亚以后赶往科基拉,在埃利斯沿海发现一艘装载科林斯重装步兵的商船,他摧毁了商船,但船上的人登岸逃跑了,舰队继续航行到达扎金苏斯和基法伦尼亚,接受一支重装步兵上船,然后到了阿卡纳尼亚地区,他还向美塞尼亚人要求提供重装步兵,在这里,他和冬天前往西西里送钱回来的攸里梅敦会合,攸里梅敦带来了尼西阿斯在西西里失利的消息,他们应驻防璐帕克图斯的雅典将军科农的要求调拨了 10 艘战舰去增强本地的 18 艘船的舰队,用以对抗科林斯的 25 艘战舰,同时向科基拉征收 15 艘配备齐全的战舰以及相应的重装步兵,向阿卡纳尼亚招募投石手和标枪兵。随后,渡过爱奥尼亚海向西西里进发。

在西西里,叙拉古向岛上各邦派出的使者完成了使命,并带领招募的新的同盟军(可能主要是塞林努斯人)回叙拉古,尼西阿斯得知这个消息以后,马上派出使者到肯托里巴人和其他友好的西克尔人部落,要求他们拦截过境的叙拉古同盟军,因为南方的阿格里真托至今仍严守中立,不会让这些盟军从给他们那儿过境,这些盟军只能从中部他们的地界上经过。西克尔人听从了尼西阿斯的要求,在这些盟军的行军途中设下伏兵,乘其不备突然发动袭击,杀死了全部叙拉古使者和 800 名士兵,剩下 1 位科林斯人使者带着 1 500 人逃过伏击,进入叙拉古。

普利姆米里昂之战以后,原先中立的西西里人大多都明确态度,支持叙拉古了,"几乎整个西西里都积极地加入叙拉古人一方反对雅典人"[1],只有阿格里真托还保持中立。另外,卡马林那人终于明确立场,给叙拉古派来了 500 名重装步兵、300 名标枪手和 300 名弓箭手,格拉人则派来了足够装备 5 艘舰船的水手和 400 名标枪手,以及 200 骑兵。叙拉古的力量继续在增长。

德摩斯梯尼和攸里梅敦在率领舰队前往西西里的路上一直在尽最大努力沿途增加招募各类士兵。他们从伊阿皮吉亚[2]接收了 150 名标枪手,在麦塔蓬提昂争取到了同盟国提供的 300 名标枪手和 2 艘战舰,抵达图里伊时,正好当地人将反雅典派赶出城市,所以从图里伊得到了 700 名重装步兵和 300 标枪手的援助,他们继续沿意大利海岸西行,停靠除了洛克里斯以外的所有港口城市,直至瑞吉昂境内的佩特拉,德摩斯梯尼这么做的目的可能就是为了尽量争取多招募一些援兵,但他也许没有意识到丧失了宝贵的时间,以及尼西阿斯和远征军遭遇一次次败仗所造成的形势的逐渐恶化和士气的漏泄。

吉利浦斯得知德摩斯梯尼的援军正在路上,他急于集中兵力向雅典发起进攻,意图是趁着雅典人的援军赶到之前决定性地打败尼西阿斯的远征军。叙拉古人根据前几次海战的经验将自己的战舰进行了多次改装,并形成了自己独特的战术,比如缩短并且加固船头,他们计划将战场放在大港内,利用狭小的空间,压制雅典海军灵巧快速的特点,针对雅典海军习惯快速移动冲撞敌舰的侧面和尾部的特点,叙拉古人加固船头就可以直接正面冲撞雅典军舰,缩短船头使战舰的长度变短更利于狭窄空间内的掉头和转弯,

───────────

[1]《伯罗奔尼撒战争史》〔古希腊〕修昔底德著,徐松岩等译,广西师范大学出版社 2004 年版,第 396 页。

[2] 即今天的意大利的卡拉布里亚地区,在南部偏东的"靴根"。

这样的战术虽然初看似乎笨拙,但极其实用。这些准备工作很快就完成了,吉利浦斯调动所有的军力,策划从海陆两方面向雅典军队进攻,吉利浦斯首先指挥步骑兵从城内向雅典人的长墙集结,同时,在奥林匹斯山堡垒的驻军则从墙外相向而行,摆出一副内外夹击雅典长墙的攻势,当雅典人准备依托长墙对抗的时候,叙拉古人的舰船出现在长墙附近,雅典人又急忙分兵上船迎击叙拉古舰队,雅典人有 75 艘战船,而叙拉古人出动了 80 艘,双方互相进攻,各有进退,但都没有全力进攻,第二天也是这样,双方对峙,小规模战斗,叙拉古舰队保持接触但很克制,尼西阿斯利用这个机会调整部署,将商船分开排列在本方港口栅栏前,守住入口水道,商船船头树立横杆伸出船体,并悬吊铁块以作防守,到第三天,雅典人首先发起进攻,但是叙拉古舰队采用正面冲撞的战法,果然奏效,经过激战,雅典被击沉 7 艘战舰,另有很多舰船失去了战斗能力,叙拉古船上的标枪手还杀死了很多雅典的船员,雅典舰队败退回自己的驻泊地,叙拉古有两艘战舰追到雅典栅栏处,被商船上悬吊的铁块砸沉。叙拉古第一次取得了对雅典海军的大胜,者对双方的军心的影响远远超过对军力消长的变化。

接着,德摩斯梯尼和攸里梅敦率领的援军赶到了。德摩斯梯尼共征集了包括同盟国在内的舰船 73 艘,雅典以及盟邦的重装步兵近 5 000 人,还有更多的希腊和蛮族的标枪手、弓箭手和投石手等辅助兵力,几乎与当时雅典初发的远征军同样的兵力。因为这是在雅典本土遭到拉栖戴梦人及其同盟国侵略的情况下,雅典派出的庞大的远征军,这使叙拉古人和伯罗奔尼撒人大为恐慌,也有效提振了尼西阿斯率领的远征军士兵们的信心。

德摩斯梯尼决心利用手上的兵力尽快投入战斗,避免第一次远征军因为犹豫彷徨所犯的错误,目的是尽快结束这场给雅典带来极大消耗的战争。他首先摧毁了阿纳普思河边上的土地,叙拉古人除了出动一些骑兵和标枪手进行干扰以外,不敢出动主力部队加以防守;然后,德摩斯梯尼发现叙拉古人修建的穿越埃皮泼莱的那道长墙是单层的,他在征得尼西阿斯等将领的赞同以后,和攸里梅敦、米南德一起,率领全部步兵乘着夜色登上埃皮泼莱高地,准备一举夺回高地,摧毁长墙,叙拉古和盟友在高地上也驻有不少的兵力,双方展开了彻夜的战斗,由于雅典军的组成太过复杂,战斗变得混乱而且无序,尤其是那时的战斗中都有高唱军歌的习惯,雅典军中的阿戈斯人、科基拉人和其他多利安人唱的军歌是和科林斯、叙拉古等敌人的军歌是一样的,这样就让雅典人感觉到处都是叙拉古和它的盟军,既造成了雅典人的混乱,更打击了雅典士兵的信心,最终,雅典人被叙拉古联军打得大败而逃。

叙拉古联军意外地赢得了这场大战,又从刚看到德摩斯梯尼的援军时的恐惧中恢复了信心,他们派出西坎努斯率领15艘战舰赴阿格里真托争取联盟,而吉利浦斯又从陆路前往西西里其他地区,继续征集援军。

同时,雅典远征军的将军们也在讨论下一步的行动。德摩斯梯尼认为既然战斗已经失败,想继续攻占叙拉古的希望已经不大,而且现在军中疾病流行,他们应该乘现在还能渡海,而且援军中的舰船还保持完好,海上优势尚存的时候,将全军带回雅典,与其在这儿攻击希望不大的叙拉古城,还不如将军队带回去投入阿提卡夺回迪凯里亚的战斗更有胜算。尼西阿斯提出了不同意见:虽然他承认目前的处境不利,但他得到了一份秘密情报,说叙拉古人也快要支撑不下去了,只要雅典人继续保持对叙拉古的压力,敌人的金钱已经快要耗尽,形势马上就要发生逆转,叙拉古已经无力供养这样一支庞大的海军和众多的雇佣兵了,雅典远征军则在财力上还是占有明显优势的,而且叙拉古城内有一个集团想要投靠雅典人;但尼西阿斯更多的是政治考虑:因为他们撤军是未经雅典公民投票决定的,回去以后肯定不会有好结果,另外,"绝大多数士兵,现在虽公开叫嚷他们的处境危险,但他们一旦回到雅典,就会公开提出完全相反的意见,说他们的将军受了贿赂,背叛了他们,撤退回国"[1]。这可能是尼西阿斯不想主动撤军的主要原因,而关于情报的事到底是托词还是事实,即使放在现在也是难以判断,但凭尼西阿斯几十年的政坛经历,以及他对雅典人性格的深刻了解,他更倾向于"与其在雅典人手下受到不公正的审判,并在一项令人耻辱的罪名下很快被处死,不如碰碰运气,如果他必须去死,他宁愿作为一个军人死在敌人手下"[2]。民主制能杜绝专制,但从不反对小人。尼西阿斯只不过在个人的生命、荣誉与全军将士的存亡之间做了一个选择而已。

由于尼西阿斯的态度坚决,德摩斯梯尼也不再坚持撤军,但他提出将部队移驻到卡塔那或者靠近列昂的萨普苏斯海湾去,在那里还能兼顾海上劫掠和陆地进攻,攸里梅敦也赞同这个主张,但是这个建议仍然遭到尼西阿斯的反对,所以雅典军就这样在叙拉古城边的沼泽地的军营里继续驻扎,没有移动。

战场上的形势瞬息万变,雅典人错过了脱离沼泽的机会,再等到想走就没那么容易了。虽然西坎努斯没有争取到阿格里真托缔结同盟,但是吉利浦斯从西西里其他地方招募到了一支大军带回叙拉古,而且春天时从伯罗奔尼撒出发的拉栖戴梦重装步兵被风暴吹到北非,这时也从非洲渡海到达了西西里。雅典人看到敌人的援军源源不断地开来,而自己军营中的疫病却日益严重,尼西阿斯也不再坚持原来的立场,同意从大港边上的营地撤退了,等到决定撤离的一天,天上发生了月食[3],这个自然的异象吓到了雅典人,经过占卜,他们听从巫师的意见,要等待三个九天以后才能讨论撤离,雅典人只能继续在原地等待。

---

[1]《伯罗奔尼撒战争史》〔古希腊〕修昔底德著,徐松岩等译,广西师范大学出版社 2004 年版,第 404 页。
[2]《伯罗奔尼撒战争史》〔古希腊〕修昔底德著,徐松岩等译,广西师范大学出版社 2004 年版,第 404 页。
[3] 正是这次月食,使我们今天可以通过计算得知这一天是公元前 413 年 8 月 27 日。

　　而叙拉古的将军们和吉利浦斯则认为他们趁着雅典军目前所处的不利的地形地势和军中疫病流行的局面发动攻击对自己是最有利的,无论如何不能让雅典军摆脱目前的不利的形势,而月食对他们却没有产生什么影响。他们加紧配备舰船水手,逼迫雅典尽快进行决战,等到准备工作完成,叙拉古人马上发动进攻,他们首先攻击雅典人的长墙,雅典的骑兵和重装步兵出来迎战,被叙拉古人打败,接下来的一天,叙拉古人更是同时发起海陆两方面的进攻,他们的步兵攻击雅典长墙的同时,海面上 76 艘战船也向雅典人驶来,雅典派出了 86 艘舰船迎战,战斗结果,叙拉古人赢得了海战的胜利,并生擒雅典海军指挥官攸里梅敦,叙拉古人杀死攸里梅敦以后将雅典舰船全部赶到岸边,离开了雅典的栅栏和营地,又被吉利浦斯率领的陆军俘获了 18 艘战船。雅典人最引以为傲的海上霸主的形象自此也开始蚀落了。

　　现在,双方都已经将自己的和盟国的力量抽取到极致,战争也已走向最后的阶段。雅典人的当务之急是如何摆脱目前的困境;而叙拉古人考虑的是如何全歼雅典远征军的问题,经过一次次的海陆作战的胜绩,叙拉古人已经意识到自己已经比雅典强大,所以阻止雅典人逃跑是首要的任务。随着战局发展的不利,雅典的将军们决定尽快突围,他们放弃了长墙的北面一段,而仅仅固守靠近大港的一段,他们将步兵分为两部分,除一部分驻守南面的长墙以外,余下的精锐步兵将全部上船,参加与叙拉古人的海战,如果取胜就前往卡塔那,如果战败,就焚毁战船,将所有兵力集中起来,从陆路突围至任何对雅典友好的地方。这是决定雅典远征军生死的一战,双方照例都由主帅发表了战前演说,尼西阿斯另外还特别跟所有战船的舰长单独进行了谈话,予以勉励。

　　雅典军队的突围之战是在大港进行的海上的陆战。雅典人将剩下的全部 110 艘战船都配属了步兵,以德摩斯梯尼、米南德和攸西迪姆斯三个将军指挥,尼西阿斯留守陆地,叙拉古人则出动了

70—80艘战船,由科林斯的皮森和叙拉古的西坎努斯和阿迦萨库斯担任指挥,叙拉古人一部分的舰只守卫在大港的狭窄出口,其余战船从海湾出口两边沿岸边布成半圆,船头向内,对雅典舰队形成包围。当雅典舰队孤注一掷妄图打破叙拉古人的封锁,冲出海湾时,叙拉古人奋不顾身英勇作战,近200艘舰船在狭小的海湾内互相攻击,形势一片混乱,雅典未参战的士兵在岸边呐喊助威,叙拉古百姓则在城墙上情绪紧张的观战,在战场上,大多数时间胜负难定,经过长时间的激战,最终,叙拉古人和他们的盟军将雅典人击溃,并追击溃逃的雅典及其盟友的舰船直到岸边,败逃的雅典军队疯狂地奔逃上岸,惊魂未定,甚至都没有要求叙拉古人让他们去收回阵亡者的尸体和破损的舰船。

虽然此战双方都是伤亡惨重,但是德摩斯梯尼认为他们剩余的舰船还有再战的能力,雅典军还有大约60艘舰船具备战斗能力,而敌人剩下的舰船已不到50艘,雅典人为舰船重新配置水手,还是可以利用数量优势和海战优势打败守军,冲出海湾的,尼西阿斯也支持他的提议,但到了第二天,雅典将军们决定再次通过海上突围,要求士兵们继续准备海战时,所有的士兵拒绝登船,因为他们"已经斗志全无,不再相信有任何取胜的可能性"[1]。无奈之下,雅典全军只能放弃他们原本一贯占优的海战途径,转而从陆路撤退。

而叙拉古的赫摩克拉特斯担心雅典军连夜突围,向当局建议应当连夜出城封锁所有雅典军营通向外面的道路和关隘,但是叙拉古全城沉浸在胜利的喜悦中,又恰逢当天是希腊神话中的英雄赫拉克里特的祭日,叙拉古人彻夜狂欢饮酒。等到第二天,雅典人在军营中做撤离的准备,让士兵整理个人物品,尽量轻装,而叙拉古人和他们的盟军却率领全军出城,驻扎在所有雅典人可能通过

---

[1]《伯罗奔尼撒战争史》〔古希腊〕修昔底德著,徐松岩等译,广西师范大学出版社2004年版,第418页。

的道路、河流渡口和高地关隘,阻止雅典军队离开驻地前往西西里的任何一个地方,叙拉古的海军则从海接近雅典人的营地,从岸边随意拖走雅典人的舰船,因为雅典人已经完全放弃了他们的战船,只焚毁了小部分的舰船,其余的留在岸边未加处理。

海战后第三天,雅典全军离开营地踏上了逃亡之路。说起逃亡,是因为雅典远征军虽然此时仍然有 40 000 之众,其中至少一半是战斗人员,但是他们丢弃了全部的舰船,留给敌人;他们丢弃了阵亡将士的尸体,未加掩埋;他们丢弃了伤兵和病号,让他们自生自灭,这是雅典战争史上从未发生过的违背尊严、传统和信仰的行为,不可原谅。远征军上下弥漫着惶恐、慌乱和绝望的气氛,连尼西阿斯也在告诉他的士兵们:如果走到西克尔人的领土上,就有部分友好的西克尔人会给予援助;如果他们被迫进行战斗,那么在哪里打败敌人,哪里就可以作为自己的国家和城寨。这些话里面我们可以感受到的是尼西阿斯对他们是否能够回到家乡是没有把握和信心的,甚至准备在西西里夺取一块地方建立国家,而指望西克尔人的帮助虽然比较现实,但是对于数万大军西克尔人能帮到什么程度,这是有极大的不确定性的,总之,尼西阿斯对远征军接下来的命运是完全没有预测和设想,而只有一股浓浓的听天由命的味道,他只是被动的祈求诸神的怜悯和仁慈,即使已经想到自己剩余的军事力量依然雄厚,也没有计划去争取新辟一条生路。这跟他从一开始反对这场战争的理由及其所依据的个性是同样消极的。

雅典人的最后逃亡的路线由于缺乏明确而可信的记载,今天存在很多争议。一般来说,雅典人逃往唯一可靠的友好城邦卡塔那应该是第一选择,然而路途虽然很近,但最不可行,因为叙拉古人首先防备的就是这个方向,所以将重兵部署在通往卡塔那的路上。那么,雅典人先往西进入中部西克尔人的领地,得到补给和休整以后,再向北迂回,绕过叙拉古的封锁,从北面进入卡塔那是很自然的想法,事实上,根据修昔底德的描述雅典人似乎就是这样的路径。但是这一切进行的并不顺利,雅典人自从强渡阿纳普思河以后向西再向北的路上都遭到了叙拉古联军的围追堵截,尼西阿斯率领部分军队作为前锋,德摩斯梯尼则率领剩下的军队断后,由于雅典军队没有明确的行军方向,缺乏给养,而叙拉古人可以充分利用骑兵和投石手、标枪手等远程攻击武器,他们除了几个必须固守的关隘,大多实施远程攻击以消耗雅典军的兵力而很少进行贴身战斗,几天下来,雅典人伤亡不断增加,给养日益缺乏,队伍战斗力下降,士气消耗得更大,因此,雅典的将军们决定连夜脱离接触,转而沿着海岸向南行军,希望减少压力,再伺机转向内陆与西克尔人会合[1],雅典人沿着西洛林大道向着卡马林那和格拉等西西里南部海岸前行,途中打败了卡西帕里斯河渡口的守军过河,并继续向南渡过埃里纽斯河,当叙拉古人发现雅典人连夜逃跑以后,吉利浦斯立刻率军跟踪追击,在埃里纽斯河的南岸追上了德摩斯梯尼率领的后军,这时,尼西阿斯已经在德摩斯梯尼部的前面好几公里了,叙拉古联军首先用骑兵拦截雅典人的前路,然后乘着雅典人列阵的时候,用全军将雅典人四面围困在一个很不利的地方,再以投石、标枪和弓箭进行攻击,这样的攻击持续整整一天,雅典人的伤亡带来绝望,吉利浦斯就向德摩斯梯尼的部队宣告,任何向他们投降的岛民(雅典的盟国和属国士兵)都可以获得自由,有少数同盟城邦士兵马上就放下武器投降了,随后,德摩斯梯尼率领剩下的士兵也与叙拉古人达成了投降协议:雅典人及其盟军向叙拉古投降,叙拉古人不得采用暴力、监禁和断粮等方式处死任何人,德摩斯梯尼和投降的士兵共有6 000人,他们交出了装满4个盾牌的金钱,德摩斯梯尼曾试图自杀,被叙拉古人制止,所有俘虏被叙拉古人押回城里。

---

[1] 关于雅典军队这一段的撤军路线可以参考《尼基阿斯和约与西西里远征》〔美〕唐纳德·卡根著,第329页的注释1。

　　当吉利浦斯率部围攻德摩斯梯尼的时候,尼西阿斯已经率军在埃里纽斯河和阿西那鲁斯河当中的一块高地上扎营,第二天,叙拉古人继续追击,在雅典人还未渡过阿西那鲁斯河时追上了尼西阿斯的部队,叙拉古人告诉尼西阿斯关于德摩斯梯尼已经投降的消息,但是尼西阿斯不肯相信,当叙拉古人让尼西阿斯派出的骑兵得到证实以后,尼西阿斯向叙拉古提出签订投降协议的条件:如果叙拉古人能够让他率领的军队离开,雅典人愿意赔偿叙拉古人在战争中的一切花费,并且可以留下雅典公民作为人质,每个人抵押1个塔兰特,直至付清。吉利浦斯和叙拉古人马上予以拒绝,然后像对待德摩斯梯尼率领的部队一样,包围、远距离攻击、消耗雅典军,直到夜色降临,尼西阿斯率军准备乘着夜暗突围,但被包围的叙拉古人察觉,他们唱战歌予以警告,雅典人就把武器放下了,只有300人无视这些警告,突围成功。第二天,尼西阿斯率部强行南下,叙拉古联军继续在周围用标枪石头攻击雅典人,伤亡不断增加,在接近阿西那鲁斯河时,又累又渴的雅典人一到河边,争相冲进河道,有的是想尽快过河摆脱敌人,有的是想快点喝水,队伍秩序大乱,而叙拉古人在河岸上向雅典人投掷武器,甚至下河来屠杀,而此刻雅典军队已经完全失去了战斗力,还没开始战斗就变成了一场大屠杀。尼西阿斯只得向吉利浦斯投降,吉利浦斯命令叙拉古人停止杀戮,大量雅典人及其盟国人被叙拉古士兵私藏起来,以后作为奴隶,所以被军队俘获的俘虏并不多,约1 000人被带回叙拉古城。有一些雅典人乘乱逃走,散落在西西里各地,逃往卡塔那是这些雅典人的最后希望。据说此战雅典军被杀18 000人,被俘7 000人。

　　战后,叙拉古人召开公民大会讨论如何处理这些俘虏。群情激奋的环境中,叙拉古的声望最高的民意领袖代奥克里建议:将雅典的将军处死,将战俘关进采石场的矿坑,如果战俘属于雅典的盟国,则应发售为奴,免其一死;而赫摩克拉特斯刚说出善用胜利比争取胜利能发挥更大的作用的话，就被狂暴的叙拉古人民的高声喊叫淹没了；另一个叙拉古人，在大战中丧失了两个儿子的奈柯劳斯发言，希望叙拉古人运用怜悯和宽容之心，善待这些匍匐在自己面前的战俘，并且说尼西阿斯是反对远征西西里的，希望对他予以宽待，他的发言引起了一部分公民的同情；但是，吉利浦斯因为曾经提出想把雅典将军带回斯巴达被拒绝以后，他就在大会上提出叙拉古如果宽待雅典俘虏，甚至今后和雅典进一步发展关系，则对拉栖戴梦以及其他盟邦形成了背叛，释放的雅典俘虏将会成为他们的祸患。叙拉古的群众在吉利浦斯说完以后，马上同意了代奥克里的提议。两名雅典将军被处死，来自雅典盟国的俘虏被发售为奴，雅典人和少部分西西里和意大利的希腊人都被投入采石场矿坑，在饥寒交迫的恶劣条件下关押了 70 天以后，最终几乎都死了。至此，曾经旌旗雄壮的数万人组成的雅典远征军全部覆灭于西西里。仅有少数未被俘虏的和被卖为奴隶后逃亡的雅典远征军士兵逃脱了悲惨的命运，其中只有极少数人得以回到家乡，据说因为西西里人特别钟情于欧里庇德斯的悲剧，所以只要能背诵欧里庇德斯的诗句的雅典俘虏就会得到宽待，甚至释放。而尼西阿斯拼命维护的身后名最终也没有达到目的，后人发现在一块镌刻西西里阵亡的雅典将军名字的石碑上，唯独缺失了尼西阿斯的名字，对此的解释是：在最后一战中，德摩斯梯尼是为了士兵的生命，不是为自己投降的，并且投降后自杀未遂；而尼西阿斯是自愿向吉利浦斯投降的，他的行为是为了保住自己的生命，有损士兵的尊严[1]。

西西里远征是雅典历史上最大的一次军事行动，甚至，雅典此次遭遇了比波斯入侵对城邦造成的更严重的伤害和破坏。它起因

---

[1]《尼基阿斯和约与西西里远征》〔美〕唐纳德·卡根著，李隽旸译，华东师范大学出版社 2019 年版，第 338 页。

于雅典人的贪婪和野心,与其将这次灾难归责于亚基比德别有用心的煽动,以及尼西阿斯的消极和无能,还不如说"西西里灾祸的罪魁祸首是后伯里克利时代的民主政体"[1],修昔底德认为民主的权力在使用中经常缺乏理性和制约,民众的贪婪和短视会互相影响,互相促进。

五　盟邦的反叛和斯巴达的反击

西西里远征的失败对雅典造成的伤害是严重而且长期的。大量士兵的损失造成了雅典军队的兵源严重缺乏,在以后的战争中不得不更多的依赖盟邦和雇佣兵,远征失败的另一重打击是雅典的声誉受到了极大损失,雅典霸权的基础:同盟体系摇摇欲坠,众多盟邦急不可待的脱离雅典的统治,争取走向独立自主。远征所耗费的军队和金钱在接下来的短短几年内注定无法得到快速恢复,雅典现在开始要面临因为自己实力下降所造成的形势变化。

但是,雅典人的性格毫不缺乏韧性和坚强。虽然西西里远征军全军覆没给雅典人带来了极大的恐慌,甚至绝望,他们不仅要担心叙拉古人的军队前来报复,更害怕希腊本土的敌人乘机从海上和陆地向他们发起进攻,而雅典的兵源、舰船和国库都因为远征而消耗殆尽,"尽管如此,他们仍决心从现有的条件出发,抵抗到底"[2]。雅典人马上着手进行物质和组织的准备以应对即将到来的冲击,首先,想方设法搜集木材和金钱,重新建设一支舰队,加强苏尼昂角海港的建设和防卫,确保这个重要的物资进出口基地的

---

〔1〕《尼基阿斯和约与西西里远征》〔美〕唐纳德·卡根著,李隽旸译,华东师范大学出版社 2019 年版,第 356 页。
〔2〕《伯罗奔尼撒战争史》〔古希腊〕修昔底德著,徐松岩等译,广西师范大学出版社2004 年版,第 431 页。

安全,从海外撤回一些基地驻军,如不久前建立的拉科尼亚的堡垒,以节省开支;其次,采取措施安抚并加强对盟邦和属邦的管理,维持原有的霸权体系,预防盟邦的脱离,尤其是身边的优庇亚,雅典人可能对城邦管理的政策也做了一些调整,精简行政机构以厉行节约,最为重大的一项措施是:设立了一个由 10 名德高望重的年长者组成的委员会,现在我们只知道这个委员会中的两个成员:一个是尼西阿斯的儿子哈格农,另一个是著名的悲剧诗人索福克勒斯,委员任期不限,关于这个委员会的产生可能经由选举,但是它的权力和职责却缺乏可信可靠的记载,它和五百人议事会的关系到底是暂时取代、是指导顾问、还是领导审核,已不可考,但似乎它的权力可能比我们想象的都大,虽然,修昔底德说“一切按照民主制的程序办事”,然而,这样的贤哲顾问委员会从本质上具有精英寡头制的典型特点,就如同斯巴达贵族的吉罗尼亚议事会,所以,雅典民主制度中第一次合法地出现了异数。

盟邦反叛

西西里远征最大的得益者是拉栖戴梦人。伯罗奔尼撒战争开始以来互有胜负的平衡局面,现在被打破了,拉栖戴梦人因为同族的胜利极大地提高了信心,“决定毫无保留的倾其全力进行战争”(修昔底德语),他们已经将目标定在推翻雅典统治,争夺全希腊的霸权;为此,斯巴达国王阿吉斯率领一支大军从阿提卡的迪凯里亚出发,到达北方的马利亚湾,拉栖戴梦人曾经在前 427 年在此建立了殖民地赫拉克利亚,但很快就被当地人拔除了,这次阿吉斯向当地的奥塔人、亚该亚人和贴撒利人惩罚性地强征金钱、抢走牲畜、扣押人质,并以人质要挟要求他们加入拉栖戴梦同盟。然后,拉栖戴梦决定建设自己的海军,向同盟各邦提出要建造 100 艘战舰,他们自己和彼奥提亚各 25 艘,福基斯和洛克里斯共同建造 15 艘,科林斯建造 15 艘,阿卡迪亚、培林尼和西吉昂共造 10 艘,麦加拉、特洛伊曾、埃皮道鲁斯和赫尔米奥共同建造10艘。准备依靠这些在来年春天全面对雅典势力发起攻击。

墙倒众人推。同一年冬天,提洛同盟的优庇亚人和列斯堡人向阿吉斯派来使者,请他帮助脱离雅典;而开俄斯人、埃利特莱人则向拉栖戴梦政府提出帮助起义的要求。阿吉斯和拉栖戴梦政府都答应帮助,但是向求援的反叛城邦派出指挥官和援军及其优先次序成为拉栖戴梦人眼前亟须解决的问题。而且,亚基比德跟斯巴达将军卡尔西狄乌斯率领5艘战船远赴东地中海,鼓动奇奥斯、克拉门佐尼和米利都等城邦叛离雅典。

同时,波斯人因为征收贡赋的原因也公开采取与雅典敌对的政策,雅典在西西里的挫败让波斯人感觉这是一个千载难逢的机会。波斯驻萨尔迪斯的总督帖撒菲尼斯负责掌管小亚细亚西部沿海,他一直无法完成波斯皇帝交予征收贡赋的任务,因为雅典同盟的存在,根据前448年雅典和波斯之间的卡里阿斯和约,他不能向小亚细亚的希腊人城邦征收税赋,因此,他非常希望能和拉栖戴梦人结盟以打击雅典,并且可以与伯罗奔尼撒人一起完成自己的另一项任务:剿灭他的前任皮苏特涅斯的儿子阿莫基斯在卡里亚的叛乱,作为代价,他提出可以由他全额承担拉栖戴梦军队的给养。而波斯负责赫勒斯滂的总督法纳巴佐斯也通过麦加拉和另一个被本国流放的希腊人作为使者前往拉栖戴梦,请求拉栖戴梦人派出一支舰队前往赫勒斯滂,他不仅可以在赫勒斯滂,甚至也可以到帖撒菲尼斯的辖区去推动雅典同盟城邦背叛雅典,法纳巴佐斯也希望通过自己与拉栖戴梦人订立其与波斯的同盟条约。这样,波斯在爱琴海小亚细亚周边的两个总督帖撒菲尼斯和法纳巴佐斯都致力于与拉栖戴梦人结盟以共同对抗雅典。

前412年,拉栖戴梦人的造舰计划初见成效,已经拥有60艘装备齐全的战舰,雅典人也重建了一定规模的海上力量,双方因为支持和镇压反叛城邦而开始全面的海上竞争。由于开俄斯的反叛是秘密进行的，他们急切地要求拉栖戴梦人派出援兵，如果外部的雅典和内部的人民一旦知晓他们的背叛将会带来灾难性的后果，但是当拉栖戴梦人让科林斯人一起派出海军去开俄斯时，柯林斯人因为要举办地峡运动会而暂停了一切军事行动，而雅典人在参加运动会的过程中明确察觉了开俄斯人的叛变密谋，当赛会一结束，拉栖戴梦人的舰队就出发准备开赴开俄斯，但是被雅典舰队拦截，他们逃进了埃皮道鲁斯附近一个叫斯皮莱昂的港口，雅典人向他们发起进攻并杀死了指挥官，然后将其余舰只封锁在港口内，拉栖戴梦人自西西里之战后与雅典的第一次战斗就失利让他们信心受到不小打击，这时，只有站在敌人阵营的雅典人亚基比德仍然坚持策动和支持小亚细亚的爱奥尼亚城邦背叛雅典的政策，他和拉栖戴梦人卡尔西狄乌斯率领的 5 艘舰船在自己首战失利的消息之前赶到了开俄斯，他们的突然到来使茫然无知的开俄斯民众惊慌失措，在寡头派（即那些密谋反叛雅典的人）的配合下，亚基比德和卡尔西狄乌斯向开俄斯人民宣布还有更多的舰船正在开来的路上，这样促成了开俄斯城邦正式叛离雅典，然后爱利特莱立即仿效开俄斯也宣布脱离雅典同盟，随即，他们派船到克拉左门奈策反他们。当开俄斯，这个最强大的盟邦叛变的消息传到雅典以后，明智的雅典人已经预见到即将发生的背叛将接踵而至，面临联盟崩溃，霸权瓦解的危险，雅典公民大会通过决议，废除伯里克利时代订立的一条法律：即任何提议动用 1 000 塔兰特紧急备用金的人将受到惩罚，并投票通过决议动用这笔储备以建造和配备大批的舰船。雅典将领斯特罗姆比基德斯首先率领 8 艘舰船奔赴小亚细亚的泰奥斯，结果被卡尔西狄乌斯率领的舰队和新近反叛的克拉左门奈和爱利特莱联合逼退，泰奥斯和米利都相继叛离雅典，在声势浩大的拉栖戴梦人和当地的反叛势力面前，斯特罗姆比基德斯和随后率军赶来的特拉西克列斯只能率领雅典舰队退守萨摩斯。

波斯干预并与斯巴达结盟

前412年春夏之交,卡尔西狄乌斯代表拉栖戴梦人及其同盟者,帖撒菲尼斯代表波斯皇帝,双方签订了第一个同盟条约,双方立誓结成同盟共同反对雅典,拉栖戴梦人则承认波斯皇帝及其祖先所统治领土的统治权,这就将小亚细亚的希腊人城邦都重新归于波斯统治之下了,帖撒菲尼斯向在亚洲作战的斯巴达及其同盟士兵提供薪俸。据此,波斯正式介入了雅典和斯巴达之间的战争。

开俄斯的舰队遇到雅典的迪奥麦敦率领的10艘舰船,开俄斯海军被打败,雅典人舰队进入萨摩斯,但是在大陆上,开俄斯剩下的舰船和陆军配合,促使列别多斯和艾莱叛离了雅典。随后,开俄斯人和拉栖戴梦人海陆军联合继续策反了列斯堡岛上的麦塞姆那以及米提列涅叛离雅典;同时,被雅典海军封锁在斯皮莱昂的拉栖戴梦人的20艘战舰突然发起突围战,打败了雅典人,并俘虏了4艘雅典战船,归队于新近被任命为拉栖戴梦最高海军指挥的阿斯泰奥库斯麾下,准备开往开俄斯。

这时,萨摩斯发生了平民革命。雅典有几艘舰船驻泊在萨摩斯,可能在雅典人的支持下,萨摩斯平民发动暴乱打击贵族,平民们杀死了约200名贵族,并流放了其余400名,瓜分了他们的土地和房产,城邦事务完全被平民把持,雅典由此允许萨摩斯自治,给予其充分的信任和自由,雅典的同盟管理方式也许需要因应形势而发生变化了。

阿斯泰奥库斯率领的突围的舰船到达了开俄斯,而雅典在相继派出斯特罗姆比基德斯、特拉西克列斯和迪奥麦敦各自所率舰队到达小亚细亚以后,又派了列昂率领10艘舰船赶来增援,而且,这些雅典新组建的军队并没有受到西西里的丝毫影响,他们到了小亚细亚以后,通过一系列战斗体现了雅典人不可忽视的实力尚存,他们轻易地夺回了米提列涅,在海上和登陆后打败并赶跑了开俄斯人和拉栖戴梦人，征服了麦塞姆那以及列斯堡岛上反叛城镇，随后攻占了克拉左门奈人的要塞，使克拉左门奈回归雅典同盟。拉栖戴梦人阿斯泰奥库斯被赶出了爱奥尼亚，接着，雅典人马不停蹄地封锁了米利都，杀死了前来救援的卡尔西狄乌斯，同时利用周边岛屿向开俄斯展开围攻，数次打败开俄斯的海军和陆军后，开俄斯人只能在城内固守，而雅典人则开始登岛劫掠城外的农村，有部分开俄斯人开始思考是否重新归顺雅典，而另一些人则在后悔似乎太轻易地叛离雅典了。

在这一年的夏末，雅典人用 48 艘船只运送了由 1 000 名雅典重装步兵，1 500 名阿戈斯人，以及 1 000 名其他盟邦重装步兵组成的部队渡海前往米利都，意图一举解决米利都问题，进而解决小亚细亚的盟邦叛离。在米利都城下，雅典步兵打败了由米利都重装步兵、伯罗奔尼撒人，和帖撒菲尼斯本人率领的波斯骑兵队和出钱招募的雇佣军组成的联军，并准备建立一道封锁长墙。战后不久，拉栖戴梦人泰利蒙涅斯率领 55 艘战船组成的舰队正在赶来，这支部队中有 22 艘来自西西里的战舰，其中叙拉古人 20 艘，塞林努斯 2 艘，亚基比德亲自去告诉这支援军，米利都事关爱奥尼亚全局，希望他们尽快赶去救援米利都。而雅典人的将领弗里尼库斯在获悉敌人的准确情报后，力排众议，下令全军从围困米利都城市的战线撤离，因为他认为在遭受了西西里的失败以后，雅典再也不能在军事上采取任何冒险的政策了，尤其是在精确掌握了敌人的兵力以后，而目前在他们面对米利都和拉栖戴梦人、波斯人的联军的时候，他认为没有必要进行冒险。所以雅典全军从海上撤往萨摩斯，阿戈斯人因为是雅典军队中唯一被米利都人打败的一翼，窝火回国去了。拉栖戴梦人的援军在解了米利都之围后，应帖撒菲尼斯请求，全军攻击伊阿苏斯，活捉了反叛波斯的阿莫基斯，将他交给帖撒菲尼斯，拉栖戴梦人从这次战役中获得了很大的利益：收编了阿莫基斯方面的伯罗奔尼撒籍雇佣军，并通过洗劫富裕的伊阿苏斯城,并将俘虏卖给帖撒菲尼斯赚了很多波斯金币。随后,拉栖戴梦人回军米利都,并向开俄斯和米利都派出了总督。接下来一直到冬季,雅典军驻扎在萨摩斯,而拉栖戴梦人驻扎在开俄斯和米利都,双方互有攻防,但都没有开展大的军事行动。

期间,拉栖戴梦人认为卡尔西狄乌斯与帖撒菲尼斯签订的第一个同盟条约中,帖撒菲尼斯得到了过多的利益,希望重新签订盟约,由泰利蒙涅斯代表拉栖戴梦人及其同盟者与帖撒菲尼斯又签订了新的同盟条约,这两份同盟协议都规定了拉栖戴梦人承认波斯皇帝及其祖先所拥有的领土和属邦的合法权并予以尊重和维护,双方结成同盟共同对雅典及其同盟作战,差别在于第二份协议明确了所有派往亚洲土地的拉栖戴梦及其盟友的军队的费用完全由波斯方面支付,但这份条约后来被斯巴达派往小亚细亚的11人顾问团的利卡斯否决了,他认为承认了波斯皇帝及其祖先所统治过的所有领土的主权,等于承认了不仅是小亚细亚的希腊人城邦,爱琴海岛屿,也包括希波战争中波斯人曾经征服的希腊本土,如贴撒利、彼奥提亚等地区也是波斯主权范围内的了,所以这份协议是荒谬的、不能接受的,他提出要求与帖撒菲尼斯重新订立一份更好的条约,这激怒了帖撒菲尼斯,双方不欢而散。

至于这两份条约对小亚细亚的希腊人的出卖是否出于拉栖戴梦人的权宜之计众说纷纭。因为拉栖戴梦人与波斯结盟的唯一理由是他们为了打败雅典而急需波斯人的金钱,等到打败雅典夺得希腊霸权以后,斯巴达人还是会回归传统上的反波斯立场的,几年后斯巴达国王埃杰西劳斯打着为波斯压迫下希腊城邦的自由解放而战的旗号远征小亚细亚,似乎为这种说法提供了佐证,但是,谁能说这不是他为了争取个人荣誉之举呢? 毕竟,埃杰西劳斯的远征并没有像雅典在希波战争结束以后那样将小亚细亚的希腊城邦从波斯的统治下解放出来,事实上,多利安人在小亚细亚只有极少数的几个殖民城邦,他们与斯巴达基本不存在经济利益往来。

　　就在拉栖戴梦人和帖撒菲尼斯因为条约而龃龉不断之时，罗德岛又主动叛离雅典，并邀请拉栖戴梦人的军队进入，而雅典对爱奥尼亚叛乱诸邦的镇压也进展艰难。到前412年末，雅典在小亚细亚和爱琴海岛屿只控制了列斯堡、萨摩斯、科斯、哈利卡纳苏斯这几个不多的盟邦，而小亚细亚沿海的战略要地都落入了拉栖戴梦人之手，尤其罗德岛的背叛使雅典通往埃及的海上航线被截断，所有这些脱离雅典同盟的城邦都不是被拉栖戴梦人及其盟邦用武力制服的，而是如星火燎原般相继自愿叛离雅典人统治的，而拉栖戴梦人的到来只是帮助其履行脱离的正式形式而已。值得庆幸的是，赫勒斯滂暂时还在雅典掌握之中，这条雅典粮食的主要通道尚可无虞，但能保持多久就难以预知了。

六　雅典民主的动摇

　　西西里远征军全军覆没以后，雅典遭受了从未有过的灾祸，随后发生的寡头派四百人专政其实是雅典人在国家处于紧急情况下，在绝望和恐惧中寻求出路、免于战败的一次尝试，当然，某些人的个人野心也是促成这种转变的重要因素，虽然他们在策划和行动时只会将自己的利益作为唯一的目的，但是从结果看，最终个人还是国家受益或受损更大，常常是不受任何人的主观意愿控制的。

四百人革命

　　四百人革命是雅典人在面临拉栖戴梦人和波斯帝国缔结同盟的情况下，为了避免霸权崩溃而不得不采取的孤注一掷。它的缘起却是由于亚基比德在叛逃斯巴达以后遇到的危机，为了摆脱他个人困境，亚基比德挑动驻守萨摩斯的雅典大军的将军们，在得到其中大多数贵族的支持后，在雅典建立起寡头制政府，但其寿命只维持了短短数月。

亚基比德脱离雅典逃往斯巴达以后,一直生活在拉栖戴梦人中间,并真诚地为雅典的敌人出谋划策,通过建议支援西西里的叙拉古,出兵侵占阿提卡迪凯里亚,亚基比德帮助拉栖戴梦人赢得了对雅典的关键的胜利,而他自己则一改雅典的生活方式,"将自己投入和融合到他们(斯巴达)的习性和模式"[1],得到了拉栖戴梦人民的认同,甚至尊敬。然而,他在阿吉斯国王率军在迪凯里亚与雅典作战的时候,他与阿吉斯国王的妻子发生了奸情,而且本来就有一些官员自始就怀疑他对拉栖戴梦人的忠诚,他随舰队支援小亚细亚的雅典盟邦叛乱到达亚洲以后,与波斯总督提萨菲尼斯过往甚密也引起了拉栖戴梦人的不信任,因此,当拉栖戴梦人命令阿斯泰奥库斯处死亚基比德的时候,他预先得到消息,逃到帖撒菲尼斯那儿安身,并得到帖撒菲尼斯的信任和保护,成为他的顾问。

此时,亚基比德动了再回雅典的念头,并制定了一个计划付诸实施。他知道,要想回到雅典就必须推翻原来对他叛国罪的判决,而要推翻这个判决,依靠"卑鄙的"民主制度是不可能的,因为广大人民对他恨之入骨,只有推翻民主制度建立起少数人执政的寡头制才有可能,说服少数人总比让数千人转变态度要容易许多,所以,他一面利用自己与帖撒菲尼斯的关系,说服他不必急于结束战争,尽量在雅典和斯巴达之间保持平衡,先消耗双方的力量;同时,他派人秘密地跟驻扎在萨摩斯的雅典军队将军取得联系,告诉他们他可以争取到波斯人放弃拉栖戴梦人,转而跟雅典联合,让帖撒菲尼斯成为雅典的朋友,条件是雅典用寡头制取代民主制。他准备用帖撒菲尼斯作为自己跟雅典谈判的筹码,而用雅典作为自己与帖撒菲尼斯谈判的筹码。

亚基比德关于推翻民主制度的提议得到了雅典将军们的重视和认可。深层的原因是:伯罗奔尼撒战争开始以来,雅典军队中

---

〔1〕《普鲁塔克全集·Ⅰ》〔古希腊〕普鲁塔克著,席代岳译,吉林出版集团股份有限公司2017年版,第381页。

的中上阶层是为战争牺牲最大的部分，他们不单要为战争提供绝大多数的费用，而且还是战争中贡献生命最多的阶层，海军舰船的船长、舰船战斗人员，陆军中的骑兵和重装步兵都是第三等级以上的公民组成，从西西里远征以来，他们感觉在人数占优的平民（贫民）的民主制度下，眼看着雅典的对外政策和军事决策屡屡受挫，却因为人数的劣势而无力插手，所以，实行寡头制是他们夺回城邦控制权的有效办法；现实的原因是：亚基比德许诺的只要推翻民主制，他就可以将帖撒菲尼斯和波斯拉到雅典一边，从而可以赢得对伯罗奔尼撒人的战争胜利。

由此，驻萨摩斯的雅典将军们首先在军中寻找同道，组建党派，秘密酝酿推翻雅典民主制的阴谋。当他们将此计划向士兵们公开的时候，虽然相当部分的士兵们对阴谋推翻民主制心中不满，但当听到阴谋者描绘这样做能争取到波斯的金钱和支持，从而取得对拉栖戴梦人的战争胜利的美好愿景时，也就半推半就地默许了。唯有将军弗里尼库斯明确提出反对：他认为亚基比德并不在乎雅典的民主制还是寡头制，他要的只是能合法回到雅典，而波斯人不可能放弃拉栖戴梦人，转而与他们的死对头雅典来结盟，何况雅典的盟邦是否反叛取决于他们的自由或者奴役状态，而对雅典实行民主制还是寡头制根本不在乎。所以他明确反对召回亚基比德和推翻民主制。他一个人的意见没有影响军中寡头派们的决心，他们派出皮山大和使者赶回雅典去落实召回亚基比德和废除民主制的计划。弗里尼库斯还专门写信派人送给拉栖戴梦人的海军统帅阿斯泰奥库斯，告诉他亚基比德正在尝试让帖撒菲尼斯与雅典结盟，但是阿斯泰奥库斯将此事告诉了帖撒菲尼斯和亚基比德。

皮山大回到雅典以后在公民大会上宣布了计划：召回亚基比德，改变雅典的民主宪政，争取与波斯结盟，最终打败伯罗奔尼撒。雅典公民最初反应是不可接受，但当皮山大告诉雅典人这是在目前不利的形势下拯救雅典的唯一途径,并且许诺今后还可以将政体改变回来以后,雅典人民最终通过民主方式做出了让步,并且赞成皮山大率领10人前往亚洲与帖撒菲尼斯谈判签订同盟协议,同时,应皮山大的要求,雅典民众解除了反对这件事的弗里尼库斯和他同僚的职务,命令列昂和迪奥麦敦取代他们的指挥权。

随后,列昂和迪奥麦敦率领雅典舰队进攻罗德岛,打败拉栖戴梦舰队,但是无力进占岛屿,于是退回卡尔切继续监视拉栖戴梦人的动向,而在开俄斯,雅典人建成了城外的军事要塞德尔斐尼昂,并击退了开俄斯和拉栖戴梦联军的进攻,杀死了拉栖戴梦人派驻开俄斯的总督,进一步收紧了对开俄斯城的海陆两方面的围困,开俄斯城内开始发生饥荒。

皮山大率领的雅典使者与帖撒菲尼斯开始谈判结盟,由于与波斯结盟是亚基比德用以说服雅典废除民主制的诱饵,并非帖撒菲尼斯的真实想法,谈判进行得很艰难。真心诚意的雅典代表准备答应帖撒菲尼斯提出的任何要求,无论这些条件在以前看来是多么的荒谬,但是,被蒙在亚基比德鼓里的帖撒菲尼斯始终没有要与雅典人结盟的意思,他与拉栖戴梦人结盟的初衷没有任何改变,顶多在具体条款上有所争议。当亚基比德看到帖撒菲尼斯的真实意图以后,他代表波斯人向雅典代表提出了允许波斯舰队在雅典海岸自由航行这样过分的条件,逼迫雅典人拒绝,谈判破裂,希望这样掩盖他开始给雅典人描绘的前景的虚假。最终,雅典谈判代表看出了波斯人的真实意思,也认识到亚基比德的谎言,结束谈判回萨摩斯去了。

而帖撒菲尼斯与拉栖戴梦人结盟的决心是不可动摇的,他主动找来拉栖戴梦人,在将条款改到符合斯巴达代表利卡斯的要求,明确将波斯帝国的领土范围限制在亚洲以后,与拉栖戴梦人签订了第三份同盟条约,并且关于军费的问题也得到了更明确的解决。波斯人与拉栖戴梦人的联盟继续稳定维持。

这一年(前 412 年)末,雅典镇守的阿提卡北部要地奥罗普斯被彼奥提亚人攻占。由于奥罗普斯正对优庇亚岛,奥罗普斯的沦陷,优庇亚岛解脱了雅典的全面控制,优庇亚为此派人到罗德岛,邀请拉栖戴梦人进驻优庇亚,由于开俄斯仍处于雅典人的威胁之下,拉栖戴梦人决心先解救开俄斯之围,他们将舰队分别开往开俄斯和米利都,而雅典在卡尔切的舰队撤往萨摩斯,双方都意识到一场海战不可避免,否则战事无解。

这时,雅典的境况不仅没有丝毫改善,反而迭遭挫败。斯巴达军官德西利达率领一小股军队从陆路进入赫勒斯滂,帮助阿拜多斯叛离雅典,不久,另一个城邦兰普萨库斯也背叛雅典,与阿拜多斯一起投奔拉栖戴梦人和波斯在本地的总督法纳巴佐斯。而开俄斯被雅典封锁了一段时间以后,不得已奋力突围,他们和拉栖戴梦人率领的叙拉古和图里伊等人的联合舰队,在拉栖戴梦人列昂的指挥下与雅典舰队进行了海战,未分胜负,各自回营。这场战斗以后,雅典人斯特罗姆比基德斯率领驻开俄斯的 24 艘舰船马上赶去赫勒斯滂镇压叛乱,雅典人打败了兰普萨库斯,扶持了当地民主派掌权以后,继续进攻阿拜多斯,没有取得任何成果,他就率领舰队驻泊在塞斯托斯,将此地作为保护赫勒斯滂的基地。

驻萨摩斯的雅典舰队不仅是一股军事力量,此刻,它也成了一股政治力量。由于雅典派驻小亚细亚的舰队本身已是雅典人数最多的军队,也因为服役的公民兵基本占据了雅典成年的自由公民的相当部分,100 多艘战舰以及数千名阶级不低的公民,现在,这些人客观上组成了雅典民主政制的重要部分,他们独自就可以代表几乎与雅典相当的民意。皮山大率领使者从帖撒菲尼斯处空手而归,回到了萨摩斯,继续巩固军队中的寡头派势力,将领们知道已经无望从波斯人那儿得到金钱,也没有盟约,但是他们决心坚持实行寡头制,但这不是亚基比德最初倡议的计划,而是他们自己的意愿,于是他们用自己的个人私有财产来支撑眼前战争所需的费用和必需的开销,继续战争和建立寡头制已成为他们自己的事业,而非雅典城邦赋予的职责。萨摩斯雅典军队指挥部已然具有临时政府的性质了。

雅典将军们派出了皮山大和部分使者回雅典建立寡头制政权,并命令他们沿途经过提洛同盟的属邦时顺带改变当地政府,建立寡头制政权,另外再派出其他使者专门奔赴其他地区执行同样的使命。

然而,雅典的寡头派将军们这时还没有意识到:民主制或者寡头制这样的政体与民族和国家之间敌友关系并不存在必然联系。一个城邦讨厌雅典人并不是由它的政体决定的,无论寡头派还是民主派当政。塔索斯就为我们提供了一个实例:雅典将军们委任狄伊特里夫斯担任色雷斯地区的指挥官,他到了那儿以后按照命令废除了属邦塔索斯的民主制,扶持贵族寡头派掌权,但当他离开以后,他所扶持的寡头派政府就与拉栖戴梦人联系,马上叛离雅典。不管是谁执政,这些属邦只要得到行动自由就会追求城邦的自由,摆脱雅典的奴役统治,毕竟,城邦的自由和独立要超越政体之上,无论对城邦还是个人,自由和独立毫无疑问都是首要的。

皮山大和使者们沿着海岸航行,沿途将属邦都换成了寡头制,并招募重装步兵加入自己,回到雅典以后发现,雅典的同谋者已经推翻了民主制度,并暗杀了民主派领袖安德洛克里斯和他的同党,这个人也是推动亚基比德在渎神案中有罪判决的主要人物。

此刻雅典城内处于无政府状态,法律和秩序已然失效。虽然五百人议事会依然存在,但是因为民主派人士被暗杀已不是个别现象,而且寡头派肆无忌惮,随时准备杀害任何公开反对他们的人,"他们既不追捕谋杀犯,也不对嫌疑犯进行审判"[1]普通民众

---

[1]《伯罗奔尼撒战争史》〔古希腊〕修昔底德著,徐松岩等译,广西师范大学出版社2004年版,第462页。

在寡头派的叫嚣之下充满恐惧，只能缄默不语，广大的民主派因为这样的恐怖气氛，没被杀死的也有很多人外逃，留在城内的根本不敢与人交谈，互相之间猜忌提防，互不信任，这更放大了寡头派的势力，使之看上去人多势众。民主政体下，声势浩大的一方常常胜过理性和智慧，当持有某一种观点的人群情激奋并敢于消灭一切敌人的时候，即使他们的人数少于反对的人，反对派哪怕实际人数更多也只能屈服，并且会产生自己一派势单力薄的错觉。

皮山大回国后发现此时雅典掀起的寡头派革命与将军们所规划的并不完全相同，雅典城内的寡头派虽然也希望改变民主宪政，但他们所要建立的寡头政制却是较为温和的。寡头派们召开公民大会，提议选出一个全权委员会起草新的宪法，宪法起草以后，再指定一个日子向大家公布他们认为的最合适政体的报告，大会选出了 20 个 40 岁以上人士组成的委员会，再加上西西里之战后成立的 10 人组成的贤哲顾问委员会，由他们共同起草，并应参照雅典人的"祖传法律"，如克里斯提尼宪法，甚至梭伦宪法，因为这些宪政法律并不属于民主宪政。到了这一天，会议在雅典城外克诺洛斯的阿波罗神庙举行，由于拉栖戴梦人就驻扎在离雅典不远的迪凯里亚，很多雅典人不敢出城参加会议，会上，委员会废除了一些公民民主权利的法律[1]，并提出了一条建议："任何一个雅典人都可以按其意愿提出任何建议方案而不会受到处罚，对指控那些提议者违法或对提议者进行其他方式骚扰的人严加处罚"[2]。

皮山大立即代表寡头派提出议案，被参加会议的民众通过，成为正式议案并开始实施。主要的改变体现在：第一，现行的公民大会和议事会成员都被罢免，国家的权力应交由有能力而且有足够财富的人来行使，战争期间，国家收入只能用于战争，故取消一

[1]《雅典政制》〔古希腊〕亚里士多德，日知、力野译，商务印书馆 1959 年版，第 39 页。
[2]《伯罗奔尼撒战争史》〔古希腊〕修昔底德著，徐松岩等译，广西师范大学出版社 2004 年版，第 462 页。

切公职人员的薪金制度,除了9执政官每人每天3个奥波尔的象征性薪俸以外;第二,由各部落选出年满40岁以上的10人,共100人组成委员会,提出一个5 000会议成员名单,这个5 000人应有足够的能力和财产,最能够管理国家的全部权力;另外,按照祖制,成立400人的议事会取代现有的500人议事会,作为城邦所有行政权力的执行者,包含所有的步骑兵军事指挥官、祭祀官、财政官等,400人的产生程序是:由100人委员会推举5个人,再由这5人推举100人,被推举的100人每人再推举3人,组成400人的议事会,议事会任期一年,400人议事会负责城邦全部的管理职责和5 000人大会的提议召开。皮山大的宪政议案作为唯一的提案,得到与会公众的一致赞成,通过以后,公众们散会回家。几天后,新的议事会在武装随从的保护下进入议事会大厅,给原来的500人议事会成员发放了当天的报酬以后将之遣散,400人议事会开始正式履职。这是发生在前411年5月的事。

　　至此,雅典的民主制度被废除了,寡头制度建立,虽然是在战争期间的非常措施的名义下实行的。在这次寡头派革命中,寡头派的领袖人物:皮山大;安提丰,一个低调而智慧的人,他自己虽然不抛头露面,但是在这场革命中起了主要的设计和推动作用,后来寡头政府被推翻后,他被起诉,留下了一篇堪称古希腊最著名的辩护词;还有泰拉蒙涅斯,哈格农的儿子,也是颠覆民主制的领袖人物之一,以多谋善断、辩才出众著称;另一个寡头派活跃分子就是曾任海军将领的弗里尼库斯,在这次寡头派革命中他是最为积极和坚决的,原因可能是害怕亚基比德的回归,因为他相信寡头派不会召回亚基比德。就这几个人在古希腊民主制度和传统最发达、最悠久的雅典实现了寡头制革命,让一直习惯于统治别人的雅典人民屈服于寡头派的统治,并且"剥夺雅典人民的自由,那可不是一件容易的事"(修昔底德感叹),但是他们做到了,这个时候,雅典民主制体现出难得一见的脆弱。

在新制度下，5 000 人大会只是个幌子，实际上 400 人的寡头派议事会包揽了雅典全部的城邦管理权力，并且不再按照民主的标准行使职权。在武力的支持下，他们不经审判杀死了一些民主派人士，囚禁和放逐了另一些，雅典城内的民主派势力大受打击，剩余在民众中的也是斗志全无。接着，寡头政府主动派人向迪凯里亚的斯巴达国王阿吉斯求和，但是阿吉斯不敢轻易相信雅典人实行了寡头政制，怀疑他们稳定雅典的能力，因此，阿吉斯调来更多军队连同驻军一起向雅典城逼近，希望通过恐吓得到更为有利的结果，没想到，雅典寡头政府并不示弱，他们打退了拉栖戴梦人的进逼，在此基础上，雅典人继续和阿吉斯接触，希望和谈，这次得到了他的积极反应，雅典人遣使去拉栖戴梦商谈停战及和约事宜。

由于这次寡头派上台主要是由雅典城内的反民主力量为主，并且在恢复祖制的旗号下进行的，最后掌权的也是城内的寡头派，萨摩斯将军们的主张并未在新政府中得到充分的代表。所以，为了安抚远在萨摩斯的雅典军队，400 人政府派人到萨摩斯向他们做解释工作，主要是担忧军队中人数众多的民主派士兵不接受寡头政制的事实。

其实，就在雅典爆发寡头派革命的同时，萨摩斯的雅典驻军也出现了民主派和寡头派的斗争。萨摩斯本地当政者中的一些人由于受到皮山大、卡尔米努斯和部分雅典将领的鼓动准备实行寡头统治，萨摩斯城内的民主派感到恐惧，他们向雅典将军列昂和迪奥麦敦求援，这两个人本来就不是坚决的寡头派，他俩又在雅典驻军中寻求舰长特拉西布卢斯和重装步兵的特拉西路斯，后两个人是坚定的民主派，特拉西布卢斯和特拉西路斯再去军中与士兵们逐一谈话，劝说大家反对寡头派们，后来，当萨摩斯的寡头派向民主派发动攻击时，雅典军中的民主派前去援助萨摩斯的民主派并取得了胜利，当一个从雅典城内逃出来的水手回到萨摩斯时，夸张地向雅典驻军控诉雅典城内的寡头派的各种倒行逆施，并且说士兵们的家属已被寡头派逮捕,只要士兵们反对寡头派就将面临亲人被杀的结果时,舰队士兵们义愤填膺,准备打回雅典、解救亲人,最后,在特拉西布卢斯和特拉西路斯的劝说下,大家镇静下来,并听取他俩的意见,同意和萨摩斯的民主政府,以及军中原本是寡头派的士兵,大家首先紧密团结起来,继续与拉栖戴梦人的战争,并且不与 400 人寡头政府发生任何往来;最后,雅典士兵们举行会议,罢免了他们不信任的将军和舰长们,选举民主派人士担任将军和舰长,其中特拉西布卢斯和特拉西路斯当选为这支军队的领导人。这样雅典军队事实上形成了另一个民主派的权力中心,与国内的寡头派政府抗衡。

由于萨摩斯地处从雅典到小亚细亚,从色雷斯到非洲的航道中心,而且雅典的海军主力就驻扎在这里,方便控制几乎整个爱琴海,所以他们,加上萨摩斯的海军,并不惧怕来自雅典政府和拉栖戴梦人的海上进攻,相反他们可以从海上威胁对方,现在雅典舰队眼前最大的问题是金钱,特拉西布卢斯他们还是坚信亚基比德能将帖撒菲尼斯拉到自己一边,从而得到充足的来自波斯的军费供应,在后来进行的一次大会上,他说服了士兵们投票赞成赦免并召回亚基比德,随后,他亲自到帖撒菲尼斯那里迎回了亚基比德,亚基比德回来后通过夸夸其谈的承诺他对帖撒菲尼斯的影响力,被雅典士兵们选为将军。

而此刻,帖撒菲尼斯与拉栖戴梦人虽然签订了第三份协议,但是因为双方的互不信任和帖撒菲尼斯在军费支付问题上的吝啬和多变,双方的合作磕磕绊绊。拉栖戴梦舰队虽然长驻米利都,但在阿斯泰奥库斯避战消极的指挥下依然一事无成,波斯驻赫勒斯滂的总督法纳巴佐斯派人来邀请拉栖戴梦人到他那里去,他准备支付给拉栖戴梦人军饷,同时,拜占庭传来了准备叛离雅典的消息,拉栖戴梦人克利阿库斯率领军队前往赫勒斯滂就任指挥官,驻萨摩斯的雅典军队得知这个消息,派出一支 8 艘舰船的舰队前去平叛，与拉栖戴梦人的舰队在拜占庭近海打了一仗，但似乎没有达到目的。

现在，在雅典的 400 人寡头政府和萨摩斯驻军的民主派两个权力中心之间维持着一种微妙的平衡。寡头派本身没有军事实力但掌握着舰队士兵的家属，他们对舰队的命运安排其实并没有明确的、恶意的计划，而舰队的民主派虽然反对寡头政府的立场是明确的，但是他们认识到目前还有与拉栖戴梦人战争的羁绊，双方目前都无法消灭或者改变对方，只能尝试着和平共存，但对共存的方式和程度并无共识。因此，400 人政府派往萨摩斯的第二批使者这时到达萨摩斯军营试图安抚，无论他们如何尽力澄清那些在军营中流传的谣言和言过其实，士兵们出于对于寡头的义愤和对家属安危的挂念，对使者们的说辞完全置若罔闻，在一片吵闹中，最占主流的意见是舰队开回比雷埃夫斯解决雅典的寡头政府，最难以预测的亚基比德这时做了一件对雅典至关重要的事情：他极力劝阻士兵们准备向雅典政府的进攻，因为舰队一旦离开了萨摩斯，那么，爱奥尼亚、小亚细亚和赫勒斯滂将无力抵御拉栖戴梦人的进攻而沦陷，雅典霸权的大半基础将不复存在，这场战争将立即以拉栖戴梦人的胜利而落幕。所以，修昔底德说亚基比德做出了一件"首次为他的祖国有益的事"。最终，他让士兵们平静下来，并告诉使者们，让他们带话回去：他不反对 5 000 人大会，但是 400 人政府必须废除，恢复原来的 500 人议事会的权力；他支持国内的关于节省一切开支（包括取消公职人员薪俸）的政策，供应军队足够军费，总之，他希望国内要坚持勇敢面对敌人，无论如何不能让雅典输掉这场战争，只要雅典存在，现在对立的两派总有和解的时候。仅凭避免内战这一件事，我们就可以看出亚基比德无人可及的远见和胸怀。这些使者带着亚基比德的话返回雅典以后，阿戈斯的使者到达萨摩斯，他们是来告诉亚基比德，阿戈斯人支持在萨摩斯的民主派。

亚基比德的话使雅典的寡头派中间加大了他们原有的分裂。泰拉蒙涅斯、亚利士多克拉提斯和特拉门尼等这些温和派虽然也在寡头政府中任职,但他们对安提丰、皮山大和弗里尼库斯这些极端的寡头派的做法很不满,现在亚基比德的态度更让他们感觉这个寡头政府来日无多,他们虽然没有提出反对 400 人政府,但是坚持要尽快指定 5 000 人大会的成员,并赋予这个大会实际的权力和职能,而不仅仅在名义上存在,同时施政要公平合理。而极端寡头派感觉到寡头制不仅受到驻萨摩斯舰队的威胁,现在在他们内部也有人开始有人反对自己。于是他们派出了安提丰和弗里尼库斯等 10 人代表团赶赴斯巴达,与他们签订和约,无论对方提出什么条件,他们准备全都无条件接受;同时,在邻近比雷埃夫斯的埃提奥尼亚抓紧修筑城墙,这道城墙的修建将把比雷埃夫斯港口与内陆隔离开来,并将进口谷物的仓库也包含在内,它的防御方向是雅典而不是外海,其实这是他们在做最后的打算,将此作为最后的根据地,控制港口和舰船,实在不行,引入拉栖戴梦人在此登陆可能是他们最后的选择。

只能说,极端寡头派的计划方向是对的,但是结果显示的事与愿违。首先,派往斯巴达的代表团很快就空手而归;其次,拉栖戴梦人出动了 42 艘舰船的舰队,其中包括一些来自西西里和意大利的战舰,已经在拉科尼亚海岸集结完毕,据说是准备开往优庇亚。这时,弗里尼库斯在议事会门口遭到雅典青年的暗杀。拉栖戴梦人的舰队已在埃皮道鲁斯和埃吉那之间逡巡,让人怀疑他们并不是去优庇亚,而是应寡头派邀请,准备在比雷埃夫斯登陆入侵雅典的,泰拉蒙涅斯和其他温和派决定开始采取行动了,亚利士多克拉提斯本身就是一个部落的重装步兵首领,他率领士兵首先发难,重装士兵们扣押了正在那儿的寡头派将军,占领了比雷埃夫斯,将埃提奥尼亚建造中的城墙全部拆毁,消息传到雅典,寡头派正在议事会开会,他们马上陷入惊慌之中,寡头派们寻找武器,准备进军比雷埃夫斯,但是被人劝阻,因为拉栖戴梦人近在咫尺,雅典人内部此时千万不能内讧,否则雅典就毁了,双方镇定了下来,双方代表接触了以后,商定了一个日子在狄奥尼修斯剧院开会。就在商定的会议即将召开时,拉栖戴梦人的舰队沿萨拉米斯海岸开来了,雅典人顾不上开会,马上奔赴比雷埃夫斯,可能是拉栖戴梦人看到了比雷埃夫斯雅典人的情况,他们经过此地继续航行,绕过苏尼昂海角,向优庇亚驶去,最终停靠在奥罗普斯,雅典人这时放下内部争斗,马上组织人员从海路赶到优庇亚的厄律特里亚,因为在失去阿提卡以后,优庇亚对雅典的意义至关重要,他们与原来在优庇亚的雅典舰队会合,共 36 条战舰,拉栖戴梦人就在厄律特里亚向雅典发起进攻,由于雅典的水手很多是新手,而且匆忙赶来有的还正在岸上寻找食物,开战时根本没有准备,仓促应战,结果,雅典海军大败,被俘 22 条船,水兵逃上岸以后又遭到厄律特里亚人的屠杀,只有少数逃到雅典要塞的和科尔基斯人船上的才幸免于难,此战过后,拉栖戴梦人促成了整个优庇亚全岛各城镇的反叛(除了雅典人自己占据的奥琉斯以外),继阿提卡以后,雅典又失去了对优庇亚的控制。

这一次的失败不同以往,这是雅典人在家门口遭遇的沉重打击,雅典脆弱得就像即将倾覆的大厦。西西里失败以后,雅典至少还保有相当数量的金钱和本土舰队,敌人也没有像现在这样近,而这一次,雅典已无可以与拉栖戴梦人抗衡的舰队,自己的主力舰队远在萨摩斯,更大的问题是:不仅主力舰队与目前的政府敌对,城内的人们还分成两派互相倾轧,只要拉栖戴梦人获胜的舰队,以及驻扎在迪凯里亚的步兵同时行动,马上乘胜进军,攻占雅典几乎可以说易如反掌,好在拉栖戴梦人的习性一向是保守怠惰、犹豫不决、行动迟缓,雅典人面临的万分危险才没有变成现实。

雅典人的性格与拉栖戴梦人正相反,他们反应迅速,行动快捷,在面临迫在眉睫的生死存亡关头,雅典民众必须采取行动了。

他们马上又配备了 20 艘齐装满员的舰船,准备随时投入战斗;同时,在传统举办公民大会的普尼克斯直接召集了一次公民大会,在会上,雅典公民以直接民主投票的方式废除了 400 人寡头政权,把政权移交给 5 000 人大会,规定凡是能自备重装步兵装备的公民都有资格成为 5 000 人大会的成员,任何担任公职的人都不得享受薪俸。在随后举行的系列会议上,他们选举了专门的人起草法案,修订宪法,投票召回亚基比德和其他流放在外的雅典公民,雅典的社会逐步安定下来,人民恢复了团结,"少数上层阶级和多数的下层民众之间的斗争得到适当的和解"〔1〕。

400 人寡头派政权只存在短短的三、四个月就这样被寡头派里面的温和派以及雅典人民推翻了,雅典结束了内乱,少数几个极端寡头派头领纷纷外逃。安提丰留下等待人民的审判,皮山大等人逃往迪凯里亚的拉栖戴梦要塞,寻求阿吉斯的庇护,阿里斯塔库斯则逃往彼奥提亚边境,并利用自己将军的身份和欺骗的方式,将雅典靠近彼奥提亚的一个叫奥诺的要塞出卖给了彼奥提亚。

决胜海疆

400 人寡头政府被推翻以后,雅典的政权就由大家都支持的 5 000 人会议掌握。寡头派临时政府虽然曾经提出了 5 000 人大会的说法,但只是一个幌子,连 5 000 人名单都没有确定过,大会也没有召开过,现在,普尼克斯民众大会规定了年满 30 岁,可以自备重装步兵装备的公民都可以成为大会成员,即雅典前三个等级的公民组成,由 10 个部落各出 10 人组成一个 100 人的委员会,他们负责登记 5 000 人大会名册,大会成立后,再分为四个分会,其中一个是有立法权的执行会,每年通过抽签产生,雅典的军事、财政和行政高级官员从执行会成员中产生,其余三个分会主要承担

---

〔1〕《伯罗奔尼撒战争史》〔古希腊〕修昔底德著,徐松岩等译,广西师范大学出版社
    2004 年版,第 480 页。

协议职能，以及抽签产生低层官员。这个体制有点像彼奥提亚联盟的做法，将权力相对集中于人数较多的一部分人，权力的分配和产生是介于雅典原有激进民主制和寡头制之间的一个方案，它大大增加了执政的人数，但是排除了低层自由民参与政治的权利，目前看来还是得到雅典人民的赞同的。

在小亚细亚战场，形势又发生了变化。虽然签了第三份协议，但是帖撒菲尼斯与拉栖戴梦人的合作仍然很不愉快，他借口去阿斯澎都斯召集腓尼基舰队，离开了战区，他委任的代理人依然没有给拉栖戴梦舰队官兵发放过一个钱币的军饷；而整个夏天无论形势如何变化，拉栖戴梦舰队软弱无能的统帅阿斯泰奥库斯从未与雅典舰队展开过一次大型海战，加上士兵们因为长期欠饷，迁怒于他们的司令官而发生了骚动，斯巴达派出明达鲁斯替代阿斯泰奥库斯担任拉栖戴梦及其盟军舰队的指挥官。

跟随帖撒菲尼斯一同前往阿斯澎都斯的两个拉栖戴梦人写信告诉自己的海军统帅，帖撒菲尼斯根本不想带回腓尼基舰队，他们被帖撒菲尼斯欺骗了，而此时，法纳巴佐斯再次向拉栖戴梦人发出邀请，因为他在赫勒斯滂面临与帖撒菲尼斯同样的问题，他也想借助拉栖戴梦及其盟军舰队的力量促成赫勒斯滂地区的雅典属邦反叛，明达鲁斯同意法纳巴佐斯的请求，率领驻米利都的全部舰船拔营航向赫勒斯滂。

在得知敌人舰队北上赫勒斯滂的消息后，雅典舰队在他们新选举的将军特拉西布卢斯和特拉西路斯的率领下，紧追拉栖戴梦人的舰队向赫勒斯滂而去。最终，双方在刻尔索尼斯半岛的基诺塞玛海角附近列队交战，拉栖戴梦及其盟军的舰队共有 86 艘战舰，而雅典舰队数量为 76 艘，雅典人背靠刻尔索尼斯半岛与对岸阿拜多斯的拉栖戴梦舰队在这个较为狭窄的水域开战，刚开始时，雅典人因为舰船较少而且向两边延伸太长，被拉栖戴梦人从中间突破，当拉栖戴梦人占据上风，并兴奋地四散追击时，雅典人两翼的军舰集中力量进行反击并消灭了混乱的分成小股的敌人,拉栖戴梦的西西里盟军船只开始从战场逃离,从而带动整个拉栖戴梦舰队溃败,虽然大多数敌人很轻易地就逃上了岸,雅典实际歼敌数并不是很多,但是,这一场大战的胜利是雅典人久违了的。当海军派遣的一艘战舰回到雅典通报这次捷报的时候,整个雅典城市沸腾了,因为自西西里远征失败以来,城市的内乱和优庇亚失陷使雅典人民经历了太多的失败,这次胜利不仅带来了喜悦,更带来了信心。

　　战后,雅典舰队在塞斯托斯休整完毕,收复了已经叛离的西基库斯,恢复了统治并向当地征收了一大笔钱。而拉栖戴梦舰队则退守爱拉攸斯,并派人去优庇亚,将那里的舰队招来。在萨摩斯,亚基比德带领 13 艘舰船从亚洲返回,他是去做帖撒菲尼斯的工作的,据他告诉雅典同僚的说法,是他阻止了腓尼基舰队的到来,随后,他又配齐了 9 艘战船,率领这支小舰队到哈利卡纳苏斯征收了一大笔钱,在科斯设防并派驻了一名长官管理,然后返回萨摩斯。

　　雅典和拉栖戴梦的争夺中心从爱奥尼亚迁移至北方的赫勒斯滂。对伯罗奔尼撒人来说,同样打击雅典,法纳巴佐斯比帖撒菲尼斯更愿意提供金钱;对雅典来说,赫勒斯滂事关城邦粮食供应的主要通道。雅典虽然取得了基诺塞玛海战的胜利,但是双方的主力并未受到大的影响,明达鲁斯知道下一场决战不可避免,但是他派人去优庇亚召集的伯罗奔尼撒舰队在来的路上遇到风暴,在海上触礁,只剩下少数几艘舰船到达,于是他向驻扎在罗德岛的盟军发去命令,让他们北上,罗德岛有一支多利尤斯率领的图里伊舰队,共 14 艘战舰,而亚基比德在萨摩斯的一项重要任务就是监视罗德岛的敌人动向,但是多利尤斯偷偷溜过萨摩斯,即将抵达赫勒斯滂时被雅典哨兵发现,雅典主力舰队倾巢而出想在敌人会师之前消灭多利尤斯的舰队,多利尤斯虽然已经靠近拉栖戴梦的舰队驻地,但只能逃上岸,把舰船拖上岸,以舰船为掩护,固守待援,明达鲁斯从阿拜多斯率领舰队前来救援，并让法纳巴佐斯率领陆军在岸上配合，这样，雅典人不得不放弃了对多利尤斯的围攻，雅典舰队的86艘舰船，与已经会合的拉栖戴梦舰队的97艘舰船，就在上次会战的基诺塞玛附近再次排开阵势进行决战，双方鏖战良久，形成僵持之际，正在这时，远方开来18艘舰船，双方都已经呼叫援军，所以对阵官兵都在仔细辨别这支舰队是否是自己的援军，结果来的是亚基比德率领的18艘战舰，他发现多利尤斯已经溜过自己的防线以后，马上率领舰队一路追来，由于亚基比德的到来打破了战场军力和士气的平衡，明达鲁斯的舰队很快败退，但是在陆地法纳巴佐斯的掩护下，可能从陆路安全返回阿拜多斯，而雅典人俘获了30艘舰船，也回到塞斯托斯。雅典在赫勒斯滂地区的战争处于优势，保住了雅典粮道的咽喉。

再次胜利后，特拉西路斯亲自坐船回雅典，向雅典通报胜利，并请求更多的支援。雅典舰队派出40艘战舰离开塞斯托斯，驶出赫勒斯滂前往附近征收钱财，余者继续镇守塞斯托斯。特拉西路斯到达雅典之后，雅典政府派出了泰拉蒙涅斯率领的30艘舰船的舰队出发北上去增援赫勒斯滂，泰拉蒙涅斯的舰队首先航向优庇亚，此时，优庇亚新近摆脱雅典的部分城邦已与彼奥提亚勾结起来，准备修建一条从岛上连接阿提卡的堤道，虽然泰拉蒙涅斯的军队人数不足以阻止堤道的建设，但实施了一些干扰，然后他率军在优庇亚和沿海地区将皮山大等寡头派建立的寡头政权再重新改回民主政权，并征收了不少钱财；随后前往马其顿，帮助马其顿国王阿奇劳斯围攻皮德纳，由于马其顿拥有造船用木材和金钱资源，雅典必须和马其顿增进友谊，此行是泰拉蒙涅斯的一个重要使命，参与进攻皮德纳战斗之后，泰拉蒙涅斯就在色雷斯与正在此地劫掠钱财的色拉西布卢斯舰队会师，然后一起到赫勒斯滂。

而在敌人一方，波斯的帖撒菲尼斯既愤怒又害怕，因为拉栖戴梦舰队已经转战赫勒斯滂，与法纳巴佐斯联合作战，他本人不仅在

爱奥尼亚清除雅典势力的目的没有达到,而盟军却去帮助自己的
竞争对手了,于是他匆匆赶到赫勒斯滂,可能是想修复与拉栖戴梦
人的关系。驻守塞斯托斯的亚基比德带上礼物乘一艘战船去拜见
帖撒菲尼斯,可是,这一次帖撒菲尼斯毫不客气地将他扣留并拘禁
在萨尔迪斯,30天后,亚基比德却和另一个雅典人逃离监禁并逃
到克拉左门奈,在当地搞到5艘战舰并带往塞斯托斯。

　　明达鲁斯这时已经征集到了80艘战舰,准备对雅典再次发动
进攻。塞斯托斯的雅典海军感到不安,因为他们很多战船都出去
筹钱了,所以他们向赫勒斯滂海峡的北部运动,屯兵在卡迪亚港
口,并派人火速给色拉西布卢斯、泰拉蒙涅斯和亚基比德报信,雅
典人在帕里昂会师,共86艘战舰,然后进入普罗庞帝斯海[1]的普
罗康涅苏斯,这里的海面开阔,利于雅典人尽情发挥其优越的海上
战术,亚基比德可能被全军推举为最高统帅。而明达鲁斯率领拉
栖戴梦及其盟军舰队也进入南岸的西基库斯待命,明达鲁斯并叫
来了法纳巴佐斯率领步兵在岸上配合。为了不让伯罗奔尼撒人知
道雅典舰队实力,亚基比德命令在开战前对一切进出普罗康涅苏
斯的船只进行扣押,试图逃跑的一律处以死刑,雅典人经过策划以
后,在一个阴雨天主动向拉栖戴梦舰队发起进攻,首先以小部分舰
船挑战,引诱敌人追击,然后在海上伏兵尽出,拉栖戴梦舰队看到
雅典人的舰船比想象的更多,不敢海战,马上掉头往岸边开去,弃
船登岸,意图与法纳巴佐斯的援军在陆地抗击雅典军队,但是雅典
军队毫不畏惧,登岸继续追击,双方在岸上进行了激烈的战斗,由
于雅典人背水一战的精神和周密的计划,最终雅典人在海上,在陆
地都打败了拉栖戴梦和波斯联军,明达鲁斯阵亡,雅典俘获了敌人
剩下全部60艘舰船。这是发生在前410年春的事情。

　　西基库斯战役"解除了雅典粮食供给线与雅典海军制海权所

---

〔1〕今马尔马拉海。

面临的威胁，帮助雅典人渡过了他们最危险的难关，并顺理成章地令雅典人又一次燃起了胜利的希望"[1]。这次胜利再次证明了雅典海军仍然具有海上霸主的实力，这种实力不但体现在舰船、人员上，也通过战术素养、指挥经验等软实力展现了出来，雅典似乎找回了无敌于海上的感觉，让人振奋。

雅典人继续扩大战果，不仅扩大政治势力，更重要的是筹集钱款。亚基比德率军重新进占被拉栖戴梦人和法纳巴佐斯强占的西基库斯，勒索了一大笔钱财，再以普罗康涅苏斯为基地，进入普罗庞帝斯海沿岸的柏林苏斯，还向塞林布利亚征集了大批钱财，然后进驻博斯普鲁斯海峡、拜占庭对面的卡尔克顿地区，在克里索布里斯建立了自己的要塞，在这里，他们加固了城防，建立了海关，对所有经过这里出入攸克星海的商船征收十一税，并留下泰拉蒙涅斯和攸马库斯统领 30 艘舰船镇守，然后全军返回赫勒斯滂。差不多同时，雅典 5 000 人政府应科基拉政府所请派出一支舰队，在科农率领下进入西希腊支持当地的民主派。

随后，原先处于分裂状态的雅典政府和驻萨摩斯的舰队民主政治实体恢复了统一。前 410 年 6 月，雅典的 5 000 人政府和驻萨摩斯舰队的领导层都到了一年任期，大家都是民主派，所以，在雅典恢复了民主政府，前面分为两个权力中心的现状不必持续，雅典政权恢复统一，其实，从泰拉蒙涅斯率军北上加入特拉西布卢斯起，两个政府实际上就已经开始联合起来了。新的民主政府建立了一支由 1 000 名精锐的重装步兵和 100 名骑兵组成的特殊任务部队，两派的首脑人物都被选为希腊金库等联盟机构的管理官员，回去报信的特拉西路斯在雅典担任将军，而亚基比德、特拉西布卢斯和泰拉蒙涅斯则继续以将军身份率领赫勒斯滂的舰队。现在雅典牢牢地控制着从博斯普鲁斯海峡经过普罗庞帝斯海和赫勒斯滂

---

[1]《雅典帝国的覆亡》〔美〕唐纳德·卡根著，李隽旸译，华东师范大学出版社 2017 年版，第 273 页。

海峡的航路,雅典的阿提卡广大乡村虽然被阿吉斯破坏,但是靠着来自攸克星海的输入,雅典的粮食安全可保无虞。

　　但是,推翻 400 人寡头的雅典温和派较为狭窄的民主体制随着新的民主政府成立又开始变回了原来激进、极端的风格。其代表人物是一个如同克里昂再生的人,名叫克里奥丰,通过不遗余力地煽动仇恨和不妥协来增加自己在民众中间的爱国形象。在普罗庞帝斯海和卡尔克顿被雅典一连串打击后,拉栖戴梦人感觉有点绝望,西基库斯战役失败后,明达鲁斯的副将希波克拉特斯写给国内的一封信被雅典拦截,上写"舰船尽失,明达鲁斯已死。将士们在忍饥挨饿,我们不知道该怎么办"[1],至此,拉栖戴梦人及其盟邦前前后后派往小亚细亚的舰队,共超过 130 艘战舰几乎损失殆尽,拉栖戴梦人派往亚洲的舰队成了一支陆军,除非得到增援,否则已无力与雅典在海上争雄;同时,驻在迪凯里亚的阿吉斯也看到虽然阿提卡已被他摧毁,但是雅典来自攸克星海的粮食运输一直通畅;而拉栖戴梦的外援并不牢靠:坚定反对雅典的赫摩克拉特斯率领的叙拉古舰队,因为叙拉古国内政府将赫摩克拉特斯解除了指挥权并判处流放,叙拉古舰队能否作为可信的盟军平添变数,而与波斯的联盟,两个总督中帖撒菲尼斯富于才干但不可靠,法纳巴佐斯可靠但能力有限。因此,拉栖戴梦人在西基库斯战后不久,就背弃与波斯人的条约,擅自向雅典提出签订和约的请求,主要内容是:双方原则上按照目前实际控制范围为准,但放弃在对方领土上的驻军,按一比一的比例释放战俘。这就意味着雅典在损失米利都、罗德岛、开俄斯和优庇亚等原有属邦的基础上,用派罗斯换回迪凯里亚和整个阿提卡,用损失一部分属邦的代价获得本土的完全安宁,当时,大多数的温和派都认为这是可以接受的,但是克里奥丰在公民大会上明确提出反对,他鼓舞起雅典人民的高昂

―――――――――

〔1〕《希腊史》〔古希腊〕色诺芬著,徐松岩译注,上海三联书店 2013 年版,第 8 页。

士气，号召民众不要接受拉栖戴梦人的和平倡议，反而应该利用"优势乘胜追击"，毫不妥协，直至全面胜利。理性总不如激情让人更爽，雅典民众此时被眼前的胜利冲走了西西里失败的阴影和阿提卡被占的现实，雅典继续从事战争实力的损失已被忽视，西基库斯的胜利放大了人们对继续获得胜利的想象，雅典拒绝了拉栖戴梦的提议，选择继续战争。

我们从中也可以看到：刚刚实行了一年有限的、温和民主政制又被全面的、极端平等的民主体制取代了。议事会恢复了抽签的 500 人制，为了避免 400 人寡头制重演，雅典通过了一个叫德摩丰图斯的决议，规定任何参与颠覆民主制度或者在民主政权被颠覆以后的政府中任职的人，都将被宣布为雅典的敌人，任何人都可以杀死他而不会受到惩罚，而被宣布为敌人的财产将被充公，这项法律要求雅典人发誓遵守，为此，雅典还奖励了当初暗杀弗里尼库斯的青年；随后，雅典还对 400 人政府中任职的一部分人员提起了诉讼，但是并没有宣布 400 人政府为非法，追究所有任职人员，总体看来还是比较节制的；最体现激进民主制得到恢复的是：克里奥丰提出动议并被通过，同意向议事会、陪审团和其他公共服务职位再次发放薪俸，并给下层公民每天 2 个奥波尔的津贴，阿吉斯占领迪凯里亚使大批阿提卡城镇居民丧失了一切进入雅典城，2 个奥波尔可能有助于解决这一批人的生计问题。普通民众的短视是天然的，雅典人在恢复足够的军费供应之前优先恢复了原先的民众补贴，我们无法判断这是否是某些政治人物以政策贿赂、收买人心的举措，毕竟战争还在继续。

接下来的几年中，雅典和拉栖戴梦的战争断断续续、各有胜负，而各自盟友也充满了意外的变化。特拉西路斯率领雅典的精锐在迪凯里亚打败阿吉斯以后，乘坐 50 艘新配备的战舰前往收复爱奥尼亚叛离的属邦，在皮格拉、科洛丰和吕底亚等地大肆劫掠，但在以弗所被以弗所、波斯和叙拉古人的联军打败,然后北上赫勒斯滂,与亚基比德率领的舰队合兵一处,驻扎在赫勒斯滂海峡北口,与斯巴达海军基地阿拜多斯同一侧的兰普萨库斯。科农的舰队在西希腊支援科基拉的民主派,但在他撤走以后,科基拉的寡头派起事,最终与民主派达成一致,科基拉在雅典人和拉栖戴梦人的战争中将保持中立,使雅典失去了一个强大的盟国。同时,腓尼基人在西西里大举进攻希腊人城邦,并占领了塞林努斯和希麦拉,迫使叙拉古召回了在小亚细亚帮助拉栖戴梦人的叙拉古舰队。在希腊本土,拉栖戴梦人夺回了由美塞尼亚人镇守的派罗斯,并通过一项法令,允许美塞尼亚人可以和平撤离;而麦加拉人夺回了久被雅典人占据的尼塞亚,雅典人虽然发动进攻报复麦加拉人,但除了一次毫无意义的胜利之外也没有什么其他收获。

前408年初,亚基比德发动了对阿拜多斯的进攻,意图清除拉栖戴梦人在赫勒斯滂海峡的最后一个基地。特拉西路斯率领30艘舰船走水路,亚基比德可能率军从陆地进攻,法纳巴佐斯率领步骑兵赶来救援,双方在陆上进行战斗,最终法纳巴佐斯败退,但是阿拜多斯还是在拉栖戴梦人手中。随后,亚基比德决心夺取控制博斯普鲁斯海峡的两个城邦:拜占庭和卡尔克顿,这两个城邦都是在近三年内叛离雅典的,斯巴达人希波克拉特斯率领部分军队驻守在卡尔克顿。驻守在附近的泰拉蒙涅斯首先率军实施干扰袭击,等到亚基比德率领的主力部队到达,雅典舰队共有190艘左右的规模,这把卡尔克顿人吓坏了,他们将值钱的动产都给转移比塞尼亚的色雷斯人保管,但亚基比德率军以威胁的方式从比塞尼亚人手中把这些财富收了过来,雅典人建立了一道栅栏将卡尔克顿围了起来,栅栏两头分别延伸到博斯普鲁斯海峡和普罗庞帝斯海,将波斯人隔离在城镇以外,希波克拉特斯率领重装步兵出城与特拉西路斯率领的重装步兵展开决战,厮杀许久,亚基比德率领一支步骑兵加入战斗,希波克拉特斯阵亡,斯巴达人逃回城中,然后,亚基比德将围城战交给其他将军,自己去赫勒斯滂和刻尔索尼斯征集钱款,法纳巴佐斯被栅栏拦阻无法进入,卡尔克顿形势危急,不得已之下,法纳巴佐斯与攻城的雅典将军们签订了停战协议:法纳巴佐斯保证让卡尔克顿按照以前的定规向雅典继续缴纳贡金,并将以前拖欠的钱款补齐,他自己也将交付 20 塔兰特给雅典,并答应引荐雅典使者前往拜见波斯皇帝,而雅典将军们同意,在使者从波斯皇帝处安全返回之前,不向卡尔克顿城市和法纳巴佐斯的军队发起进攻,双方起誓,但法纳巴佐斯坚持亚基比德也必须宣誓,协议才能生效,后来,他们等到亚基比德回来以后,亚基比德再与法纳巴佐斯各自在自己军营分别向对方代表宣誓,并做了个人保证以后,停战协议生效。但是,雅典将军们(而不是政府)派人去面见波斯皇帝的目的和源起在这里却显得格外突兀,至于是否和斯巴达使团刚刚出发前往拜会波斯皇帝的消息有关也无从查考。

在卡尔克顿签订和约的过程中,雅典军队同时也在向拜占庭发起进攻,但是拜占庭的防守力量更强,不仅有拉栖戴梦人,还有麦加拉军队和彼奥提亚的军队,以及一支雇佣军部队,他们由斯巴达人克利尔库斯指挥,由于雅典人的进攻收效甚微就转而进行围困,克利尔库斯看到城防坚固也就将防御交给手下副将,自己渡过海峡,前去拜会法纳巴佐斯,一则从他那里获得士兵的军饷,更重要的是,去征集海军,因为,就在西基库斯海战结束以后,法纳巴佐斯向拉栖戴梦人承诺,他将提供金钱和木材重新打造一支不少于损失的新舰队,两年多下来应该已有一定规模了,同时色雷斯地区还有一些拉栖戴梦的舰只。他希望能率领自己的海军攻击雅典的盟国,从而瓦解雅典对拜占庭的攻势。但是,他没有料到,自他离开以后,雅典人就勾结城内早就不满斯巴达人的傲慢和冷酷的一批人准备里应外合,经过一番谋划,亚基比德撤退了海陆军,然后乘夜悄悄潜回,等到内应放下梯子以后,雅典军队突入城中,经过激战夺取了城市。

　　不同于以往,雅典军队将拉栖戴梦人的联军赶出城以后,只是要求拜占庭按照旧例缴纳贡金,雅典并不派驻官员和驻军,拜占庭保持独立,雅典军队也不对城邦百姓实施抢掠,甚至对拉栖戴梦联军俘虏也是少有的人道,将他们押往雅典受审。像不久前亚基比德率军攻占的色拉布里亚一样,雅典将军们对待征服以后的城邦,治理模式发生了很大变化,以前是扶持亲雅典的民主政府,驻军,缴纳贡金,还常常发生屠城,而现在则除了金钱以外,让其保持独立,也不搞清算和杀戮。也许,这种模式的转变只是雅典针对当前形势所作出的不得已的临时改变,原因可能就在于:一是没有足够的实力,二是形势不允许雅典对其他城邦为所欲为,与天下为敌。在整个古代希腊世界,我们可以发现:城邦之间从来没有以仁慈和怀柔政策来争取盟友,只有实力才是决定因素,而征服或者以征服为威胁是唯一的结盟方式,而利益只是用来交易的,没有其他用途。

　　由 5 个雅典人和 2 个阿戈斯人(可能阿戈斯与波斯有传统友谊)组成的雅典使团前去觐见波斯皇帝最终没有实现。因为在他们之前,斯巴达使者已经前往波斯,出于故意,法纳巴佐斯带领的雅典使者行进速度极慢,直到次年(前 407 年)春天,他们还在前往波斯都城苏萨的路上,而这时斯巴达代表已经在返程路上,两国使者在半路相遇,据斯巴达使者说:"拉栖戴梦人已经从国王那里得到了他们想要的一切"[1],与斯巴达人同行的还有大流士二世的次子小居鲁士,他是新近被父皇任命为小亚细亚沿海诸省的统治者,"前来统治海岸边的所有民众,与斯巴达人并肩作战"[2],雅典使者应该已经看到了波斯的态度,然而,居鲁士命令法纳巴佐斯将

〔1〕《希腊史》〔古希腊〕色诺芬著,徐松岩译注,上海三联书店 2013 年版,第 22 页。
〔2〕《雅典帝国的覆亡》〔美〕唐纳德·卡根著,李隽旸译,华东师范大学出版社 2017 年版,第 317 页。

雅典使团扣押，以免走漏消息，法纳巴佐斯将他们扣押了三年后才送回。这件事已经明确表明：波斯对希腊事务的态度已经不再由总督决定，其最高层的决心已定：将以更积极、更认真的态度帮助拉栖戴梦人，打败雅典。从某种角度讲，这也可以被视为伯罗奔尼撒战争的一个转折点。

亚基比德在亚洲攻城略地，色林布利亚和拜占庭以及卡尔克顿的胜利，说明了他的军功卓著，而法纳巴佐斯与雅典将军们签订和约后，特别要求亚基比德的宣誓，更是让雅典人特别注意到亚基比德在波斯人心中独特的地位，让人感觉他具有别人所不具备但又是雅典亟须的军事和外交才能。所以，在离家 7 年以后，亚基比德认为这时他可以安全地返回雅典了。于是，他率领 20 艘舰船从赫勒斯滂返回萨摩斯，然后从萨摩斯到卡里亚，在那里他征募了100 塔兰特的钱财回到萨摩斯基地，再从萨摩斯航行到派罗斯以及斯巴达人的海港吉提昂，看到拉栖戴梦人正在造船，他未采取任何行动，可能在这里得到他被新的雅典公民大会选为前 407 年—前 406 年的将军的消息以后，他才率领舰队进入比雷埃夫斯港。而就在他四处航行之际，特拉西布卢斯率领 30 艘舰船进入色雷斯，收复了本地已经叛离雅典的所有城邦，包括塔索斯，特拉西路斯则率领其余舰队直接返回雅典，在他们抵达雅典之前不久，雅典新一届民主政府刚刚选举了亚基比德、特拉西布卢斯和科农作为新一年的将军。

对亚基比德的返回，雅典人民的态度是复杂的。有的人狂热地欢呼和迎接，因为他们觉得亚基比德具有拯救雅典的军事和外交才能；有的人依然心存怀疑，因为渎神案的记忆犹在，以及他勾结拉栖戴梦人和波斯人所做的与雅典为敌的行为。所以，亚基比德从比雷埃夫斯登陆再到进入雅典以后，一直是在朋友的贴身护卫下，他首先进入议事会和公民大会，面对群众，他首先否认了对自己渎神的指控，没有责怪任何人，他只是哀叹自己的命运多舛，然后号召大家放下过去,团结起来,共同面对敌人,力争在与拉栖戴梦的战争中取得最后胜利。他杰出的演讲使得雅典民众当场通过决议,撤销了对他的一切指控,并将上次审判而没收的财产一并发还,撤销了对他的诅咒,将镌刻其罪行的石碑投入大海,随后,大会选举他为雅典海陆军的最高司令,即首席将军。这一天神庙内的雅典娜神像因为其他原因被整体用布罩了起来,按照传统习俗,这一天是最不吉利的一天,诸事不宜,但绝大多数人都没有注意到。后来,亚基比德做了一件无论对自己还是城邦都是极其光彩的事,他率领雅典人民举行了重大的埃琉西斯秘仪游行,因为自从迪凯里亚被拉栖戴梦人占领之后,从雅典前往埃琉西斯的道路已不安全,这几年,雅典人都是走海路前往埃琉西斯举行秘仪,亚基比德这次带领游行队伍按照传统路径从陆路前往埃琉西斯,举行仪式以后再原路返回,全程都没有受到阿吉斯的干扰,这次游行再次将亚基比德的形象加上了神圣的光环,他的宗教虔敬得到了充分证明,使原先对他心存疑虑的那部分人也改变了看法。这时,亚基比德的声望和雅典人对他的期望同时达到了顶峰。

阿吉努赛战役及后果

亚基比德光荣回归,雅典人心中对他崇敬的基础是不牢固的,雅典人更多的是将他看成城邦的救星,雅典人对亚基比德,与其说是对他过去的宽恕,还不如说是对将来的期待。而雅典的敌人也在这一年全部更换了统帅:前407年春,拉栖戴梦派出赖山德取代了接替明达鲁斯的克拉特斯庇达斯担任拉栖戴梦联军舰队的最高司令,而波斯派来的小居鲁士作为小亚细亚沿海地区的最高长官,不仅掌管爱奥尼亚(帖撒菲尼斯的辖区),也包括吕底亚、弗里吉亚和卡帕多细亚等亚洲最西面的领域,帖撒菲尼斯的政策虽然让希腊两大巨头力量在内耗中衰弱,但是现在看来,雅典的力量在明显上升,这种趋势是波斯人不愿意看到的,所以,年轻的居鲁士

（这时可能 20 岁都不到）简单而坚定的反对雅典的想法是不喜欢依靠计谋去实现的，他更喜欢行动和力量，而赖山德恰在此时的到任，从个性和策略看，两人互为最合适的搭档。

埃琉西斯秘仪游行以后，雅典公民大会通过决议，征募 1 500 名重装步兵，150 名骑兵和 100 艘舰船组成一支军队交给亚基比德，并根据他的意愿，选拔久经沙场的步兵将领阿里斯托克拉特斯和阿德曼托斯和海军将领科农作为他的副将统帅这支部队，这一年的秋冬，亚基比德率军出发，首先进攻叛离的岛屿城邦安德罗斯，打败敌人但是没有攻下城池，他留下科农率领 20 艘舰船留下，自己率军继续西行，进入萨摩斯基地。而赖山德到任后，首先重建拉栖戴梦人的舰队，通过将新建的和罗德岛、开俄斯等盟国舰船集齐以后，得到了 70 艘战舰，随后，他将原先在爱奥尼亚的海军基地从米利都迁往地利条件更好的以弗所，并大力发展以弗所的港口经济，将此变成"重要的商业中心和主要的海军军港，变成了能与比雷埃夫斯港一较高下，提供装备和服务的港口"[1]；随着小居鲁士的到来，他随身带来了 500 塔兰特的银子，并准备随时增加，拉栖戴梦舰队的财政问题得到有效解决，对赖山德提出给水手的日薪比通常更增加 1 个奥波尔，即每天每人 4 个奥波尔（雅典水兵是 3 个）的要求，居鲁士也爽快答应了，并且，小居鲁士将以前波斯总督拖欠的薪金一并付清，再预支了一个月的薪金，这样，整个拉栖戴梦舰队士兵们的士气马上高涨起来，同时，赖山德抓紧士兵的训练，整修舰船，积极备战。

而雅典军士兵们听到拉栖戴梦舰队士兵的收入，感到沮丧，亚基比德不计前嫌地联系帖撒菲尼斯（这时只是卡里亚一小块地方的总督），希望他引见新到任的波斯最高统帅小居鲁士，但他不知道的是小居鲁士与帖撒菲尼斯本来在国内素来不和，所以，当帖撒

---

〔1〕《雅典帝国的覆亡》〔美〕唐纳德·卡根著 李隽旸译 华东师范大学出版社 2017 年版 第 337 页

菲尼斯向小居鲁士建议与雅典人见面时,小居鲁士毫不犹豫地予以拒绝。

亚基比德劫掠了爱奥尼亚的一些城邦募集到军费以后,看到赖山德将以弗所作为舰队基地,就将舰队带到诺提昂,这是在以弗所西北面的一个港口,几次挑战都遭遇了赖山德的闭门避战,因为到此时为止,拉栖戴梦舰队都是败于雅典舰队之手,赖山德没有把握绝不肯迎战。随后,特拉西布卢斯率领赫勒斯滂的30艘舰船前去进攻佛凯亚,亚基比德将舰队交给自己的舵手安提奥库斯,嘱咐他绝不可主动挑战,自己带着陆军运输船前往佛凯亚与特拉西布卢斯会合,但是没想到的是,安提奥库斯立功心切,率领10艘战舰前往以弗所挑战赖山德,赖山德因为得到雅典逃兵告密,得知亚基比德不在军中,遂出动全部舰队突然开出迎战,并且一接触就击沉了安提奥库斯的战舰,并随后追击,与群龙无首、乱作一团的雅典舰队展开海战,最后击沉了雅典人22艘舰船,然后返回以弗所,当亚基比德赶回诺提昂,并带领剩余舰队向赖山德进攻时,赖山德又开始消极避战了。诺提昂一战,虽然雅典战败,但主要损失的是舰船,而人员损失极少,但是对财政捉襟见肘的雅典,任何战争资源的损失都是难以承受的,而拉栖戴梦人此刻有着波斯充沛的财政支持,双方力量的对比严重影响到了心理。所以,诺提昂的失败不仅终止了雅典自西基库斯战役以来对拉栖戴梦海战的连胜纪录,更让雅典人民对亚基比德的期待受到重大打击,雅典人的内心此时非常脆弱,并正在变得愈加紧张和敏感。

诺提昂战役的意义在军事上微乎其微,但是在政治上却后患无穷。赖山德乘胜攻占了德菲尼昂和埃昂两个城镇,亚基比德率军进攻叛离的城邦叙姆,一则为了提升士气,更重要的可能是筹措军费,因为雅典的海军不能得到城邦的财政支持已经很久了,但是这次,叙姆不仅未被攻下,他们反而派出使者去雅典控诉亚基比德对他们的攻击,这就点燃了雅典城内蓄积已久的对亚基比德的怨气和不满。亚基比德本来就是个个性鲜明、争议极大的人物，这次轮到他的政敌占据上风了，雅典人在前406年3月的一次公民大会上已不再满足于指责他的失败，更多的是攻击他的动机，由于他与帖撒菲尼斯的"友谊"，于是有人指责他受了波斯的贿赂而故意战败，即使帖撒菲尼斯曾经将他拘押的事实证明了这种论调的荒诞，政敌们马上就说他与法纳巴佐斯私通，说他谋求将来能担任波斯的总督；加上他与渎神案说不清道不明的关系，人们对他长久以来的嫉妒和愤怒之外又加上了别有用心，雅典公民大会上弹劾亚基比德的决议很容易地就通过了，亚基比德被解除了舰队指挥权，以科农取代他的位置，亚基比德很可能没有被加以进一步的惩罚，但他已经在事实上第二次被雅典城邦和人民驱逐了。随后，亚基比德就自行离开了雅典舰队，但是再次投奔斯巴达和波斯已无可能，因为这时雅典的敌人们已经有足够的实力和自信，不再害怕雅典，他的意义已不再重要，所以，他就到色雷斯自己预先建设的城堡自我流放，从此退出政治舞台。

　　民主制度彻底消除了国内政治领域的一切暴力方式，民意拥有最高决断的权力，语言的暴力替代了肢体暴力。在全民民主中要取得优势，如何引导民意是决定性的，语言的微妙功用使辩论以外，不负责任的谣言和中伤成为政治斗争的一个重要手段，任何时候都无法避免。

　　雅典人民选出了新的十将军：科农，迪奥梅敦，列昂，伯里克利，埃拉辛尼德斯，阿里斯托克拉特，阿契斯特拉图斯，普若托马库斯，特拉西路斯，阿里斯托根尼斯，十人中以科农为首。同时，在斯巴达方面，因为赖山德的一年任期已满，根据斯巴达法律，舰队司令不得连任，因此卡利克拉斯提达斯接替赖山德就任拉栖戴梦舰队司令。科农率领围困安德罗斯的20艘舰船返回萨摩斯履行亚基比德的职责，这时雅典主力舰队共有超过100艘的战舰，但是因为波斯人付给拉栖戴梦舰队水手的日薪比雅典舰队的更高，更重要的是所有人对雅典最终取得战争胜利越来越失去信心,所以雅典一方的水兵成群逃离,科农不得已只能为 70 艘舰船配备齐装满员,在严重缺乏钱粮和军饷的情况下,他就率领他们在小亚细亚沿海地区四处劫掠以获得补给。卡利克拉斯提达斯接任舰队司令后,由于他在国内可能属于另一个国王的保守一派,他对波斯看法和政策与赖山德截然不同,对斯巴达以前实行的出卖小亚细亚希腊城邦的自由换取蛮族人的金钱的政策绝不赞同,"让我们向蛮人证明,我们不曲意逢迎他们,也能够惩戒我们的敌人"[1],他的理想是将斯巴达塑造成希腊的解放者。因此,他也没有得到小居鲁士的金钱赞助,在断绝了波斯的资金来源以后,卡利克拉斯提达斯到米利都和开俄斯筹集金钱,随后依靠规模超过雅典的舰队,开始主动寻求与雅典舰队的决战。

卡利克拉斯提达斯此时麾下有 140 艘舰船,他率领全军出动首先进攻列斯堡岛上雅典人控制的麦提姆那城邦,很轻易地占领以后,他将雅典被俘的驻防军和原先的奴隶全部发卖,而将麦提姆那人释放了,并让城邦自治,给当地其他希腊城邦树立了一个他一贯宣称的"不会让一个希腊人受到奴役"样板。然后他启航去攻击正在沿海航行的科农舰队,科农只得躲进列斯堡岛面朝小亚细亚的米提列涅港口,拉栖戴梦的舰队现在不仅规模超过雅典舰队,在雅典舰队逃离水兵的加入和训练以后,质量也得到了快速提高,拉栖戴梦舰队追击科农的速度同样惊人,他们赶上并摧毁、俘获了 30 艘雅典舰船,科农率领剩下的 40 艘船进入港口,因为港口入口太过狭窄,科农得以在米提列涅港口内暂时安身,但拉栖戴梦舰队在港口外虎视眈眈,双方对峙之际,科农想方设法派出了两艘快速战舰突破了敌人封锁冲出港湾,其中一艘最终到达了雅典,成功传递了前线危急的信息。雅典人得知了舰队求援的消息以后,马上

---

[1]《雅典帝国的覆亡》〔美〕唐纳德·卡根著 李隽旸译 华东师范大学出版社 2017 年版 第 371 页

召集公民大会，投票通过决议：通过造新船和向盟邦征募的方式组建一支110艘舰船的舰队，由于国库已空，雅典人将神庙中的金银融化凑出了约200塔兰特，支付舰队的建造和运营费用，但是舰队人员的缺乏是最重大的问题，雅典采取了极端措施，即通过许以自由和公民权动员奴隶参军，同时命令骑士阶层和重装步兵阶层的公民也上船服役，一个月后，这支承载着雅典最后希望和凝聚着雅典最后力量的舰队出发驶向萨摩斯，随后得到了萨摩斯10艘战舰和其他盟邦35艘战舰的增援，舰队规模达到了155艘。

卡利克拉斯提达斯此时已经拥有170艘战舰，可能有其他盟邦陆续后期加入的战舰，他留下50艘战舰交给艾特昂尼库斯指挥守住米提列涅港口，自己亲率120艘战舰前往阻截雅典援军舰队，他在列斯堡岛南面的马利亚海角驻扎，进晚餐，而此时雅典援军舰队正好就在同一片海域对面的阿吉努赛群岛停泊进餐，当天晚上，卡利克拉斯提达斯准备发动夜袭，因风暴突起而停止，等到次日黎明，双方就在阿吉努斯群岛与列斯堡岛之间的海域展开了希腊有史以来最大规模的海战，双方投入的战舰数量达270多艘，关于这次海战的进程留给我们可信的资讯残缺不全，经过长时间的激烈鏖战，最终雅典舰队战胜了拉栖戴梦人的舰队，卡利克拉斯提达斯落水身亡，他亲自指挥的10艘斯巴达战舰损失了9艘，同盟者的舰船损失了60多艘，而雅典一方总共损失了25艘战舰，雅典取得了性命攸关的辉煌胜利。获胜以后，雅典的将军们决定由时任舰长的特拉西布卢斯和泰拉蒙涅斯率领一部分舰只打捞落水士兵和援救受伤船只，其余舰船前往米提列涅援救科农舰队，但是风暴骤起，大家只能退进阿吉努赛港口躲避。在拉栖戴梦人一边，获悉阿吉努斯海战失败的消息以后，艾特昂尼库斯只能率军撤退，驻泊开俄斯，科农的被困舰队这才驶出港口去和援军舰队会合，随后雅典舰队攻击开俄斯，艾特昂尼库斯闭门不出，雅典舰队只得返航萨摩斯。

阿吉努斯大捷将雅典从危难的悬崖边拉了回来,但是雅典接下来发生的一幕却让人感觉令人费解。雅典议事会发起了对他们的起诉和审判,罪名是将军们胜利之后没有救援落水的士兵和水手,以及未及时打捞本方人员尸体。雅典人民在得到胜利的同时,也知道了战事使他们失去了亲人,愤怒的情绪盖过了胜利的喜悦,于是公民大会通过决议,罢免了参与阿吉努赛战役的8名将军的职务(科农和另一个将军被困米提列涅,得以幸免),命令他们回来应诉,阿里斯托根尼斯和普若托马库斯当即决定自我流放,不愿回到雅典,而其他六人都回到雅典准备接受起诉并自辩。当时雅典的头号民主派政治家阿齐德穆斯首先将埃拉辛尼德斯带到民众法庭,阿齐德穆斯指控他滥用公款和指挥失误,民众法庭判决他有罪,并将他投入监狱;随后,500人议事会起诉其他的将军们,而先期回国的泰拉蒙涅斯和特拉西布卢斯两位舰长由于害怕将军们在自辩中可能提出他们曾经下令给部分舰长,命令他们打捞和救助落水士兵和水手,所以在公民大会上推波助澜,但是将军们始终强调是"狂风暴雨阻止了营救任务",丝毫没有将责任推卸到舰长头上的意思,将军们并且提供了足够多的士兵和领航员的证词,渐渐的,越来越多的市民们的情绪平复下来并开始接受将军们的辩护词了,甚至有人提出了保释金的问题,这时,天色暗了下来,会议中断,大会决议将判决延后到下次公民大会做出。

没想到的是:将军们本已好转的命运因为这次拖延再次跌入了深渊,因为这次大会以后就是雅典传统的阿帕图里亚节。这是个阿提卡传统的胞族祭典,庆祝家族中的新生、婚姻和成人,由于在阿吉努赛战死的人数可能达数千,意味着数千个家族失去了欢颜,因此,前406年这个节日的雅典城中充满着悲戚,悲伤酝酿成了愤怒,接着召开的公民大会的气氛经过这个节日的熏陶,阵亡士兵的家属要求必须有人为此负责也是自然而然、无可厚非的了。下一次公民大会召开的时候,很多公民穿着丧服,剃了光头进入会场,更增添了这种气氛,500人议事会的成员卡里克辛奴斯应公民大会要求提出了本案的审判程序:按部落分开投票,决定这些将军们是无罪还是有罪,如果投票结果是有罪的话,将军们将被判死刑,财产充公,将其中十分之一缴给雅典娜,这时,亚基比德的一个表亲:攸里普托勒姆斯和500人议事会的执行委员中的一部分人先后提出异议,认为这个程序是违反宪法的,一个是集体审判不合法,二是剥夺了被告的自辩权力,他们提出反对意见时虽然也得到了部分民众的欢呼,但是卡里克辛奴斯和一个叫吕季斯库斯的人提出:"如果这些人(提出异议的人)不放弃他们的动议,他们就必须和那些将军们一起,同样地接受投票的考验"[1],他的建议得到更多民众的拥护,吵嚷之声也压过了这天担任执行委员的哲学家苏格拉底的声音,他也是反对这个不合法的审判程序的,只是在群情激奋的民众面前他的理性声音根本没有对民众产生任何影响,"雅典人民,在这个时刻已把那些伯里克利称赞为使雅典民主政治成为世界楷模的法律——无论是成文法还是习惯法,都统统抛诸脑后了"[2],倒是攸里普托勒姆斯发表了一篇演讲,援引雅典古老的法律要求对将军们实行个别的审判,并提出了修正案,随后公民大会对卡里克辛奴斯的和攸里普托勒姆斯的关于审判程序的提案进行表决,最后卡里克辛奴斯的提案得到通过,公民大会按照这个程序进行投票,判决8名将军有罪,除了逃亡的2人以外,6名将军被处死。

在民主制度中,群众的热情是最原始和最有力的政治力量。这次审判中我们没有看到党派之争的痕迹,但群众的力量更加令人印象深刻。前文说过,民主制度最核心的特征就是让所有人的

---

〔1〕《希腊史》〔古希腊〕色诺芬著,徐松岩译注,上海三联书店2013年版,第41页。
〔2〕《希腊史 迄至公元前322年》〔英〕N·G·L·哈蒙德著,朱龙华译,程庆昶、郝际陶校,商务印书馆2016年版,第656页。

意见得到充分表达,而不论这些意见是否明智和理性,甚至,至高的法律在民意公投面前也是孱弱无力的。阿吉努赛诸将的判决正是这种特性的反映,雅典人对取得如此重要战役胜利的将军们虽有感激和嘉许,但转瞬即逝,而被对战争中死亡亲属的哀悼控制了心智(阿帕图里亚节适时地起了不可忽视的作用),在这种特殊情势下,"群情激奋之际,必须有人得到处分"[1],确实,这时的雅典人民的悲恸亟须寻找一个出口,情绪的宣泄是首要的,而民主制度可以保证人民的心声一定能得以实现,无论何种方式,或者代价。

过后没几天,甚至可能在次日,雅典人民后悔了。他们随后就制定了法律,公开检举和审判那些欺骗了民众的人,卡里克辛奴斯等5人受到了审判,随后被流放。

对阿吉努赛诸将的审判,这样大规模地清除将领,直接影响了雅典随后的战事进展,更加重要的是雅典人民之间的团结和信任也随之而去了,这种影响是深刻而且长远的。

七 战争结局:雅典霸权的终结

羊河战役

阿吉努赛战役中失败的拉栖戴梦舰队回到开俄斯以后,因主将战死,群龙无首,军人的薪饷无着,士气低落。他们在夏天靠着给人打短工赚取生活费,但是进入冬季以后,连这种窘困的活法都难以为继了,绝望之下,舰队士兵们密谋进攻开俄斯岛上的城邦实施抢劫,幸而艾特昂尼库斯及早发现并制止了这样一场叛乱,于是他向开俄斯的城邦要求提供军饷以免士兵们做出任何不当之举,开俄斯人同意了,艾特昂尼库斯命令士兵们回到各自的船上,不得

---

[1]《雅典帝国的覆亡》[美]唐纳德·卡根著,李隽旸译,华东师范大学出版社2017年版,第416页。

上岸,同时将一个月的军饷也发到了士兵们的手上,算是暂时解决了眼前的危机,但是拉栖戴梦人对战争前途依然渺茫。

由于斯巴达国内一些人对赖山德与波斯人的亲密关系以及日益增长的权势越来越担心,以及拉栖戴梦人对波斯的传统敌对观念,他们又一次主动向雅典提出议和。这次的条件是可以将迪凯里亚交还雅典,其他按照现状,虽说与四年前西基库斯海战后的议和条件相似,但是世易时移,此次,雅典可以无偿取回迪凯里亚,而自己已无派罗斯这样的敌国领土上的要塞来交换,这样雅典虽然失去了爱奥尼亚的一部分属邦,但是阿提卡得到了保全,但是即使这样,斯巴达的求和再次被克里奥丰煽动雅典公民大会投票拒绝了。

继续战争,对雅典和斯巴达双方来说都已接近势穷力竭。如果接受和平,则双方都可以休养生息,波斯则被拒之门外;如果决心战争,则波斯的重要性将被希腊人急剧提升,谁都不能否认,波斯总督们的财政支持对双方都是决定性的。而且事实证明,在争取波斯支持方面,雅典远远落在拉栖戴梦人后面,赖山德与波斯总督和小居鲁士的关系已经友好,而雅典真正具有相关外交才能的亚基比德已经第二次被放逐。现在雅典拒绝了和平,为了战争的最终胜利,拉栖戴梦人暂时放下对波斯的嫌弃而积极争取东方的金援是再自然不过的选择。

在前406年底或者前405年初,开俄斯、以弗所等城邦代表,以及同行的小居鲁士的代表到达斯巴达,明确提出要求斯巴达任命赖山德接替阵亡的卡利克拉斯提达斯为拉栖戴梦人及其盟邦舰队的司令。斯巴达人毫不犹豫地接受了,但是斯巴达法律禁止一个人两次担任这个职务,因此,他们任命阿拉库斯为主将,而赖山德为阿拉库斯的副将,但是要求阿拉库斯在指挥上要听从赖山德,事实上,阿拉库斯只是个幌子,拉栖戴梦舰队的指挥权还是回到了赖山德手中。赖山德率领35艘舰船从伯罗奔尼撒出发,回到他在任时的基地以弗所,命令艾特昂尼库斯率领舰队从开俄斯过来与他会合,他一面从盟邦那里征集更多的舰船,同时在安坦德鲁斯建造新舰,尽量恢复阿吉努赛之前的舰船规模。而在萨摩斯的雅典舰队虽然拥有180艘的庞大规模,但是缺乏相应的财政支持,所以雅典人只能在小亚细亚各海岛和沿海之间通过不断劫掠来维持最基本的军费需要,同时,积极寻找拉栖戴梦舰队进行决战。

对赖山德的回归最称心满意的是小居鲁士。他们俩不仅在政治上有高度一致,而且小居鲁士对赖山德还有自己的打算,由于大流士年事已高,继承人的问题已经初现,虽然小居鲁士因为母亲受宠而被大流士重视,但是毕竟他是次子,皇位争夺需要帮手,而赖山德是他认定的有力帮手。所以,当他杀死了自己的两位表兄弟以后,大流士以自己身体有恙命他去米底陪伴,临行前,他召赖山德赶去萨尔迪斯见面,小居鲁士以年轻人的热忱和直率告诉赖山德,他已经在拉栖戴梦舰队身上花光了父皇给予的金钱,但是他还将一如既往地支持对雅典人的战争,他将自己手头所有的现金全部交给了赖山德,同时还命令将自己封地内的所有赋税都归赖山德支配,而不是交给波斯的总督们,唯一要求的是赖山德不要主动向雅典舰队开战,除非己方舰船数大大超过对方,因为时间在自己这一边。

赖山德得到小居鲁士充足的军费支援以后,给士兵和水手发足了薪饷,然后开始了自己的行动。他首先在米利都扶持与自己的亲近的同党,挑唆他们发动暴力革命,虽然他在公开场合表现得冠冕堂皇主张党派和解,私下里却敦促同党采取行动,在酒神节上,他的同党果然起事,杀死了数百人,并流放了更多的民主派人士,寡头政体在米利都取代了民主制。然后,赖山德率军进入卡利亚,攻下了雅典盟邦的两个城镇:伊阿苏和凯德里亚,将居民卖为奴隶,他采取完全不同于卡利克拉斯提达斯的政策,目的是建立自己的权威,让人知道在这次战争中敌我立场比血统更重要。随后,他继续避开雅典舰队,横渡爱琴海,进入萨罗尼卡湾,攻下了埃吉那岛和萨拉米斯,将埃吉那岛上的雅典移民驱逐,召回曾被雅典人赶走的埃吉那人回岛居住[1],然后登陆阿提卡与从迪凯里亚赶来的阿吉斯见了一次面,当他听说雅典舰队正跟踪前来时,就马上走远处岛屿之间的路线航向赫勒斯滂。

赖山德率领舰队进入这个地区仅剩的基地阿拜多斯,而雅典舰队也正在赶来,因为赫勒斯滂海峡的得失事关雅典的粮食通道安全,无论如何也不能落入拉栖戴梦舰队手中,赫勒斯滂即将成为双方争夺焦点。赖山德在雅典舰队到达海峡之前一鼓作气攻下了更加靠近普罗庞帝斯海的兰普萨库斯,掌握这个城市以后,拉栖戴梦舰队就有可能前往拜占庭和卡尔克顿。而此时,雅典舰队刚刚抵达赫勒斯滂海峡的入口爱拉攸斯,当听说兰普萨库斯被攻占,雅典舰队马上赶到塞斯托斯补充给养以后,进驻羊河河口,这里与兰普萨库斯隔着不到3公里的狭窄海峡相对,雅典舰队此举既是向赖山德挑战,也带有封锁拉栖戴梦舰队的目的。赖山德将舰队排列在港口内严阵以待,但绝不出战。此时雅典舰队的指挥官米南德、科农和菲罗克勒斯等六人,每日轮流担任主帅,其中似乎只有科农是参加过前面多次战役的。每天清晨,雅典舰队都要开到兰普萨库斯向赖山德挑战,但是赖山德命令手下只是上舰,排成阵列备战,但不会出港应战,等到雅典舰队回撤,他就派出快船看着雅典士兵回到羊河口,士兵们上岸后,才回来报信,他再让士兵解除戒备,上岸用餐。就这样坚持了四天。期间,隐居在附近的亚基比德看到这种情况后,有一天骑马来到雅典舰队驻地,提醒雅典的将军们羊河口作为军事基地的不足,建议他们移师塞斯托斯,并应该

---

[1] 赖山德在羊河之战以前率军进攻埃吉那和萨拉米斯,有的历史学家认为没有发生过。但是普鲁塔克在赖山德传记中有叙述。看来双方都没有足够的证据压倒对方。

设法再组织一支强大的步兵部队,因为在赫勒斯滂这样狭窄的水域,海战必须要有同样强大的陆军配合才能真正在战斗中取胜,几年以前雅典舰队在赫勒斯滂打败拉栖戴梦人就是这么做的。但是,由于这些将军们出于对亚基比德的不信任,或者不愿意跟他产生任何瓜葛而拒绝了他的建议,亚基比德只能无奈地回到自己的城堡。

　　到了第五天,雅典士兵们渐渐地变得轻慢起来,每天整队挑战,再无功而返,上岸休息的固定程序已经让他们变得麻木而不是警觉,而雅典新近委派的将军们由于缺乏经验,丝毫未察觉潜藏的危险,老奸巨猾的赖山德等待的就是这个状态。到了第五天,赖山德命令每天观察雅典舰队回航的快船在看到雅典人上岸以后必须以最快的速度通知自己,而他已经给自己舰队士兵进行了战前动员,所以,当雅典人依照前几天的习惯,挑战以后回到停泊地,士兵上岸,赖山德派去跟踪观察的快船马上用最快的速度划船,并且在船头挂出了约定的信号——一面青铜盾牌,赖山德见此,马上号令全军用最快速度冲向对岸雅典舰队驻泊地,所有步兵早已搭载在舰船上等待冲锋,而此时雅典士兵或者在市场闲逛,或者在岸上的帐篷里睡觉,分散在陆地上各处,科农看到拉栖戴梦舰队全速开来,马上发出警报,召集士兵们尽快登舰备战,但是由于士兵们回到自己战位的速度根本赶不上拉栖戴梦舰队全速驶过 2 公里多海面的速度,人舰分离的雅典舰队几乎没有准备就被敌人摧毁或者俘虏了,拉栖戴梦的步兵很快登岸,在海滩上歼灭大批雅典士兵,一个时辰不到的时间,雅典的庞大舰队覆灭了,只有科农率领自己属下的 8 艘军舰和"帕拉鲁斯"号圣船逃了出去。看到阿吉努赛海战将军们的下场,科农知道自己也不能回雅典,他率领舰只前去投奔塞浦路斯岛上萨拉米斯的统治者伊瓦戈拉斯,而"帕拉鲁斯"号则驶回雅典通报这里的情况。

　　羊河口战役是伯罗奔尼撒战争的最后一役,雅典的失败,一瞬间让雅典丧失了自己的主力舰队和成千,甚至上万的公民[1],雅典的战争实力已经被摧毁殆尽,伯罗奔尼撒战争以雅典的失败画上了句号。

赖山德将俘虏的大约 3 000 多名雅典俘虏和大量雅典战舰拖回了兰普萨库斯,欢庆胜利,并让米利都的海盗船长提奥庞普斯用最快的速度向斯巴达通报喜讯,提奥庞普斯用了三天就赶到了斯巴达,这时候,速度比身份重要。在讨论如何处理雅典战俘的大会上,赖山德和盟邦发生了分歧:赖山德的想法是将雅典战俘全部释放并驱逐回雅典,而盟邦将领们主张将战俘杀死,因为就在不久前,雅典政府通过了菲罗克勒斯提出的残暴议案,使之成为法令:将战争中的俘虏砍去右手[2],即使这样,菲罗克勒斯自己也超越了这项法令,他曾经将俘获的两艘敌船上的人全部扔到海里。而且,雅典历史上的暴行更增加了希腊诸多城邦的报复和仇恨之火:曾经的富裕城邦麦加拉和埃吉那因为雅典的侵占和破坏,人民被驱逐,城邦被削弱;希斯提埃亚、西吉昂和米洛斯等城邦被雅典攻破以后,人民遭到屠杀和奴役,所以,赖山德与盟友们讨论处理雅典战俘的大会变成了清算雅典人一贯以来残暴行径的大会,最后,在全体盟邦的愤怒中,大会决定将雅典俘虏全部杀死,包括俘虏的菲罗克勒斯等将领,唯有雅典将军阿德曼托斯被赦免,因为他在讨论菲罗克勒斯法令的时候曾提出反对意见,在雅典军中服役的其他城邦公民全部被释放。这是发生在公元前 405 年夏季的事。

雅典的存亡之争与和约签订

军事较量已经分出胜负,接下来拉栖戴梦人如何将军事胜利

---

[1] 雅典舰队 180 艘战舰,除了科农率领的 8 艘船和"帕拉鲁斯"号以外,约有 170 艘战舰,按照每船配有士兵和水手 200 人的话,雅典损失人数超过 3 万,即使其中有部分外邦人充任的水手,战斗人员数也在数千以上。

[2] 也有说法是砍去右手拇指,使其不能握矛,但能划桨。

转化为政治上的胜利,还需要一系列的安排和战略,毕竟,雅典目前还没有投降。

"帕拉鲁斯"号返抵雅典,将雅典舰队覆没的消息告诉了雅典公民,从比雷埃夫斯到雅典一片哭嚎,人民不但为战争的失败而哀伤,更是为自己的未来担心:他们过去曾经征服并且强加于希腊敌对城邦的残暴和无情的命运将随着这次彻底的失败而降临到自己身上了,次日,雅典召开公民大会,投票决定:将阿提卡的所有港口,除留一个以外,全部淤塞,整修现有的长墙,配属卫戍部队,为即将到来的雅典城市围困战做好一切准备,与拉栖戴梦人战斗到底。

赖山德将俘获的雅典战舰配备水手以后编入自己的舰队,随后,他率领200艘舰船的舰队首先进攻拜占庭和卡尔克顿,这两个城市的人同意献出城市投降,只是要求能让原来驻扎的雅典驻防军安全撤退;赖山德舰队收服了赫勒斯滂海峡沿岸的诸城镇,切断了雅典粮道,在这里以及今后所有他征服的雅典盟邦和属邦,他都采取了现实主义的做法,尽量避免旷日持久、兴师动众的围城战,只要对方投降,他都予以接受,并且命令所有的身处异邦的雅典人,无论军士还是商人,甚至军事殖民者,都必须径直而且不受干扰地回到雅典,如果他在任何地方遇到雅典人都将杀无赦,这是他彻底而且迅速打垮雅典的一条妙计:他一手断绝了雅典的粮食供应,另一手将散布于全希腊的雅典人全部赶回雅典,让挤满在比雷埃夫斯到雅典长墙之内雅典人口更加拥挤,用饥馑尽快压垮雅典,而且,这还省却了残酷的杀戮。

随后,赖山德率军返回爱琴海小亚细亚沿岸,收服剩余的雅典同盟国,如塞斯托斯、米提列涅等,只有萨摩斯坚持抵抗,赖山德派40艘舰船留下进攻萨摩斯(被萨摩斯人的忠诚大受感动的雅典人甚至通过一项法令:允许萨摩斯在自治的前提下,其公民自动获得雅典公民权),同时,赖山德派艾特昂尼库斯率10艘舰船前往雅典传统的势力范围色雷斯，使那儿的雅典同盟国也全部归附拉栖戴梦。在赶走了全部雅典人以后，赖山德的政策是颠覆雅典同盟国的民主制度，不单单对雅典的盟邦，而且对拉栖戴梦的盟邦也是如此，每个城邦都建立了政府，由一个拉栖戴梦人担任行政首长，并由10个当地人担任"执政"从旁辅助，据普鲁塔克所说：这10个人的挑选并不是依据血统和财富，而是依据他们与赖山德的个人关系，只有他的朋党才有可能成为执政者。就这样，赖山德轻易地用拉栖戴梦同盟取代了雅典同盟，赖山德这种个人色彩浓重的做法，历史上被很多史家质疑他的动机是想建立他个人的权势，作为拉栖戴梦盟军司令的赖山德和作为一个野心家的赖山德，他的任何一项政策很容易被从不同角度解释，同样的政策完全可以得出截然不同的结论。他的这些政策直到前404年雅典投降以后才得到斯巴达监察官的认可，成为斯巴达国家的政治意志。

赖山德从容地完成了海外对雅典盟邦的政治改造以后，率领舰队回到希腊，从海上封锁了比雷埃夫斯港口；同时，拉栖戴梦人另外派出了另一位国王鲍桑尼阿斯率领伯罗奔尼撒同盟国（除了阿戈斯）的全部重装步兵组成了第二支陆上大军，进入阿提卡，与阿吉斯国王率领的迪凯里亚驻军在雅典城郊的阿凯德美会师，他们想利用这种前所未有的浩大声势压迫雅典人能主动投降，此刻，雅典人"没有战船，没有同盟者，没有粮食"[1]，但是被恐惧和绝望摄取了心灵的雅典人已无法冷静思考了，他们恢复了被剥夺权力的公民身份，决意抵抗到底，因为他们过去曾经的作为时刻提醒着自己拉栖戴梦及其盟邦必将会用同样的方式进行报复，与其被攻破城池以后遭受屠杀与奴役，还不如死于抵抗。看到雅典如此坚定的态度，鲍桑尼阿斯感到短期内无法取得进展，所以率领伯罗奔

---

[1]《希腊史》〔古希腊〕色诺芬著，徐松岩译注，上海三联书店2013年版，第60页。

尼撒的盟国军队回国了。

其实,此刻拉栖戴梦人内部,拉栖戴梦人和它的同盟者之间,对于雅典的后续处理意见都存在很多的不同意见。赖山德及其同党是坚决要建立拉栖戴梦霸权取代雅典,让拉栖戴梦人成为全希腊的霸主,可能其中含有借此谋取个人权势的意图;而鲍桑尼阿斯则继承了他的父亲,前国王普雷斯托阿纳克斯的保守派衣钵:保住伯罗奔尼撒,与一个友好而和平的雅典合作,维持希腊所有城邦的自由和独立;拉栖戴梦的盟邦,如科林斯、麦加拉和埃吉那等,他们曾经仅仅因为是拉栖戴梦人盟邦的原因,而饱受雅典的欺凌,甚至摧残,所以,出于复仇心理而竭力主张要摧毁雅典;底比斯以及彼奥提亚联盟又是另一种情况,作为希腊传统强国,他们本来就有称霸野心,因为雅典是他们的邻居,所以参加了拉栖戴梦同盟,但是他们内心的目标更为远大,想借这次机会彻底消灭作为一个城邦的雅典,让阿提卡成为一片荒原,让雅典人流落四方,所以,盟邦提出的建议是:没有和约,彻底毁灭雅典。在这些意见中,最有权势的斯巴达两个前线司令官赖山德和阿吉斯最初是倾向于同意盟邦意见的。

很快,赖山德的战略就见效了,雅典人坚持了三四个月,接近年底时,雅典城内粮食罄尽,饥荒开始爆发。雅典人因此派出了一个使团前往迪凯里亚去见阿吉斯,要求和谈,雅典人提出的条件是:他们同意加入拉栖戴梦人的同盟,要求保留比雷埃夫斯港和长墙。意思是:雅典放弃实际上已经不存在的霸权,并以普通城邦的身份加入斯巴达阵营,但还是一个自由和独立的城邦。阿吉斯的回答很简洁:他无权处理和约事宜,雅典应该派代表去斯巴达城邦。雅典向斯巴达再次派出了使团,但是斯巴达人连城邦都没让雅典使者进入,监察官在拉科尼亚边境拦住了雅典使者,问了他们的议和条件,当得到和阿吉斯那儿同样的提议后,斯巴达人就毫不客气地将雅典使者赶了回去,并告诉他们必须要将拆除雅典长墙作为条件之一。雅典人将此条件视为拉栖戴梦人要屠杀和奴役雅典人的一个步骤，因而决不接受。当一个雅典人阿契斯特拉图斯在会议上提出可以考虑接受这个条件时，愤怒的雅典人民将他投入监狱，并随之通过克里奥丰提议的一条法令：以后禁止任何人提出或者提议接受类似的条件。

谈判就这样陷入了僵持，而雅典城内饿死的人越来越多，泰拉蒙涅斯主动提出希望公民大会授予他全权，由他去和赖山德谈判，雅典人民同意授予他全权。他到萨摩斯去见赖山德，三个月后，一事无成地回到雅典，带来了第一批使者同样的回复，即赖山德自称无权与雅典和谈，要达成和约应该去斯巴达。期间，雅典饥荒更加严重，克里奥丰也在被人举报企图逃跑以后被人民大会处以死刑。至于泰拉蒙涅斯为何在赖山德处消耗了三个月，据他自己说是被赖山德扣押，真实原因可能更加复杂，成为了历史谜案，但是不知是什么原因，雅典人还是继续授予他全权，让他前往斯巴达谈判和约。

在决定雅典归宿的激烈斗争中已经掺杂了太多的因素，已经战败成为别人刀俎下鱼肉的雅典，如何能在这样复杂多变的环境中为自己争取最有利的条件，需要雅典人运用到他们从未经历过的各种手段，甚至包括屈膝求饶。应该说：从最后的结果来看，泰拉蒙涅斯在斯巴达及其盟友各派势力的夹缝中最后把雅典带出了被灭国的绝境。可惜，我们今天没有看到雅典是如何从差一点被夷为平地的悬崖边回到基本得以保全的详细过程，但是公元前404年，在拉栖戴梦人讨论如何处理雅典的公民大会上（拉栖戴梦同盟城邦都派代表参加），有一点对所有拉栖戴梦人可以说是形成共识的，"摧毁雅典未见得能够有益于斯巴达，但肯定有益于底比斯"[1]，拉栖戴梦人的这个观念是否是泰拉蒙涅斯的功劳今天已

---

[1]《雅典帝国的覆亡》〔美〕唐纳德·卡根著，李隽旸译，华东师范大学出版社 2017年版，第 452 页。

无法得出明晰的结论,但我们不能排除这种可能。最终,拉栖戴梦公民大会没有听从盟友们的意见,决定与雅典签订和约,理由是"他们不会去奴役一个在最惨重灾难降临到希腊的时候,为希腊作出重大贡献的希腊城邦"[1],并形成了以下签订和约的条件:雅典必须拆毁比雷埃夫斯的城防和连接雅典的长墙;雅典除允许保留的12艘战舰以外,其余舰船全部交给拉栖戴梦;雅典无条件接收所有被流放的公民回国,城邦将按照祖制进行治理[2];雅典加入拉栖戴梦人为首的同盟,无论在陆地还是海上,雅典人都必须听从拉栖戴梦人的领导。

泰拉蒙涅斯的使团带着这样的条件回到雅典,虽然还是有不少民众反对这些条款,但是更多的人还是投票通过了按此条件与拉栖戴梦签订和约的决议,毕竟眼前这种形势下,尊严什么的都比不过活命,何况雅典还是能够得以存续而不是被毁灭。民主派依然活跃而且激进地反对签订这样的和约,但是他们的爱国热情非常有可能摧毁这份目前看来最为宽松的和约,如果雅典再像前面几次一样拒绝和约,那么拉栖戴梦人里面的保守派也有可能无法阻挡众多盟邦对这份最为仁慈的征服者和约的反对,所以,雅典城内的其他人迅速而有力地将那些最积极反对和约的民主派人士以阴谋反对雅典民众的罪名投入监狱。

前404年3月,赖山德率领舰队进入比雷埃夫斯港,雅典的流亡者也兴高采烈地回到城邦,拉栖戴梦人在长笛的伴奏下拆除了长墙,"仿佛那一天就是希腊获得自由的开始"。长达三十年的伯罗奔尼撒战争以此为标志彻底结束了,雅典在希腊世界建立并维

---

[1] 《希腊史》〔古希腊〕色诺芬著,徐松岩译注,上海三联书店2013年版,第61页。意思是:拉栖戴梦人仍然记得并感激雅典在面临波斯入侵时的英勇表现。

[2] 祖制之说如此笼统,大家可以按照自己的理解进行解读,应该说除了前462年的厄菲阿尔特的激进民主制改革之前的政治制度都可以被视为祖制,从前六世纪末的克里斯提尼改革往前,唯一的一次皮西特拉图僭主统治,和梭伦改革都可以算,甚至可以上溯到德拉古时代的寡头制。

持了近 80 年的霸权在全希腊人民的反抗中分崩离析，从此，雅典沦为一个普通的城邦，而希腊世界的霸主地位被斯巴达人取代了。

三十僭主

公元前 404 年，雅典这一年罕见的没有执政官。大战刚败，雅典的民主政府应该是不见容于作为战争胜利者的拉栖戴梦人，何况雅典国内本就存在着的寡头派势力随着流放者的回国而得到加强，无论出于主动还是被动，雅典的政治制度必须进行改革。在这一年夏天举行的公民大会上，在赖山德出席并致辞的背景下，大会决定推举 30 人组成一个委员会，由他们按照"祖宗古法"起草一部新的宪法，在新的宪政制度建立以前，这个 30 人委员会暂时代行政府职能。

这 30 人委员会的人员构成兼具赖山德的寡头制和雅典的民主制色彩。其中 10 人由温和寡头派领袖泰拉蒙涅斯推荐，10 人由一些模仿斯巴达自封为"监察官"的雅典激进寡头派提名，这些寡头派可能直接得到赖山德的支持，还有 10 人来自出席大会的公民中选举产生。30 人委员会成立后，马上指定了（而不是通过选举）支持寡头政制的 500 人成立了议事会，取消了人民法庭，将司法权划归 500 人议事会，同时，从一个千人大会推举的人选中指定了雅典的行政官员，尤其通过直接任命 10 人为驻比雷埃夫斯的长官和萨提鲁斯为管理城邦监狱和具警察职能 11 人队的队长，另外，任命了 300 人作为"鞭笞者"以执行自己的命令，这样，30 人委员会完全掌握了整个雅典城邦的司法审判和行政管理的全权，而新的立法工作也是由他们负责。雅典建立了被后世称为"三十僭主"的政权。

虽然这个委员会是在赖山德扶持下成立的寡头派权力核心，由于这 30 人的来源不同，他们的立场还是存在着虽不本质但是明显的区别。30 人里面大致可以区分为极端寡头派以及温和寡头派,前者以流亡归国者克利迪亚斯和德拉孔提达斯为代表人物,而温和寡头派的领袖是泰拉蒙涅斯。克利迪亚斯来自梭伦家族,受过良好的教育,师从全希腊收费最贵的演说家高尔吉亚,与苏格拉底也过从甚密,他的目标是攫取权力,寡头政制只是实现他个人目的的工具,而泰拉蒙涅斯则是一如既往地谋求建立执政基础广泛,并能克服激进民主制缺陷的有限民主制,可能在他看来,温和的寡头制与温和的民主制其实质是一回事。但是,克利迪亚斯的极端寡头派因为得到赖山德的支持更加占据上风,泰拉蒙涅斯只能在 30 人委员会中起到一个缓冲器的作用。

　　三十僭主大权独揽以后,将党派和个人的利益置于城邦之上,当然,这个过程是逐渐显现出来的。最初,三十僭主也曾实行了一些受欢迎的政策,"铲除勒索者和存心不良的谄媚人民的人,以及恶人和无赖之徒"[1];在得到广大民众的赞许以后,他们就转而向民主派开刀。他们通过对民主派领袖的起诉,由寡头派控制的 500 人议事会"把民主派头目都杀光了",而由于这些民主派领袖可能像克里奥丰一样地惹人讨厌,所以,雅典民众对此基本"漠不关心";随着权力的稳固,三十僭主的欲望更加恣肆了,他们进而将屠刀伸向了家境富裕的人、有名望的人,以及居住在雅典境内的外邦人,其目的:一是消灭潜在的反对者,二是夺取他们的地产和财富,这样一来,雅典城内的人民对他们的残暴统治开始不安,甚至不满了,于是,三十僭主派人去拉栖戴梦见了赖山德,请求他能同意派出一支拉栖戴梦人的军队前来雅典,名义上是帮助铲除"作恶者",这支军队的费用将由雅典承担,赖山德向雅典派遣卡里庇乌斯率领 700 名步兵到达雅典,当这支部队进驻卫城以后,三十僭主更加肆无忌惮地为所欲为了,他们甚至不用经过任何审判的法定程序而随意杀戮或者放逐任何一位公民和外邦人,并将其财产掠

---

[1]《雅典政制》〔古希腊〕亚里士多德著,日知、力野译,商务印书馆 1959 年版,第46 页。

为私有。

这种情况持续了几个月后，泰拉蒙涅斯对克利迪亚斯以及三十僭主的胡作非为忍无可忍，明确表达了自己的不满和反对，并且建议扩大执政公民范围到 3 000 人，他的建议得到了相当部分的议事会成员的认可，随后，制定了 3 000 人名单，规定 3 000 人名单内的公民可以保有武器，并且未经议事会审判和投票不得处死，但是对名单以外的公民不仅可以收缴他们的武器，而且，三十僭主可以自行决定予以惩罚，包括处死。由于克利迪亚斯牢牢掌控着三十僭主的权力，所以泰拉蒙涅斯的同情者也不敢出声支持，直到泰拉蒙涅斯的意见得到越来越多的雅典民众知晓并支持，而且雅典的流亡者在特拉西布卢斯率领下占领了靠近底比斯的斐列，并打退了三十僭主派去镇压的军队，克利迪亚斯开始重视泰拉蒙涅斯了：他在 500 人议事会会议上首先向泰拉蒙涅斯发难，通过回忆他过往的经历，指责他是"墙头草"，是平民和贵族两方的叛徒，因此，为了消除对现政府的威胁就必须除掉他，虽然泰拉蒙涅斯提出了有力的反驳，也得到了议事会议员们热烈的掌声，克利迪亚斯看到按正常程序很难给泰拉蒙涅斯定罪，在和三十僭主短暂商量以后，以三十僭主的名义宣布将泰拉蒙涅斯从 3 000 人名单中移除，随即宣布三十僭主政府判决泰拉蒙涅斯有罪，这时，议员们的周边站着一些克利迪亚斯预先安排的怀揣短剑的人虎视眈眈，拉栖戴梦驻军也站在议会外面的广场上，没有人敢对此提出异议，克利迪亚斯宣布决定以后，马上命令萨提鲁斯等人将泰拉蒙涅斯强行拖出会场，押往监狱处死，泰拉蒙涅斯在监狱里喝光毒汁后，从容赴死。

所谓泰拉蒙涅斯的"墙头草"的风评，其实是对他一生作为的肤浅解读。泰拉蒙涅斯的死因只有两个：第一是爱国，将城邦的命运置于他个人的安全、富裕和名望之上，他终生谋求的首先是雅典的生存和利益；第二是应验了一句名言"在急变的时代，温和爱国的公民只有死路一条"。他为自己设定了一个不可能达到的目标：试图探索一种能将民主制和寡头制的优点结合起来，而又能避免两者天然缺陷的理想的政治制度。

　　清除了泰拉蒙涅斯以后的寡头派行事完全变得跟残暴的僭主一样。他们急不可待地加快了掠夺步伐，规定3 000人名单以外的人禁止进入雅典城，并肆意掠夺他们的田产。在他们执政的一年不到的时间内，雅典公民被他们屠杀了至少1 500人，流放的更多，可能达到5 000人，以至于阿提卡周边的科林斯、麦加拉、底比斯等彼奥提亚充斥着无家可归的雅典人，所以，当特拉西布卢斯占据斐列以后，流浪在外的雅典人纷纷投奔，人数日益聚集，大约在前403年5月，当人数超过1 000人时，特拉西布卢斯率领他们在内应配合下进占比雷埃夫斯，这里的人被称为港民党，克利迪亚斯得到消息后，马上率领3 000人名单里的人组成了重装步兵，在拉栖戴梦驻军和雅典骑兵(骑士阶层从一开始就是三十僭主的最坚强的后盾)的配合下，向比雷埃夫斯进发，双方在雅典与比雷埃夫斯中间的姆尼齐亚高地相遇，特拉西布卢斯的人先占领了高地，克利迪亚斯的军队向山上仰攻，双方在狭窄的山道上进行了激烈的战斗，特拉西布卢斯的军队虽然人数较少，但是占据有利地形，最后战胜了克利迪亚斯的军队，三十僭主中的两人也在此战中阵亡，克利迪亚斯就是其中之一，战斗结束后，双方交换阵亡者尸体时，虽同为雅典人但此时却分属不同阵营的一些人走到一起开始交谈，就在交谈中，一个名叫克列奥克利图斯的埃琉西斯秘仪传令官突然向三十僭主的队伍发话：责问他们为什么要屠杀并驱逐自己的同胞，大家都是同胞、同窗和战友，一直风雨同舟，同甘共苦，现在，跟随三十僭主发动内战，而三十僭主为了私利，在八个月内屠杀的雅典人比近十年战争中被伯罗奔尼撒人杀死的还要多，这是一场"邪恶之极，遭到神人共憎的战争"[1]。雅典军队跟随三十僭

〔1〕《希腊史》〔古希腊〕色诺芬著，徐松岩译注，上海三联书店2013年版，第82页。

主垂头丧气地回城了。

次日，三十僭主因失去了主心骨而斗志涣散，3 000 人会议则是互相指责争吵，莫衷一是，但是有一点是共同的，更多人已对三十僭主的统治失去了信心，于是，经过投票，废黜三十寡头，另从十个部落各选一人，组成了新的 10 人委员会执政。由克利迪亚斯发起的对斯巴达政制的拙劣模仿的寡头统治秀未经多大争议就灰飞烟灭了。剩余的三十僭主避居埃琉西斯。雅典城内留下了温和寡头派和骑兵部队，大家在混乱和不安中度日，而特拉西布卢斯率领的港民党在比雷埃夫斯汇聚了更多的流亡人士，包括外邦人，厉兵秣马，准备进攻并夺回雅典。

在埃琉西斯的寡头党人向赖山德派去使者求援，雅典城中的新 10 人委员会也派出使者向赖山德求援，他们的理由是雅典人民背叛了拉栖戴梦人，而他们则在保护拉栖戴梦驻雅典卫城的军队。赖山德给埃琉西斯和雅典共送去了 100 塔伦特的金钱，但是要出兵还需要得到国内的支持，到 8 月，赖山德得到国内的授权，被任命为陆军司令，他的兄弟里比斯被任命为海军司令，赖山德在伯罗奔尼撒招募了一支重装步兵队伍，进驻埃琉西斯，里比斯则率领 40 艘舰船进入萨洛尼克湾，对比雷埃夫斯进行封锁，特拉西布卢斯率领的港民党马上陷入危险，而埃琉西斯和雅典政权则兴高采烈，以为民主派即将灾祸临头。

事情常常出人意料。赖山德离开拉科尼亚以后，保守派的斯巴达国王鲍桑尼阿斯和阿吉斯原本就对赖山德充满嫉妒，更是担心赖山德此去雅典不仅收获名声，更有可能将雅典据为己有，他们说服了 5 位监察官中的 3 位，从而使得鲍桑尼阿斯得到新的任命，作为新的陆军司令取代赖山德去处理雅典的问题。他率领一支新的伯罗奔尼撒盟军和两名监察官赶往阿提卡，在比雷埃夫斯附近，鲍桑尼阿斯率领伯罗奔尼撒军队和雅典城内的联军在取得对港民党军队的一次小胜后，他派人秘密联络了港民党，希望他们派人前来与自己和随军监察官见面,在自己的军帐中,鲍桑尼阿斯对比雷埃夫斯的港民党和雅典新政府的人表达了不想与他们作战,并希望他们双方都能成为拉栖戴梦人朋友的愿望,他的这个想法当即得到了随军监察官的一致赞同,于是,他让港民党和雅典新政府同时派出使者去斯巴达表明和解态度,由于雅典城内的10人委员会对和谈比较消极,鲍桑尼阿斯将他们取消,重新选定了10人组成新的委员会,这样,在拉栖戴梦人及其同盟者大会上,雅典的两方代表陈述以后,同盟大会通过了鲍桑尼阿斯对雅典内战进行和解的方案,并马上派出一个15人代表团带着和解条款赶赴雅典,配合鲍桑尼阿斯促成雅典各派的和解。

前403年9月,雅典的三股政治势力在拉栖戴梦人的主持下达成了和解。具体安排是:将原来的雅典城邦分为雅典和埃琉西斯两个互相独立的城邦,埃琉西斯仍由三十僭主执政,所有愿意加入的雅典人在一定时间内可以自由移居埃琉西斯,雅典由温和寡头派和民主派共同治理;所有雅典人实现和解,对三十僭主执政期间的公民所有作为实行一次大赦,无论如何都不得追究,但是30僭主、僭主派驻比雷埃夫斯的10名长官、萨提鲁斯为首的11人队和30僭主以后的10人委员会成员不在此列,如果他们中有人想留在雅典,需要对其作为做出说明;雅典清偿内战期间向拉栖戴梦的借款。达成和解后,鲍桑尼阿斯解散了伯罗奔尼撒盟军,各自返回国内。

特拉西布卢斯率领港民党回到了雅典,废除了原先的公民大会,与温和寡头派合作重建雅典。当时,三十僭主代表的极端寡头派的主要支持者来自骑士阶层,雅典城内的温和寡头派主要依靠3 000人名单内的重装步兵阶层的市民,而特拉西布卢斯则始终是原先第四等级及以下贫民、无产者公民的激进民主派的代表,虽然等级和利益不同,但是现在大家首先坚决执行和解政策,禁止对三十僭主时期的行为进行追究,温和派的领袖阿尼图斯甚至说服大家对一个试图破坏大赦的人处以死刑，完全恢复了对私有财产的尊重和保护，对谋杀案等刑事案件进行严格的法定程序审理等法制传统，在宪政方面，首先将政权限定于前三个等级范围内，并且两派联合举行公民大会，推举 20 人进行立法，借鉴梭伦和德拉孔立法，关于人民陪审法庭、公民身份等法律都经过双方的斟酌乃至斗争或者予以恢复，或者经过修改重新制定，虽然不是事事都能取得一致，但是大家都在协商和谈判框架内解决分歧，雅典还用公款归还了三十僭主向拉栖戴梦人的借款。所以，在和解协议签订以后的一年内，雅典的国家稳定和民主政制都得到快速恢复，这一切有赖于雅典人民的服从大局和高度自制，从而使得雅典避免了科基拉等其他城邦内部不同阶层民众之间曾经发生的极端血腥和充满仇恨的革命事件，避免了城邦实力的内耗。这也是雅典人能够建立霸权的一个独特的人文优势。

伯罗奔尼撒战争以及战败后雅典的生存危机至此大局底定。其间，雅典曾经有两次走到城邦覆灭的悬崖边上：第一次是战争失败以后，拉栖戴梦及其盟邦讨论决定对雅典的处理，底比斯人提出的灭族法的确在当时得到了相当数量的支持者，即将失败城邦的男人全部杀光，妇女和孩子全部变卖为奴，城邦土地由战胜方瓜分，这样的做法在当时世界是一个惯常的、并不出格的做法，何况，雅典在建立和维护其霸权的过程中对别人实施灭族法也不止一次；第二次是赖山德扶持的三十僭主统治以及雅典国内的内战，如果赖山德没有被鲍桑尼阿斯取代其陆军司令之职，或者再晚一些，雅典的民主派和温和派力量就非常有可能被三十僭主联合赖山德消灭，其实这个过程已经开始了，只是在最后关头被鲍桑尼阿斯扭转了，那么拉栖戴梦国王和监察官们所担心的赖山德"有可能把雅典据为己有"是很有可能成为现实，赖山德坚定地扶持寡头制的立场是不会给雅典各派和解留有丝毫空间的，而得到赖山德支持的三十僭主屠杀自己人的决绝也断不会比外族逊色，那么，雅典这片土地最后被外人侵入并主导是最有可能的一个前途。所以,雅典城邦能从战败以后的各种内外危局中得以保全,并且还能保有雅典人对自己城邦的主导权不仅是一个奇迹,更是历史的幸运。

鲍桑尼阿斯的和解政策以及适度介入在促成雅典国内各派的和解方面是起了非常积极的作用,如果赖山德一直得以主持斯巴达国内对雅典的政策的话,雅典城邦和民族也许就走向终点了。历史证明:一个民族,无论曾经多么辉煌,它的湮灭并不会比我们想象的更难,有时,甚至出人意料的容易和快速。正是因为赖山德在海外城邦推行寡头政治的政策导致了雅典三十僭主的顺利上台,所以,从斯巴达的角度而言,鲍桑尼阿斯这个政策其实是斯巴达国内反对赖山德个人的政治野心,以及科林斯、底比斯等城邦对拉栖戴梦人的防备心理共同合力而产生的,至于斯巴达人保全雅典的政策有多少是出于对雅典抵抗波斯入侵的贡献的尊敬则是无法厘清的因素了。

雅典在国内完成和解以后,政治、经济和社会都得到了快速修复。但是与埃琉西斯却是严密封锁、互不来往,而埃琉西斯的寡头派实力日渐衰微,和解两年以后,雅典重新武装起来,向埃琉西斯发起进攻,在背信弃义地诱杀了对方的将军以后,埃琉西斯剩余的人民放弃了自己的政权,在得到雅典的大赦以后加入了雅典,雅典再次成为阿提卡统一的城邦。

八　雅典人的精神

伯里认为:"直到失去帝国以后,雅典才开始对希腊思想和文明的发展发挥着决定性的影响"[1]。其实在失去帝国之前的一百年开始,雅典就已经是希腊文明的十字路口,全希腊的新思想和旧

〔1〕《希腊史·Ⅲ》〔英〕伯里著,陈思伟译,晏绍祥审校,吉林出版集团有限公司2016年版,第705页。

宗教都可以在雅典得到宣扬和传播,雅典古已有之的自由和宽容传统也并不禁止雅典人民对它们的接受,其实,很多雅典的思想和观念都是来自全希腊甚至于蛮族:数学家毕达哥拉斯是萨摩斯人,哲学家德谟克里特来自北方的阿布德拉,数学家希波克拉底是奇奥斯人,但是他们都在雅典为自己的思想和学说找到了舞台,无论他们个人命运最终归宿何处,他们的思想作为财富都留在了雅典,为雅典社会带来了新的观念和思想,当雅典将这些思想经过发酵以后再次传播出去的时候,它们已经超越了原有城邦和民族的界限,而带有相当的普世意义了。自此,雅典人的社会渐渐开始受到丰富的思想观念乃至于抽象和理性的牵引,而成为当时希腊世界文明最先进、最发达的社会。当然,那时的雅典人还不知道文明力量的使用是应该遵循一定的原则和限制的。

苏格拉底之死

是不平凡的经历造就不平凡的性格,还是相反?雅典的历史告诉我们:应该是后者。雅典在城邦初建之时并无财富和制度的优势,但是雅典人的性格中的自信、理性、宽容、坚韧的因素使他们在面临一次次的危机时都能逃避厄运、走出困境,他们所得到的都是以付出牺牲和勇气为代价的,而他们所失去的都是由于抛弃了"中道",即狂热的贪婪以及不再节制的结果,在雅典霸权得失的过程中,命运所施加的力量远远不如雅典人自己的选择和作为。

经过三十僭主的短暂反复,雅典人重建了民主制度,虽然在伯罗奔尼撒战争中,雅典失去了希腊世界的霸主地位,但是雅典人依靠自信和理智的性格使生活日渐回归正常。但是接下来发生的审判苏格拉底的事件使我们对当时雅典人的德行又多了一重了解。

前399年,雅典虽已有所恢复,但已失去了在希腊世界叱咤风云的地位,成为反对斯巴达的底比斯和阿戈斯的跟班。国内的政治和解取得了成效,禁止人们对内乱时期的言行进行任何形式的清算,但是广大民众的怨气依然未消,他们很自然地将战争失败的原因归咎于寡头派的自私自利,事实上,寡头派的成员大多出自既有钱又有知识的那个阶层,苏格拉底就成为他们泄愤但不必承担严重后果的最合适目标。苏格拉底虽然属于第三阶层,即重装步兵阶层,作为一个石匠,他顶多算是温饱有余却不富裕,而且,即使他从事教育但从不收取任何学费,这点与当时智者们开学收费的惯常做法大相径庭,传说高尔吉亚的学费高达数个明那,但是他在雅典城邦乃至于整个希腊因其学识具有着超越其财富的影响力,也正是因为这些影响力给他带来了致命的灾祸。

作为哲学家的苏格拉底是脱俗而且充满谐谑,自得其乐的。他虽然没有写过一本著作,但是他通过究问式谈话,启发人们注重对智慧和美德、正义的追求,并常常对人们的迷信和无知加以嘲笑,对雅典的所有不公不义提出批评,苏格拉底在雅典的影响是独一无二的,没想到的是他在雅典年轻人当中的朋友们的政坛表现却将他送进了危险的境地:亚基比德从青年时代开始就与他保持着良好而且密切的关系是众所周知的事情;不久前的三十僭主时期,极端寡头派头领克利迪亚斯早年也和苏格拉底过从甚密,并且,除了克利迪亚斯,三十僭主里面还能列出另外一些与苏格拉底相熟的人士;而他的弟子色诺芬作为一个雅典人却和伯罗奔尼撒人一起参与波斯内战,并且回到希腊以后继续为拉栖戴梦军队效力。不幸的是,苏格拉底的朋友中有相当部分是在雅典政治生活中出类拔萃的人物,他们的政治倾向虽然大多具有寡头色彩而且在实践中最后都身败名裂,他们与苏格拉底之间的哲学思想的交流,当然也不能完全排斥政治方面的内容,对苏格拉底的名声自然起了污染的作用。另外一个现实的威胁是:对只信仰宗教而没有哲学兴趣的普通民众来说,思想自由总是另类,而雅典的激进民主制是广大平民的保障,容不得任何人的非议,苏格拉底偏偏一视同仁地指出它的缺点(其实对任何一种政体,苏格拉底都能寻找到它的不足），这是雅典大多数人所不能容忍的；一个人有缺陷不可怕，在名利场上无欲无求是最惹人厌恶的，苏格拉底这样一个无欲无求，同时又思想自由的人是最不受普通雅典人欢迎的。

于是，自由的雅典发生了一件前无古人、后无来者的事件：审判苏格拉底。提起公诉的是：梅雷图斯、莱肯以及温和派领袖阿尼图斯，其中起主要作用的是阿尼图斯，起诉他的罪名有二：一是不信仰城邦认定的诸神，反而引进异族乱神，二是腐蚀和蛊惑青年。当时，苏格拉底虽然名满城邦，大家知道德尔菲神谕都说他是全希腊最智慧的人士，但还远没有今天这么崇高的地位，不仅阿里斯托芬可以在喜剧作品中对他大加嘲讽，更多的雅典民众对他也存在着难以理解的怀疑。虽然《苏格拉底的申辩》等不多的文献记叙了庭审的部分内容，我们可以看到苏格拉底在这场审判中如平常一般的轻松，甚至不以为意，最后，经过投票，501 人的陪审团中赞成有罪判决的有 281 人，比无罪票仅多出 61 票，而且罚则是死刑。根据当时雅典法律实践，被告人及其家属可以提出认罪并祈求宽大或者比指控罪名更轻的处罚建议，由陪审团决定最终的判决，此时，苏格拉底可以有不止一种方法来逃避对他的死刑判决，而公诉人的本意只要对他施以明确的惩罚和打击，死刑并不是目标，在他的朋友们的策划下：苏格拉底或者逃亡，监狱对他本就看管不严，但他不愿意以老年之身在外颠沛流离；或者他主动向陪审团自认一笔比较可观的罚款，他的朋友们都愿意为他提供担保，但是被他以自己的贫穷为由拒绝了。他不愿苟且以偷生，更不愿屈膝求宽恕。随后，陪审团以更多的赞成票宣判了他的死刑，一个月后，苏格拉底在和弟子们轻松的聊天中从容喝下了毒芹汁。

对苏格拉底的审判其实只是剥夺了这个已经七十岁老人生命长度的最后一小部分，其实，这件事对雅典的伤害远大于对苏格拉底本人。雅典社会生活一贯以来的开放、自由和宽容的形象自此荡然无存，对苏格拉底的审判从形式上看可能是基于三十年前的一项法律,即规定凡是教授天文学或者否认超自然力量的存在,是一项重罪,何况,渎神罪在所有古代社会都是弥天大罪;但是从本质而言,对苏格拉底的审判是基于大多数公民的意志,更明确的说是大多数雅典人的恐惧和反感,因为古代希腊人对宗教和城邦的观念是至高无上的,而苏格拉底以及他的这些同时具备知识和财富的朋友们已经开始形成个人色彩浓厚的价值观,他们的思想与传统的、以城邦共同体为中心的道德和宗教观念开始分离,尤其对宗教,他们整体的对待宗教信仰的态度在普通公民眼中即使还不至于异端,也至少是不够虔诚的,所以,出于珍惜和保护城邦公民社会的传统道德和宗教,以行事方正的阿尼图斯为代表的雅典公民对苏格拉底提起诉讼也就不难理解了。陪审法庭代表全体公民的,并由不加区别的非专业公民组成的,判决只能体现大多数公民的情绪而非智慧,此时,雅典的民主变成多数人的暴政,无论一个人、少数人还是多数人的政权,都不可能避免对不掌握政权的其他人的压迫(这里的压迫是中性的意思),同样道理:从决定远征西西里到阿吉努斯海战后对将领的审判,直到苏格拉底之死,雅典人民在民主制度下一步步将自己送进了深渊,雅典是否实行善政与参与决策的人数多少其实没有相关关系。

　　所以,苏格拉底之死既没有私人恩怨,也不牵涉专制或者民主,他是死于当时雅典的个人意识和理性思维萌芽与传统的雅典城邦的共同体意识和当时更多公民的恐惧以及仇恨情绪。我们由此可以看出:我们千万不可以现代的观念去理解当时人们的想法,即使它们拥有同样的名词——"民主":古代雅典民主体现的仅仅是当时希腊公民参与城邦治理的方式和原则,民主的内涵以及其与自由和平等,这些概念和原则都没有得到基本和充分的阐释,更没有法律提供给个人享有不可剥夺的自由和平等的权力。但是,原初的、本能的力量却要远远超过我们今天拥有的通过注释和辩论发展起来的理念的力量,雅典的民主最终败于更强的傲慢和贪婪本性。

不知道柏拉图对民主制度的评价是否与苏格拉底之死有关，但是在少部分有识之士眼中民主制度确非理想。民主制度只起一个作用：即保证大多数人的意志得到体现，而如果人的认识，尤其是人性没有进步的话，大多数人的意志和决定与少数人的暴政和压迫体现出来的顶多是代表利益数量的不同而已，从统治角度而言，没有区别。

后　记

　　雅典霸权衰落以后,斯巴达成为希腊世界的霸权,这个霸权建立的基础并不是希腊世界大多数城邦对斯巴达人理念的认同和共享,更多的是大家对雅典人的贪婪和恶霸作风的反感和反对,而斯巴达因为拥有反对雅典的力量和声誉而被推向领导地位。不久,底比斯率领比奥提亚同盟崛起,一个新的民主政权取代雅典成为希腊的强大政治力量,当他们互相争斗,续写雅典和斯巴达争霸的故事的过程中,北方的蛮族邻居马其顿在"欧洲最伟大的君主之一"腓力二世的治理下,以一个帝国的形式征服了四分五裂的希腊世界,使之成为马其顿帝国的附庸,以此为基础,腓力二世的继承人亚历山大大帝远征波斯,建立了庞大然而短暂的希腊化的马其顿帝国,但是,他的影响更多的仅是及于东方的亚洲。与此同时,意大利半岛上的罗马崛起为西方世界的权力中心,希腊世界的地位和作用愈加衰弱,再也不能成为一个独立和强大的政治力量,雅典在失去了霸权之后即已泯然众人矣。

参考书目

《希腊史 迄至公元前 322 年》,〔英〕N·G·L·哈蒙德著 朱龙华译 商务印书馆 2016 年第一版

《希腊史》,〔英〕伯里著,陈思伟译,晏绍祥审校,吉林出版集团有限责任公司 2026 年第一版

《普鲁塔克全集》,〔古希腊〕普鲁塔克著,席代岳译,吉林出版集团股份有限公司 2017 年第一版

《世界史》,〔德〕利奥波德·冯·兰克著,陈笑天译,吉林出版集团股份有限公司 2017 年第一版

《历史》,〔古希腊〕希罗多德著,徐松岩译注,上海三联书店 2008 年第一版

《伯罗奔尼撒战争史》,〔古希腊〕修昔底德著,徐松岩等译,广西师范大学出版社 2004 年第一版

《雅典政制》,〔古希腊〕亚里士多德著,日知、力野译,商务印书馆 1959 年第一版

《希腊史》,〔古希腊〕色诺芬著,徐松岩译注,上海三联书店 2013 年版

《早期希腊》(第二版),〔英〕奥斯温·默里著,晏绍祥译,上海人民出版社 2008 年版

《游叙弗伦 苏格拉底的申辩 克力同》,〔古希腊〕柏拉图著,严群译商务印书馆 1983 年版

《工作与时日》,〔古希腊〕赫西俄德著,张竹明、蒋平译,商务印书

馆 1991 年版

《希腊精神》(修订本),〔美〕伊迪丝·汉密尔顿著,葛海滨译,华夏
　　出版社 2019 年版

《探求自由的古希腊》,〔法〕雅克利娜·德·罗米伊著,张竝译,华
　　东师范大学出版社 2015 年版

《希腊人和希腊文明》,〔瑞士〕雅各布·布克哈特著,王大庆译,上
　　海人民出版社 2012 年版

《希腊文明中的亚洲因素》,〔英〕威廉·雷姆塞著,孙晶晶译,大象
　　出版社 2013 年版

《希腊史纲》,〔古希腊〕狄奥多罗斯著,席代岳译,文化发展出版社
　　2019 年版

《奈波斯　外族名将传》,〔古罗马〕奈波斯著,刘君玲等译,上海人
　　民出版社 2005 年版

《古希腊演说辞全集　伊索克拉底卷》,〔古希腊〕伊索克拉底著,李
　　永斌译注,吉林出版集团有限责任公司 2015 年版

《苏格拉底之城　古典时代的雅典(第二版)》,〔英〕J·W·罗伯兹
　　著,陈恒、任荣、李月译,格致出版社、上海人民出版社　2014
　　年版

《尼基阿斯和约与西西里远征》,〔美〕唐纳德·卡根著,李隽旸译,
　　华东师范大学出版社 2019 年版

《雅典帝国的覆亡》,〔美〕唐纳德·卡根著,李隽旸译,华东师范大
　　学出版社 2017 年版

《自由史论》,〔英〕约翰·阿克顿著,胡传胜、陈刚、李滨、胡发贵等
　　译,译林出版社 2012 年版

《西方哲学史》,〔英〕罗素著,马元德译,商务印书馆 1976 年版

图书在版编目(CIP)数据

宿命与遗产:雅典城邦兴衰史 / 张龚著. —上海:
上海书店出版社,2021.12
ISBN 978 - 7 - 5458 - 2130 - 7

Ⅰ.①宿… Ⅱ.①张… Ⅲ.①奴隶制城邦—研究
Ⅳ.①K12

中国版本图书馆 CIP 数据核字(2021)第 248873 号

责任编辑 邓小娇　王　郡
封面设计 郦书径

宿命与遗产
——雅典城邦兴衰史
张　龚　著

出　　版　上海书店出版社
　　　　　　(201101　上海市闵行区号景路 159 弄 C 座)
发　　行　上海人民出版社发行中心
印　　刷　苏州市越洋印刷有限公司
开　　本　890×1240　1/32
印　　张　13.125
字　　数　300,000
版　　次　2021 年 12 月第 1 版
印　　次　2021 年 12 月第 1 次印刷
ISBN 978-7-5458-2130-7/K.429
定　　价　108.00 元